U0366934

普通高等教育市场营销专业系列教材

商务谈判
第 3 版

主　编　段淑梅　张　晓
副主编　张纯荣　杜春晶
参　编　苏　航　赵雅萍　杜泽宇

机械工业出版社

本书根据学科特点和培养目标，以培养学生的实践应用能力为主要指导思想，以系统、规范的理论为基础而编写，包括商务谈判概述，商务谈判的类型和内容，商务谈判的心理研究，商务谈判的策略，商务谈判的准备，商务谈判的开局，商务谈判的磋商，商务谈判的结束与合同的签订，商务谈判的技巧，商务谈判的礼仪，亚洲、欧洲和美洲商人的谈判风格11章内容。本书通俗易懂，结构合理，理论与实践相结合，书中的案例具有一定的真实性，学生可通过实际案例轻松理解基本理论。在结构安排上，按本章要点、导入案例、正文、本章小结、思考题、案例分析讨论的顺序，循序渐进，由浅入深，以达到引人入胜、首尾呼应、引发学生思考和使学生乐于实践的目的，提高学生的学习积极性和兴趣，培养学生分析问题和解决问题的能力。

本书可以作为高等院校经济管理类专业的教材，也可以作为企事业单位相关人员的参考书。

图书在版编目（CIP）数据

商务谈判 / 段淑梅，张晓主编 . —3 版 . —北京：
机械工业出版社，2023.5
普通高等教育市场营销专业系列教材
ISBN 978-7-111-72849-8

Ⅰ . ①商…　Ⅱ . ①段…②张…　Ⅲ . ①商务谈判—高
等学校—教材　Ⅳ . ① F715.4

中国国家版本馆 CIP 数据核字（2023）第 050815 号

机械工业出版社（北京市百万庄大街 22 号　邮政编码 100037）
策划编辑：曹俊玲　　　　　责任编辑：曹俊玲　刘鑫佳
责任校对：牟丽英　陈　越　封面设计：张　静
责任印制：任维东
北京圣夫亚美印刷有限公司印刷
2023 年 5 月第 3 版第 1 次印刷
184mm × 260mm · 17.5 印张 · 412 千字
标准书号：ISBN 978-7-111-72849-8
定价：54.80 元

电话服务　　　　　　　　　网络服务
客服电话：010-88361066　机 工 官 网：www.cmpbook.com
　　　　　010-88379833　机 工 官 博：weibo.com/cmp1952
　　　　　010-68326294　金 书 网：www.golden-book.com
封底无防伪标均为盗版　机工教育服务网：www.cmpedu.com

前　言

在市场经济飞速发展的今天，商务谈判仍然是市场活动中不可缺少的元素。古人云："一言之辩，重于九鼎之宝；三寸之舌，胜于百万之师。""谈判"是西方人的惯用语，用中国人的话来说，"谈判"就是"商量"。小到家庭成员的生活交流、菜市场里的讨价还价，大到企业之间的经济合作、国与国之间的交往、国家之间的贸易，都是通过沟通、协商解决的。谈判的实力与技巧便是决胜的重要法宝，在弱势情况下，更是谋取最大利益、实现己方目标的必要保障。

20世纪末21世纪初，世界经济一体化进程加快，区域贸易活动迅速扩张。人类从心理到行为都开始服从于商业文明，特别是跨区域、跨国界的商业文化的规范，商务谈判开始渗透到人们生活的各个层面，它蕴含着丰富的社会情景。因此，国内和国际谈判理论的研究也从原来的对外交谈判、军事谈判的研究逐渐转向对商务谈判的研究，也开始向商务谈判活动的规范化、商务谈判理论的系统化方向发展。商务谈判理论融合性地解决了人际、事件冲突，促进了商务活动的有效沟通。

本书系统地阐述了商务谈判的理论、策略和技巧，具有以下特色：

（1）内容全面系统，结构合理。第一章至第四章主要介绍商务谈判的基础理论知识，明确商务谈判的理论内涵。学生通过对这部分内容的学习，可以为进行商务谈判打下良好的理论基础。第五章至第八章分别介绍商务谈判的准备、开局、磋商以及结束与合同的签订，这样形成了一个完整的商务谈判过程。学生通过对这部分内容的学习，可以对商务谈判的全过程有更加清晰的认识。第九章至第十一章分别介绍商务谈判的技巧和礼仪，以及亚洲、欧洲和美洲商人的谈判风格，掌握相关内容可以为成功的谈判助一臂之力。

（2）理论与实践相结合，突出案例教学。每章章前均有导入案例，章后有案例分析讨论，中间穿插一些阅读案例。通过案例教学，加深学生对理论知识的理解，做到理论和实践相结合。

（3）突出对学生谈判能力的培养。本书详细介绍了各种谈判策略与技巧，并将谈判活动通过案例置于社会实际场景中，为学生提供商务谈判战术运用的具体环境，可以增强学生的学习兴趣，有利于培养学生的谈判能力。学生通过对最后一章的学习，可以大概了解亚洲、欧洲和美洲商人的谈判风格，为今后从事商务谈判活动奠定基础。

段淑梅、张晓担任本书主编，拟定教材大纲，完成最后的统稿。具体编写分工为：段淑梅编写第一章，张晓编写第四章、第五章，张纯荣编写第三章、第九章，杜春晶编写第八章、第十一章，苏航编写第十章，赵雅萍编写第六章、第七章，杜泽宇编写第二章。

在编写过程中，我们参考了许多同行的研究成果，这些成果给了我们很多启示，在此表示衷心的感谢。

由于谈判学科发展迅速，加之编者才疏学浅，书中错漏之处在所难免，恳请读者批评指正。

编　者

目　　录

第一章

商务谈判概述

1. 掌握谈判和商务谈判的概念。
2. 掌握商务谈判的特点和原则。
3. 了解商务谈判选择的标准。
4. 了解商务谈判的功能和评价标准。
5. 掌握商务谈判的"双赢"谈判模式。

导入案例

你就是一个谈判者!

当你呱呱坠地时,就用哭声与你的父母谈判,争取你想要得到的食物、温情和爱抚。你已经在用你的感情武器来与别人谈判。

到上学的年龄,你也许与同学商量课桌上的"三八线"应当怎样画,最后你们在桌子上画了一条线。你还说:"如有越界,将罚违约者擦桌子一个星期。"你是用恐惧唤醒术在进行谈判。

步入青春年华,你准备结婚了,未来的岳母提出的购买清单超出了你的预算,你必须拒绝。你说:"妈妈,您的想法很对,我也想把婚事办得隆重一些,可是……"最后,你在不失未来岳母欢心的前提下避免了你的财政赤字。你这是在运用赞赏拒绝术与未来的岳母谈判。建立家庭后,你可能是一个贤妻良母或模范丈夫,你必然要经常上集市,经常同商贩讨价还价。商贩对你说:"少一分也不卖!"你对他说:"不卖就算了!"并且故意装作一副无所谓的样子,抬腿就要走。就在你将跨出这一步的时候,商贩让步了,按照你的要价卖给了你。你应该意识到,这就是最后通牒术的威力。

在单位里,为了让领导和同事了解和支持你的工作、你的计划,你游说、鼓励甚至还要耍些"小手腕"。如果你能成功运用谈判中的众多策略,你将迎接胜利。

如果你想成为一名产品推销员,那么谈判对你来说便是家常便饭。你向任何一个顾客推销产品的过程,就是一个谈判的过程。你说这台电视机确实不贵,它可以无故障工作 25000h，平均每小时只花 1 角钱，顾客便感到 2500 元的电视机不贵。你这是在用除法报价术。

如果你想在某一天成为一名企业家，那么首先学习谈判吧！它是你踏入企业家之门的第一个阶梯。因为如果你不能说服董事会任命你为厂长或经理，纵然你有满腹经营之道，也无从施展自己的才能。如何说服董事会的董事们，这便是一种"推销自己"的谈判。

如果你是一名私营企业主，那么谈判就是你经营致富的必备素质。你作为买主，与批发商软磨硬泡、吹毛求疵，以最低廉的价格取得商品。摇身一变，你又成为卖主，与顾客谈判，说服顾客以较高的价格买下你的商品。

如果你想成为一名政治家，那么谈判对于你来说更是一门必修课！你将要和你的选民们谈判——满足他们的合理要求，让他们投你的票。你将要和其他的政治家谈判，寻求必要的支持。你允诺、拒绝，你发怒、大笑，使出浑身解数……

不管你从事什么工作，每天都在进行着一场又一场的谈判。不管你是否意识到，谈判已经成了生活中不可缺少的一部分。说句毫不夸张的话，人生就是谈判，谈判构成了人生的重要部分。

资料来源：朱凤仙 . 商务谈判与实务［M］. 北京：清华大学出版社，2006.

第一节　谈判和商务谈判

一、如何理解谈判

"谈判"一词听起来比较严肃、深邃而玄妙，大多数人也许认为谈判是商人或外交官的事。其实并不是这样。在经济活动中，任何企业都需要进行大量的商务谈判。有效的谈判不仅可以最大限度地维护自己的正当权益，而且也可使对方获得满意的结果，为日后双方进一步合作奠定良好的基础。商务谈判的全过程充满着魅力，也隐藏着种种"陷阱"。企业要想在激烈的市场竞争中求得一席属于自己的生存之地，就必须正视商务谈判，充分把握谈判过程中的每一个细节，在"有理、有力、有节"的基础上，依据商务谈判的主体、议题、方式、约束条件等的不同进行具体问题具体分析。但在纷繁复杂的商务谈判的背后，也有一些基本的规律值得我们把握。

谈判中的"谈"是指双方或多方之间的沟通和交流，"判"就是决定一件事情。只有在双方之间沟通和交流的基础之上，了解对方的需求，才能够做出相应的决定。也就是说，谈判是通过讨价还价使我们从对方那里获得我们想要的东西的一个过程。

在我们的日常生活和工作中，涉及谈判的类似情况无处不在，比比皆是。例如，朋友间聚会要选择大多数人中意的地点，进餐要选择合适的餐馆，上街购物时会讨价还价，供应商与采购商的合作条件需要谈判达成。例如与客户谈判，客户希望再降价 20%，否则，他将从别人那里采购相应的货品。这时你是否应该继续降价，如何与客户谈条件，在谈判中你能否自如地控制整个局面，如果谈判陷入僵局，如何打破僵局，用什么方法打破，谈判要解决这一系列问题，这种讨价与协调就是谈判，用中国人通俗的话来表述就是"商量"，它是人类活动过程中智慧和勇气的体现，也是语言艺术与谈话技巧的集中展现。而且社会越发展，谈判扮演的角色就越重要。尤其是随着商品经济的发展，与之共生的商务活动为谈判的发展注入了更加崭新和丰富的内容。可以说，小到我们身边的一件小事，大到中国加入世界贸易组织（WTO），都是一个谈判的过程，谈判在生活中无处不在。人们通过谈判来寻求某种平衡，来维系、推进人类文明和社会的发展。谈判是一门艺术，除了自身内在素质和外在形象以外，更重要的是要掌握一定的商务谈判策略和技巧，只有用智慧、谋略制胜对方，才能在谈判桌上成功地达到自己的目的，在商场中立于不败之地。

谈判是多种多样的，有工作谈判、关系定位谈判、资源分配谈判、技术谈判、商务谈判、宗教谈判、外交谈判、军事谈判、政治谈判等。谈判成功可以促进双方关系，谈判破裂则使双方关系更趋紧张。人类文明发展到今天，人们越来越多地使用谈判来解决各种问题。要在谈判中获得胜利，就必须了解谈判的意义，了解谈判的基本理论，把握谈判的原则，掌握谈判的各种策略和技巧。

什么是谈判呢？要给谈判下一个定义，既简单又困难。说它简单，是因为谈判对我们而言并不陌生，它几乎每天、每时都出现在我们的生活中，谈判就是人们的一种交际活动；说它困难，是因为谈判的内容极为广泛，人们很难用一两句话准确、充分地表达出生活中谈判的含义。按照最一般的认识，谈判是人们为了协调彼此之间的关系，满足各自的需要，通过协商而争取达到意见一致的行为和过程。尽管如此，我们还是要从对谈判所包含层次的分析来描绘谈判的大概轮廓，以便我们能把握谈判概念的一些基本要素。

美国法学教授罗杰·费希尔（Roger Fisher）和谈判专家威廉·尤瑞（William Ury）合著的《谈判技巧》一书把谈判定义为：“谈判是为达成某种协议而进行的交往。”

英国学者马什（Marsh）1971 年在《合同谈判手册》（*Contract Negotiation Handbook*）一书中对谈判所下的定义是：“所谓谈判是指有关各方为了自身的目的，在一项涉及各方利益的事务中进行磋商，并通过调整各自提出的条件，最终达成一项各方较为满意的协议这样一个不断协调的过程。”

法国谈判学家克里斯托弗·杜邦（Christophe DuPont）全面研究了欧美许多谈判专家的著作后在其所著的《语言的行为、理论与应用》（*Language Conduit*，*Theorie*，*Application*）中给谈判下了这样的定义：“谈判是使两个或数个角色处于面对面位置上的一项互动。各角色因持有分歧而相互对立，但他们彼此又互为依存。他们选择谋求达成协议的实际态度，以便终止分歧，并在他们之间（即使是暂时性的）创造、维持、发展某种关系。”美国著名谈判咨询顾问 C. 维恩·巴罗（C.Wayne Barlow）和格莱恩·P. 艾森（Glenn P.Eisen）在合著的《谈判技巧》一书中指出：“谈判是一种双方致力于说服对方接受其要求时所运用的交换意见的技能。其最终目的就是要达成一项对双方都有利的协议。”

美国谈判学会主席杰勒德·I. 尼尔伦伯格（Gerard I.Nierenberg）在其所著《谈判的艺术》一书中所阐明的观点更加明确：“谈判的定义最为简单，而涉及的范围却最为广泛，每一个要求满足的愿望和每一项寻求满足的需要，至少都是诱发人们展开谈判过程的潜因。只要人们为了改变相互关系而交换观点，只要人们是为了取得一致而磋商协议，他们就是在进行谈判。”“谈判通常是在个人之间进行的，他们或者是为了自己，或者代表着有组织的团体。因此，可以把谈判看作人类行为的一个组成部分，人类的谈判史同人类的文明史同样长久。”

我国学者为谈判所下的定义主要有以下几种：

"所谓谈判，乃是个人、组织或国家之间，就一项涉及双方利害关系的标的物，利用协商手段，反复调整各自目标，在满足己方利益的前提下取得一致的过程。"

"谈判是谈判双方（各方）观点互换、情感互动、利益互惠的人际交往活动。"

"谈判是人们为了协调彼此之间的关系，满足各自的需要，通过协商而争取达到意见一致的行为和过程。"

"谈判是指人们为了各自的利益、动机而进行相互协商并设法达成一致意见的行为。"

根据以上对谈判的理解我们可以得出谈判的基本点。

阅读案例 1-1：谈判寻求双赢

谈判是每个人都要学习的。做贸易的人要学习，因为数字谈判是典型的资源分配谈判；不做贸易的也要学习，因为劳资也好、环保也好、外交也好，只要有立场上的不同或礼仪上的差异，就必须靠谈判来解决。

谈判不是打仗，它只是解决冲突、维持关系或建立合作架构的一种方式，是一种技巧，也是一种思考方式。其关键是造势。把势造起来，才能逼得对方上桌，逼得对方与我方双赢。

资料来源：刘必荣.谈判圣经［M］.海拉尔：内蒙古文化出版社，2001.

（一）谈判的基本点

研究以上定义便可发现，虽然中外学者对谈判概念的文字表述不尽相同，但其内涵却包含着一些相近的或相通的基本点。这些基本点大致有以下三点：

1. 谈判的目的性

谈判是目的性很强的活动，参加谈判的各方均有各自的需求和目的。没有明确的谈判目的，不明白为什么而谈和谈什么，至多叫作"聊天"或"闲谈"。因此，上述定义都强调谈判的目的性，即追求一定的目标这一基本点，如"满足愿望"和"满足需要""为了自身的目的""对双方都有利"或者"满足己方利益""利益互惠""为了各自的利益"等。

2. 谈判的相互性

谈判是一种双边或多边的行为和活动，谈判总要涉及谈判的对象。否则，自己和自己谈就不称其为谈判，也达不到谈判的目的。因此，人们在谈判的定义中都指出谈判具有相互性，如"为了改变相互关系""涉及各方""使两个或数个角色处于面对面位置上""双方致力于说服对方"或者"个人、组织或国家之间""谈判双方""协调彼此之间的关系"等。

3. 谈判的协商性

谈判是通过相互沟通实现各自目标的有效手段。谈判不是命令或通知，不能由一方说了算。所以，在谈判中，一方既要清楚地表达其立场和观点，又必须认真地听取对方的陈述和要求，并不断调整对策，以沟通信息、增进了解、缩小分歧、达成共识。因此，谈判的定义也都阐明了谈判的协商性这一基本点，如"交换观点""进行磋商""说服对方"，或者"利用协商手段""观点互换""通过协商""进行商务活动"。

综合上述基本点，我们可以把谈判理解为：谈判是指两个或两个以上的组织或个人，为了满足各自的需求，就所关心的问题交换意见和反复磋商，协调彼此之间的条件，以寻求解决问题的途径，最后达成协议的过程和行为。

谈判融多门学科于一体，被公认为是社会学、行为学、心理学、管理学、语言学、逻辑学、公共关系学和众多经济、技术科学的交叉产物，也是一门复杂的、需要综合运用多种技能与技巧的艺术。商务谈判所涉及的知识领域极广，是融市场营销、国际贸易、金融、法律、科技、文学、艺术、地理、心理、演讲等多种学科于一体的综合性学科，是一项集政策性、技术性、艺术性于一体的社会经济活动。

（二）谈判的动因

人们为什么要谈判？谈判发生的动因是什么？对此，应该从谈判的内涵去思考。

1. 追求利益

谈判是一种具有明确目的的行为。这里，最基本的目的就是追求自身的利益。

人们的利益需要是多种多样的。从内容看，有物质需要、精神需要；从层次看，有生理需要、安全需要、社交需要、尊重需要、自我实现需要；从时间看，有短期需要、长期需要；从主体看，有个人需要、组织需要、国家需要等。人们的种种利益需要，有些是可以依靠自身努力来满足的，更多的则必须与他人进行交换。显然，这种交换是出于获得更大效益的客观要求，其直接动因是为了得到更大的满足。

其实，在利益的交换中，双方或各方都是为了追求自身的目标。就一方而言，当然是要追求自身利益的最大化，但是，这种自身利益的扩大如果侵害或者不能保证对方的最低利益，对方势必宁肯退出，导致利益交换不能实现。可见，在谈判过程中，有关各方追求并维护自身的利益需要，不仅是谈判的必要点，而且是首要动因。

2. 谋求合作

在现实生活中，由于社会分工、经济发展水平、资源条件等因素的差异，人们以及各类组织乃至地区或国家之间，往往会形成各种各样的依赖关系。例如，一方生产某产品，另一方正需要该产品；一方拥有农产品但需要工业品，另一方拥有工业品而需要农产品；一方拥有市场但需要技术，另一方拥有技术而需要市场等。这种相互差异，为各方发挥优势、实现互补提供了客观基础。

如今，随着科学技术的发展和社会的进步，出现了两种平行的趋势：①社会分工日益明显，生产和劳动的专业化程度日益提高；②社会协作日益紧密，人们之间的相互依赖性日益增强。在这种社会生活相互依赖关系不断增强的客观趋势下，人们某种利益目标的实现和实现的程度，不仅取决于自身的努力，而且取决于与自身利益目标相关各方的态度和行为，取决于彼此之间的互补合作。相互之间的依赖程度越高，就越需要加强相互之间的合作。可见，社会依赖关系的存在，不仅为相互间的互补合作提供了可能性，同时也提供了必要性。正是这种在相互依赖中谋求合作的必要，成为谈判的重要动因。

3. 寻求共识

借助他人的资源满足自身的利益需要，必然会出现利益归属的要求和矛盾。古往今来，强权掠夺、发动战争确实是达到一方利益目标的手段。然而，随着社会文明的进步和社会生活相互依赖关系的增强，人们越来越认识到暴力并非处理矛盾的理想方式，也越来越认识到摒弃对抗、谋求合作才是处理矛盾的明智之举，而谈判正是实现互利的最佳选择。

谈判行为的特征是平等协商，并在此基础上通过相互沟通来寻求各方都能认可和自愿接受的交换条件与实施程序。伴随着社会的进步以及社会法制的有序发展，利益主体维护自身权益的意识也自觉增强。在这种社会环境下，只有通过谈判来寻求相互合作并就共同利益达成共识、形成协议，才能使互助互惠成为客观现实。因此，寻求共识进而实现互利合作，同样是谈判的动因之一。

综上所述，追求利益、谋求合作、寻求共识是谈判的主要动因。其中，追求利益是谈判的目的；谋求合作及其所依据的相互依赖关系既是谈判的必要，又是谈判的可能；寻求共识则是谈判中能够使追求利益和谋求合作最终成为现实的有效途径。

（三）谈判的意义

为什么要谈判？从本质上说，谈判的直接原因是因为参与谈判的各方有自己的需要，而一方需要的满足又可能与他方的需要产生矛盾。因此，谈判双方参加谈判的主要目的，就不能以只追求自己的需要为出发点，而应该通过交换观点进行磋商，共同寻找使双方都能接受的方案。

比如，发展中国家与发达国家谈判建立一家合资企业，由发展中国家提供生产场地，发达国家提供先进技术。创办这样一家合资企业，发达国家的目的和需要可能是：利用技术优势，通过合资企业的形式，绕过直接的贸易壁垒，开拓发展中国家的市场或扩大原有市场份额，以期获得长期丰厚的利润。而发展中国家的目的和需要可能是：利用先进技术，提高本国的生产水平，进而积极争取出口，开拓国际市场。显然，双方的目的和需要可能会影响对方需要的满足，在谈判中双方是既统一又矛盾的。其统一性表现为：如果双方要达到各自的目的，就必须通过建立合资企业来实现。其矛盾性表现为：发达国家的目的，是要开拓发展中国家的市场，获得高额利润；发展中国家的主要目的，是吸收外国先进技术，提高国内技术水平，而不是单纯让出国内市场。总之，没有市场，拥有先进技术的发达国家就不感兴趣；同样，没有先进技术，发展中国家就难以接受。对发展中国家来讲，是以市场换技术；对发达国家来讲，则是以技术换市场。这是谈判双方既统一又矛盾的利益关系。双方就是带着这种既统一又矛盾的需要和目的来进行谈判的。通过谈判，寻找双方都能接受的方案，使矛盾在一定条件下得到解决，就是谈判存在的最大意义。

1. 谈判是市场经济发展的内在平衡器

从古至今谈判一直是人们生活的组成部分。但是，只有在商品经济发展到一定程度，人类社会进入文明阶段时，谈判才能在社会生活中发挥出巨大的作用。这是因为商品经济的内涵是等价交换，它排斥一切政治权力的干预，只有通过买卖双方的平等协商，才能在互利的基础上实现彼此的利益，促进经济的不断发展。可以说，商品经济的发展使谈判扮演了社会经济生活中的重要角色，而广泛而有效地运用谈判手段，又极大地促进了商品经济的繁荣与兴旺。

在人类社会形成初期，由于生产力水平极其低下，集体狩猎的食物都是平均分配的。虽然当时也有协调行为，但这种协调是自发的、无意识的，可以看作人的"天性"。随着社会生产力的进一步发展，产品出现了大量剩余，有了交换的可能性和必要性。这时，出现了通过谈判进行部落间交换的现象。在第三次社会大分工形成后，出现了专门从事商品交换的商人，交换已发展成为经常的、广泛的社会活动，谈判则成为这种贸易交往的媒介，成为人们社会活动的重要内容。商品经济存在的基础是社会分工和私有制，决定了人们之间的交往关系必须是平等的、互利的，人们之间的经济联系必须是有偿的、等价的。与此相适应的谈判便成为人们实现这种联系的重要方式，为谋求各方之间的联系与合作发挥着巨大的作用。

实践证明，商品经济越发达，谈判的应用越广泛，谈判的形式就越多样、复杂，因此出现了民间谈判、企业间谈判、政府间谈判以及国际谈判等各种形式。同时，谈判广泛运用于社会生产、生活的各个领域，进一步促进了社会的繁荣、经济的发展，更好地实现了人们在平等互利基础上的联系，改善了相互间的关系，提高了交易的成功率。今天，谈判已经成为商品经济社会不可缺少的组成部分，成为各种组织和公众解决矛盾、调整人际关系的重要手段。不论人们有没有意识到，他们都曾在现实生活中扮演了并将继续扮演着"谈判者"的角色，正如谈判专家所说的那样："世界就是一张偌大的谈判桌。"

2. 谈判是企业之间经济联系的纽带

谈判特别是商务谈判，大多是在企业与企业之间、企业与其他部门之间进行的。每个企业都要与其他部门或单位进行沟通与联系，只有这样才能完成生产经营活动。

事实上，经济越发达，分工越细，专业化程度越高，企业间的联系与合作越紧密，就越是需要各种有效的沟通手段。但同时，在市场经济条件下，企业是社会的经济细胞，是独立的商品生产者，具有独立的法人资格。企业之间的交往与联系，必须遵从市场经济的客观规律，在自愿互利的基础上，实行等价交换、公平交易。因此，谈判理所当然地成为各种经济个体之间联系的媒介，成为企业之间经济联系的桥梁和纽带。

谈判是社会经济活动中企业之间以及其他各种经济实体之间联系的主要媒介。企业通过谈判实现资金、技术、设备、原材料和劳动力的最佳组合；通过谈判协商解决交易活动中的一系列问题；通过谈判处理合同纠纷；通过谈判磋商解决企业生产经营过程中所有涉及两方以上的问题。谈判加强了企业之间的联系，促进了社会经济的发展。

3. 谈判是发展对外贸易的桥梁

当代的经济活动是在国际之间拓展的。任何一个国家都不能只依靠本国的资源、生产能力、科学技术来满足国内的需求。而且随着社会生产力的不断发展，不论是发达国家还是发展中国家，都必须注意学习和利用其他国家的长处，借鉴别人的科技成果。众所周知，日本在20世纪七八十年代靠引进先进技术，实现了经济飞跃，一跃成为世界经济强国。纵观世界市场，从20世纪50年代到80年代，世界贸易额增长了20多倍；20世纪90年代以后，贸易增长速度进一步加快，特别是关贸总协定乌拉圭回合谈判协议的达成，促使世界贸易额增加了更多。可以说，现在的贸易是世界的贸易。

要加快我国现代化建设的步伐，就必须进一步扩大对外贸易，参与国际经济大循环。

在新世纪，我国已经成为世界贸易组织的成员，这为我国参与国际贸易，更多地吸引外资，引进国外先进技术，创造了极好的条件。

1986年，我国就开始了争取加入世界贸易组织的谈判，历时15载，经历了数百回合的双边、多边谈判，无数人员为此付出了艰辛的努力，最终获得了圆满的结果。不可否认，成果的取得是我国在国际上的经济地位提高和国力增强的结果，但谈判人员也功不可没。从国际贸易发展的态势看，国际商务谈判不仅需要懂专业的专门人才，更需要一专多能的复合型人才。例如在引进技术的谈判中，如果技术谈判与商务谈判不能很好地结合起来，懂技术的不懂贸易，懂贸易的不懂技术，就会使一些企业与外商签订的合同条款不清、时有漏洞，不仅给企业和国家造成损失，也影响我国对外贸易的发展。发展对外贸易，参与国际竞争，开拓国际市场，必须掌握高超的谈判技巧，了解、熟悉商务活动的一般规律、准则，以及各国的民俗、消费习惯，把握不同国家和地区谈判者的谈判风格。只有这样，才能有效地运用谈判手段，在国际商务活动中运筹帷幄，掌握主动，赢得胜利。

二、如何理解商务谈判的概念

商务是指一切有形与无形资产的交换或买卖事宜。按照国际习惯划分，分为以下四种：

（1）直接的商品交易活动，如批发、零售商品业。

（2）直接为商品交易服务的活动，如运输、仓储、加工整理等。

（3）间接为商品交易服务的活动，如金融、保险、信托、租赁等。

（4）具有服务性质的活动，如饭店、商品信息、咨询、广告等服务。

商务谈判是指买卖双方为了促成交易，满足双方的利益，或是为了解决买卖双方的争端，就所关心的问题而进行的磋商、让步，并取得各自的经济利益的一种方法和手段。

商务谈判是在商品经济条件下产生和发展起来的，它已经成为现代社会经济生活必不可少的组成部分。可以说，没有商务谈判，经济活动便无法进行。小到生活中购物的讨价还价，大到企业法人之间的合作、国家与国家之间的经济技术交流，都离不开商务谈判。

商务谈判的基本要素是指构成商务谈判活动的必要因素，它从静态结构揭示了经济谈判的内在基础。任何谈判都是谈判主体和谈判客体相互作用的过程。因此，商务谈判的基本要素应该包括商务谈判的主体、商务谈判的客体和商务谈判的目标。

（1）商务谈判的主体。商务谈判的主体是指参与谈判的当事人。在商务谈判活动中，谈判主体是主要因素，起着至关重要的作用。商务谈判活动的成效在很大程度上取决于谈判主体的主观能动性和创造性。谈判的主体可以是一个人，也可以是一个组成合理的群体。但不是什么人都可以成为主体，主体是指具有商务谈判科学知识和能力、拥有相应权力、从事谈判活动的人或群体。

（2）商务谈判的客体。商务谈判的客体是指进入谈判主体活动领域的人和议题。谈判活动的内容就是由谈判客体决定的。

人是商务谈判的第一类客体。商务谈判是基于人们的某种需求而产生的行为，谈判的进展或终止、谈判的要约和承诺都取决于人的动机和行为，只有说服了人，使对方理解和接受谈判主体的提议，才能达成一致。第一类谈判客体的最大特点就是具有可说服性，这是它之所以成为谈判客体的主要标志。如果谈判对手是不可说服的，就不能进入谈判活动领域成为谈判对象。在商务谈判活动中，谈判主体是主导因素，在整个谈判中起着积极的、能动的作用。谈判客体是独立于谈判主体而存在的，它有着自身的利益和特性。

谈判主体和谈判客体是相对而言的。在谈判中，双方都力争成为谈判的主体，去说服和影响对方，但谈判的互利性和协商性决定了谈判双方在不同的问题、不同的时间可能是谈判的主体，也可能成为谈判的客体。

议题是商务谈判的第二类客体。所谓议题，就是商务谈判涉及的具体问题，是各种物质要素结合而成的各种内容。谈判的任务就是要通过协商解决问题，没有必要解决的问题，就没有进行谈判的必要和可能。所以，议题是商务谈判必不可少的要素。议题的最大特点在于双方认识的一致性，也就是说，进行谈判的双方需要通过谈判获得的利益具有相关性，谈判的议题包含了双方的利益，双方愿意就此进行协商。如果失去了这一点，就无法形成谈判议题而构成谈判客体。商务谈判的议题可能涉及多方面的内容。它既可以属于货物方面，也可以属于资金方面；既可以属于技术合作方面，也可以属于思想行为方式方面。

（3）商务谈判的目标。商务谈判是人们的一种目标很明确的行为。概括地讲，商务谈判的直接目标就是最终达成协议。谈判双方各自的具体目标往往是不同的，甚至是对立的，但它们都统一于商务谈判活动的目标，只有商务谈判的直接目标实现了，最终达成了协议，谈判各方的目标才能够实现。没有目标的谈判，只能叫作双方有所接触，或叫作无目的的闲谈，而不是真正的谈判。没有目标的商务谈判就像没有目的地的航行，是无法完成的。商务谈判的目标与商务谈判相伴而生，它是谈判活动的有机组成部分，是商务谈判的基本要素之一。

第二节　商务谈判的特点与基本原则

一、商务谈判的特点

商务谈判是谈判的一种类型，商务谈判既是一门科学，又是运用多学科知识于商务活动的一门艺术。与其他类型的谈判相比，它的显著特点是商务关系与经济特征，为此，可以将商务谈判的特点归纳如下：

（一）谈判主体的经济独立性

商务谈判的主体绝大多数是以营利为目的的经济组织、企业或个人，它们具有独立的法律资格，都从事商品生产或经营活动。这与政治、行政、军事、民事等谈判的主体显然是不同的。

（二）目标所指具有明显的经济性

商务谈判主体所磋商的是商业活动事务，是为了实现各自的商业利益与经济目的，它是以货币或盈利的多少来衡量谈判的效果的。与此同时，其谈判过程注重成本与效率，

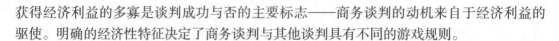

获得经济利益的多寡是谈判成功与否的主要标志——商务谈判的动机来自于经济利益的驱使。明确的经济性特征决定了商务谈判与其他谈判具有不同的游戏规则。

（三）谈判主体间的互惠互利性

商务谈判与其他谈判比较具有更明显的互惠互利性，它是在平等自愿的基础上展开的，通过协商、协调相互满足对方的需要，而不是只满足单方的需要，只不过各方满足的程度可能有所不同。

阅读案例 1-2：希尔顿的谈判智慧

美国"旅店大王"希尔顿曾经有过这样一件令他终生引以为豪的事情。

当年，希尔顿计划在达拉斯建造一座耗资数百万美元的新旅店，以实现他的"以得克萨斯州为基地，每年增加一座旅馆"的发展计划。但由于资金短缺，不得不中途停工。

希尔顿决定去见卖给他地皮的大商人杜德，他开门见山地告诉杜德，旅店工程无法继续。杜德听后不以为然，认为此事与他无关。希尔顿接着说："杜德先生，我来找您是想告诉您，旅店停工对我来讲固然不是一件好事，但您的损失会比我更大。""我不明白您在说什么。"杜德说。希尔顿向他解释其中的道理："如果我公开透露一下，旅店停工是因为我想换一个地方建旅店，那么旅店周围的地价一定会暴跌，这样的结果对您来讲是十分不利的，您看是不是呢？"杜德听后，经仔细权衡利弊，最终同意了希尔顿的要求，由杜德出钱将那家旅店盖好然后交给希尔顿，等赚了钱再分期偿还给杜德。两年后，由杜德出钱盖成的达拉斯希尔顿大旅店正式营业，希尔顿又向"旅店大王"迈进了一大步。

资料来源：刘文广，张晓明．商务谈判［M］．北京：高等教育出版社，2005．

（四）谈判过程的合法性

商务谈判的过程是建立在相关法律法规的基础上的，虽然谈判主体双方在谈判的实力上存在差异，谈判不可能绝对平等，但也不存在以大欺小、以强凌弱的压迫或剥削，否则就是非法的。

（五）谈判主体间的趋同性

商务谈判本身具有一定的对抗性，但这种对抗主要体现在经济利益上的竞争，是和平基础上的商业游戏，不构成对人格和人身的伤害，不牵涉价值立场与政治主张，这与政治、军事等谈判中你死我活、明枪暗箭的斗争在性质上是截然不同的。因此，商务谈判的对抗是有"度"的，它主要的目的还是要维系谈判主体间的趋同性，也就是要充分考虑利益双方的需求与承受力，以等价交换为原则。否则谈判要么陷入僵局，要么破裂，这两种情况都不是谈判双方愿意看到的结果。

（六）谈判对象的广泛性

经济的全球化，经济区域的扩大与融合，市场竞争的日益加剧，使得在商务活动过程中有机会和条件选择更多的谈判对象，无论是买方还是卖方，商务合作的对象越来越广泛，唯一性的商务伙伴几乎不存在。因此，瞬息万变的市场增加了谈判对象的不确定性，也要求利益主体多方位选择谈判对象，并增强自身的谈判实力，以确保在商务谈判过程中立于不败之地。

（七）商务谈判的市场规律性

商务谈判是一种不折不扣的市场行为，其目的在于促进商品生产和交换，它必须遵循市场规律，商品供大于求或求大于供都将直接影响利益双方的谈判地位与谈判心态，也将制约双方的利益分配。不做市场分析或逆势而动，都将使商务谈判陷入被动甚至带来无法预料的经济损失。

（八）谈判结果的不可预知性

谈判的结果是不可预知的，即谈判的当事人即使拥有同样的谈判条件，如果谈判技巧或谈判过程的处理不同，那么谈判的结果会有很大的差异。在谈判以前可以大致了解谈判双方优势的大小，但对于谈判的结果是无法判定的。谈判的这一特征导致谈判的艺术性和技巧性在谈判中占据了重要的位置，使得谈判成为少数人所拥有的特殊的技能。

阅读案例 1-3：谈判——最赚钱的商业策略

美国通用汽车公司（GM）是世界最大的汽车公司之一，早期曾聘用了一位叫罗培之的采购部经理，他上任半年，就帮通用汽车公司创造了 20 亿美元的经济效益。他是如何做到的呢？

汽车由许许多多的零部件组成，且大多是外购件。罗培之上任的半年时间里只做了一件事，就是把通用汽车公司所有的配件供应商请来谈判。他说："我们公司信用这样好，用量这样大，所以我们认为，现在要重新评估价格，如果你们不能给出更好的价格，我们打算更换供应商。"这样的谈判反复进行，结果就是，罗培之先生用半年的时间为通用汽车公司省下了 20 亿美元。与此同时，供应商在产品质量、供货时间、售后服务等方面也有了很大的改善。罗培之先生因此成为对通用汽车公司有特别贡献的一位管理者。

谈判不是战斗，但其过程就像一场战争，它几乎运用了所有能够在战争中运用的策略；同时，谈判与战争有根本的区别，战争是毁灭性的，谈判是创造性的。谈判的胜利不是任何一方会有损失，而是共同获利。谈判是最赚钱的一种商业策略。中国自古就有"财富来回滚，全凭舌上功"的说法。从事商业活动，无法逃避谈判。只有学习和掌握谈判这门科学，才能做到在商务谈判中挥洒自如、游刃有余。

二、商务谈判的基本原则

在某一服装销售的谈判过程中，生产厂方与销售商正为一批上衣的价格问题进行谈判。生产厂方首先提出出厂价为每件 50 元，而销售商则提出购进价为每件 20 元；在反复磋商过程中，厂方同意将价格降到每件 40 元，销售商也愿意将价格提高到每件 25 元，最后双方以每件 30 元的价格成交。

从这个案例中我们可以看出，买卖双方在交易过程中虽然存在着利益冲突，同时也存在解决冲突的可能性，即存在谈判的价值。买卖双方为了达成一致，取得共同的商业利益，需要不断调整自己的目标，通过做出某种让步达成有利于双方的协议。在这个谈判过程中，双方以经济利益为目的的谈判是围绕着价格进行的，最终利益的分割取决于各自的经济实力、策略与技巧的运用是否恰当等。而这种直接的讨价还价过程，在一定程度上反映了谈判的基本规则以及谈判中的理性思维过程，遵循了商务谈判的指导思想，体现了商务谈判的科学性和艺术性。

商务谈判的原则是指谈判的指导思想和基本准则。它决定了谈判者在谈判过程中将采用什么谈判策略和谈判技巧，以及怎样运用这些策略和技巧。感觉到的东西，人们不一定能理解它；只有理解了的东西，才能更深刻地感觉它。一个优秀的商务谈判人员应当能够自如地运用谈判的原则，指导自己的谈判实践活动。商务谈判的基本原则主要包括：诚信原则、合作原则、互利共赢原则、对事不对人原则、守法原则、相容原则、坚持客观标准原则、信息原则、注重心理活动原则、科学性与艺术性相结合原则等。

（一）诚信原则

诚信是商务谈判的基础与命脉，诚信原则是原则之中的原则。中国自古就有"货真价实，童叟无欺"的八字经典，在英文中也有"No tricks"的箴言。可见，在激烈的市场竞争中，"诚信是最好的竞争手段"。作为商务谈判主体，在商务谈判中千方百计追求利益最大化是天经地义的，但是采用蒙骗手段达成交易则是不可取的。商务谈判人员应当认识到，任何一次商务交往都不是孤立的单一交易。在整个谈判活动中，谈判人员都应当信守商业道德准则，并将其贯穿于整个商务谈判活动的始终。谈判技巧的运用要以诚信为前提，谈判的成本费用与谈判效率的高低在很大程度上也取决于诚信度。

商务谈判中的诚实信用原则有两个基本要求：①言必信，即在谈判中讲真话，不讲假话；②行必果，即遵守诺言，实践诺言。

商务谈判是商务主体基于一定的经济利益目标而进行的沟通与交流。在谈判过程中，以真诚的态度对待谈判并恪守信用具有非常重要的意义。它不但可以使谈判尽快达成令人满意的结局，而且可以给谈判对方留下良好的印象，为以后的长期合作、获取更大的利益打下坚实的基础。在商务谈判中奉行诚实信用原则，绝不是"冒傻气"，而是一种深谋远虑、志存高远的"长期投资"，一定会给真诚守信者意想不到的超值回报。

诚信是一种美德。在商务谈判中诚信的人会得到对方的信任，使对方乐于接近。当一个人在赢得他人信任的时候，也将使自己得到更多的机会。运用诚信原则应注意以下几个要点：

（1）信守承诺。商务谈判中不要轻易允诺，一旦允诺，就要尽力做到。

（2）注意细节。商务谈判中即使微小的问题也不能轻易失言，它会让你失去信誉。

（3）坦诚以待。如果不希望别人对你产生不必要的期待，不妨在交往之初就说明白。

（4）勇于道歉。勇于道歉就是要勇于承担责任。但道歉需要注意尺度，如果道歉次数太多，会让人觉得你不够真诚。

阅读案例1-4：黄金有价，信誉无价

一天，陈女士携好友到一家刚开业不久的百货大楼购物。在一排做工精致、用料考究的女式风衣前，陈女士发现一件成衣的标签，上面赫然印着60元的标价。这是一起明显的标价错误，因为这排风衣的统一标价是160元。售货员小姐非常友好地向陈女士致歉，并告之小标签上的价格是因为计算机的差错，"60元"前面的"1"字没有标清楚。

但陈女士认为，既然小标签上印着"60元"，这就意味着商家对顾客的一种承诺，因此，她坚持要以"60元"的价格买走该风衣。售货员小姐不敢做主，她让陈女士留下联系方式，告之次日将给她一个满意的答复。百货大楼的负责人连夜经过紧急磋商，最后决定以"60元"的售价将该风衣卖给陈女士。这起商业纠纷引起了当地新闻媒体的关注，各大报刊纷纷报道了这则消息，并展开了一场讨论：陈女士该不该以60元的价钱买走这件风衣，大部分读者都支持百货大楼，纷纷谴责陈女士的行为是出于一种"占便宜"的动机。而这家刚开业不久的百货大楼由于严守信用、言出必行而赢得了非常好的口碑，从而提高了知名度。一时间，该百货大楼门庭若市、生意火爆。

从这家百货大楼用100元钱苦心买回一个"信誉"可以看出，言必信，行必果，对一个人、一家企业的形象具有何等重要的塑造力量，真可谓黄金有价，信誉无价。

（二）合作原则

商务谈判是各类企业进行经营活动和参与市场竞争的重要手段，参与谈判的双方存在竞争关系，但本质来讲是合作者，而不是敌对者。谈判是一种在矛盾、冲突中寻求合作的过程。

正如尼尔伦伯格所言，人们谈判是为了满足需要、建立和改善关系，是一个协调行为的过程。这个过程要求参与谈判的双方在满足利益上要进行合作和配合。双方只有在提议、谅解与让步的过程中，才能达成满意的协议。如果无法建立合作关系，把谈判纯粹看成一场竞赛，那么，双方就会站在各自的立场上千方百计地想办法击败对方以达到自己的目的，其结果往往是两败俱伤。即使迫于一方压力而达成协议，在执行过程中也会出现各种各样的问题。

美国纽约印刷工会领导人伯特伦·波厄斯（Bertram Boas）以"经济谈判毫不让步"而闻名全国。他在一次与报业主进行的谈判中，不顾客观情况，坚持强硬立场，甚至两次号召报业工人罢工，迫使报业主满足了他提出的全部要求。报社被迫同意为印刷工人大幅度增加工资，并且承诺不采用排版自动化等先进技术，防止工人失业。结果是以伯特伦·波厄斯为首的工会一方大获全胜，但是却使报业主陷入困境。首先是三家大报被迫合并，接下来便是倒闭，数千名报业工人失业。这一例证表明，一方贪求谈判桌上的彻底胜利，导致了两方实际利益的完全损失。

可见，谈判是一种合作关系。在谈判中，最重要的是应明确双方不是对手、敌人，而是朋友、合作的对象。只有在这一思想指导下，谈判者才能本着合作的态度，消除各种障碍，并能认真履约。

坚持合作原则，应从以下两个方面入手：

（1）着眼于满足双方的实际利益，建立和改善双方的合作关系。经济交往都是互利互惠的，如果谈判双方都能够充分认识到这一点，就能极大地增加谈判成功的可能性。谈判的成功，会给双方带来实际的利益，建立或改善双方的关系，奠定进行长期合作的基础和可能。

（2）坚持诚挚与坦率的态度。诚挚与坦率是做人的根本，也是谈判的准则。古人说得好："精诚所至，金石为开。"任何交易，不论是哪一方缺乏诚意，都很难取得理想的合作效果。在相互合作、相互信任的基础上，双方坦诚相见，将己方的观点、要求明确地摆到桌面上来，求同存异，相互理解，这样会大大提高工作效率和增加相互之间的信任。

当然，坚持合作的原则，并不排斥谈判策略与技巧的运用。合作是解决问题的态度，而策略和技巧，则是解决问题的方法和手段，二者是不矛盾的。

阅读案例1-5：渔民与电力公司的谈判

1973年6月，一大群愤怒的渔民闯进了日本名古屋褚木电力公司，抗议这家公司下属的一座发电厂没有处理好废水问题，致使大量海洋生物死亡，严重影响了当地渔民的生计问题。电力公司处于进退维谷的境地。

为了减少对环境的污染，他们被迫采用低硫颜料，可这样一来，电的成本提高了，用户们又怨声载道。面对大声抗议的人们，该如何平息他们的怒气呢？

电力公司的有关人员首先耐心地听完了渔民的倾诉，对渔民的损失表示同情，使他们觉得被人理解而逐渐平息了怒气。接着，公司人员向他们说明了公司的难处以及将要采取的措施，从而让公众知道这是一家具有社会责任感的公司。最后，渔民们不仅理解了这家公司的方针、政策，谅解了他们的缺点与不足，还积极为公司出谋划策，使海水污染与企业生产的矛盾最终得到了解决。

（三）互利共赢原则

在商务活动中，谈判的双方或多方都有着一定的共同利益，但他们之间也存在某种商业利益的冲突。但是，认为谈判双方的利益是对立的这一传统观念是片面的。现代谈判理论认为，在谈判中每一方都有各自的利益，但每一方利益的焦点并不是完全对立的。例如，一项产品出口贸易的谈判，卖方关心的可能是货款的一次性结算，而买方关心的是产品质量是否一流。因此，商务谈判是谈判各方在追求共同商业目标、实现各方商业利益的过程中不断化解冲突、实现谈判者利益最大化的手段。谈判的一个重要原则就是协调双方的利益，互利共赢。

具体而言，坚持互利共赢原则，应该注意以下几点：

（1）寻找共同利益，巩固合作关系。共同利益是人们进行沟通、理解和交往的基础，是商务谈判产生的基石。它是双方合作的基点，共同利益的实现对各方都有好处。在商务活动中，谈判各方通常会为各自的利益讨价还价、争辩不休，而忽略了双方的共同利益。如果双方都能从共同利益出发，深入挖掘潜在利益，充分认识到双方的利益是互为补充的，那么就可以"把蛋糕做大"。有些人在谈判一开始就急于去"切蛋糕"，以为先下手为强，其实，这种做法并不明智。"把蛋糕做大"就是要求双方积极合作，充分沟通，实现利益增值，巩固双方的合作关系。长久合作关系的建立，将会进一步提升谈判的有效性，为今后的业务合作奠定基础。

（2）协调分歧利益，寻求合作机会。在商务活动中，人们在利润的追求、时间的安排、交易方式的选择等方面都有可能出现意见分歧。比如，货物贸易中买方希望卖方尽早交付货物，以占领市场，获取较大的利润收益；卖方若提早交货，就要组织工人加班加点，这样不可避免地要增加产品成本，影响卖方的销售收益。利益的冲突造成交易的困难。协调利益就是要找到一种双方都能接受的方案。比如，买方可以主动提出自己能接受的几个方案，由卖方选择最感兴趣的一个。针对这个方案，买方进行再一次的加工，拿出至少两个以上的方案，征求对方的意见。用这种方法，不再需要决策，就可以使方案尽可能地包含共同利益。合作的机会自然也会水到渠成，使谈判取得成功。谈判者的格言是："在分歧中求生存！"

（3）追求明智的利益，实现收益合理化。明智的利益的核心特点就是双赢，谈判双方首先要树立双赢的概念。一场谈判的结局应该使谈判的双方都要有赢的感觉。实践中，人们总是喜欢把谈判看成一场比赛，要么我赢，要么你赢，或者是一种此消彼长的价值分配，你分的多就意味着我分的少，好像没有更好的选择形式。然而，从发展的眼光看，商务上的合作关系会给你带来更多的商业机会。要打破传统的思维方式，提出新的方案，进行创造性的思维活动。一方面要搜集大量的信息、资料作为考虑问题的依据，另一方面要鼓励谈判组成人员大胆发表个人见解，集思广益，使利益需求更加合理化、理智化。

（4）立场服从利益原则。在商务谈判活动中，立场是指谈判双方认识和处理问题时所处的地位、所采取的角度和所持的态度；利益则是双方希望获得的好处。谈判中出于对己方利益的考虑，我们对谈判中出现的或可能出现的问题，会形成一系列看问题的角度，并形成对某种观念的坚持或者干脆表现为毫不动摇的原则，这都是谈判中的立场。有些人把立场看作谈判的原则、追求的目标。但是，谈判的本质是对利益的追求与维护，立场可以是交易一方的原则，更多的则是一种策略。

举个例子，有两个人在图书馆里发生了争执，一个人要开窗户，另一个人要关窗户。他们斤斤计较于开多大一条缝，1/2 还是 1/4。没有一个办法能使他们都满意。工作人员走过来。她问其中的一个人为什么要开窗户，回答是："呼吸一些新鲜空气。"她问另一个人为什么要关窗户，回答是："不让纸被吹乱了。"她考虑了一分钟，把屋子旁边没有读者的一扇窗户打开了，既让空气流通又不使纸被吹乱。

从这个案例中可以看出，矛盾双方在"开"与"关"之间的讨价还价、极力维护的立场并非其追求的真实利益，这种只站在自己的立场上解决问题的结果，通常会使谈判破裂，不欢而散。实践中，无论是商务谈判，还是个人之间纠纷的解决，很多人习惯各执一词，坚持用自己的立场来磋商问题，自觉或不自觉地以利益服从立场为原则进行谈判，其后果往往是消极的。

在商务谈判中，谈判双方应该把重点放在双方的利益上来考虑问题。利益是目标，立场是由利益派生出来的，是为利益服务的，因而立场应服从利益。谈判中的基本问题不是双方在立场上的冲突，而是双方在利益上的冲突。而在立场上讨价还价会降低谈判的效率，耗费大量的时间，使谈判陷入僵局，这就违背了谈判的基本原则。在立场上讨价还价还会损害双方的关系，谈判双方都要用自己顽强的毅力说服对方，迫使对方改变立场，这必然会使双方关系紧张，甚至会导致谈判破裂。因此，利益是谈判者实质的需求、欲望、关切或忧虑。立场是谈判者利益上的形式要求。促使谈判者做出决定的是利益，利益是隐藏在立场背后的动机。

阅读案例 1-6：求同存异

让我们来看看美国政治家和科学家富兰克林的一个故事：那年，富兰克林在费城的选举中获胜，担任了公职。但在竞选过程中与一位著名人士结下了难解之怨。在某些问题上他们观点相异，而富兰克林又非常需要那位先生的支持。

经过了解，富兰克林得知那位先生酷爱藏书，常引以为荣，他特别珍藏了一套书籍，其中有一册是非常珍贵的善本。于是富兰克林写了一封信给那位先生，请求他帮忙，将那册善本借给自己。那位先生接信后，马上就派人把书送了过来。一星期以后，富兰克林将书送还，并附了一封热情洋溢的感谢信，向他深表谢意。结果，下一次两人碰面时，那位先生第一次主动与富兰克林交谈，殷勤地表示愿意竭尽全力与富兰克林合作，支持富兰克林。富兰克林运用求同存异的原则赢得了那位先生的支持。

（四）对事不对人原则

商务谈判中的"事"是指具体的谈判目标和谈判议题，以及谈判行为过程中涉及的其他事件；"人"则是指事件谈判中所涉及的自然人以及人格、个性等因素。商务谈判中所讲的对事不对人原则，就是在谈判中区分人与问题，把对谈判对手的态度和讨论问题的态度区分开来，在沟通中不要涉及个人的人格、个性等因素，就事论事，不要因人误事。

谈判的主体是富于理智和情感的人，其过程和结果不可避免地要受到人的因素的直接影响。不论我们是否愿意，商务谈判中的一个基本事实是：与你打交道的不是抽象的谈判对手，而是一个具体的人，这个人是有情感、有思想的，他有自己的价值观和判断力。这一点在商务谈判中很容易被忽视。很多谈判者较多地关注了自己的个性情感、价值观、工作和生活背景，但往往忽略了对方的情感和态度。

比如，某部门员工小王开会总是迟到，影响到大家工作的进展。部门经理对他提出批评时如果这样说："你为什么总是迟到，你怎么这么懒，你已经拖累了整个部门的业务进展！"必然会引起当事人很大的反感，他会说："我也不想天天迟到。换成你，还不如我呢。"这种谈判方式不但不能解决问题，还会激化矛盾。如果部门经理换一种说话方式，比如问："小王，最近有什么难处吗？几次开会都来得有点晚，需要帮忙吗？"这样几句话，既指出了问题，提醒了对方注意，又不至于伤害到对方的自尊心，同时还体现了对对方的关怀和体贴。这样解决问题容易让人接受，同时也能赢得对方的尊重。随着时间的推移，双方能够建立起一种互相信赖、理解、尊重和友好的关系，会使以后的工作或谈判更加顺利和富有效率。

在商务谈判过程中造成"人"与"事"不分的重要原因在于，谈判者不能很好地区分谈判中的人与谈判中的问题，混淆了人与事，要么对人、对事都抱一种积极的态度，要么对人、对事都抱一种对抗的态度。有时把在谈判中对问题的不满意，发泄到谈判者个人的头上；有时又把对谈判者个人的看法，转嫁到对谈判议题的态度上。这些都不利于谈判的进行。因此，在谈判中，应遵循把人与问题分开的原则，牢固树立与对手打交道是谈判的形式、解决问题是谈判的直接目的的思想认识，争取因人成事，避免因人误事。在谈判过程中，为了把人的问题与谈判的问题分开，我们是否可以把人的问题直接抛开或索性回避呢？

答案是否定的。在谈判过程中不仅要处理好事的问题，而且要处理好人的问题，不能回避或抛开，而应该在坦诚解决双方实质利益的基础上解决人的问题。当双方谈判中出现针对谈判对手个人的攻击性问题时，双方应注意控制情绪，用实质利益来引导谈判继续进行。

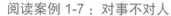

阅读案例1-7：对事不对人

在一家由美国人投资经营的日本工厂中，因为劳资纠纷，工人举行了罢工。美方经理介绍：工人早在六周前就向资方提出了警告，举行罢工的当天，双方经过协商达成了一致的意见，罢工结束之后，工人们主动打扫了示威场地，清理了满地的烟头、咖啡杯，恢复了原来清洁的面貌。第二天，工人们又自发地加班，完成了因罢工而拖欠的生产任务。美方经理对这种做法非常不解，就询问其中的一位罢工工人，这位工人是这样回答他的："我们对资方有些意见，要想让您知道我们对此事是极其严肃的，唯一的办法就是举行罢工。但这也是我们的工厂，我们不愿让您认为我们对工厂是不忠诚的。"这位工人的回答给我们的谈判问题拓展了一条新的思路，那就是：在谈判中基于我们对对方提出的某一条款有意见，我们不得不言辞犀利，那是因为我们希望对手知道我们对此事的重视程度和严肃性，但是我们并不想搞僵双方的关系，我们进行谈判的目的在于谋求一种互利、共赢的结局。

从这个案例可以知道，谈判是一项合作的事业，人事两分是合作的前提和基础，也是谈判者素质修养的体现。

（五）守法原则

守法这项原则要求谈判的内容及所签订的契约必须严格遵守国家的有关法律、法规和政策，这也是发展市场经济、维持正常的社会经济秩序的必然要求。

商务活动的宗旨是合法盈利。在市场经济蓬勃发展的今天，人们靠自己的辛劳与智慧通过商务活动赚取利润，是无可非议的，是值得赞扬的，但必须守法。合法的商务谈判活动，将会受到法律的保护；非法的商务谈判活动，则将受到法律的无情制裁。

（六）相容原则

相容是指谈判者在商务谈判中，要有较强的忍耐性，要心胸宽广、豁达大度、能进能退。在遇到难题时，能够主动退让，以退为进；当情况发生转机时，又需善于主动进攻，避开冲突，以对方易于接受的方式达到目的。相容原则的一个最大特点，是要求谈判者将谈判的原则性与灵活性有机地结合起来，以便能更好地实现预期的目标。

（七）坚持客观标准原则

面对商务谈判中存在的分歧，有些谈判者往往持强硬的态度，试图迫使对方不断让步；有些谈判者则过分突出感情的因素，在对方的压力面前不断地退让。靠压力来达成协议可能给谈判者带来一时的利益，但不可能只凭借强大的压力来获取长久的成功。同样，宽厚大方的做法虽然维系了双方的良好关系，但自己却陷于微利甚至是无利可图的境地，谈判的效率是低下的。

谈判要解决的问题应该以客观标准为依托。坚持客观标准的原则，就是坚持谈判中必须反映出不受任何一方立场所左右的公正的客观标准。通过对客观标准的讨论而不是固执地坚持自己的立场，就可以避免任何一方向另一方屈服的问题，使双方都服从于公正的解决办法。

可供双方用来作为协议基础的客观标准是多种多样的，如市场价格、专业标准、道德准则、价格指数等。选择的客观标准应该是独立于双方的意志力之外的，并且能为双方所认可和接受。如果双方认为每个问题都需要双方共同努力去寻求客观标准，那么谈判时依据某一客观标准应注意以下几个问题：

（1）确定客观标准。双方所寻求的客观标准应是独立于各方主观意志之外，合法、合情、合理，并切合实际，为双方都能接受。

（2）以其矛攻其盾。对方提出的每个标准，都可以成为用来说服对方的工具，如果采用对方提出的标准作为客观标准，那么，对方一般是很难予以拒绝或反对的。

（3）注意哪种标准最合适。在谈判中，坚持协议应根据客观标准，并不意味着只以一方所提出的标准为基础。一个合情、合理、合法的标准，往往又有其他可以取而代之的合法标准存在。如果双方提出的标准不同，就会寻求更为公正的客观标准，如双方过去曾经用过的标准，或普遍都在使用的标准。若最后双方仍不能达成一致协议，则可共同邀请双方认定的公证人进行裁决，请其提出哪种标准最公平，最切合实际。

（4）坚持原则，不屈服于压力。谈判中的压力有许多表现形式：贿赂、威胁、求助于信任或拒绝让步等。对此，应坚持原则，让对方说明理由，并提出己方所能适用的客观标准。除非以此为基础，否则不予让步，绝对不能屈服于压力。

阅读案例 1-8：张三坚持依高标准建房

张三要建一所住房，便与某工程队签订了承建合同。合同中对价格和材料都规定得很明确，但是却没有明确规定地基的深度。动工后便出现了分歧，工程队认为地基有 1m 深就足够了，而张三则认为住房的地基一般需要 2m 左右。

工程队负责人说："我们记得，采用较浅的基础当初是你自己同意的。"

张三说："可能当时我说过类似的话，1m 深的地基也许就够了。但我要求地基一定稳固，否则，时间长了整个房子就有可能变形。"

工程队负责人说："我们认为 1m 深就可以保证没有问题，我们在其他地方建房大多数的地基是 1m 深，有的还不到 1m。"

张三说："地基的深度，取决于地层的坚固程度，不同地区的地层结构是不一样的。当地的城市建设规划部门在这方面有明确的规定标准；当地其他房子的地基都是 2m 深。你们认为我们应该以什么作为标准来解决问题？"

工程队的负责人心情愉快地同意了张三的意见。

在事先没有明确地基深度的情况下，如果张三不是坚持客观标准，而是与对方进行讨价还价，折中地解决问题，那可能就不会取得理想的结果。

（八）信息原则

信息决定谈判的地位和力量，谈判是一个由信息不对称到对称的过程，这时候应该注意以下几个方面：

（1）注意收集谈判的信息。

（2）对获得的信息做出正确的反应。

（3）在平时生活中积累，做有心人。

（4）注意对信息的保密。

（九）注重心理活动原则

谈判是在人和人之间进行的，人的心理活动直接影响其行为。所以要善于把握对方的心理活动，很好地利用对方的心理活动规律，使谈判向有利于自己的方向发展。要从以下几个方面来满足他人不同层次的需要：善于调动别人的心理活动；利用人的"不求所用，但求所有"的心理；在对谈判不重要的情节上，自己承担责任。

（十）科学性与艺术性相结合原则

商务谈判是一门科学，同时又是一门艺术，是科学性与艺术性的有机结合。一方面，商务谈判是人们协调彼此的利益关系、满足各自需要的行为过程，人们必须从理性的角度对所涉及的问题进行系统的分析研究，根据一定的规律、规则来制定谈判的方案和对策。另一方面，商务谈判活动是由特定的谈判人员进行的，在这种活动中，谈判人员的知识、经验、情绪、情感及个性心理特征等因素，又都会在一定程度上对谈判的过程和结果产生影响，很难在事先对其做出估测，因而调动和运用这些因素就具有某种艺术性。

在商务谈判过程中，谈判者应当既坚持科学，又讲究艺术，遵循科学性与艺术性相结合的原则。只有用理性的思维，抱着科学的态度对待谈判，才能发现谈判中带有规律性的现象和实质要求，把握其一般的发展趋势。

第三节　商务谈判的功能和评价标准

一、商务谈判的功能

实践证明，一次成功的谈判能够救活一个企业，而一次失败的谈判可能葬送一个企业。商务谈判的特殊地位，决定了它在商务活动中具有重要作用。商务谈判的基本功能是商务谈判产生与存在的基础，是其价值所在，具体包括：

（一）协调功能

在商务活动中，做一笔买卖或交易，按照交易的程序，首先要进行询价或报价，并进行磋商，然后签订合同，履行合同。从询价或报价到签订合同，买卖双方将就商务或劳务的数量、质量、价格、付款方式、交货日期等方面反复进行磋商，取得一致意见后，才能达成交易。而这些磋商，往往是在谈判桌上来较量和解决的。正因为谈判更好地协调了彼此的利益关系，因此谈判被视为"合作的事业"。

（二）沟通功能

商务谈判是沟通企业与顾客的桥梁和纽带，这种沟通的重要内容之一，就是信息的交流与传递。在谈判桌上一般可获得下述情报或信息：顾客对产品设计以及对产品的主要评价与要求；顾客的抱怨资料以及对产品的使用情况；对价格的意见，顾客愿意支付的价格与产品成本的关系以及同类产品市场变化情况；竞争者产品的品质、特点与功能；竞争者有关市场营销的战略与战术的变化情况；等等。商务谈判人员在谈判过程中，不仅会收集自己所需要的信息，供企业决策者参考，而且会给顾客传递产品、服务以及企业发展的相关信息。商务谈判能实现信息的双向沟通，而这些信息对签订合同和扩大企业影响是至关重要的。

（三）促销功能

企业商务活动的中心任务就是推销产品或劳务。推销的成败完全依赖于产品或劳务的条件和商务人员的业务素质，其中包括谈判的能力和技巧。从某种意义上来说，介绍与推荐自己企业的产品、服务或表达合作的愿望是一种被动的行动，而能够吸引顾客的注意和兴趣，促进顾客的合作愿望和得到顾客对企业的信任则是一种主动行为的结果。通过谈判，一个优秀的商务谈判者或较好的谈判者，不仅是能够妥善处理各种意见、问题的能手，而且也是消除各种误解与疑虑，增进顾客信心的重要保证。这些都是顺利洽谈交易的必要条件。谈判如能达成协议，在产品短缺时，将有助于保证企业持续正常供应；当某种产品充斥市场之时，也将保证销售渠道畅通无阻，货畅其流。

（四）发展功能

商务谈判关系到企业的生存与发展。因为一个企业要实现规模经济与效益以及长期的发展目标，就要为建立长期稳定的销售渠道并保持其畅通无阻而努力。同时，许多企业为了扩大市场占有率和降低管理成本，节约费用，宁可寻找中间商经销产品，也不愿意负责产品的全过程销售。然而，指望许多陌生的顾客积极主动地订货是不现实的，这就需要通过谈判以增进相互了解来解决。维护并巩固原有的顾客固然很重要，但善于发展和培养新的顾客则更为重要。因为不开发潜在的市场，不拓展新的市场，企业就不会有发展。而如何发展和培养新的顾客，同时维护与老顾客的关系，则离不开商务谈判。

（五）效益功能

商务谈判是以经济利益为目的的谈判。商务谈判人员只有经过艰苦努力，消除分歧、达成共识，才能使企业以较优惠的价格购得产品、劳务或技术，或使对方接受建议，增加订货量等。这些都直接为企业创造了经济效益。

（六）社会功能

商务谈判虽然主要体现为企业的经济活动，但它也属于谈判，是人类行为的一个组成部分，所以，商务谈判客观上是直接为企业服务，但也间接地为推动社会文明进步服务。商务谈判方式、手段的改进给商务谈判研究提供了新的内容；商务谈判成功的策略、技巧、风格等，也为人们改进人际关系、提高沟通能力提供了典范，为整个社会文明进步做出了贡献。

二、商务谈判价值的评价标准

商务谈判是人们有意识、有目的的活动，因此确立相关谈判的价值评价标准，可以有效地指导谈判工作，并对谈判结果进行客观的评价。

所有谈判者都希望和追求谈判的成功。但如何评价谈判的成功与否，不同的人可能有不同的理解。有的人把自己在谈判中获得利益的多少作为谈判是否成功的评判标准；有的人则把协议的签订与否作为谈判是否成功的标准；还有的人把己方谈判目标的实现程度作为评价谈判成功与否的标准。实际上，商务谈判作为一项互利性的合作活动，需要人们将眼光放得更长远。只有真正弄清楚了什么是成功的谈判，才能对谈判活动有正确的理解和选用合适的方法与策略。

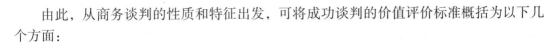

由此，从商务谈判的性质和特征出发，可将成功谈判的价值评价标准概括为以下几个方面：

（一）预期目标的实现

商务谈判的最终结果有没有达到预期的目标，在多大程度上满足和实现了预期目标，这是评价谈判是否成功的首要标准。谈判结果如果没有达到自己的最低期望值，则该谈判不能认为是成功的。当然也不能说谈判只有实现了自己的最高目标才能算成功。成功谈判实现的预期目标常常是介于最高与最低目标之间的。

（二）效率的高低

商务谈判的效率是指谈判所获收益与所付出的成本之间的对比关系。谈判是要付出一定成本的，这种成本包括三个部分：①为达成协议所做出的让步成本，即该项谈判预期谈判收益与实际谈判收益之间的差值或者说是所有让步之和；②为谈判所耗费的各种资源的成本，也即为该项谈判所花费的人力、物力、财力和时间的支出（经济折算值之和）；③为参加该项谈判所失掉的其他盈利机会，即机会成本。如果所耗成本很高而收益甚少，那么这种谈判是不经济的、低效率的，也是不成功的。只有谈判收益大于谈判成本，这类谈判才能算是成功的、高效率的。

在有些谈判中，由于当事各方利益冲突激烈，或谈判者的失误，使谈判花费过多的时间、精力和财力，尽管最后达成了协议，但谈判的付出多于最后的收获，这显然是低效率和不明智的。因此，作为一个合格的谈判者，必须关注谈判效率，权衡得失。

（三）精神的满足

成功的谈判要带给对方适当的心理上和精神上的满足，即要让对方在谈判中获得"赢"的感觉。只有双赢，才会在今后的合作中取得更多的收益；如果只是自己赢，而对方输，表面上看自己是成功了，实则会损害双方的长期合作和利益。当然，是不是"赢"，很大程度上取决于双方精神的和心理上的感觉，而不只限于利益的获得。因此，成功谈判的艺术之一在于如何给予对方更多精神上和心理上的满足。

（四）关系的维系

现代商务谈判的成功应该有利于促进和加强双方的合作关系，有利于合同的履行和双方的长期利益，甚至建立起良好的伙伴关系。相反，在实现己方谈判目标的同时恶化了双方的关系，有损于长期的合作，则不是真正成功的谈判。高明的、有战略眼光的谈判者往往是不会过分计较和看重某一场谈判的得失，而是着眼于长远、着眼于未来，谋求长期利益的最大化。

因此，成功的谈判应是双赢的、高效率的和增进双方关系的谈判，是需求、效率、关系三者的协调统一。

三、现代商务谈判中价值评价的辩证关系

在现代商务谈判中，谈判者一定要树立正确的谈判理念，处理好既得利益与长远利益、单赢与双赢、精神满足与物质利益、矛盾与冲突、谦逊与实力展示、规则的遵守与礼仪的遵循等对立统一的关系。

（一）既得利益与长远利益的关系

优秀的谈判者不只是看到一场谈判的得失，他们往往能从双方的合作中看到所蕴藏的长期利益，为了长期、更大的利益，他们愿意牺牲一些眼前、局部的利益。他们也深谙先予后取的道理，追求长期、整体利益的最大化。相反，那些坚持"好汉不吃眼前亏""锱铢必较"的人，往往会因小失大。

（二）单赢与双赢的关系

谈判者在谈判中如果只看到自己的利益，看不到对方的利益；只考虑自己的需求，不考虑对方的需求；只从自己的角度考虑问题，不从对方的角度考虑问题：这些做法常常导致谈判陷入僵局或破裂，最终也会损害自己的利益。

谈判者应当把谈判看成一场互利互惠的合作，而不是把谈判看成一场你死我活的斗争或有输有赢的比赛。因此不要把眼睛盯在现有的"小蛋糕"上，要去谋求对双方更有利的"大蛋糕"或整合双方的真实需要。

成功的谈判不仅要满足己方的需要，还要满足对方的需要；不仅己方要赢，对方也要赢。这种双赢既不是谈判利益的平均分配，也不是放弃己方的利益，而是在考虑对方合理利益的基础上去追求己方利益的更大化。把谈判利益看作一种"零"和，非输即赢，你多我就少，这种看法对谈判是非常有害的。

（三）精神满足与物质利益的关系

谈判者在谈判过程中要不断增强和给予对方精神的和心理的满足感，在不增加己方实际付出的基础上，可以让对方有更多"赢"的感觉，由此可以增强谈判的吸引力，有利于改善双方的关系。谈判者虽然代表的是谈判组织，但谈判活动是由谈判者具体实施的，因此给予对方谈判者良好的精神和心理上的满足，就能促进谈判的成功。只有谈判成功，谈判者才能获得相应的物质利益。

（四）矛盾与冲突的关系

谈判者之所以要坐到谈判桌前进行谈判就是因为谈判双方存在分歧和矛盾，谈判的目的就是要使这些分歧和矛盾缩小或化解。谈判者因担心双方的冲突会破坏谈判的成功，而只谈那些容易谈的问题，回避那些容易引起争论或矛盾的问题，不敢向对方施加压力来争取己方的利益，或面对对方的压力而轻易屈服，这些都不应该是一个合格的谈判者应该采取的行为。要看到成功的谈判不仅需要适度的冲突，而且还要善于处理冲突。害怕冲突是一种软弱的表现，不仅会损害己方的利益，而且也无助于顺利达到谈判目的。

（五）谦逊与实力展示的关系

谈判者无论处于什么样的情况，都应该注重适时地展现谈判实力，因为在现代商务谈判中，各方所得利益的确定，往往是由各方的谈判实力决定的，因此要追求谈判的成功，就必须设法增强和展示己方的谈判实力。同时，由于谈判实力具有相对性、动态性和隐蔽性等特点，通过策略和技巧来展现谈判实力是可能的。不能一味谦逊，害怕展示，抑或为了顾及谈判对手的感受和面子，那样会使自己失去获得更大谈判利益的机会。

（六）规则的遵守与礼仪遵循的关系

谈判者既要遵守一定的谈判规则，也要遵守与谈判有关的法律法规。谈判不是推销，无须过分热情，但也不一定要冷漠无情。谈判者过于热情，要么会引起对方的戒心，增加谈判的难度；要么会使对方放心，降低你的谈判实力。优秀的谈判者往往处事谨慎、冷静，善于分析，不轻易流露自己的情绪，也不轻易做出承诺。

谈判中要注意，约定俗成的各种礼节是不能违背的，它们保留至今就是为了得到遵守。谈判对手往往不会原谅违背当地礼节的行为，特别是社交场合中令人尴尬的失礼行为，可能尽管这是由你的无知造成的，他们也许不会公开指责你的错误，但会记在心中。不拘礼节常常表现为对谈判或当地的礼仪无知，或者不拘小节，过于随便，或者等级不分，行事莽撞等，这样会使对手轻视你，甚至会利用你的失礼作为谈判的筹码。要知道，一个好的谈判者应该是举止文明、优雅和守信的人。

第四节　商务谈判方式的选择

无论什么领域的商务谈判，无论谈判范围的宽窄，无论谈判内容的多寡，也无论谈判是易是难、谁输谁赢，古今中外各类谈判都必然采取某种方式进行。也就是说，必须通过某种办法、形式和途径，使谈判各方能说上话。用一个形象的比喻，解决谈判方式的问题，就好比解决过河的"桥"和"船"的问题。"桥"和"船"解决了，过河就有了途径和办法；谈判方式解决了，谈判才有了载体，谈判才能进行。

实际上，任何一种谈判方式都是由历史条件和客观环境决定的，人们对谈判方式的选择也不可能不受历史条件和客观环境的制约。比如，在电信事业没有产生和发展之前，人们是不可能想象利用电话进行谈判的。今天，电信技术已非常先进，但地处天涯海角、穷乡僻壤等通信不便的地方，人们也难以用函电谈判。随着时代的前进、经济的发展和科技的进步，新的谈判方式很有可能会再产生，正如信息高速公路正在向五洲四海延伸，向千家万户走去一样。每一个谈判者不仅应当精通现有的谈判方式，做到运用自如，得心应手，以获取每一次谈判的成功，而且应该随着时代的发展，积极去探索、发掘、创造新的谈判方式。

常用的谈判方式有三种：面对面谈判、电话谈判和函电谈判。

一、面对面谈判

在三种谈判方式中，面对面谈判是应用最广泛的一种方式。在科技水平不发达时，它曾是唯一的谈判方式，即使科技发展带来了新的谈判方式，面对面谈判仍因其全面的优势，在三种谈判方式中雄居要位，并不断完善发展，永葆活力。

（一）面对面谈判的含义

大到每日电视、广播和报纸报道的国际国内各类谈判，小到推销员上门推销，售货员向顾客介绍商品，顾客与小商贩的讨价还价等，这些都属于面对面谈判。面对面谈判，顾名思义，就是谈判各方直接地、面对面地就谈判的内容进行沟通、交流、磋商和洽谈。只要是面对面谈判，无论谈判各方是围坐在谈判桌旁，还是随便坐在一起，或是站在柜

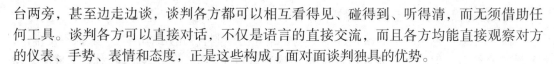

台两旁，甚至边走边谈，谈判各方都可以相互看得见、碰得到、听得清，而无须借助任何工具。谈判各方可以直接对话，不仅是语言的直接交流，而且各方均能直接观察对方的仪表、手势、表情和态度，正是这些构成了面对面谈判独具的优势。

（二）面对面谈判的特点

一般来说，凡是正规的谈判、重要的谈判、高规格的谈判，都以面对面的谈判方式进行。这主要是因为面对面谈判具有以下特点：

1. 比较正式、正规

谈判各方在谈判桌前就座，就形成了正规谈判的气氛，使每个参加谈判的人产生一种开始正式谈判的心境，很快进入谈判角色。而且面对面的正式谈判又都是按照开局——讨价还价——达成协议或签订合同的谈判过程进行的。所以，它是比较规范的谈判。

2. 谈判的内容深入细致

面对面谈判便于谈判各方就某些问题和难点进行反复磋商，就谈判的内容进行深入细致的洽谈，从而使谈判的内容更加全面。

3. 便于施展谈判的策略和技巧

毫不夸张地说，几乎所有的谈判策略和技巧都是从面对面谈判的实践中概括总结出来的；反过来，这些策略和技巧又几乎都用于指导面对面谈判实践。所以，各种谈判策略和技巧，只有在面对面谈判中才能更有效地施展并发挥威力和作用，实现谈判各方的目标，使谈判取得成功。

（三）面对面谈判的适用范围

面对面谈判是适用范围最广的谈判。但是，鉴于面对面谈判的特点和优势，在下列情况下，运用面对面谈判方式更为适宜：①比较正式的谈判；②比较重要的谈判；③比较大型的谈判；④谈判各方认为面对面谈判效果较好，方式较佳，与本次谈判最为适宜。

（四）单独谈判和团体谈判

以谈判各方参加谈判的人数多寡为标准来划分，面对面谈判可分为单独谈判和团体谈判两种类型。

1. 单独谈判

谈判各方参加谈判的人数均为一人，这种面对面的谈判即是单独谈判。

这类谈判的优点在于：保密性强；"内部"意见统一，行动一致，一人说了算，谈判中出现的各种问题可由一人全权决定；便于当机立断，抓住良机，取得谈判成功；不会因参加谈判的人多，意见分歧，延误时日，坐失良机。然而，凡事有利必有弊，单独谈判的缺点在于：谈判者一人作战，遇事没人商量，缺少助手；周旋余地较小，有些谈判策略难以施展；因谈判者一时失误，可能铸成大错，或功亏一篑，造成谈判失败。

所以，在进行单独谈判时，对谈判者的要求是很高的。他必须精通所谈业务，必须具有独立作战的能力，必须熟悉谈判策略和技巧，并具有谈判的经验，还必须在谈判前做好充分的准备。只有这样，单独谈判才有成功的把握。

2. 团体谈判

谈判各方参加的人数均为数人的谈判叫作团体谈判。一般在比较重大的谈判中采用团体谈判的方式。在谈判的团体中有一两名负责人作为谈判的总指挥，参加谈判的成员中既有参谈的主要人员，也有聘请的有关专家或顾问。

在团体谈判中，每个成员都承担一个任务，扮演一个角色。在负责人的指挥下，全体人员各尽其职、相互配合、共同作战，既能相互支持，又能相互弥补。谈判的策略和技巧能够在团体谈判中充分地运用和发挥，有助于达到预定的目的，取得谈判的成功。但是，团体内部容易产生意见分歧，认识不统一，行动不一致。为了与对方谈判，先得在团体内部谈判。这样会拖延时间，相互掣肘，效率低下，丧失谈判成功的良机。为避免类似现象产生，首先要按照谈判人员应有的素质要求和标准，挑选合格的谈判人员，组成精明强干、团结协作、相互配合的谈判团体；其次要挑选出具有较强组织领导能力，能调动全体人员积极性，发挥每个人的优势，驾驭谈判全局的团体负责人。这是取得谈判成功的组织保障。

二、电话谈判

随着电话通信的迅猛发展和日益普及，人们越来越多地使用电话进行信息沟通和商务洽谈。所以，了解和学习电话谈判的优缺点，掌握和运用电话谈判技巧也是很有必要的。

（一）电话谈判的概念与特点

电话谈判就是借助电话通信手段进行信息沟通、协商交易条件、寻求达成交易的一种谈判方式。它是一种间接的、口头的谈判方式。电话谈判方式与面对面方式的口头谈判既有不同点，也有相同点。电话谈判方式与面对面谈判方式的不同点在于前者是远距离不见面的磋商，而后者是近距离面对面的磋商。其相同点在于都是用口头语言的表达方式进行磋商的，而且电话谈判方式也包括探询、约谈、成交、签约等步骤；双方在洽谈之前，都需要做有关的准备工作；洽谈开始，也要做简短的寒暄；洽谈过程中，也少不了讨价还价；洽谈之后，要记录整理有关情况和资料。有的电话洽谈自始至终都进行录音，双方在电话中达成的口头协议也构成具有法律约束力的口头合同。

（二）电话谈判的优点

1. 便捷

使用电话进行谈判的主要优势是快速、方便、联系广泛。特别是在经济迅速发展的社会，时间就是生命，效率就是金钱，在经济洽谈、商务营销中，方便、快速更有决定意义。此外，电话谈判还有一个独具的优势，就是电话铃声——它具有极大的、几乎是不可抗拒的吸引力。无论是由于责任心、好奇心，或其他的心理和原因，人们几乎无法抵挡电话铃声的诱惑。它会使人本能地去猜测："是谁来的电话？""打给谁的电话？"运用电话谈判，用电话铃声来呼唤谈判对手，要比客气的约请、上司的指示和命令还要灵验。无论对方多么繁忙，在干着什么要紧的工作，只要听到电话铃响，都得停下手头的事情来接听电话。在电话谈判中，电话的这些优势经常被谈判双方所利用，为各自的目的服务，并为实现各自的谈判目标服务。

2. 说话可以直截了当

在电话中可以轻易说"不"，要拒绝对方提议的时候，也很容易说"不"，对方容易拒绝我们，我们也容易拒绝对方，避免了尴尬的场面。

3. 利用电话，可以忽视身份的差异

无论对方是总经理还是业务人员，都可打电话过去，这样就避免了由于身份悬殊而造成的压力或紧张情绪。

4. 电话中可以防止自己信息的流出，可以控制信息的流量

由于电话谈判较少受到对方身份、表情的影响，打电话不会像面谈那么紧张，因此也较少犯错误。

5. 可以随时打断话题

在电话中，假如对方说的话自己不爱听，或者觉得信息足够了，可以非常直接地在电话中插嘴，不会给人不礼貌的感觉。

6. 可以节约谈判成本

电话谈判可以降低成本，不需要场所，不需要出差，没有旅途劳顿和时间消耗等。

（三）电话谈判的缺点

由于电话谈判的双方相距较远，也由于电话自身功能的局限，比如打电话时只能听到对方的声音，不能看到对方的表情、手势等，这些都给电话谈判带来不便，造成缺陷。电话谈判的缺点主要有：

1. 误解较多

由于电话没有视觉反馈，不仅看不到对方的面部表情，更看不出对方的行为暗示；另外，对语音、声调的理解也往往有误，加之一些容易混淆的字、词，所以听懂并非易事，听错也不罕见。这是电话谈判要比面对面谈判更容易产生误解的原因。

2. 易被拒绝

电话谈判，对方看不到我们，"不"字更容易出口。例如一方拨了另一方的电话号码，很有礼貌地说："如果你不介意的话，我想请你做这件事……"另一方可以很干脆地回答："不行，现在我忙得很，多谢你打电话来。"

3. 某些事项容易被遗漏和删除

在双方交谈中，各自理解的重点和发生的兴趣不会完全一致，说和听都会带有选择性。而采用电话谈判方式时，多数情况下是一次性叙谈，很少有重复，所以，谈判者有意无意地将某些事项遗漏或删除，总是在所难免的。

4. 有较大风险

在电话中无法验证对方的各类文件、证据和许诺的真伪，有可能上当受骗，因此要冒一定的风险。

5. 时间紧迫

电话谈判较其他谈判方式而言，时间有限，谈判者缺乏深入思考的时间，尤其是受话者一方，往往是在毫无准备的状态下仓促面对某一话题，甚至进行某一项决策，因此容易出现失误。

6. 容易分神

接打电话容易受到干扰。例如，有同事、朋友来了，有各种各样的噪声等，容易造成精力不集中。

7. 很难判定接电话人的反应

因为对方在电话的另一端，无法清楚他的喜怒哀乐以及反应如何，这对判断和决策产生了一个很大的障碍。

（四）电话谈判方式的适用范围

尽管电话谈判存在着许多缺陷，但是这并不能掩盖它独特的优势。扬其所长，避其所短，在下列情况下用电话谈判方式，其效果可能比面对面谈判方式更好：

（1）在为了与谈判对方快速沟通、尽早联系、尽快成交时，电话谈判是达到这一目标、取得谈判成功的捷径。

（2）在为了取得谈判的优势地位时，可以采用电话谈判方式，并且争取主动把电话打给对方。这样，从谈判双方的状态看，你是有备而来，而对方则很有可能是匆忙应战，相形之下，主动打电话的一方自然而然地占了上风。

（3）在为了控制商务信息的流传范围时，宜采用电话谈判的方式。因为电话的两端一般分别只有一人，便于保密。

（4）在为了缩小谈判双方地位的悬殊差距时，电话谈判能收到预想的效果。无论对方身居何职，谈判双方面对的都只是一部电话机。通过电话，双方各自阐述自己的条件和要求，电话两头的人的身份、地位、职务都显得不太重要。

（5）在想要拒绝谈判对手，或者想中断谈判时，采用电话谈判的方式再合适不过。因为拒绝的话容易说出口，不会出现尴尬的局面。

（6）在故意表示对某项业务或某个谈判不关心，或故意表示我方谈判态度强硬和立场坚定时，采用电话谈判方式比采用面对面谈判方式可能效果更好。

（7）对待难以沟通和难以对付的谈判对手，运用电话谈判方式更具实效。如前所述，因为电话铃声普遍令人难以抗拒，即使难以沟通和难以对付的谈判对手也会拿起电话听筒与你沟通和洽谈。

（8）当面对面谈判方式难以进行时，宜采用电话谈判方式。这样可能会收到"柳暗花明又一村"的效果。

（五）使用电话谈判方式应注意的事项

由于电话谈判是一种只有声音没有人物表情、形体语言的洽谈，因此采用电话谈判方式要注意一些事项。

1. 干净利落的开头

如果你是接电话者，要根除拿起电话"喂"一声这一很不礼貌的不良习惯；以一句正式问候话开始，并同时报上你的名字，则是一种积极有效的做法。如果你现在没有时间谈，询问对方可否另行安排适当的时间；如果你是打电话的一方，也应询问对方此时是否合适。表现出对对方的尊重，这很重要！

2. 做好准备

由于电话谈判的不可间断性，它比面谈更需要重视与准备——做一次深呼吸、露出微笑、文件夹放在手边，事前写好一些纪要便笺，甚至准备一杯水。准备充分，你才会更自信，谈判也会开始得更顺利。

作为打电话者，只有事先做好计划和准备，才能真正掌握主动权，没有准备便拨电话，谈判中的优势很有可能拱手让给对方。谈判前的计划和准备主要包括以下几个方面：

（1）把要谈判的内容列一个详细的清单，包括说话的内容和顺序，尤其是重要事项不要遗漏。

（2）把即将在电话里进行的谈判在脑海中演练一遍，熟悉内容，加深记忆。

（3）对于对方在谈判中可能采取的战略战术、技巧策略要有所估计和预料，要制定相应的对策，做好充分的心理准备。

（4）在打电话之前，应当把将要用到的东西放在手边。例如，谈判中可能涉及的有关资料、数字；记录用的纸和笔；另外，准备一台计算器，便于随时用来计算。

（5）人非圣贤，孰能无惑，即使准备得再充分，也难免有始料不及的问题，以及出现对方转移话题的情况，对不了解和不懂的问题，要有勇气承认个人的知识有限，这也是必要的思想准备。

（6）要准备好一两个"借口"，以便在谈判不利时能不失礼节地挂断电话。这样，便可以避免谈判向着不利的方向下滑，避免谈判局面进一步恶化，给己方争取思考的时间和回旋的余地。

3. 询问对方是否听清楚

电话谈判的一大特点是缺乏信息反馈，你在谈判时必须记住这一点。如果是对方在讲话，你要尽量给予他听觉上的反馈，因为如果你长时间不出声，对方会认为电话断线了或你心不在焉。如果是你在讲话，你也可以在某一个观点结束时，礼貌地询问一下对方是否听清。

4. 集中精力

使用电话谈判，必须完全依靠谈话，电话声音是你唯一的使者，你必须通过电话给对方一个良好的印象。所以，传到电话那端的必须是一个清晰、有力、生动、中肯、让人感兴趣的声音。因此，把注意力完全集中在电话上，排除外界种种干扰，不可一心二用，与谈判无关的事等谈判结束后再做。

5. 及时更正

假如事后发现谈判的结果对己方不公或不利时，应毫不犹豫地要求对方重开谈判。

6. 记录整理

要在电话谈判的过程中做好笔记，并在谈判结束后尽快将笔记整理归档，以求档案完整，便于事后随时查阅。

7. 协议备忘录

协议备忘录有时被称为意向书，其目的就是把电话谈判中所要明确的谈判各方的责任、权利和义务都写在纸上，作为双方协议的书面凭证，要求各方严格遵照执行。写好协议备忘录后，要寄给对方一份。

三、函电谈判

（一）函电谈判的含义

函电谈判是指通过邮政、电传、传真等途径进行磋商，寻求达成交易的书面谈判方式。函电谈判方式与电话谈判方式有相同之处，也有不同之处：两者都是远距离、不见面的磋商，但前者是用文字表达，而后者则是用语言来表达。函电谈判方式在国际贸易的商务谈判中使用最普遍、最频繁，但在国内贸易的商务谈判中则较少使用。

（二）函电谈判的优点

1. 方便、准确

函电谈判采用的电传、传真是现代化的通信手段，和电话一样具有方便、及时、快速的特点。即使是函件的往来，也是简便易行的。此外，在函电谈判方式中，来往的电传、信函都是书面形式，绝不会出现电话中的错听、误解等现象。来往函电做到了白纸黑字，准确无误。

2. 有利于谈判决策

函电谈判方式所提供的谈判内容都是书面文字，既不像面对面谈判方式那样必须当面决策，又便于谈判双方各自的台前、台后人员进行充分的讨论和分析，甚至可以在必要时向有关专家咨询、请教，从而有利于慎重决策。

3. 材料齐全，有据可查

函电谈判方式可以充分利用文字和图表来表达，使谈判内容较之电话谈判方式要全面而丰富。此外，谈判双方经过了反复多次的函电磋商，这些来往的函电就是今后达成交易、签订合同的原始凭证，有根有据，便于存查，具有一定的法律效力。

4. 省时，低成本

由于函电谈判方式是借助于邮政、电信手段来实现远距离谈判的，谈判人员可以坐镇企业而无须四处奔波，一来省时，二来省去了差旅费等。因此，函电谈判方式的费用开支要比面对面谈判方式少。

（三）函电谈判的缺点

函电谈判方式用书面文字沟通，有可能出现词不达意的情况，使谈判对方耗时揣摩。如果因此造成谈判双方各有不同的解释，就会引起争议和纠纷。

谈判双方代表不见面，就无法通过观察对方的语态、表情、情绪以及习惯动作等来判断对方的心理活动，从而难以运用语言与非语言技巧。

（四）函电谈判的基本要求

函电谈判是一种书面谈判的方式，其基本要求包括函电的拟写与处理两个方面。

1. 函电的拟写

函电一般包括以下六个部分：

（1）标题。标题即函电的题目或函电的名称。标题是函电内容的概括，标题要求简明、确切，不要文不对题，要和函电内容互相对应。

（2）编号。编号即函电所标的"字""号"。"字"代表发文单位，"号"代表发文次序。对函电进行编号，是为了收文和发文单位便于分类登记和进行查询。

（3）收文单位。收文单位即行文单位的对象，函电送达的单位。

（4）正文。正文是函电的主要部分。正文一般由三部分组成：①开头。正文的开头多从发函的原因写起，便于对方了解发函的原委，文字要求简明扼要。②主体部分。主体是函电最重要的部分，它的任务是阐述发函的目的和要求，一定要做到目的清楚、要求明确，既充分表达己方的意图、要求和条件，又使对方清楚明白、一目了然。③结尾。结尾有两种方法：或是主体写完即可结尾，或是写两句话与主体相照。商务函电有惯用的结束语，如"特此函达""特此函复""即请函复""候复"等。在结束语之后，也可以写上一些客套用语，如"谨祝商安""商祺""财祺"等。

（5）附件。随函电发出的销售合同、协议、报价单、发票、单据等都作为附件处理，附在函电之后寄发。附件的名称、号码、件数必须写清楚，写在函电的末尾。

（6）发文单位、日期、盖章。在函电末尾，或者在附件下一行偏右处，写上发文单位名称，单位名称下写明发函年、月、日，在日期上面加盖发文单位的印章。加盖印章是表示对发函严肃负责，而有些函件则需要单位负责人签名才有效。

若要把各种各样的商务谈判函电写好，就要努力达到以下各项要求：

（1）函电要符合政策法规、风俗习惯等，特别是对外商务函电要充分体现我国对外商务的各项方针政策。这是写好函电的基础和指导思想，也是搞好国际商务、发展对外商务的有力保障。

（2）要讲究策略，积极主动地开展业务活动。函电洽谈贸易，要视客户条件、货源情况等灵活对待；在处理争议和纠纷时，要针对不同情况采用不同对策。

（3）函电书写要正确、及时，每次函电的内容应当正确、完整。对交易磋商、签订合同协议、处理争议问题等各类函电，都要抓紧时间及时处理，不能拖延，以免丧失良机，造成经济上的损失或带来不良影响。

2. 函电的处理

商务函电量大、面广、内容复杂、时间性强，因此对函电的处理应当做到有计划、分步骤、不积压、不遗漏、不出差错。要想把商务谈判函电的处理工作做好，还应注意做到以下几点：

（1）阅读电文，吃透含义。认真阅读电文，吃透原文含义是处理函电的第一步，也是最重要的一步。完成这项工作的程序应当是：接到商务函电后先将函电全文通读一遍，选出其中较为重要和急需处理的部分仔细阅读，必要时要查阅有关的档案和资料，以便进行深入全面的分析，吃透函电原意，最后考虑并拟定处理意见。

（2）分清轻重缓急。处理各种商务谈判函电时应把握的原则是：急件即办，重要件及时办，一般件不积压。在步骤上，一般是先处理电报、电传，然后处理时间性较强的函件和洽谈成交的主要客户的来函，最后处理一般性函件。

（3）加强联系。商务交易一般都是由货源、储运、包装、财务等众多部门和单位协同完成的，函电的处理和落实涉及许多单位和部门，因此必须加强与各单位、各部门之间的联系，避免工作脱节，以免引起纠纷，造成经济损失。

（五）函电谈判的程序

函电谈判作为商务谈判的一种具体形式，其程序应该说与商务谈判程序是一致的，也包含始谈、摸底、僵持、让步和促成五个环节。但是，函电谈判作为商务活动中经常使用的一种谈判方式，其程序又有独特的内涵。按照国际贸易惯例，函电谈判一般包括五个环节，即询盘、发盘、还盘、接受和签订合同。

1. 询盘

询盘又称探盘，是指谈判一方大致地询问另一方（或多方）是否具有供应或购买某种商品的条件，只是了解一下供求情况，以衡量一下对方的实力和需求。具体而详尽的交易条件是在双方沟通的基础上进一步磋商。询盘多由商品的卖方发出，但买方也可根据自己的需要发出询盘。

例如：

从你方 9 月 5 日的来信中，我们注意到你们希望和我们发展纺织品贸易。在研究过贵公司产品目录之后，我们对货号为 510 和 514 的两款台布感兴趣。请报最低的 CIF 广州价，并注明可供数量及最早交货期。如价格合理、质量令人满意，我们将长期大量订购。

询盘的目的主要是寻找合适的买主或卖主，而不是同买主或卖主正式进行谈判，因而不具有约束力。尽管如此，询盘时也应结合实际，仔细考虑，在同一时间对同一地区的客商询盘不宜太多，否则对日后交易合作会造成不好的影响。

2. 发盘

发盘又称要约，是谈判的一方因想出售或购买某项产品，而向谈判的另一方提出买卖该商品的各种交易条件，并表示愿意按这些交易条件成交。通常发盘是由卖方发出的。由于发盘是由买卖双方中的一方给另一方提出交易条件和要求，所以发盘有两个关系人，一个是发盘人，另一个是受盘人。若一项发盘是由卖方发出，卖方就是发盘人，而买方就是受盘人，反之亦然。按照发盘人对其发盘在受盘人接受后是否承担订立合同的法律责任来划分，发盘可分为实盘和虚盘。在函电方式的商务谈判中，搞清楚实盘和虚盘的法律含义对谈判双方都是非常重要的。

（1）实盘。实盘是对发盘人有约束力的发盘，也就是发盘人在一定限期内，愿意按所提条件达成交易的肯定表示，发盘内容具有达成交易的全部必要条件，而且发盘人在规定的有效时限内，受发盘的约束，即未经受盘人的同意不得撤回或修改，受盘人在有效时期内若无异议地接受，合同即告成立，交易也就达成了。实盘有三个基本条件：①各项交易条件详尽、清楚、明确；②注明所发的盘是实盘；③明确发盘的有效时限。实盘内容的完整肯定，对受盘人比较有吸引力，可以促使受盘人从速做出决定。例如：

谢谢你们 2 月 20 日对大豆的询盘。作为答复，兹发盘如下：

品名：河北大豆，2020 年产

质量：一级

数量：500t

价格：每吨 780 美元，CIF London 价

包装：新麻袋装，每袋净重约 50kg

支付：不可撤销的信用证

交货日期：收到信用证之后 1 个月装运

该发盘为实盘，以你方答复在 3 月 15 日前到达我方为有效。

（2）虚盘。虚盘是发盘人所做的非承诺性表示，不具约束力。对虚盘，发盘人可以随时撤回或修改、变更内容，受盘人即使对虚盘表示接受，也需要经过发盘人的最后确认，才能成为对双方都具有约束力的合同。

虚盘一般有如下三个特点：①发盘中有回旋余地，常用"以我方最后确认为准"等术语加以说明；②发盘的内容不明确，不做肯定的表示；③缺少主要交易条件。虚盘对发盘人较灵活，可以根据市场变化修改交易条件，选择合适的交易对象，但是受盘人常常将其看作一般的业务联系而不加重视，因而不利于达成交易。例如：

9 月 5 日询盘收悉。兹报 100t 葵花籽，2020 年产，杂质不超过 3%，含油量不低于 88%，每吨 CIF Lagos 价 1700 美元，新麻袋装，每袋净重约 23kg，11 月装船，凭不可撤销信用证付款，该报价以货未售出为准。

3. 还盘

还盘是指受盘人在接到发盘后，不能完全同意发盘人在发盘中所提的交易条件，为了进一步磋商，对发盘提出修改意见的一种表示。如受盘人还盘，原发盘即失去效力，原发盘人也不再受原发盘的约束，还盘也就成了新的发盘。

在商务谈判中，如果原发盘人对受盘人发出的还盘提出新的建议，并再发给受盘人，叫作再还盘。在商务函电谈判中，一笔生意的谈判往往要经过多次还盘和再还盘，就像谈判桌上进行多次讨价还价一样，当然也有接到实盘后不做还盘而直接接受签约的，这就像面对面谈判桌上一拍即合的情况。

4. 接受

接受又称承诺，是受盘人完全同意对方的发盘或还盘的全部内容所做的表示。根据《联合国国际货物销售公约》的规定，一项有效的接受应具备下列三个条件：①接受必须由受盘人或特定的法人做出才具有效力，第三者做出的接受不具有法律效力；②接受的内容或条件应与发盘（或还盘）相符，这样才表明就交易条件达成一致；③接受必须在有效期内表示，才有法律效力，过期接受或迟到接受，都无法律效力。例如：

兹确认接受我方订购 100t 葵花籽，每吨 1700 美元 CIF Lagos 价，12 月装船。随函寄去我方第 GD964 号销售确认书一式两份，请签退一份以便存卷。请尽早开立以我方为受益人的信用证，以便及时安排装运。信用证条款必须与合同条款严格相符，以免日后不必要的修改。

5. 签订合同

签订合同是一场商务谈判的尾声。买卖双方通过交易谈判，一方的发盘或还盘被另一方接受后，交易即告达成。但在商品交易中，通常通过签订书面合同予以确认。

合同经双方签字后即告成立，具有法律性约束力，买卖双方都应当遵守和执行合同中的各项内容，否则任何一方违背合同内容都要承担法律责任。

一般地说，大宗商品和重要的机器设备，均须使用正式合同；一般商品或成交额不大的交易，多使用"销售确认书"。书面合同的正本一般都是一式两份，经交易双方签署后，各方保留一份。

第五节　商务谈判的模式

一、商务谈判的 APRAM 模式

商务谈判是一个连续不断的过程，一般每次谈判都要经过"评估""计划""关系""协议""维持"五个环节，谈判不仅涉及本次所要解决的问题，而且致力于使本次交易的成功成为今后交易的基础。这就是当前国际上流行的 APRAM（Appraisal，Plan，Relationship，Agreement，Maintenance）模式。

（一）进行科学的项目评估（Appraisal）

商务谈判是否取得成功，取决于各项准备工作。准备工作主要是指正式谈判之前的项目评估工作。也就是说，一项商务谈判要想取得成功，在正式谈判之前应对这项商务活动做出科学评估。如果没有进行科学评估，或者草率评估，盲目上阵，往往就不能达到企业希望的经济效益和社会效益，不能使谈判双方的资源得到充分利用，那么谈判就会失败或者有欠缺。"没有进行科学评估就不要上谈判桌"这应该成为谈判者的一条戒律。虽然科学的评估可能有的完整一些、复杂一些，有的简单一些，但都是必需的。

（二）制订正确的谈判计划（Plan）

任何谈判都应该有一个完整的谈判计划。一个正确的谈判计划首先要明确自己的谈判目标是什么，对方的谈判目标是什么，并把双方的目标进行比较，找出双方利益的共同点与不同点，对于双方利益一致的地方应该仔细地列出来，并准备在以后正式谈判中摆在桌上，由双方加以确认以便提高和保持双方对谈判的兴趣与争取成功的信心。同时，又可为以后解决利益不一致的问题打下基础。对于双方利益不一致的地方，则要发挥创造性思维，根据"成功的谈判应该使双方的利益和需要都得到满足"的原则，积极寻找使双方都满意的办法来加以解决。

（三）建立谈判双方的信任关系（Relationship）

在一切正式的商务谈判中，建立谈判双方的信任关系是至关重要的。在一般情况下，人们是不愿意向自己不了解、不信任的人敞开心扉、签订合同的。如果谈判双方建立了相互信任的关系在谈判中就会顺利许多，谈判的难度就会降低，成功的机会就会增加。所以说，谈判双方的相互信赖是谈判成功的基础。

（四）达成使双方都能接受的协议（Agreement）

一旦谈判双方建立了充分的信任关系，就可以进入实质性的商务谈判。在谈判中，要弄清对方的谈判目标，然后对彼此意见一致的问题加以确认，而对意见不一致的方面通过充分交换意见、共同寻找使双方都能接受的方案来解决。需要强调的是，达成令双方满意的协议并不是协商谈判的最终目标。谈判的最终目标应该是协议的内容得到圆满的贯彻执行，完成合作的项目，使双方的利益得到实现。

（五）协议的履行与关系的维持（Maintenance）

谈判仅仅达成协议是不够的，重要的是把协议的内容付诸实施。实践告诉我们，协议书不论规定得多么严格，也不能保障它执行。因此必须遵循"人＋约定＝实行"的准则，在达成协议之后，就必须有对执行的条款的约定。

人与人之间再好的关系，如果不对其进行维持，长期不再进行沟通、联络，就会渐渐淡薄，甚至双方的关系不能继续下去。因此谈判双方要进行长期交易，最好的办法就是保持、巩固和发展以往的关系。

二、商务谈判的"双赢"谈判模式

阅读案例 1-9：分橙子

有一位妈妈把一个橙子给了邻居的两个孩子，这两个孩子便讨论起来如何分这个橙子。两个孩子吵来吵去，最终达成了一致意见，由一个孩子负责切橙子，而另一个孩子选橙子。结果，这两个孩子按照商定的办法各自取得了一半橙子，高高兴兴地拿回家去了。

第一个孩子把半个橙子拿到家，把皮剥掉扔进了垃圾桶，把果肉放到果汁机上打果汁喝。另一个孩子回到家把果肉挖掉扔进了垃圾桶，把橙子皮留下来磨碎了，混在面粉里烤蛋糕吃。

从上面的情形我们可以看出，虽然两个孩子各自拿到了看似公平的一半，然而他们各自得到的东西却未物尽其用。这说明，他们在事先并未做好沟通，没有能够达到"双赢"的结果，也就是两个孩子并没有申明各自利益所在。没有事先申明价值导致了双方盲目追求形式上和立场上的公平，结果，双方各自的利益并未在谈判中达到最大化。

试想如果两个孩子充分交流各自所需，或许会有多个方案和情况出现。可能的一种情况就是遵循上述情形，两个孩子想办法将皮和果肉分开，一个拿到果肉去喝果汁，另一个用果皮去做烤蛋糕。也可能经过沟通后是另外的情况，恰恰有一个孩子既想要皮做蛋糕，又想喝橙子汁。

这时，如何能创造价值就非常重要了。其实，想要整个橙子的孩子提议可以将其他的议题拿出来一块谈。比如他可以说："如果把这个橙子全给我，你上次欠我的棒棒糖就不用还了。"实际上，他的牙齿被蛀得一塌糊涂，父母上星期就不让他吃糖了。

另一个孩子想了想很快就答应了。他刚刚从父母那里要了五元钱，准备买糖还债，

这样他可以用这五块钱去打游戏，才不在乎橙汁呢。

两个孩子的谈判思考过程实际上就是不断沟通、创造价值的过程。双方都在寻求对自己最大利益的方案的同时，也满足对方的最大利益的需要。实际上，这就是谈判双方达到"双赢"的过程。

（一）"双赢"商务谈判模式的含义

"双赢"商务谈判是指把谈判当作一个合作的过程，能和对手像伙伴一样，共同去找到满足双方需要的方案，使费用更合理，风险更小。

"双赢"商务谈判强调的是：通过谈判，不仅要找到最好的方法去满足双方的需要，而且要解决责任和任务的分配，如成本、风险和利润的分配。"双赢"谈判的结果是：你赢了，但我也没有输。

（二）实施"双赢"谈判的障碍

从倡导和趋势的角度说，"双赢"谈判无疑是有巨大的发展空间的。但是，在实际工作中，推广"双赢"商务谈判却有着诸多的障碍。

谈判中"双赢"目标的实现具有主观和客观的障碍。理论上的"双赢"与现实商务谈判中的"双赢"，往往具有一条难以逾越的鸿沟——各自利益的最大化。谈判双方之间也存在商务立场、商务利益等的冲突。双方在谈判焦点问题上看法的不一致往往是争论的起因。在许多谈判中，谈判的结局并不理想的原因往往是谈判者更注重追求单一的结果，坚持固守自己的立场，而从来也不考虑对方的实际情况。导致谈判者陷入上述谈判误区主要有如下四个障碍：

1. 过早地对谈判下结论

谈判者往往在缺乏想象力的同时，看到对方坚持立场，也盲目地不愿意放弃自己既有的立场，甚至担心寻求更多的解决方案会泄露自己的信息，降低讨价还价的力量。

2. 只追求单一的结果

谈判者往往错误地认为：创造方案并不是谈判中的一部分；谈判只是在双方的立场之间达成一个双方都能接受的点。

3. 误认为一方所得，即另一方所失

许多谈判者错误地认为，谈判具有零和效应，给对方所做出的让步就是我方的损失，所以没有必要再去寻求更多的解决方案。

4. 谈判对手的问题始终该由他们自己解决

许多谈判者认为，谈判就是要满足自己的利益需要，替对方考虑解决方案似乎是违反常规的。

商务活动充满着矛盾和冲突，而关键是如何来运用有效的手段化解这些矛盾和冲突。上述谈判的误区说明成功的谈判应该使双方都有赢的感觉。双方都是赢家的谈判才是真正的谈判，也才能够使以后的合作持续下去，在合作中各自取得自己的利益。因此，如何创造性地寻求双方都能接受的解决方案是谈判的关键所在，双方谈判处于僵局的时候更是如此。

（三）商务谈判达到"双赢"的途径

谈判的结果并不是"你赢我输"或"我赢你输"，谈判双方需要树立"双赢"的观念。在任何的商务活动中，谈判的双方或多方总是有着一定的共同利益基础，就像本章开头所述的例子一样。成功的谈判者并非一味固守立场，追求寸步不让，而是与对方充分交流，从双方的最大利益出发，寻求各种解决方案，用相对较小的让步来换得双方最大的利益，而对方也遵循相同的原则来取得交换条件。在满足双方最大利益的基础上，如果还存在达成协议的障碍，那么就不妨站在对方的立场上，替对方着想，帮助扫清达成协议的一切障碍，这样要达成最终的协议并非遥不可及。

如何才能达到"双赢"的目的呢？

1. 树立双赢的观念

将谈判建立在双方长久发展与合作的基础上，是谈判成功和实现双赢的首要保证。没有这个胸怀与基础双方各行其是，难以达成一致。即使一方暂时获胜最终导致的也是长久的失败（彻底失去了这个合作伙伴）。企业的最大利益，只能在市场长期稳定的发展中获得，而不是在短期内"杀鸡取卵"式的掠夺。

2. 将方案的制订与对方方案的判断行为分开

谈判者应该先制订方案，然后再做出决策，不要过早地对解决方案下结论。比较有效的方法是采用"头脑风暴"式的小组讨论，即谈判小组成员彼此之间激发想象，在原方案的基础上激发出各种想法和主意，不管这些建议是否能够实现。然后再逐步对激发出的想法和主意进行评估，最终制订谈判的具体方案。在谈判双方是长期合作伙伴的情况下，双方也可以共同进行这种小组讨论。

3. 充分发挥想象力，扩大方案的选择范围

在上述小组讨论中，参加者最容易犯的错误就是觉得大家在寻找最佳的方案。激发想象阶段并不是寻找最佳方案的时候，我们要做的就是尽量扩大谈判的可选择余地，在这一阶段，谈判者应从不同的角度来分析同一个问题。甚至可以就某些问题和合同条款达成不同约束程度的协议，如不能达成永久的协议，则可以达成临时的协议；如不能达成无条件的协议，则可以达成有条件的协议。

4. 找出双赢的解决方案

双赢在绝大多数的谈判中都应该是存在的。创造性的解决方案可以满足双方利益的需要。这就要求谈判双方应该能够识别共同的利益所在。每个谈判者都应该牢记：每个谈判都有潜在的共同利益；共同利益就意味着商业机会；强调共同利益可以使谈判更顺利。另外，谈判者还应注意谈判双方兼容利益的存在，即兼容不同的利益，但彼此的存在并不矛盾或冲突。

5. 替对方着想，让对方容易做出决策

让对方容易做出决策的方法是：让对方觉得解决方案既合法又正当；让对方觉得解决方案对双方都公平。另外，适当提示对方，以前的商务活动中对方也是这样做的，这也会让对方尽快做出决策。

本章小结

我国学者对谈判所下的定义，有以下几种：

"所谓谈判，乃是个人、组织或国家之间，就一项涉及双方利害关系的标的物，利用协商手段，反复调整各自目标，在满足己方利益的前提下取得一致的过程。"

"谈判是谈判双方（各方）观点互换、情感互动、利益互惠的人际交往活动。"

"谈判是人们为了协调彼此之间的关系，满足各自的需要，通过协商而争取达到意见一致的行为和过程。"

"谈判是指人们为了各自的利益、动机而进行相互协商并设法达成一致意见的行为。"

商务谈判的特点有：谈判的目的性、谈判的相互性、谈判的协商性。

谈判的动因有：追求利益、谋求合作、寻求共识。

商务谈判是指买卖双方为了促成交易，满足双方的利益，或是为了解决买卖双方的争端，就所关心的问题而进行的磋商、让步，并取得各自的经济利益的一种方法和手段。

商务谈判的基本要素是指构成商务谈判活动的必要因素，它从静态结构揭示了经济谈判的内在基础。任何谈判都是谈判主体和谈判客体相互作用的过程。因此，商务谈判的基本要素应该包括谈判的主体、谈判的客体和谈判的目标。

商务谈判的原则有：诚信原则、合作原则、互利共赢原则、对事不对人原则、守法原则、相容原则、坚持客观标准原则、信息原则、注重心理活动原则、科学性与艺术性相结合原则。

商务谈判的模式有：APRAM 模式和"双赢"谈判模式。

思考题

1. 如何理解谈判和商务谈判的概念？
2. 简要阐明谈判的特点。
3. 举例说明商务谈判应遵循哪些原则。
4. 如何理解商务谈判的标准？其内容有哪些？
5. 简述"双赢"谈判模式的含义及实现的途径。

案例分析讨论

我国南方茶叶公司卖茶一事

我国南方某省的红茶丰收了，茶农们踊跃地将红茶交到了茶叶收购处，这使得原本库存量就不小的茶叶公司的库存量更高了，形成了积压。如此多的红茶让公司的业务员很犯愁，如何才能销出去呢？

正在这时，有外地商人前来询盘。

茶叶公司感到这是一个极好的机会，一定要想办法把握住，既要把茶叶卖出去，同时还要设法卖个好价钱。为此，他们做了周密的部署。

在向外地商人还盘时，茶叶公司将其他各种茶叶的价格按市场的行情逐一报出，唯独将红茶的价格报高了。

外地商人看了报价，当即提出疑问："其他茶叶的价格与市场行情相符，为什么红茶的价格暴涨了那么多？"

茶叶公司代表坦然地说道："红茶报价高是因为今年红茶收购量低，库存量小，再加上前来求购的客户很多，所以价格就只得上涨。有句古话叫'僧多粥少'，就是这个意思。"

外地商人对茶叶公司所讲的话将信将疑，谈判暂时中止。

随后的几天，又有客户前来询盘。茶叶公司照旧以同样的理由、同样的价格回复他们："因为红茶收购量小，库存量小，求购的客户又多，所以才会涨价。"

许多客户在询盘时也得到了同样的答复。

这是怎么回事呢？真的像所说的那样吗？若是真的需求量大而库存小的话，还得快些签订购货合同，否则有可能价格还会提高。外地商人心中没了底。

虽说他们对红茶报价高心存疑问，想去了解真正的产量与需求量等问题，但是他们在此地无法直接了解到各种情况，只能间接地通过其他渠道去了解。

而其他的渠道，就是向其他客户询问，询问的结果与自己方面得到的信息是一致的。

于是外地商人赶快与茶叶公司就购销红茶一事签订了合同，唯恐来迟了无货可供。

价格按照茶叶公司的报价而没有降低。这样一来，其他客户纷纷仿效，在很短的时间内就把积压的红茶采购一空，而且茶叶公司还卖了个好价钱。

问题：

1. 茶叶公司的做法是否妥当？其采取的策略是什么？违背了商务谈判的哪一条原则？

2. 面对茶叶丰收，你有何策略将茶叶销售出去？

第二章

商务谈判的类型和内容

本章要点

1. 掌握商务谈判的几种类型。
2. 掌握商品贸易谈判包括的内容。
3. 了解技术贸易谈判的基本内容。
4. 了解影响谈判实力的主要因素有哪些。

导入案例

小细节　大作用

某年夏天，H 市木炭公司经理柯女士到 G 市金属硅厂就其木炭的销售进行谈判。H 市木炭公司是生产木炭的专业厂，想扩大市场范围，对这次谈判很重视。

会面那天，柯经理脸上粉底打得较厚，使得涂着腮红的脸尤显白嫩，戴着垂吊式的耳环、金项链，右手戴有两个指环、一个钻戒，穿着大黄衬衫、红色大花真丝裙。金属硅厂销售科的马经理和业务员小李接待了柯经理。马经理穿着布质夹克衫、布裤子，皮鞋不仅显旧，还蒙着车间的硅灰。他的胡须发黑，使脸色更显苍老。

柯经理与马经理在会议室见面时，互相握手致意，马经理伸出大手握着柯经理白净的小手，马上就收回了，并抬手检查手的情况。原来柯女士右手的戒指、指环扎了马经理的手。看着马经理收回的手，柯经理眼中掠过一丝冷淡。

双方就供货量及价格进行了谈判，金属硅厂想独占木炭公司的木炭供应，以强化自身与其他金属硅厂的竞争力，而木炭公司提出了最低保证量及预先付款作为流动资金的要求。马经理对最低订货量及预付款原则表示同意，但在"量"上与柯经理分歧很大。柯经理为了不空手而回，提出暂不讨论独家供应问题，预付款也可放一放，等于双方各退一步，先谈眼下的供货合同问题。马经理问业务员小李具体合同条件，小李没应声。原来他在观察、研究柯经理的服饰和妆容，柯经理也在等小李的回话，当她发现小李在观察自己时，不禁一阵脸红。

但小李未提具体合同条件，只是将本厂"一揽子交易条件"介绍了一遍。柯经理对此未做积极响应。于是小李提出，若谈判依单订货，可能要货比三家，愿意先听木炭公司的报价，依价下单。柯经理一看事情复杂了，心中很着急，加上天热，额头汗珠汇集成流，顺着脸颊淌下来，汗水将粉底冲出了一条沟，使原本白嫩的脸变花了。

马经理见状说道："柯经理别着急。若贵方价格能灵活，我方可以先试订一批货，也让您回去有个交代。"柯经理说："为了长远合作，我们可以在这笔交易上让步，但还请贵方多考虑我公司的要求。"双方就第一笔订单做成了交易，并同意就"一揽子交易条件"存在的分歧继续研究，择期再谈。

第一节　商务谈判的类型

商务谈判的类型可根据谈判地域、规模、主体的多少、地点、内容的透明度、时间的长短、谈判者接触的方式、性质、进展程度的不同划分为不同的种类。了解商务谈判的种类，是正确分析谈判的原则、方法和策略的基础。

一、按谈判地域划分

按谈判所涉及的地域范围划分，商务谈判可分为国际商务谈判与国内商务谈判。这种划分的意义在于国际商务与国内商务有其不同的政治、经济、法律法规背景和特殊性，对谈判人员基本素质的要求也不尽相同。

1. 国际商务谈判

国际商务谈判是指本国政府或组织与外国政府或组织及国际组织之间进行的国家与国家、经济体与经济体、国际组织与国际组织之间的经济谈判。这类谈判形式多种多样，内容复杂，影响因素众多，如语言、信仰、生活习惯、价值观念、道德标准、心理素质、行为规范等方面差异较大，这些都会对商务谈判产生重要的影响。

2. 国内商务谈判

国内商务谈判是指在国内的组织、企业或个人之间进行的经济谈判。由于所处的环境如文化、语言、风俗习惯、价值观念等基本一致，可以集中主要精力就双方的利益分歧进行磋商。国内商务谈判较之国际商务谈判所花时间少，效率高，协议履行中发生争议或因不可测因素导致变更、不能履行等情况，均可较快得到解决。

二、按谈判规模划分

按谈判业务的大小和参加人数的多少划分，商务谈判可分为小型谈判、中型谈判与大型谈判。

1. 小型谈判

小型谈判通常是指谈判各方的人数在 1 ~ 4 人的谈判。这种谈判一般有三种情况：①谈判的业务内容比较单一，一个人就可以胜任；②小型私营企业，谈判者就是企业老板或经授权的全权代表，具有很强的话语权，可以即时拍板；③在大型谈判中，为解决某些敏感问题或关键问题，也可以穿插双方的首席代表进行一对一的谈判与磋商。

2. 中型谈判

中型谈判通常是指谈判各方的人数在 4 ~ 12 人的谈判。中型谈判中更多的、更常见的是小组谈判，如为解决某些合作的技术问题需要以项目组或技术小组的形式进行沟通和磋商。

3. 大型谈判

大型谈判通常是指谈判各方的人数在 12 人以上的谈判。譬如涉及重大项目的谈判，需要组织人数众多的谈判团，还可能组建顾问团或咨询团。谈判成员通常经过精心挑选，要有相关的各类专家参加，要进行充分的事前准备，计划要周详，程序要严密。大型谈判一般要经过若干个回合，持续的时间长，涉及的问题多，还可能多次变换地点，甚至要进行相关的人事调整，但一般不会轻易换帅。

规模不同的谈判，谈判的复杂程度和谈判涉及的人员范围等也不同。规模越大，复杂程度越高，涉及的人员范围越广，谈判所做的准备也要求越充分。

三、按谈判主体的多少划分

按谈判主体的多少划分，商务谈判可分为双边谈判和多边谈判。

1. 双边谈判

双边谈判是指谈判主体只有两方的谈判。中小型谈判大多是双边谈判。

2. 多边谈判

多边谈判是指谈判主体多于两方的谈判。区域经济谈判、外交谈判、战争调停等均属此类谈判，如多哈回合谈判。

四、按谈判的地点划分

按谈判地点的不同划分，商务谈判可分为主场谈判、客场谈判和第三地谈判。

1. 主场谈判

主场谈判又称主座谈判，是指在自己的所在地进行的谈判，如所在的国家、城市、办公所在地等。其优势是环境熟悉，随时可以增减谈判力量，有主人感，一般居于主动地位，可以降低谈判成本，掌握更多的主动权。

2. 客场谈判

客场谈判又称客座谈判，是指在谈判对手的所在地进行的谈判。显然，这样的谈判有利于对方，会给己方带来不少困难。

进行客场谈判时要注意：①要入境随俗，入境问禁，注意尊重谈判地的风俗习惯，避免做出伤害对方感情的事情；②要审时度势，随机应变，创造条件，争取主动，及时向上级领导请示汇报。

根据主场谈判和客场谈判各自的优势，为了解决由于谈判地点对某方带来的局限性，在必要时可以进行主、客场轮流谈判。这种形式一般适合于大宗交易、复杂交易和需时较长的谈判。

3. 第三地谈判

第三地谈判又称中立地谈判，是指谈判场所在第三方中立地的谈判。谈判环境对双方的影响更平等。中立地谈判往往适用于谈判双方冲突激烈或对双方有重大影响的谈判，如国际争端的调解。

五、按谈判内容的透明度划分

按谈判内容的透明度划分，商务谈判可分为公开谈判与秘密谈判。

1. 公开谈判

如果所谈判的内容是依据国家法律、法规需要公开的，或根据双方的需要必须公开的，那么从谈判前的准备到谈判结束协议达成与否的全过程的信息，都必须处于公开状态，所有信息必须及时披露，这就是公开谈判。值得一提的是公开谈判要明确公开的范围和原则，并不是随意公开。

2. 秘密谈判

如果谈判的内容是依据国家法律、法规或本单位的商务及技术性质不能公开的，谈判通常在保密情况下进行，这便是秘密谈判，如国家的特殊技术引进项目、企业间特殊的优惠让利项目和特殊的合作项目等的谈判。

六、按谈判时间的长短划分

按谈判时间的长短划分，商务谈判可分为闪电式谈判和马拉松式谈判。

1. 闪电式谈判

闪电式谈判是指在经过充分的准备，对各方面的情况都做了充分调研，与谈判对手见面后直入主题，速战速决的谈判。采取这种谈判方式，一般是可选择的谈判对象较多，己方作为购买者居于买方市场，或者作为出卖者居于卖方市场，谈判的主动权始终掌握在自己的手中。闪电式谈判也可以是试探性的谈判，目的在于了解市场行情，进行多方比较，以便从中确定真正的谈判对象。

2. 马拉松式谈判

对复杂的大型项目，在谈判对象已经确定或已经有明确选择且对时间没有特别要求的情况下，可采取马拉松式谈判方法。当这样的谈判对己方很不利时，就应果断地终结谈判，寻找新的谈判对象。

有些国际争端与国际贸易的多边谈判，会因为不同利益群体的利益协调难度较大而使谈判久拖不决，形成马拉松式的长时间谈判。

七、按谈判者接触的方式划分

按谈判者接触的方式划分，商务谈判可分为面谈、电话谈判和函电谈判。

1. 面谈

面谈又称面对面谈判，是指谈判当事人面对面进行的谈判。面谈更能准确地反映当事人的意图，直观地反映当事人的表情与内心变化，双方往往也更容易接近和沟通，谈判的效果也更好，因此成为谈判的主要形式。其缺点是比较正式和耗时费财，容易受到场地和时间的限制。面谈适用于谈判的正式阶段。

2. 电话谈判

电话谈判是指谈判当事人以电话形式进行的谈判沟通。电话谈判具有方便、省时、高效、不太正式的特点。它往往适用于惯例交易，如代理商与供应商；或在谈判的试探、缓和阶段，为面谈做准备。但电话谈判也存在表述上容易造成误解、考虑时间不够充分、容易被对方拒绝、验证困难等缺点。

3. 函电谈判

函电谈判是指谈判当事人以书面形式进行的谈判，即当事人通过文书往来（包括各种电子文书）的形式进行的谈判。书面谈判具有正式、严肃、精练等特点，适用于谈判的问询、通知、争议、承诺等事项，是谈判重要的补充形式。

八、按谈判性质划分

按谈判性质划分，商务谈判可分为实质性谈判和非实质性谈判。

1. 实质性谈判

实质性谈判是指谈判内容与当事人的谈判目标或利益具有直接关系的谈判，如价格、质量、付款、运输、保险等的谈判。

2. 非实质性谈判

非实质性谈判是指谈判内容与当事人的谈判目标或利益没有直接关系的谈判，如谈判的时间、地点、议程、人员安排等。非实质性谈判大多是为实质性谈判做铺垫，但不能错误地认为它无关紧要或仅仅起从属性作用，实际上非实质性谈判往往对实质性谈判及谈判结果具有重要影响。

九、按谈判进展程度划分

按谈判进展程度划分，商务谈判可分为正式谈判和非正式谈判。

1. 正式谈判

正式谈判是指谈判各方对谈判进行了足够的准备后正式进行的谈判，即谈判内容和行为对谈判当事人具有实际的利害关系和约束力。

2. 非正式谈判

非正式谈判是指谈判各方接触性、试探性的谈判，通常是为了通报情况、沟通关系，往往是为正式谈判探索前景、扫除障碍；或者当形势和条件不适合采用正式谈判时而采用的一种方式，它对谈判各方一般都没有实际的约束作用。如当各方的谈判需求或意图不是很明朗时，就可采用非正式谈判增加进一步的了解。非正式谈判各方派出的是非正式谈判代表，如较低级别的职员、第三方代表等。

一般来说，真正的谈判都是正式的，非正式谈判常常是正式谈判的前奏。无论是正式谈判还是非正式谈判，既可能属于实质性谈判，也可能属于非实质性谈判，因为非正式谈判也可能涉及实质性内容。

第二节　商务谈判的内容

商务谈判的内容因商务谈判的类型不同而各有差异。以下仅以商品贸易谈判、技术贸易谈判和劳务合作谈判三种谈判类型为例分别予以介绍。

一、商品贸易谈判的基本内容

商品贸易谈判的内容以商品为中心，具体包括商品的品质、商品的数量、商品的包装、商品的运输、保险、商品的检验、商品的价格、货款结算支付方式，以及索赔、仲裁和不可抗力等条款。

（一）商品的品质

商品的品质是指商品的内在质量和外观形态。它往往是交易双方最关心的问题，也是洽谈的主要问题。商品的品质取决于商品本身的自然属性，其内在质量具体表现在商品的化学成分、生物学特征及其物理、力学性能等方面；其外在形态具体表现为商品的造型、结构、色泽、味觉等技术指标或特征，这些特征有多种多样的表示方法，常用的表示方法有以下几种：

（1）样品表示法。样品是指最初设计加工出来或者从一批商品中抽取出来的、能够代表贸易商品品质的少量实物。样品可由买卖的任一方提出，只要双方确认，卖方就应该供应与样品一致的商品，买方也就应该接收与样品一致的商品。为了避免产生纠纷，样品一般要一式三份，由买卖双方各持一份，另一份送给合同规定的商检机构或其他公证机构保存，以备买卖双方发生争议时作为核对品质之用。在商品买卖实务中，一般在样品确认时，应再规定商品的某个或某几个方面的品质指标作为依据。

（2）规格表示法。商品规格是反映商品的成分、含量、纯度、大小、长度、粗细等品质的技术指标。因为各种商品的品质特征不同，所以规格也有差异。如果交易双方用规格表示商品的品质，并作为谈判条件，就叫作"凭规格买卖"。一般来说，凭规格买卖是比较准确的，在平时的商品交易活动中，大多采用这种方法。

（3）等级表示法。商品等级是对同类商品质量差异的分类，它是表示商品品质的方法之一。这种表示法以规格表示法为基础，同类商品由于厂家不同，有不同的规格，所以同一数码、文字、符号表示的等级的品质内涵不尽相同。买卖双方对商品品质的磋商，可以借助已经制定的商品等级来表示。

（4）标准表示法。商品品质标准是指经相关部门统一制定并公布的规格或等级。不同的标准反映了商品品质的不同特征和差异。商品贸易中常见的有国际上各国公认的通用标准即"国际标准"；我国有"国家标准"和国家有关部门制定的"部颁标准"；此外，还有供需双方洽商的"协议标准"。明确商品品质标准，以表达供需双方对商品品质提出的要求和认可。

（5）牌名或商标表示法。牌名是商品的名称，商标是商品的标记。有些商品由于品质上优质、稳定，知名度和美誉度都很高，在用户中享有盛名，为广大用户所熟悉和赞美，在谈判中只要说明牌名或商标，双方就能明确商品品质情况。但磋商时要注意同一牌名或商标的商品是否来自不同的厂家，以及这些商品是否由于某些原因造成了损坏或变质，更要注意假冒商标的商品。

在实际交易中，上述表示商品品质的方法可以结合在一起运用。比如，有的交易既使用牌名，又使用规格；有的交易既使用规格，又参考样品。除此之外，还应注意以下五点：

（1）商品品质表示的多种方法共同使用时，应避免出现相悖和不清的情况，有时条款中应标明以哪种方法为基准，以哪种方法为补充。

（2）当交易的商品品质容易发生变动时，应尽量收集引起其变动的原因，以防患于未然。对于允许供货方交付的商品品质可以高于或低于品质条款的幅度——品质公差，可以采用同行业所公认的品质公差，也可以在磋商中议定极限，即上下差异范围。

（3）商品品质标准会随着科技的发展而发生变化。磋商中应注意商品品质标准的最新规定，条款应明确双方认定的交易商品的品质标准是以何国（地区）、何时、何种版本中的规定为依据。避免日后发生误解和争议。

（4）商品品质的其他主要指标，如商品寿命、可靠性、安全性、经济性等条款的磋商，都应力求明确，便于检测操作认定。

（5）商品品质条款的磋商应与商品价格条款紧密相连，互相制约。

（二）商品的数量

商品交易的数量是商务谈判的主要内容。商品成交数量的多少与商品的价格有关，同等数量的货币所能购买到的商品数量越多，说明这种商品越便宜。商品交易数量不仅关系卖方的销售计划和买方的采购计划能否完成，也直接影响交易双方的经济利益。

确定买卖商品的数量，首先要根据商品的性质，明确所采用的计量单位。商品的计量单位，表示重量单位的有吨、公斤、磅[⊖]等；表示个数单位的有件、双、套、打等；表示面积单位的有平方米、平方英尺[⊜]等；表示体积单位的有立方米、立方英尺等。在国际贸易中，由于各国采用的度量衡制度不同，同一计量单位所代表的数量也各不相同，因而要掌握各种度量衡之间的换算关系，在谈判中明确规定使用哪一种度量衡制度，以免造成误会和争议。

在贸易实践中，容易引起争议的是商品的重量。因为商品的重量不仅会受到自然界的影响而发生变化，而且许多商品本身就有包装与重量的问题。如果交易双方在谈判时没有明确重量的计算方法，在交货时就会因重量问题而发生纠纷。

常用的重量计算方法有两种：一是按毛重计算；二是按净重计算。毛重是商品和包装物的总重量，净重是商品本身的重量。由于净重不包括包装物的重量，所以按净重计算就必须是毛重减去包装物的重量。

包装物重量一般称为皮重，计算皮重的方法主要有以下四种：

（1）按实际皮重计算。这是对全部包装物的实际重量进行计量，而不是只计算一部分包装物的重量，也不是估算。

（2）按平均皮重计算。这是对规格比较统一的包装物用平均数求得包装物重量。

（3）按习惯皮重计算。这是对公认规格的包装物，按确定的单位重量计算。例如对

1磅（lb）=0.4536kg。

⊜　1英尺（ft）=0.3048m。

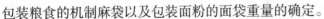

包装粮食的机制麻袋以及包装面粉的面袋重量的确定。

（4）按约定皮重计算。这是交易双方在谈判中以共同协商确定的包装物重量为标准所进行的计算。

在商贸活动中，以重量计量的交易商品，大部分是按净重计价的。商务谈判中如何计算商品重量，用什么方法扣除皮重，必须协商明确，以免出现纠纷。

（三）商品的包装

在商品交易中，除了散装货、裸体货外，绝大多数商品都需要包装。包装具有宣传商品、保护商品、便于储运、方便消费的作用。随着我国市场竞争日趋激烈，各厂商为了提高自己的竞争能力，扩大销路，已改变了过去传统的"一等产品，三级包装"的包装方法。市场上商品包装装潢不仅变化快，而且设计的档次越来越高，由此看来，包装也是商品交易的重要内容。作为商务谈判者，为了使双方满意，必须精通包装材料、包装形式、装潢设计、运装标志等问题。

为了合理选择商品包装和避免因包装问题引起的纠纷，贸易双方在磋商商品包装条款时应注意以下方面：

（1）根据交易商品本身的特征明确其包装的种类、材料、规格、成本、技术和方法。商品经营包装有内销、出口、特种商品包装；商品流通包装有运输包装（外包装）、销售包装（内包装）；按包装内含商品数量多少划分，有单个包装、集合包装；按包装使用范围划分，有专用包装、通用包装；按包装材料划分，有纸制、塑料、金属、木制、玻璃、陶瓷、纤维、复合材料、其他材料包装等。这些不同的包装还有体积、容积、尺寸、重量的区别，这些都会影响商品交易。

（2）根据谈判对方或用户对同类商品在包装种类、材料方面的不同要求和特殊要求及不同时期的变化趋势进行磋商并认定。

（四）商品的运输

在商品交易中，卖方向买方收取货款是以交付货物为条件的，所以运输方式，运输费用，以及装运时间、地点和交货时间、地点依然是商务谈判的重要内容。

1. 运输方式

商品的运输方式是指将商品转移到目的地所采用的方法和形式。按运输工具划分，运输方式有公路运输、水路运输、铁路运输、航空运输和管道运输；按营运方式划分，可分为自运、托运和联运等。目前，在国内贸易中主要采用铁路运输、公路运输、水路运输和自运、托运等方式；对外贸易中主要采用海运、空运、托运和租运等方式。在商贸活动中，如何使商品能够多快好省地到达目的地，关键在于选择合理的运输方式。选择合理的运输方式，应考虑以下因素：①商品的特点、运货量大小、自然条件、装卸地点等方面的具体情况；②各种运输方式的特点。

2. 运输费用

运输费用的计算标准有：按货物重量计算、按货物体积计算、按货物件数计算、按商品价格计算等。另外，还会因为运输中的特殊原因增加其他附加费。谈判中双方对货物的重量、体积、件数、商品的贵重程度进行全盘考虑，合理规划，在可能的条件下改

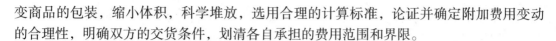

变商品的包装，缩小体积，科学堆放，选用合理的计算标准，论证并确定附加费用变动的合理性，明确双方的交货条件，划清各自承担的费用范围和界限。

3. 装运时间、地点和交货时间、地点

装运时间、地点和交货时间、地点不仅直接影响买方能否按时收到货物，满足需求或投放市场，回收资金，还会因交货时空的变动引起价格的波动，从而造成经济效益的差异。谈判中应根据运输条件、市场需求、运输距离、运输工具，码头、车站、港口、机场等场所的设施，以及货物的自然属性、气候条件做综合分析，明确装运、交货地点，装运、交货的具体截止日期。

（五）保险

保险是将投保人缴纳的保险费集中组成保险基金用来补偿因意外事故或自然灾害所造成的经济损失，或对个人因死亡伤残给予物质保障的一种方法。这里的保险主要是指货物保险。货物保险的主要内容有：明确贸易双方的保险责任，具体明确办理保险手续和支付保险费用的承担者。

我国商品贸易没有明文规定保险责任该由谁来承担，双方只能通过谈判协商解决。但在国际贸易中，商品价格条款中的价格术语确定后，也就明确了双方的保险责任。例如外贸中的离岸价和成本加运费价，商品装船交货后，卖方不承担保险，责任由买方承担；而到岸价则是指商品装船后的运输过程中的保险责任仍由卖方负责。在对外贸易业务中，出口时应尽量采用到岸价，争取在我国保险，由我国收取保险费。对同类商品，各国在保险的险别、投保方式、投保金额的通用做法，或对商品保险方面的特殊要求和规定均有所差异，谈判双方必须加以明确。要对世界各国主要保险公司在投保手续与方式、承保范围、保险单证的种类、保险费率、保险费用的支付方式、保险的责任期和范围、保险赔偿的原则与手续等方面的有关规定加以考虑筛选，最后加以确定；还要对保险业务用语上的差异和名词概念的不同解释给予注意，以避免争议。

（六）商品的检验

商品检验是对交易商品的品种、质量、数量、包装等项目按照合同规定的标准进行检查或鉴定。通过检验，由相关检验部门出具证明，作为买卖双方交接货物、支付货款和处理索赔的依据。商品检验主要包括：商品检验权、检验机构、检验内容、检验证书、检验时间、检验地点、检验方法和检验标准。

（七）商品的价格

商品价格是商务谈判中最重要的内容，它的高低直接影响贸易双方的经济利益。商品价格是否合理是决定商务谈判成败的重要条件。

商品的价格是根据不同的定价依据、定价目标、定价方法和定价策略来制定的，商品价格的构成一般受商品成本、商品质量、成交数量、供求关系、竞争条件、运输方式和价格政策等多种因素的影响。谈判中只有深入了解市场情况，掌握实情，切实注意上述因素的变动情况，才能取得谈判的成功。

价格是价值的货币表现。熟悉成本核算，就可以了解价格的高低，确定对方利润的多少，从而有针对性地讨价还价。

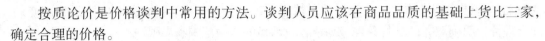

按质论价是价格谈判中常用的方法。谈判人员应该在商品品质的基础上货比三家，确定合理的价格。

商品数量的多少是讨价还价的一个筹码。目前，大多数买卖双方均有批量定价，一般来说，商品数量多，价格就低；商品数量少，价格就高。

商品的价格还受市场供求状况的影响。当商品供过于求时，价格就下跌；反之，商品价格就会上涨。谈判中应根据商品在市场上现在和将来的需求状况进行分析。另外，谈判人员还要考虑该商品的市场生命周期、市场定位、市场购买力等因素，判断市场供求变化趋势和签约后可能发生的价格变动，来确定商品交易价格，并要确定价格发生变动的处理办法。一般来说，在合同规定的交货期内交货，不论价格如何变动，仍按合同定价执行（国家定价的，调整后按规定变动执行）。如果逾期交货，交货时市价上涨，按合同价执行；市价下跌，按下跌时的市价执行。总之，应使价格变动造成的损失由有过失的一方承担，以督促合同的按期履行。

竞争者的经营策略也会直接影响商品交易的价格。在市场竞争中，有时企业为了取得货源，商品价格就会高一些；有时企业为了抢占市场，提高市场占有率，价格就会低一些。谈判人员在价格谈判时一定要密切关注市场竞争状况。

各国在不同时期有关价格方面的政策、法令、作价原则，也会影响交易双方有关价格的谈判。买卖双方在谈判时应遵守国家的价格政策、法令，并依照政策、法令来确定价格形式、价格变动幅度和利润率的高低。

在国际商务谈判中，谈判双方还应该明确规定使用何种货币和货币单位。一般来讲，出口贸易时要争取采用"硬通货"，进口贸易时则要力求使用"软货币"或在结算期不会升值的货币。总之，要注意所采用货币的安全性及币值的稳定性、可兑换性。

另外，在国际商务谈判中，谈判人员还应尽量了解各国及国际组织对与价格有关的问题的不同解释或规定，并在合同中加以明确，选定对己方有利的价格术语。价格术语又称价格条件，是国际贸易中各国贸易习惯所形成和认可的代表不同价格构成和表示买卖双方各自应负的责任、费用、风险以及划分货币所有权转移线的一种术语。常见的有：①离岸价，又称装运港船上交货价；②离岸加运费价，又称成本加运费价；③到岸价，又称成本加保险、运费价；④交货港或目的港船上交货价、交货港或目的港码头交货价、工厂交货价、边境交货价等。

（八）货款结算支付方式

在商品贸易中，货款的结算与支付是一个重要问题，直接关系到交易双方的利益，影响双方的生存与发展。在商务谈判中应注意货款结算支付的方式、期限、地点等问题。

国内贸易货款结算方式主要有现金结算和转账结算两种。现金结算，即一手交货一手交钱，直接以现金支付货款的结算方式；转账结算是通过银行在双方账户上划拨的非现金结算方式。非现金结算的付款有两种方式：①先货后款，包括异地托收承付、异地委托收款、同城收款；②先款后货，包括汇款、限额结算、信用证、支票结算等。根据国家规定，各单位之间的商品交易，除按照现金管理办法外，都必须通过银行办理转账结算。这种规定的目的是节约现金使用，以利于货币流通，加强经济核算，加速商品流通和加快资金周转。

转账结算可分为异地结算和同城结算，前者的主要方式有托收承付证、汇兑等，后者的主要方式有支票、付款委托书、限额结算等。

（九）索赔、仲裁和不可抗力

在商品交易中，买卖双方常常会因彼此的权利和义务引起争议，并由此引起索赔、仲裁等情况的发生。为了使争议得到顺利的处理，买卖双方在洽谈交易中对由争议提出的索赔和解决争议的仲裁方式，事先应进行充分商谈，并做出明确的规定。此外，对于不可抗力及其对合同履行的影响结果等，也要做出规定。

1. 索赔

索赔是一方认为对方未能全部或部分履行合同规定的责任时，向对方提出索取赔偿的要求。引起索赔的原因除了买卖一方违约外，还有由于合同条款规定不明确，一方对合同某些条款的理解与另一方不一致而认为对方违约。一般来讲，买卖双方在洽谈索赔问题时应确定索赔的依据、索赔期限和索赔金额等内容。

索赔依据是指提出索赔必须具备的证据和出示证据的检测机构。索赔方所提供的违约不实必须与品质、检验等条款相吻合，且出证机构要符合合同的规定；否则，都会遭到对方的拒赔。

索赔的期限是指索赔一方提出索赔的有效期限。索赔期限的长短应根据交易商品的特点来合理商定。

索赔金额包括违约金和赔偿金。只要确认是违约，违约方就得向对方支付违约金，违约金带有惩罚的性质。赔偿金则带有补偿性，如果违约金不够弥补违约给对方造成的损失，则应当用赔偿金补足。

2. 仲裁

仲裁是双方当事人在谈判中磋商约定，在本合同履行过程中发生争议，经协商或调解不成时，自愿把争议提交给双方约定的第三方（仲裁机构）进行裁决的行为。在仲裁谈判时应洽谈的内容有仲裁地点、仲裁机构、仲裁程序规则和裁决的效力等内容。

3. 不可抗力

不可抗力又称人力不可抗力，通常是指合同签订后，不是由于当事人的疏忽过失，而是由于当事人所不可预见、也无法事先采取预防措施的事故，如地震、水灾、旱灾等自然原因或战争、政府封锁、禁运、罢工等社会原因造成的不能履行或不能如期履行合同的全部或部分。在这种情况下，遭受事故的一方可以据此免除履行合同的责任或推迟履行合同，另一方也无权要求其履行合同或索赔。洽谈不可抗力的内容主要包括不可抗力事故的范围、事故出现的后果和发生事故后的补救方法、手续、出具证明的机构和通知对方的期限。

二、技术贸易谈判的基本内容

技术商品是指那些通过在生产中应用，能为应用者创造物质财富的、具有独创性的、用于交换的技术成果。技术贸易的种类主要有专利、专有技术、技术服务、工程服务、商标、专营权等。

技术贸易谈判包括技术服务、发明专利、工程服务、专有技术、商标和专营权的谈判。技术的引进和转让，是同一过程的两个方面。有引进技术的接受方，就有供给技术的许可方。引进和转让的过程，是双方谈判的过程。技术贸易谈判一般包括以下基本内容：

1. 技术类别、名称和规格

技术类别、名称和规格即技术的标的。技术贸易谈判的最基本内容是磋商具有技术的供给方能提供哪些技术，引进技术的接受方想买进哪些技术。

2. 技术经济要求

因为技术贸易转让的技术或研究成果有些是无形的，无法保留样品以作为今后的验收标准，所以，谈判双方应对其技术经济参数采取慎重和负责的态度。技术转让方应如实地介绍情况，技术受让方应认真地调查核实。然后，把各种技术经济要求和指标详细地写在合同条款中。

3. 技术的转让期限

虽然科技协作的完成期限事先往往很难准确地预见，但规定一个较宽的期限还是很有必要的，否则容易发生纠纷。

4. 技术商品交换的形式

技术商品交换的形式是双方权利和义务的重要内容，也是谈判不可避免的问题。技术商品交换的形式有两种：一种是所有权的转移，买者付清技术商品的全部价值并可转卖，卖者无权再出售或使用此技术。这种形式较少使用。另一种是不发生所有权的转移，买者只获得技术商品的使用权。

5. 技术贸易的计价、支付方式

技术商品的价格是技术贸易谈判中的关键问题。转让方为了更多地获取利润，报价总是偏高。引进方不会轻易地接受报价，往往通过反复谈判进行价格对比分析，找出报价中的不合理成分，将报价压下来。价格对比一般是比较参加竞争的厂商在同等条件下的价格水平或相近技术商品的价格水平。价格水平的比较主要看两个方面，即商务条件和技术条件。商务条件主要是对技术贸易的计价方式、支付条件、使用货币和索赔等项进行比较，技术条件主要是对技术商品供货范围的大小、技术水平的高低、技术服务的多少等项进行比较。

6. 责任和义务

技术贸易谈判技术转让方的主要义务是：按照合同规定的时间和进度，进行科学研究或试制工作，在限期内完成科研成果或样品，并将经过鉴定合格的科研成果报告、试制的样品及全部科技资料、鉴定证明等全部交付委托方验收；并积极协助和指导技术受让方掌握科技成果，达到协议规定的技术经济指标，以收到预期的经济效益。

技术受让方的主要义务是：按协议规定的时间和要求，及时提供协作项目所必需的基础资料，拨付科研、试制经费，按照合同规定的协作方式提供科研、试制条件，并按接收技术成果支付酬金。

技术转让方如完全未履行义务，应向技术受让方退还全部委托费或转让费，并承担违约金；如部分履行义务，应根据情况退还部分委托费或转让费，并偿付违约金；延期完成协议的，除应承担因延期而增加的各种费用外，还应偿付违约金；所提供的技术服务，因质量缺陷给对方造成经济损失的，应负责赔偿；如由此引起重大事故，造成严重后果的，还应追究主要负责人的行政责任和刑事责任。

技术受让方不履行义务的，已拨付的委托费或转让费不得追回，同时，还应支付违约金；未按协议规定的时间和条件进行协议配合的，除应允许顺延完成外，还应支付违约金；如果给对方造成损失，还应赔偿损失；因提供的基础资料或其他协作条件本身的问题造成技术服务质量不符合协议规定的，后果自负。

三、劳务合作谈判的基本内容

劳务合作谈判的基本内容包括某一具体劳动力供给方所能提供的劳动者的情况，需求方所能提供给劳动者的有关生产环境条件和报酬、保障等实质性的条款。其基本内容有：劳动力供求的层次、数量、素质、职业、工种、劳动地点（国别、地区、场所）、时间、劳动条件、劳动保护、工资福利和劳动保险。

（1）层次。层次是指劳动者由于学历、知识、技能、经验的差别以及职业要求的差异而形成的许多具体不同的水平级别，如科技人员、技术工人、勤杂工、保姆等。

（2）数量。劳动力是指人的劳动能力，通过劳动者的人数来表现。

（3）素质。素质是指劳动者智力、体力的总和。目前，只能从劳动者的年龄、文化程度、技术水平上加以具体表现。劳动者的体力主要从年龄上来测定，我国规定的劳动力年龄是男 16 ～ 60 岁，女 16 ～ 55 岁。体力随着年龄的增大而衰退。一般将年龄分成四组，即 16 ～ 25 岁、25 ～ 35 岁、35 ～ 50 岁、50 岁以上。在劳务市场磋商时，一般对劳动者的体力采用目测的方式认定其强壮还是弱小。文化程度是劳动者受教育的情况，表现智力的指标有：大学以上（含大专）；高中（含中专）、职高、技校毕业生；初中；小学；半文盲、文盲。技术水平是劳动者社会劳动技能熟练程度和水准高低的体现，具体分为：专业技术人员（高、中、低级职称，未评职称）；技术工作（3级以下，4 ～ 6级，7 ～ 8级，8级以上）；其他（含非专业技术干部和普通工人）。

（4）职业、工种。职业、工种在各行业、部门中有许多不同的分类，如农民、教师、医生、工人等。机器制造业工人又分为铸工、锻工、车工、铣工、磨工、钳工等。职业、工种按劳动者层次、素质双向选择，特别是对高空、水下、井下和容易产生职业病的职业、工种的选择性更大。

（5）劳动地点、时间、条件。劳动地点对某一具体劳动力需求方来说一般是固定的，只有少数是流动的。劳动者主要考虑离家远近、交通状况，结合劳动时间、劳动条件和劳动报酬等选择工作。

（6）劳动保护、工资福利和劳动保险。这是双方磋商的核心问题。它是发展劳务市场，推动劳动力在不同工作、地区、单位间转移的重要动力。

第三节　商务谈判实力理论

美国著名谈判学家约翰·温克勒（Jone Winkler）长期从事谈判技巧的研究，并在此基础上进行理论升华，在《讨价还价的技巧》（*Bargaining for Results*）一书中比较系统地提出了"谈判实力理论"。商务谈判实力理论对开展商务谈判工作具有指导意义。

约翰·温克勒认为谈判技巧运用的依据和成功的基础是谈判实力，技巧的运用与实力的消长有着极为密切的关系；建立并加强谈判实力的关键在于对谈判的充分准备和对对方的充分了解。通过恰当的语言和交往方式，在对手面前树立或加强关于己方的印象，探索彼此的力量对比，采取一切可能的措施增强己方的谈判实力，是谈判成功的主要技巧。温克勒还极力强调谈判行为对谈判的影响，认为当事人在谈判过程中的行为举止，对谈判的成败起到至关重要的作用，谈判者在谈判中的行为，被看作他所代表的组织的素质中最有说服力的标志。

一、商务谈判实力的含义与特点

（一）商务谈判实力的含义

商务谈判实力是指商务谈判者在谈判中相对于谈判对手所拥有的综合性制约力量。它不仅包括商务谈判者所拥有的客观实力（如企业经济实力、科技水平、独特性、规模、信誉、品牌等），而且包括商务谈判者与对方相比所拥有的心理势能，而这正是商务谈判策略和技巧运用的主要来源。谈判实力强于对手，就能在谈判中占据优势、掌握主动，取得对己方更有利的谈判结果。

（二）商务谈判实力的特点

1. 综合性

谈判实力来源于影响谈判结果的各种因素，既包括客观因素，也包括主观因素；既有外部因素，也有内部因素。它受到多种因素的影响和制约，绝不能简单地将其等同于经济实力或固有实力。

2. 相对性

谈判实力不是绝对力量，它只有在针对某一特定的谈判对手、谈判环境和谈判事项时才有意义，它是经谈判各方对比后所形成的相对力量，同时不存在不受环境和其他事物制约的谈判实力。

3. 动态性

正由于谈判实力是一种相对力量，因此它是可变的。谈判者可能在此时实力强于对手，而在彼时实力又可能弱于对手；可能在这件事上实力强于对手，而在另一件事上实力又弱于对手。由于谈判者的谈判技巧和行为举止对谈判实力影响很大，而这些因素是微妙变化的，因此谈判实力也是微妙变化的。这种微妙性，不仅决定了谈判实力的可变性，也决定了谈判更多的是一种心理斗争。

4. 隐蔽性

谈判实力一般不会轻易地暴露出来，它常常虚实结合地使用，构成谈判谋略的重要部分。因此，谈判者要懂得实力的展示方式和使用时机，而不可将自己的实力底细轻易泄露给对方。

二、影响谈判实力的主要因素

（一）交易内容对双方的重要性

交易内容对一方越重要，说明该方的需求程度越高，其主动权就越差，因此谈判实力就越弱；反之，谈判实力就越强。

阅读案例 2-1：史密斯没能得到降价

著名谈判专家荷伯·科恩（Herb Cohen）讲了一则故事：在一次谈判技巧研讨会上，史密斯先生告诉我，他最近打算买一套漂亮的房子，幸运的是他已看中了一处。

史密斯说："是这样的，卖主要 15 万美元，我准备付 13 万美元，你看我怎样才能少付那两万美元呢？请给我介绍点儿谈判诀窍吧。"我问他："如果你不买这所梦寐以求的房子又如何呢？"他答道："那可不行，我想那样一来我的妻子就会悲伤，我的孩子也会离家出走！"于是我嘟哝道："嗯……告诉我，你对你的妻儿好不好？"他答道："啊，荷伯，我很爱他们，为了他们我可以做一切。但现在我必须使房子的要价降低。"

最后，史密斯还是花了 15 万美元，就他那种迫不及待的心态，他没支付 16 万美元已够幸运了。

（二）交易条件对双方的满足程度

交易条件对一方的满足程度越高，说明交易条件对其越有利，其让步或回旋的余地越大，在谈判中就越主动，因此谈判实力就越强；反之，谈判实力就越弱。这就是"出价要高，还价要低"的道理所在。

（三）竞争对手的强弱

谈判者面临的竞争对手越多，实力越弱，其所承受的压力就越大，谈判的主动权和影响力就越差，显然，谈判实力就越弱；反之，谈判者面临的竞争对手越少，或优势越明显，或独特性越高，谈判实力就越强。

阅读案例 2-2：纽曼的失败

纽曼因为某种原因已失业一年多了，现在急需一份工作。他来到一家玩具公司，向主管经理递上了求职书和证明。经理扫了一眼他的材料，问了声："过去的一年里你干了哪些工作而使你在这个社会上不落伍呢？"

问题很尖锐，纽曼鼓足勇气回答道："干得不多。当过一阵家庭教师和顾问。"经理说了句："谢谢，我以后再找你。"纽曼听了这句话心里很不舒服，以致失去冷静，脱口说出："那么谈判是什么时候？你能给我定个日子吗？"

就是这句话让经理看出来他确实需要这份工作，他现在没有选择的余地。经理呆板地说："将来由我们的办公室跟你联系。"纽曼显得无奈又无助："那是什么时候？"经理说："这有什么关系？反正你不会到别的地方去。"

确实，纽曼将自己置于没有选择的余地，他失去了竞争的实力。最终，他也没能得到这份对他来说十分重要的工作。

（四）谈判者信誉的高低

谈判者的信誉包括资信状况、业绩记录、企业形象、知名度、美誉度、口碑、社会影响等因素，信誉越高，谈判实力就越强。在商务谈判中，信誉是谈判者最宝贵的资本，是构成谈判实力最重要的组成部分之一。

（五）谈判者经济实力的大小

经济实力通常表现为谈判者的资金状况、规模、技术水平、经营状况、市场占有率等。经济实力越强，谈判者的承受力和影响力就越强，谈判实力自然越强。但需要再次指出的是，经济实力不等于谈判实力，它只是形成谈判实力的基础因素和潜在条件。

阅读案例 2-3：奥莉小姐得到了贷款

奥莉小姐的公司面临严重的资金短缺。在这段萧条的日子里，缺钱的人太多了，银行不会主动敲她的门来提供这笔贷款。但是还得去贷款，怎么办呢？

是这样吗——经过多次犹豫不决，最后她鼓足勇气走进银行："请借给我一笔钱吧，我现在实在身无分文，帮我渡过难关，我以后会报答你们的。"

奥莉小姐才没这么蠢呢。她穿得比有钱时还阔绰，手上带着昂贵的金表，还挂着一把联谊会的钥匙，身后跟着两个衣冠楚楚的随员。她阔步走进银行，吸引了周围人的目光。

"嗨，这是哪位女大亨啊！"

……

奥莉小姐轻松地得到了贷款。

（六）谈判时间耐力的强弱

时间是改变谈判实力对比的重要因素，谈判者对时间的耐力反映了需求的强度和迫切程度。时间耐力越强，谈判的承受力和主动性越强，谈判实力自然就越强。因此，谈判者在谈判中应有充分的时间余地和耐心。

阅读案例 2-4：唯一卖主与唯一买主的谈判

在谈判技巧研讨上，常有这么一个练习：一个人必须将一辆二手汽车设法卖给另一个人。汽车的卖主被告知，只有唯一的这么一个买主，而且汽车日渐破损，这将成为不利条件（但是，这一信息并没有告诉买主）。同样，买主也被告知，他必须买下这辆汽车，因为它是市场上这种款式的汽车中仅存的一辆（但是，也没告诉卖主这一情况）。做买卖的双方必须尽可能地把这笔交易做好。

最后的结果会怎样？好处总会跑到战斗得最顽强、最坚持的人那里去。谁经得起时间的考验，谁就可能得到更多的利益。

（七）谈判信息掌握程度

在谈判中，谁具有信息优势，谁就具有主动权。相关信息的多少、真伪、及时性等信息的掌握程度与谈判实力息息相关，两者基本上成正比。

（八）谈判人员的素质和行为举止

谈判人员的基本素质、谈判能力、谈判技巧及为人处事等，对谈判实力也具有十分重要的影响，毕竟谈判是通过人来完成的。选择优秀的谈判人员，谈判人员的举止适当，是增强谈判实力的重要途径。

三、温克勒提出的商务谈判的十大原则

（一）只有在非谈不可的情况下才去谈判

只有在非谈不可的情况下才去谈判有两重含义：一是没有必要谈判就不要谈判，如果不用谈判就可以解决问题，那自然是最理想的结果；二是不要轻易给对方讨价还价的余地，应努力使自己处于一种没有必要讨价还价的地位，即使要做让步，也要让对方感觉至多只能在枝节问题上交涉，核心问题是不可谈判的。

（二）一定要有所准备

通常，谈判开始的 15min 内就可明了谁占优势，尽管后面的谈判时间还长，但在此期间内，谈判的总体框架已确定下来了。因此，事先一定要充分准备，以便捷足先登，在没有准备的情况下应尽量避免谈判。应尽一切可能了解对方，包括对方的需求如何，问题在哪里，谁是做决定的人等。那些进行了详尽的调查研究并做了充分准备的谈判人员，他们的亮相将分外有力，因为他们了解自己要达到的目标，也能确立对方的期望，因此就能更好地掌握谈判的主动。相反，仓促应战，或在自己没有意识的情况下就被卷入谈判，那么其谈判地位是非常低的。

（三）要通过给予对方更多的心理满足来增强谈判的吸引力

谈判者一方面需要保持强硬的姿态，在主要问题上尽量坚持不做让步，或让对方先提出条件以保持主动；另一方面又需使对方保持对谈判的兴趣，增强其心理满足感，如给对方适当的称赞，让对方感觉所得来之不易，人家已做出了重大牺牲，也给自己下了台阶等。谈判的技巧来源于给对方心理上的更多满足，而不是实际利益上的更多满足。

> 阅读案例 2-5：不情愿的卖家
>
> 一位不动产投资商事业非常成功，手下有众多不错的物业。其采用的策略非常简单：以适当的价格和条件购买适当的房产，然后持有一段时间，等物业升值后，再以一个更高的价格卖出去。许多小投资客户都找上门来，希望从他众多房产中买走一处。
>
> 他会认真读完对方的报价单，然后抬起头来，看着对方，一边挠着耳朵，一边说："你不知道，在我所有的产业当中，我对这一块有着特殊的感情。我想把它保留下来，留给我的女儿作为毕业礼物。所以除非你给的价格非常合适，否则我是不会出手的。你知道，这块产业对我来说有着特殊的意义。不过还是要感谢你的报价，为了公平起见，同时也为了不浪费双方的时间，请问，你最多可以出到什么价钱？"就这样，通过这种方式，他一次又一次地在几秒钟的时间里，从客户那里多赚了成千上万美元。

（四）使用你的力量，但开始时不宜操之过急

谈判者要善于使用力量来增强对对方的影响，因此在谈判过程中应把己方相对于对方的力量关系盘算清楚，并决定是否有必要提高己方的力量。如可以通过让对方感到内疚、问心有愧，或邀请对方到你的办公室等方式来提高你的力量。但使用力量时不宜过急或过于直白，这样会使对方加强防备，最好通过暗示或间接的方式来展示力量，如来自第三者的影响、舆论的压力、非正式渠道等。

（五）让对手们去竞争

孤注一掷是谈判的大忌，谈判者的热情和兴趣都会使对方不肯让步，而过于急切则

是一种虚弱的信号。不要这样做，要使对方为了得到你的注意而竞争，除了选择适当的时机，你还需要一个能成为对方势均力敌的对手的竞争者。无论何时，作为卖方，你总可以找到一个质量比你差而价格比你高的竞争者；而作为买方，你总可以找到一个出价比对方低而质量比对方好的竞争者。

（六）给自己留有余地

当你获取时，你应提出比你预想的目标还高些的要求（如你想要 20，那么先提出要25）；当你付出时，你应提出比你预想的目标要低些的要求（如你愿意给 10，那么先提出给 7）。总之，你做出的最后结果，应略好于对方最初的料想。给自己留有适当的余地，不仅可以增加谈判的主动权，还可以增强对方的满足感。一般情况下，绝不可把自己的底牌一次亮给对方，或根本不给对方讨价还价的空间。

（七）智圆行方

优秀的谈判者不会轻易地暴露自己能做到或愿意做到的是什么，也不会透彻地把自己需要什么及为什么需要等告诉对方，他们总是在十分必要的情况下，才会把自己的想法一点一点地透露出来；同时，他们绝不会暴露出他们正在承受的压力。另外，谈判者也没有必要去做一个说谎的人，保持正直非常重要，他所说的话必须要让对方信得过，如果做了什么承诺，就必须遵守；如果要放弃，则必须给自己留一条很好的退路。谈判者可以说是一种难对付（或有磨劲）的人，也可能很狡猾（但最好不要明显地让人感觉是这样），不管怎样，他必须给人以信任感。谈判者的个人品质若能被对方所喜欢，会大大有利于谈判。

（八）多听少说

谈判不等于演讲，也不同于推销，并非要滔滔不绝、口若悬河。恰恰相反，好的谈判者懂得多听、少说。这是因为要尽可能多地了解对方的情况，并通过问和听，对双方的相互关系施加某种控制，不可过多地泄露己方的信息而失去主动。优秀的谈判者总是让对方先把他的情况透露出来，在说明自己的情况时说得不多不少，仅仅为了引起对方的兴趣，且仅提必要的问题，并仔细倾听对方的回答。

（九）要与对方的期望保持接触

谈判中提出高要求是很值得的，但必须与对方的期望保持一定的接触，如果要求过高，使对方失去了谈判的兴趣，对方就会撤退。谈判中的高要求应该是可以浮动的，首先应用信号试探，以期设置好对方的谈判期望；同时你的要求和对方的要求之间距离越大，你所发出的信号也应该越多，必须做更多的事使对方靠近你，直到彼此均在对方的期望范围之内为止。

（十）让对方习惯于你的大目标

谈判者应努力追求所能得到的最大值而不能轻易地放弃。谈判者要懂得"降落伞"效应。即先把价格的降落伞在较高的空中打开并慢慢地向地面飘落，直到进入对方的视线范围内为止。为了使对方习惯于你的大目标，使用信号是极为重要的技巧。信号是指通过非正式渠道让对方了解你的目标和要求。使用信号的好处在于：一方面它表明了你所追求的高度，对对方产生某种心理影响和心理适应；另一方面它不是正式和具体的承诺，具有相当的灵活性。

▶ 本章小结

商务谈判的类型可根据谈判地域、规模、主体的多少、地点、内容的透明度、时间的长短、谈判者接触的方式、性质、进展程度的不同划分为不同的种类。了解商务谈判的种类，是正确分析谈判的原则、方法和策略的基础。

商品贸易谈判的内容以商品为中心，具体包括商品的品质、商品的数量、商品的包装、商品的运输、保险、商品的检验、商品的价格、货款结算支付方式，以及索赔、仲裁和不可抗力等条款。

商务谈判实力是指商务谈判者在谈判中相对于谈判对手所拥有的综合性制约力量。它不仅包括商务谈判者所拥有的客观实力（如企业经济实力、科技水平、独特性、规模、信誉、品牌等），而且包括商务谈判者与对方相比所拥有的心理势能，而这正是商务谈判策略和技巧运用的主要来源。谈判实力强于对手，就能在谈判中占据优势、掌握主动，取得于己方更有利的谈判结果。

商务谈判实力具有以下特点：综合性、相对性、动态性、隐蔽性。

温克勒提出的商务谈判的十大原则是：只有在非谈不可的情况下才去谈判；一定要有所准备；要通过给予对方更多的心理满足来增强谈判的吸引力；使用你的力量，但开始时不宜操之过急；让对手们去竞争；给自己留有余地；智圆行方；多听少说；要与对方的期望保持接触；让对方习惯于你的大目标。

▶ 思考题

1. 简述商务谈判的几种类型。
2. 商品贸易谈判的主要内容有哪些？
3. 技术贸易谈判的内容有哪些？
4. 什么是商务谈判实力？其特点有哪些？
5. 简述温克勒提出的商务谈判的十大原则。

▶ 案例分析讨论

一汽谈判：从克莱斯勒到大众

耿昭杰带领第一汽车制造厂（简称一汽）考察团到美国底特律克莱斯勒公司考察汽车发动机造型。

一汽经过谈判引进了克莱斯勒的发动机后，顺理成章地准备引进克莱斯勒的车身。总经济师、谈判能手吕福源跟团重返底特律时，克莱斯勒公司的态度来了个180°的大转弯，条件非常苛刻，要价非常高。用吕福源的话来讲，是天方夜谭的数字。

谈判无法进行，吕福源毅然率谈判团队返回。回来后才得知克莱斯勒公司早已获得了国家批准一汽上轿车的信息，所以觉得无论怎样苛刻的条件一汽也得就范，离开克莱斯勒，一汽会一筹莫展。

耿昭杰毅然决定中断与克莱斯勒的谈判。这当然带有很大的冒险的味道，但是耿昭杰宁肯自己咽下苦酒也不能让别人卡着脖子。

真是天无绝人之路，就在这时，德国大众公司董事长哈恩博士到一汽进行礼节性拜访。

哈恩来到一汽，仿佛发现了新大陆，惊喜地说："中国还有这么大的一个汽车工业基地，为什么早没有发现呢？"

他对一汽一见钟情，也与耿昭杰相见恨晚，礼节性的拜访引发了合作的前奏曲。会见时，哈恩博士频送秋波，耿昭杰并非无动于衷，但是他有个顾虑：本来轿车的发动机是克莱斯勒公司的生产线，这已成定局，娶过来的媳妇退不回去了。如果与德国大众合作，只能要它的车身和整装技术，具有世界一流生产技术水平的"大众"能接受这个美国"媳妇"并与之结合为一体吗？

耿昭杰把这个试探性的气球放了出去，不料哈恩博士非常深情地接住了。他以外国企业家特有的坦诚，当然还有精明慷慨的允诺，临走时说了一段话："我们希望与一汽开创一个良好合作的先例。如果厂长先生有诚意，四个星期后请您去狼堡我们大众汽车公司所在地，我们将在那里非常高兴地接待您。"

四个星期过去了，吕福源身负重任飞往狼堡。到那里一看，大众汽车公司已把克莱斯勒公司的发动机装进了奥迪的车身，这车身是为装配克莱斯勒发动机而特意加长的。大众合作的诚意和效率可见一斑！

吕福源飞往狼堡的信息立刻反馈到底特律，克莱斯勒公司总裁艾柯卡感到了这一信息的压力和内涵，立刻通知有关人士把和好的手又伸了过来："如果一汽和我们合作，将只象征性地收1美元技术转让费……"此时，一汽已由山穷水尽的处境变成了居于货比两家的主动位置，经过反复论证和比较，一汽终于选定大众为合作伙伴。

1998年10月，美国汽车工业巨子艾柯卡飞到北京。在北京人民大会堂，艾柯卡做了一场题为"世界经济形势下的企业家精神"的报告。在这个报告中，他有一段话使人惊诧："我们的教训是进一步了解世界市场。以前，我们只想与通用、福特公司竞争，没想到和日本、韩国人竞争，我错了；以前，我认为最优秀的汽车设计总是底特律的，我错了；以前，我认为落后美国几代人的国家是不可能追上来的，我错了；以前，我认为企业家精神只是美国人的精神，我错了……"

艾柯卡离开中国前专门提出要去长春看看一汽，看看耿昭杰。

艾柯卡来到一汽，耿昭杰陪着他参观了一汽。在欢迎也是欢送艾柯卡的宴会上，艾柯卡举杯对耿昭杰说："用我们美国人的话说，你天生是干汽车的家伙。你和我一样，血管里流的不是血，而是汽油……"

经过两年的努力，装有克莱斯勒发动机的奥迪汽车在中国备受青睐。

问题：

1. 在奥迪汽车诞生的过程中，反映了中国、美国、德国三方怎样的合作态度？
2. 中美双方谈判中断的原因何在？
3. 为何当克莱斯勒公司只收象征性的1美元技术转让费时，一汽反而不选择它？如果你是主谈人，你将如何做出选择？

第三章

商务谈判的心理研究

本章要点

1. 理解马斯洛的需要层次理论。
2. 掌握商务谈判需要的构成。
3. 了解心理挫折的应对内容。
4. 掌握商务谈判人员的心理素质要求。

▶▶ 导入案例

赞美推销

一位谈判代表走进一家银行的经理办公室推销伪钞识别器。女经理正在埋头写一份东西，从其表情可以看出女经理情绪很糟；从烟灰缸中满满的烟头和桌上的混乱程度，可以判定女经理一定忙了很久。这位谈判代表想："怎样才能使女经理放下手中的活，高兴地接受我的推销呢？"经过观察，谈判代表发现女经理有一头乌黑发亮的长发。于是，谈判代表赞美道："好漂亮的长发啊！我做梦都想有这样一头长发，可惜我的头发又黄又少。"只见女经理疲惫的眼睛一亮，回答说："没有以前好看了。太忙，瞧，乱糟糟的。"谈判代表马上递过去一把梳子，说："我刚洗过的，梳一下头发更漂亮。您太累了，应当休息一下。"这时女经理才回过神来，问道："你是……"谈判代表马上说明来意，女经理很有兴趣地听完介绍，很快便决定买几台。

这位谈判代表成功推销的实例给参与商务谈判的人员以重要的启示："赞美"是一种典型的商务谈判心理战术，旨在瓦解对方的心理防线，改变对方的心理态势，营造一个良好的人际关系氛围，为下一步的推销奠定基础。也有人把这种技巧称为"寻找非卖切入点"，因为人们一般对于上门推销都心存戒备，更何况女经理正在"失意"之中。所以，"寻找非卖切入点"是非常重要的，而"赞美"是商务谈判中抓住对方心理、打开一扇大门的钥匙。

第一节　需要层次理论

需要是人们最典型、最基本的心理现象，是人们行为活动的内在驱动力。没有什么能与人类的需要分开，人类创造的一切物质文明和精神文明，都是人类需要的体现。谈判活动也是建立在需要的基础上的，不同的个人、组织、团体之间之所以能面对面坐下来，为沟通彼此的歧见而交流观点、进行磋商，原因只有一个，即彼此都有各自想要得到满足的需要。需要是谈判进行的动力，需要是谈判的最终目的，谈判的奥妙就在于人们的需要。

人的需要是多层次的、无止境的，但却是有规律的。在商务谈判过程中，需要理论恰似一条主线、一个主旋律贯穿其中。

一、需要的含义

需要是人对客观事物的某种欲望。口渴的人需要饮料，饥饿的人渴望食物，疲惫的人盼望休息……这些都是需要；厂商需要购买原材料进行生产，生产出来的产品需要销售出去换回资金……这也是需要。买卖双方的需要，促使他们坐下来进行讨价还价的商务谈判，以求最大限度地满足各自的需要。

要研究需要对人行为的支配作用，首先应了解需要的一般特点：

（1）需要具有对象性。无论是个人、集体还是国家，某一项需要都是有一定的具体内容的。例如一个人需要食物、一个家庭需要洗衣机、纺织厂需要棉花、国家需要进口一批粮食……食物、洗衣机、棉花、粮食等这些不同需要是具体的、客观的内容。

（2）需要具有选择性。人们形成的需要是多种多样的，已有的获得满足需要的经验，使人们能够对需要的内容进行选择。例如某企业要购买一台设备，既可以通过函电洽商，也可以通过采购人员面谈洽商；既可以把销售者请到企业来，也可以走出去上门购买。当然要购买哪一家的产品，可供选择的对象就更多了。

（3）需要具有连续性。这是指人的需要不断地出现，满足，再出现，再满足，周而复始，不断上升。例如交易双方出于合作的需要，坐到谈判桌边，准备洽商合作的事宜。经反复磋商，达成了双方都满意的协议。当合同顺利执行后，双方可能还要产生合作的欲望，并且交易的规模也许更大。

（4）需要具有相对满足性。这是指人的需要在某一具体情况下所达到的满足标准。人的行为活动要达到一定的目的，但目标的满足只是相对的。比如，一个产品滞销的企业在一次交易中能签约售出数百件，可能是值得庆贺的事；但若是对于一个产品畅销的企业来讲，很可能是微不足道的。

（5）需要具有发展性。人的需要的出现与满足，再出现与再满足，不是简单的重复，而是不断上升、不断发展的。需要的发展性一方面表现为标准的不断提高，另一方面表现为需要内容的不断变化。

二、马斯洛的需要层次理论

人类有着各种各样复杂的需要，而且这些需要在标准、形式、内容上，都是不断发展变化的。所以，从种类上讲，需要是无穷无尽的。但从满足需要对人类的重要程度来讲，它又是有着一定的顺序或者说有着一定层次的。

　　对人类需要的划分有多种方法，其中最为著名的是由美国布兰迪斯大学的亚伯拉罕·H.马斯洛（Abraham H.Maslow）教授在其《动机与个性》一书中提出的需要层次理论。这一理论的基本点是：①人是有需要和欲望的；它们随时有待于满足；需要是什么，要看已满足的是什么；已满足的需要不再是行为活动的动力，只有未满足和新产生的需要，才会形成谈判的基础和动力。②人的需要从低级到高级分成不同层次。只有低一级的需要得到相对满足时，高一级的需要才会上升为支配人的行为的动力。一般来说，需要强度与需要层次高低成反比例变化，即需要层次越低，需要强度越大；反之，需要层次越高，则需要强度越小。

（一）生理的需要

　　生理的需要是指人类对维持生存、延续生命的基本的物质需要，如对食物、水、住房等物质条件的需要。马斯洛认为，人类有关生理的需要是第一位的、最优先的需要，如果这一层需要不能较好地满足，那么其他的需要就没有什么意义了。

　　生理的需要是人类最低层次的需要，也是最强烈的需要。它的满足是其他需要产生的基础，很好地满足它是满足其他层次需要的条件。

（二）安全的需要

　　安全的需要是人类为了保障自身的安全与健康，或者在经济上、财产上不受威胁等的需要。这是在人类的生理需要得到满足或基本满足之后接踵而来的，它仍然属于较低层次的需求。在实际生活中，直接或间接表达安全需要的现象随处可见。例如，在市场经济大潮中相当一部分人对国家机关、银行等"铁饭碗"情有独钟，这就是对就业保险、退休金制度、医疗保险等的安全需要；还有人们对食品的卫生、期限等特别关注，这是出于自身健康安全的需要。

　　在商务谈判中，给对方以安全感、稳定感是非常重要的，尤其是对安全需要较强的洽谈者更为重要，否则他们宁可放弃有较大吸引力的大笔交易，而选择比较保险的小额交易或者放弃交易。

（三）社交的需要

　　社交的需要是指当一个人的物质需要和安全需要获得了相对的满足后产生的一种社会交往需要。这是人的中等层次的需要。人是生产关系的总和，这种社会属性决定了任何人在社会上都不能孤立地存在和生活。人与人之间需要交往、组织家庭、参加团体活动等社交活动，需要被集体所接纳。如果一个人不被他人或集体所接受，他将会产生孤独感、自卑感，精神压抑，心情郁闷。在经济文化较发达的社会里，社交的需要就更加重要，直接关系着人类社会的生存和发展，商务谈判是当今社会实现人与人之间交往、协调的典型的社交活动。

（四）尊重的需要

　　尊重的需要是指人的自尊得到满足，在社会中有一定地位，受到认可的需要，这是属于人类较高一层的需要。马斯洛认为，所有正常人都有自尊心和荣誉感，希望有一定的社会地位和自我表现的机会，博得别人的敬重，得到社会的尊重和承认，使自尊心得到满足。社会和其他人的承认与鼓励，无疑会使人们增强信心、得到满足，从而有所作为、有所成就。有人曾做过这样一个实验，将同等水平的小孩分成三个班，对其中一个班经常表扬、鼓励，采取认可的教育方法；另一个班采取放任的教育方法；最后一个班使用批评的方法。最终，放任的班学习最差；批评的那个班较好，但学生缺乏自信；表扬的班学习最好，而且学生充满信心和热情。这个例子说明，尊重需要的满足，对于人的成长、成功，乃至整个社会的发展都是非常重要的。

（五）自我实现的需要

自我实现的需要是指每个人都处在最适合于他的工作岗位，充分发挥每个人的能力的需要，也称为创造性需要。这是人类需求的最高层次。马斯洛认为，每个人在社会上都担任一定角色，担任什么角色就应该做什么事情。演员就应该演戏，画家就必须绘画，音乐家就离不开音符……只有这样，人们才能感到最大的快乐，取得最大的成就。

以上各种需要是按其重要程度渐次展开的，就大多数人而言，这个顺序可能是正确的。然而，这一顺序也并非可以解释一切，并非对所有的人都适用。

人的需要是会不断发展的。马斯洛认为，每一种需求都是在前一种需求得到满足之后才会出现。然而，这并不意味着必须使前一种需求得到全部的满足，后一种需求才会出现；也不意味着一种新的需求会在一瞬间突然出现。通常只要前一种需求得到部分满足，后一种新的需求就会渐渐出现。在同一时刻，大多数人的所有各种需求都是部分得到满足，部分未得到满足的。

商务谈判的目的是满足谈判双方的需求，马斯洛的需要层次理论，是商务谈判心理方面的重要理论依据。

第二节　需要层次理论与商务谈判

谈判是建立在人类需要的基础上的，谈判双方是为了满足各自的需要才坐在一起进行磋商的。掌握需要层次理论能使我们找出与谈判双方都相联系的需求，而且这一理论还能进一步引导我们对驱动着双方的各种需求加以分析和重视，使我们懂得如何根据不同的情况选择最佳的谈判策略。

一、商务谈判的需要层次理论

满足需要是人类行为动机的原动力，也是商务谈判的契机和根本原因。马斯洛的需要层次理论揭示了人类需要的层次性和差异性，为谈判的需要理论打下了坚实的基础。

现代商务谈判的需要层次理论借助于人类心理学研究成果，使我们努力找出与谈判双方都相联系的需要，引导我们对驱动着双方的各种需求加以重视，选择不同的方法去顺应、抵制或改变对方对需要的评价标准。同时，需要层次理论还为我们进行论证和辩护提供了广泛的选择余地，使我们能从双方需要的不同侧面、不同角度进行解释和评论。了解了每一种需要的相应动力和作用，我们就能对症下药，选择最佳方法。在每一个场合下，采用的方法所针对的需要越是基本，就越可能获得成功。

二、谈判需要的构成

这里的谈判需要是指与谈判利益有直接关系的所有的个人和单位的需要，它往往以某某企业、某某总经理的需要为代表。谈判需要一般由国家需要、组织需要、个人需要所组成。国家需要，即国家利益需要；组织需要，就是组织利益需要，一般是企业或机构需要；个人需要，也是就个人利益追求的需要。

国家需要，例如有的国家不允许私有企业出口先进技术、先进设备，这就是出于国家的需要。有的谈判追求舒适，这是出于谈判人员个人的需要。组织需要，以企业需要为例，处于买方地位的企业，不仅仅是要寻求低价购进商品；作为卖方的企业，也不仅仅是要尽可能获得较高售价，以实现利润最大化。他们往往还追求安全保证、长期合作、互相信赖等方面的满足。作为一个组织的谈判代表，有自己的需要是正常的，组织也应该千方百计通过各种方法和措施，确保组织需要和个人需要的协调，保证组织需要实现之时，也是个人需要实现之时。但谈判人员不能因为个人需要不能得到满足，而利用谈判来报复组织，更不能因为要满足自己的需要而出卖组织的利益。

三、谈判需要的发现

在商务谈判中，对方所提出的要求往往并不是真正的需要或全部的需要。那么对方真正的需要是什么？其他的、潜在的需要又是什么？怎样发现并了解这些需要？要发现这些需要并不是十分困难的，归根到底，就是谈判双方、人与人之间互相了解的问题。

（1）在谈判的准备阶段要尽可能多地收集谈判对手的有关资料，诸如谈判对手的财力状况、性格特点、社会关系、目前状态等。这些是在谈判中发现需要、了解需要、满足需要的基础，也是谈判成功的条件。比如，你要向某人购买一批物品，而你事先知道这个人是非常重视交友的，那么，在谈判时你首先应与他建立起良好的信任和友谊关系。这将使你的需要通过谈判获得更大的满足。

阅读案例 3-1：国宴上的乐曲

1972 年 2 月，美国总统尼克松访华，中美双方将要展开一场具有重大历史意义的国际谈判。为了营造一种融洽和谐的谈判环境和气氛，中国方面在周恩来总理的亲自领导下，对谈判过程中的各种环境都做了精心而又周密的准备和安排，甚至对宴会上要演奏的中美两国民间乐曲都进行了精心挑选。在欢迎尼克松一行的国宴上，当军乐队熟练地演奏起周总理亲自选定的《美丽的亚美利加》时，尼克松总统简直听呆了，他绝没有想到能在中国的北京听到他如此熟悉的乐曲，这是他平生最喜爱的并指定在他的就职典礼上演奏的家乡乐曲。敬酒时，他特地到乐队前表示感谢。此时，国宴达到了高潮，一种融洽而热烈的气氛也同时感染了美国客人。

（2）在谈判过程中要多提一些问题，在对方讲话时要注意分析其中的内在含义，借此了解对方的潜在需要和真正需要。比如，当买主对产品犹豫不决时，卖主应提出一些诱导性、启发性的问题，从中发现买主的真正需要，促成交易。例如，"你愿意付多少钱？""你对产品有什么不满意的地方？""你是不是担心产品的质量？"再比如，谈判过程中对手不断抱怨头疼，休息不好，这就说明谈判者的生理需要没有得到较好的满足，在这种情况下，首先应设法满足对手的生理需要，然后再进行谈判。如果你没有注意到这一点，而一味地考虑谈判目的，那么谈判是不会取得圆满结果的。

（3）谈判过程中要善于察言观色，通过对方的形体语言发现需要。假设你想向你的老板提出一个合理化建议，在你开始解释时，你看到老板两眼盯着窗外的一根电线杆。你继续往下说，这时老板仰到椅背上，双手形成一个尖塔形，他眯缝着眼睛从尖塔向你看。你还在往下讲，老板开始用他左手的无名指敲打他的办公桌面。如果你是一个善于察言观色的人，此时通过老板的一系列形体动作暗示，就应该明白你所谈的内容不能满足老板的需要，应该进行必要的调整。相反，在你谈到某一点时，老板非常专心地注视着你，身体向前尽可能地倾向于你，这就说明你所讲的内容正是他所需要的。

（4）对于一些在谈判过程中无法了解到，但对谈判又非常重要的需要，可以采取私下的形式或其他的渠道获得。比如，与谈判对手一起吃饭时闲聊，与谈判对手的一些社会关系或相关机构进行交往、交涉。总之，在谈判进行中要通过一切可能、可行的方法和渠道，尽可能全面地了解谈判对手多方位、多层次的潜在需要，并想方设法给予满足。

阅读案例 3-2：成功的问候卡

吉拉德被《吉尼斯世界大全》列为世界上最伟大的汽车推销员。据报道，他每个月都要寄出 13000 张问候卡，给他的顾客及潜在顾客。每张卡片的问候语随季节而异，但卡片里有一句话始终不变，那就是一句简单的"我喜欢你"。虽然吉拉德成为成功的推销员或许还有其他的原因，但是他借卡片和顾客建立正面、友善的关系，对他的事业的确很有帮助。他在卡片上写到他喜欢每个人，可能因此也使每个人都喜欢他。吉拉德成功地影响了对方的情感和情绪，为自己的成功奠定了基础。

四、需要层次理论在商务谈判中的不同使用方法

在对谈判进行严格的分析后表明，适用于不同需要的谈判方法总是表现为某几种形式反复出现，这就是所谓的"需要的不同适用方法"。尼尔伦伯格在他的著作《谈判的艺术》中，将这些方法分为六组，或者叫六种类型，列举如下：

（一）谈判者顺从对方的需要

谈判者在谈判中站在对方的立场上，设身处地替对方着想，从而使谈判成功。这种方法最易促成谈判成功。由于需要有五个层次，因此这个谈判策略又划分为五种，需要的层次越高，谈判成功的难度越大，谈判者对谈判能否成功的控制力也就越小。如果谈判者只为谈判对方的生理需要着想，对方为了自己生存下去，必然对谈判欣然许诺，一拍即合；如果谈判者为对方高层次的需要着想，那么由于谈判对方对高层次需要的迫切性小于对生理需要的迫切性，谈判成功的难度必然增大。

（二）谈判者使对方服从其自身的需要

谈判者在谈判过程中通过种种启示，使对方最终明白他自身的特定需要，而情愿达成谈判协议，谈判成功，双方都会得益。例如，商店营业员普遍对顾客使用这种策略，采取种种方法满足顾客的需要，从而推销商品。

（三）谈判者同时服从对方和自己的需要

这是谈判双方从共同利益出发，为满足双方每一方面的共同需要进行谈判，采取符合双方共同利益的谈判策略。这种策略在商务谈判中普遍用于建立各种联盟、共同控制生产或流通。例如，美国29家主要的电气设备公司为了确保高额利润，通过谈判缔结秘密协议，固定产品价格，操纵市场，控制竞争。

（四）谈判者违背自己的需要

这是谈判者为了争取长远利益和需要，抛弃某些眼前利益或无关紧要的利益和需要的一种谈判策略。例如，某些商业企业（谈判者）有意识地违背自身收入的需要，采取薄利多销的经营手段来吸引顾客。

（五）谈判者损害对方的需要

这是谈判者只顾自己的利益，不顾他人的利益，尔虞我诈，你死我活的一种谈判方法。采取这种策略的一方往往以强凌弱。这违背了谈判双方地位平等与互惠互利的原则。

（六）谈判者不顾自己和对方的需要

这是谈判者为了达到某种特殊的预期目的，完全不顾谈判双方的利益需要，实施的一种双方"自杀"的办法。例如，商品交易中，竞争双方展开价格战，都甘冒破产的危险，竞相压低价格，以求打败对手，采取的就是这种策略。

上述六种谈判策略都显示了谈判者如何满足自己的需要。从第一种到第六种，谈判的控制力量逐渐减弱，谈判中的危机逐渐加重。谈判者可根据自己的需要和对另一方需要的推测，从以上六种方法中选择自己认为在该适用层次的条件下最适当的一种或几种方法。需要指出的是，正如人的需要是分层次的一样，上述六种方法在适用过程中也是分层次的。具体而言，谈判者对第一种方法（顺从对方的需要）较之对第二种方法（使对方服从其自身的需要）更能够加以控制，由此类推，第六种方法最难控制。

需要层次理论指明了各种谈判策略的重要程度的大致次序，使现代商务谈判者能对各种方法进行广泛的选择，最终找到解决问题的路子。在实际中，大多数人往往反复使用相同的几种方法，因为他们只凭过去的经验行事，一旦碰到新情况或新问题，不知道使用新的解决办法。同样，人们在某一场合对某种方法驾轻就熟，但到了另一场合却转不过弯来了。务必牢记，越是能从根本上抓住自己的需要，在谈判中获得成功的可能性就会越大。如果对方采用一项与某种层次基本需要相关的策略，那就应该还之以一种更基本的需要，这样就能增加获得成功的概率。

谈判策略反映的人类需要越基本，成功的机会就越大。假如谈判前了解到对方使用较高层次需要的策略，己方也应采用反映较高层次需要的策略，以增大谈判成功的可能性。

阅读案例3-3：满足需要成功的案例

美国著名的谈判大师荷伯·科恩在他的谈判经历中，有一件以满足需要为策略而成功的事例。荷伯·科恩曾代表一家大公司到俄亥俄州去购买一座煤矿。矿主是个强硬的谈判者，开口要价2600万美元，荷伯还价1500万美元。"你在开玩笑吗？"矿主粗声吼道。"不！我们不是开玩笑，请你把实际售价告诉我们，我们好做考虑。"矿主坚持 2600 万美元不变。在以后的几个月时间里，买方的出价逐渐提高：1800 万美元、2000 万美元、2100 万美元、2150 万美元。但是卖主毫不心动。2150 万美元与 2600 万美元对峙起来，谈判形成僵局。如果就价格问题继续谈判下去，而不从对方需要方面考虑，肯定不会有进展。那么，卖主为什么固守己见，不接受这个显然是公平的还价呢？还真是个谜。荷伯一次接一次地请矿主吃饭，反复向矿主解释自己的还价合理，可是矿主总是环顾左右而言他。一天晚上，矿主终于对荷伯的反复解释搭腔了。他说："我兄弟的煤矿卖了 2550 万美元，而且还有一些附加利益。"荷伯明白了："这是他固守 2600 万美元的理由。他有别的需要，我们显然忽略了。"有了这点信息，荷伯马上跟公司的有关经理人员联系。荷伯说："我们首先要搞清楚他兄弟究竟得到了多少，然后我们才能商量我们的建议。显然我们应该处理好个人的重要需要，这跟市场价格并无关系。"公司的官员同意了，荷伯按这个思路进行工作。不久，谈判就达成了协议。最后的价格并没有超过公司的预算，但是付款方式和附加条件却使矿主感到自己干得远比他的兄弟强。

资料来源：朱凤仙，商务谈判与实务［M］.北京：清华大学出版社，2006.

第三节　商务谈判中的心理挫折

一、心理挫折

心理挫折不同于我们平常所说的挫折。心理挫折是人们的一种主观感受，它的存在并不能说明在客观上就一定存在挫折或失败。也就是说，心理挫折的存在并不一定意味着活动挫折的存在；反过来，客观挫折也不一定对每个人都会造成挫折感。由于每个人的心理素质、性格、知识结构、生长环境等都不相同，因此他们对同一事物活动的反应也就不同。有的人可能会由于困难引发较大的挫折感，而有的人则可能会对困难、阻碍没有什么反应。同样的挫折感所产生的情绪变化也是不同的。比如，有的人在感到挫折后会沮丧、退缩甚至一蹶不振，而有的人则恰恰相反，遇到困难反而更有信心，更加全力以赴。

二、心理挫折对行为的影响

人们的行为活动很少有一帆风顺的，都会遇到这样那样的困难，碰到各种各样的障碍，当实际活动受阻时，会影响人的心理，从而形成各种挫折感。商务谈判中的心理挫折是在谈判过程中遇到自感难以克服的阻碍、干扰而产生的一种焦虑、紧张、愤怒、沮丧和失意的情绪性心理状态。

（一）心理挫折的行为反应

心理挫折是人的内心活动，它是通过人的行为表现和摆脱挫折困扰的方式反映出来的，其行为反应主要有以下几种：

1. 攻击

攻击是人在遭受挫折时最易表现出来的行为，即将受挫折时产生的生气、愤怒的情绪向人或物发泄。在这种情况下，人们的言行就会超出他原有的正常范围，如说出一些极端的话，做出一些挑衅性的动作等。比如，一个人去买一件东西，他在挑选以及与老板讨价还价时，说了许多有关产品及商店的问题，这时老板就容易产生一种心理挫折，从而说出一些过激的话，像"你买就买，不买就算了""我不卖了，你上别的地方买去"，甚至做出一些过激的动作，如推搡等。当然，在这种条件下每个人的反应不尽相同，这主要取决于每个人的个人素质以及他们平时的正常行为。

2. 倒退

在心理学中，倒退特指人类的行为倒退到非成熟阶段的行为表现。例如成年人受挫后会出现幼稚的、类似于儿童的行为，如像孩子一样地哭闹、暴怒、要脾气等，目的是威胁对方或唤起别人的同情。在谈判中，可以把受挫一方退出谈判看作"倒退"的表现，因为这种"退出"与儿童交往中的这样一种情形相似："你不给我玩，我就不同你玩了。"

3. 固执

固执是指一个人明知从事某种行为不能取得预期的效果，但仍不断重复这种行为的行为表现。固执往往受人的逆反心理的影响。人在遭受挫折后，为了减轻心理上所承受的压力，或想证实自己行为的正确以逃避指责，在逆反心理的作用下，往往无视行为的结果不断地重复某种无效的行为。

4. 畏缩

畏缩是指人在受挫折后失去自信，消极悲观，孤僻不合群，易受暗示，盲目顺从的行为表现。

商务谈判是一项艰辛的工作。谈判所遇到的困难很多，困难多就易遭遇失败，有失败就有挫折。而心理挫折会引发谈判人员情绪上的沮丧，从而产生对谈判对手的敌意，容易导致谈判的破裂。因此，商务谈判人员对商务谈判中客观存在的挫折应有心理准备，做好应对心理挫折的防范。

（二）摆脱挫折困扰的心理防卫机制

出现心理挫折时的情绪状态是人的应激状态，无论对谁，都是一种不适的困扰，甚至是苦恼的折磨。人人都会自觉地采取措施来消除心理挫折，摆脱困扰。比较常见的有以下几种：

1. 理喻作用

这是指人在受挫时，会寻找理由和事实来解释或减轻焦虑困扰的方式。例如谈判所签订的协议没有达到原定的价格标准，会不自觉地拿"今年价格上涨"的理由来安慰自己。

理喻的作用有积极与消极之分，如果是不合逻辑的"自我理喻"，则被称为文饰，即寻找不符合客观实际的理由推卸自己的责任。

2. 替代作用

替代作用即以调查目标来取代遭受挫折目标，主要采取升华、补偿、抵消等形式。例如，在上笔交易中吃了亏，在下笔交易中赚回来的心理就是如此。消极意义的替代，是将自己的不当、失误转嫁到别人身上，以减轻自己的不安，如自己憎恨某人，却大谈某人憎恨自己，以小人之心度君子之腹。

3. 转移作用

转移作用是指将注意的重心转移到受挫事件之外的事情中，以减轻和消除心理困扰。消极的转移称为逃避，常见有的人现在失意，却大谈自己过去的辉煌。

4. 压抑作用

压抑作用是指人有意控制自己的挫折感，不在行动上表露出来。通常所讲的临危不乱，受挫不惊，具有大将风度，就是压抑作用的结果。这也是一个优秀谈判者所应具备的。

三、商务谈判与心理挫折

（一）商务谈判中产生心理挫折的原因

谈判活动是一种协调行为，即协调交易各方的利益与冲突。因此，在商务谈判活动中，谈判人员遇到这样或那样的矛盾和各种挫折时，难免会产生心理波动，并直接影响其行为活动。商务谈判活动所产生的心理挫折主要表现在以下几个方面：

1. 成就需要与成功可能性的冲突

成就感在人的需要层次中表现为自尊和自我实现，是一种高层次的追求。正是这种追求促使人认真努力，不懈地追求，希望有所成就，希望获得良好的工作业绩。但是谈判活动的不确定性，又造成了谈判人员对谈判结果的不确定性，由此构成了成就需要与成功可能性的矛盾。

谈判涉及交易双方的实际利益，具有很大的伸缩变动性，就连什么是成功的谈判，什么是理想的结果都众说纷纭，没有统一的标准。即使谈判前制订了详细的目标与计划，谈判的结果在很大程度上也取决于双方力量的对比和谈判人员作用的发挥。这既增加了取得工作业绩的难度，也为谈判人员更好地发挥个人潜力创造了条件。在这里，努力、勤奋、创造性都是获得成功的必要因素。心理挫折对人的行为有直接影响，但并不只是消极影响，对于振奋的人来讲，遭受挫折后，尽管使人蒙上心理阴影，但却可以激励、鞭策人取得成功。

2. 创造性与习惯定向认识的冲突

谈判是一种创意较强的社交活动，没有哪两个谈判项目是完全相同的。适用于上次谈判的方式、方法，可能完全不适用于这一次。虽然每进行一定规模的交易活动，各方都要进行详细、周密、认真的准备，但谈判方式方法的运用在很大程度上要取决于谈判人员的"临场发挥"。所以，谈判人员的应变能力、创造性、灵活性都是十分重要的。

但是，人们的认知心理都存在着一种思维惯性，这在心理学上被称为"习惯定向"，即人们在思考认识问题过程中，习惯于沿着某一思路进行。这样考虑问题的次数越多，采用新思路的可能性就越小，这种习惯思维对人的束缚性就越大。这就导致人们习惯于用某种方法解决问题后，对出现的新问题，不寻求更好的方法，还是机械地套用老方法去处理。所以我们认为，"习惯定向"是影响谈判人员创造性地解决问题的主要障碍。如

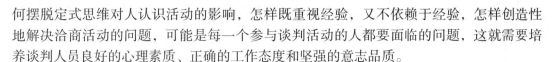

何摆脱定式思维对人认识活动的影响，怎样既重视经验，又不依赖于经验，怎样创造性地解决洽商活动的问题，可能是每一个参与谈判活动的人都要面临的问题，这就需要培养谈判人员良好的心理素质、正确的工作态度和坚强的意志品质。

3. 角色多样化和角色期待的冲突

在实际生活中，每个人在不同的情况下可能会充当不同的角色，如一个人在家里是父亲，在单位可能是位领导者，而从事洽商活动又是临时组织的负责人或专业人员，还可能是其他组织负责人等。不同的角色，所处的社会地位不同，社会规范的行为方式也不同。由于在不同的情况下担任不同的角色，彼此之间必然会有矛盾冲突。作为具体的个人，要承担如此众多的角色，而且都要符合角色的要求，难免会有挫折感，形成心理冲突。特别是当原有角色与洽商活动中所扮演的角色相冲突时，会直接影响谈判者的心理活动，影响其作用的发挥。例如，一个人在原单位是一名技术人员，但在谈判活动中成为一个主谈人，还承担着决策重任，那么，他很可能不适应这种角色的转化；而一个人在原单位是主要负责人，但在洽商活动中只扮演了一个从属的角色，他会感到不受重用，也会影响其作用的发挥。可见，这种原有角色与实际角色的心理冲突是值得我们认真研究并加以注意的。

（二）商务谈判中心理挫折的应对

在商务谈判中，不管是己方人员还是谈判对方人员，产生心理挫折都不利于谈判的顺利开展。为了使谈判能顺利进行，应积极应对心理挫折。

1. 要勇于面对挫折

常言道"人生不如意事十之八九"，这对于商务谈判来说也是一样，商务谈判往往要经过曲折的谈判过程，通过艰苦的努力才能到达成功的彼岸。商务谈判人员对谈判所遇到的困难甚至失败，要有充分的心理准备，以提高对挫折打击的承受力，并能在挫折打击下从容应对新的变化环境和情况，做好下一步的工作。

2. 摆脱挫折情境

相对于勇敢地面对挫折而言，这是一种被动地应对挫折的办法。遭受挫折后，当商务谈判人员无法面对挫折情境时，通过脱离挫折的环境情境、人际情境或转移注意力等方式，可让情绪得到修补，使之能以新的精神状态迎接新的挑战。美国著名教育学家、心理学家戴尔·卡耐基（Dale Carnegie）就曾建议人们在受到挫折时用忙碌来摆脱挫折情境，驱除焦虑的心理。

3. 情绪宣泄

情绪宣泄是一种利用合适的途径、手段将挫折的消极情绪释放排泄出去的办法。其目的是把因挫折引起的一系列生理变化产生的能量发泄出去，消除紧张状态。情绪宣泄有助于维持人的身心健康，形成对挫折的积极适应，并获得应对挫折的适当办法和力量。情绪宣泄有直接宣泄和间接宣泄两种方式。直接宣泄有流泪、痛哭、怨气发泄等形式，间接宣泄有活动释放、诉说等形式。

有专家认为，面对谈判对方的愤怒、沮丧和反感，一个好的办法是给对方一个能够发泄情绪的机会，让对方把心中郁闷的情绪和不满发泄出来，让他把话说完，这样他心

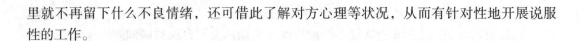

里就不再留下什么不良情绪，还可借此了解对方心理等状况，从而有针对性地开展说服性的工作。

第四节　商务谈判人员应具备的素质

一位优秀的谈判人员应该具备怎样的素质？弗雷斯·查尔斯·艾克尔（Freis Charles Eikner）在《国家如何进行谈判》一书中曾提出："根据 17、18 世纪的外交规范，一个完美无缺的谈判家应该心智机敏，而且有无限的耐心；能巧言掩饰，但不欺诈行骗；能取信于人，而不轻信于人；能谦恭节制，但又刚毅果敢；能施展魅力，而不为他人所惑；能拥有巨富，藏娇妻，而不为钱财和女色所动。"当然，对于谈判人员的素质，古今中外向来是仁者见仁，智者见智。但是，一些基本的要求却是共同的，并历来为许多谈判者所尊奉。一般来讲，商务谈判人员必须具备下述几方面的素质：

一、信念

良好的心理状态是取得谈判成功的心理基础。只有具备坚定的信念，才能具有崇高的事业心和责任感，才能使自己的能力得到充分发挥，成为谈判活动的主宰。

信念是人的精神支柱，它是人们信仰的具体体现。持有什么样的信念，往往决定了人的行为活动方式。信念决定了谈判者在谈判活动中所坚持的谈判原则、方针，运用的谈判策略与方法。例如，一个抱着个人目的代表集体去谈判的人，他会为集体的需要据理力争吗？他会使集体需要获得最大程度的满足吗？不会的。另外，一个为达到目的不择手段，甚至采取欺诈、威胁的伎俩迫使对方就范的谈判者，会获得长远的利益吗？

必胜的信念是符合职业道德的，具有高度理性的自信心，这是每一个谈判人员想要取胜的心理基础。只有满怀取胜信心，才能有勇有谋，百折不挠，达到既定目标；才能虚怀若谷、大智若愚，赢得对方信任，取得合作的成功。

二、诚意

谈判是两方或两方以上的合作，而合作能否进行，能否取得成功，还取决于双方合作的诚意。就是说，谈判需要诚意，诚意应贯穿于谈判的全过程。受诚意支配的谈判心理是保证实现谈判目标的必要条件。从心理学角度讲，诚意是谈判的心理准备，双方只有在致力于合作的基础上，才会全心全意地考虑双方合作的可能性和必要性，才会合乎情理地提出自己的要求和认真考虑对方的要求。所以，诚意是双方合作的基础。

诚意也是谈判的动力。希望通过磋商来实现双方合作的谈判人员，会进行大量细致、周密的准备工作，拟订具体的谈判计划，收集大量的信息，全面分析谈判对手的个性特点，认真考虑谈判中可能出现的各种突发情况。诚意不仅能够保证谈判人员有良好的心理准备，而且也使谈判人员的心理活动始终处于最佳状态，提高谈判效率，加快谈判进程，赢得谈判时间。诚意还能强化谈判双方的心理沟通，保证谈判气氛的融洽稳定。在诚意的前提下，双方求大同、存小异，建立彼此之间互相合作、友好往来的关系。诚意是谈判的心理前提，这已被许多的谈判实践所证实。

三、意志力

商务谈判不仅是一种智力、技能和实力的比试，更是一场意志、耐性和毅力的较量。一些重大而艰难的谈判，往往不是一轮、两轮就能完成的。谈判者如果缺乏应有的意志和耐心，是很难在谈判中成功的。意志和耐心不仅是谈判者应具备的心理素质，也是进行谈判的一种方法和技巧。

意志力是为了达到既定目的而自觉努力的心理状态，而耐心则是意志力表现的一种形式。耐心是在心理上战胜谈判对手的一种战术与谋略，也是成功谈判的心理基础。在谈判中，耐心表现为不急于取得谈判结果，能够很好地控制自己的情绪，掌握谈判的主动权。

耐心可以使我们更多地倾听对方，了解掌握更多的信息；耐心还可以使我们更好地克服自身的弱点，增强自控能力，更有效地控制谈判局面。有关统计资料表明：人们说话的速度是每分钟120～180个字，而大脑思维的速度却是它的4～5倍。这就是为什么常常对方还没讲完，我们却早已理解的原因。但如果这种情况出现在谈判中，却会直接影响谈判者倾听，它会使思想溜号的一方错过极有价值的信息，甚至失去谈判的主动权。所以保持耐心是十分重要的。

耐心作为谈判中的一种战术与谋略，使谈判者倾听对方讲话，冷静、客观地分析谈判形势，恰当地运用谈判策略与方法；耐心使谈判者避免意气用事，融洽谈判气氛，缓和谈判僵局；耐心使谈判者正确区分人与问题，学会采取对人软、对事硬的态度；耐心也是对付脾气急躁、性格鲁莽、咄咄逼人的谈判对手的有效方法，是实施以软制硬、以柔克刚的最为理想的策略方法。

具有耐心也是谈判者心理成熟的标志，它有助于谈判人员对客观事物和现象做出全面分析和理性思考，有助于谈判者做出科学决策。

需要指出的是，耐心不同于拖延。在谈判中，常常运用拖延战术打乱对方的战术，或借以实施己方策略。耐心主要是指人的心理素质，从心理上战胜对方。

在谈判活动中，谈判者要自始至终保持耐心，其动力来源于人对利益目标的追求，但人们的意志、对谈判的信心，以及追求目标的勇气都是影响耐心的重要因素。著名的戴维营和平协议的谈判就是一个经典案例。

阅读案例 3-4：戴维营和平协议的谈判

谈判专家荷伯·科恩曾以戴维营和平协议的谈判为例，说明了耐心的力量。埃及和以色列两国争端由来已久，积怨颇深，谁也不想妥协。当时的美国总统卡特邀请他们坐下来谈判，地点确定在戴维营，那里尽管设施齐全，安全可靠，但没有游玩之处，散步成了人们的消遣方式。两国谈判代表住了几天之后，都感到十分厌烦。但是每天早晨八点钟，萨达特和贝京都会听到敲门声，接着就是那句熟悉的话："你好！我是卡特，再把那个乏味的题目讨论几天吧。"结果到了第十三天，双方谁都忍耐不住了，再也不想为谈判中的一些鸡毛蒜皮的问题争论不休了，于是就有了著名的《戴维营和平协议》。

四、自制力

自制力是谈判者在环境发生巨大变化时克服心理障碍的能力。由于商务谈判涉及双方的经济利益，谈判双方在心理上处于对立，故而僵持、紧张、激烈的局面不可避免，这会引致谈判者情绪的波动。如果是明显的情绪波动，如发怒、沮丧，可能会造成纰漏，从而给对方制造击败己方的机会。所以，谈判者应善于在激烈变化的局势中控制自身的情绪和行为。具体来说，谈判顺利时，不要沾沾自喜，冲昏头脑；遇到挫折时，也不要心灰意冷。

（一）控制心态

所谓良好的心态，就是不管谈判是容易的还是艰难的，是简单的还是复杂的，是取得了成绩的还是陷入了僵局的，都始终如一地用冷静、自信的态度去看待谈判中发生的一切，去积极应对谈判中的问题，不让不利的谈判条件、对方无理的表现等影响自己的冷静和自信，也不让局部的成就、对方热情的行为等使自己晕头转向。要善于调整自己的不良心态，控制没有经过充分思考的冲动。做到不会因为对方做出让步而得意忘形，不会因为对方抓住了自己的失误而丧失自信，不会因为对方收回承诺而若有所失，不会因为对方提出终止谈判而失去冷静。

（二）控制表情

表情是非语言的表达手段。社会心理学家认为，各种表情与面部肌肉有关，口部肌肉更多地表达喜悦和怨恨等表情，而眼部肌肉则更多地表达忧愁、愤怒、惊吓等表情。谈判人员应掌握通过控制表情而有效促进沟通的技能，不能因为表情而泄露心中的秘密。凡是能让谈判对手猜测到你心中秘密的表情，如发怒、沮丧，只能让它保存在心中。当然，如果冷静得宠辱不惊、喜怒不形于色也不太好，对方会觉得你城府太深，难以接近，这显然是不利的。因此，谈判人员要把握好分寸。

五、感受力

感受力就是对接触到的外界事物的接受能力，这种能力对于一个谈判者来说十分重要。

尼尔伦伯格在他的《谈判的艺术》一书中有这样的描述："老练的谈判家能把坐在谈判桌对面的人一眼望穿，断定他将有什么行动和为什么行动。"合格的谈判者要随时根据谈判中的情况变化及有关信息，透过复杂多变的现象，抓住问题的实质，迅速分析，综合做出判断，并采取必要的措施，果断地提出解决问题的具体方案。

六、果断

果断是一个优秀的谈判者良好的心理素质、战略眼光、领导能力和专业知识等因素的综合反映。果断的性格是一个人善于适时地、坚决地完成某一件事情的心理过程和进行适时决策的能力特点。只有具备果断能力的谈判者，才能更好地动员各种内在的和外在的力量，团结协作，夺取胜利。具体来说，作为一名谈判者，要对谈判的后果负责，在面对重大责任或紧要关头时要表现出刚毅、果断、勇于决策的品质，绝不优柔寡断、退缩回避。成功的谈判是以果断作为自己的基石的。例如美国麦克金赛管理咨询公司曾对 37 家在经营管理中卓有成效的企业进行调查，结果表明，他们都把"行动果断"作为获得成功的第一要素。

七、应变能力

应变能力是指谈判者具有的善于与他人相处，有良好的人际关系，并能调动其他谈判人员的积极性，协调他们的意志，统一行动，根据谈判的局势及时调整谈判部署、策略的能力。商务谈判既是一种涉及谈判人员、领域比较多的复杂活动，又是一种局势变化莫测的商务活动。因此，在谈判过程中，要求谈判人员要察言观色，及时掌握对方动向，摸清对方的"底牌"，随机应变。

阅读案例 3-5：谈判者需要熟知的八种基本心理现象

（1）文饰作用：一种自我防御机制，即用一种对自己最有利的方式对某些不可能接受的事物进行合理化的解释。

（2）投射：把自己的动机归因于他人，是人类理解与思考外部事物最基本的方法之一。

（3）移置作用：将内心矛盾冲突压抑之后转移到别人身上。

（4）压抑：有意识地将那些与自己动机相冲突的，感觉厌恶或痛苦的情感、观念、欲望等排斥出去，以解除内心冲突并获得心理平衡。比如，你故意忘掉那些令你无法拒绝的事情；表现出对让你厌恶的事情不感兴趣；有意识地对正在激怒你的对手表示你的不在乎等。

（5）反映形式：压抑自己强烈的、不合时宜的冲动，以反常的表现形式沿着与这些被压抑的冲动相反的路子，以他人可以接受的行为行事。

（6）自我意象：通过周围的人对自己的评价和自己特殊的经历，得出的自身综合概念。自我意象是一个人对自己的看法，这些看法在某些方面是积极的，而在另一些方面是消极的。比如，一个人会从周围人对他的工作能力和专业水平的钦佩中看到自己，从而"自我感觉良好的"的同时他又会因自己不会社交、不善家务、不善理财等以及周围人的某些嘲笑小看自己。

（7）角色扮演：进一步通过有意识的行为来表现自我意象。大多数情况下，人们可能不会将其自我意象完全暴露出来。谈判者在这时只有通过了解、研究其对手过去的行为和经历，分析、判断对手的自我意象，以期对对手有一个较全面的认识，才能较有依据地对对手在特定条件下对特定问题将做出怎样的反应进行假设，并有针对性地制定出对策。进一步讲，如果一个人试图通过有意识的行为来表现他的自我意象，这就是"角色扮演"。

（8）理性行为：与非理性相对，如果一个人能考虑到他可以采取的每一项行动方案可能带来的不同后果，能辨明这些不同后果的轻重优劣，能根据自己的预测选择最有可能导致最理想结果的行动方案，就可以把他看成一个理性的人。反之则为非理性的人。

资料来源：尼尔伦伯格.谈判的艺术［M］.曹景行，陆延，译.上海：上海翻译出版社，1986.

本章小结

需要是人们最典型、最基本的心理现象，是人们行为活动的内在驱动力。

需要的一般特点是：需要具有对象性、需要具有选择性、需要具有连续性、需要具有相对满足性、需要具有发展性。

马斯洛的需要层次理论中需要包括：生理的需要、安全的需要、社交的需要、尊重的需要和自我实现的需要。

谈判需要一般是由国家需要、组织需要、个人需要所组成。国家需要，即国家利益需要；组织需要，就是组织利益需要，一般是企业或机构需要；个人需要，也是就个人利益追求的需要。

谈判需要可以通过以下途径获得：①在谈判的准备阶段通过收集谈判对手的有关资料，诸如谈判对手的财力状况、性格特点、社会关系、目前状态等；②在谈判过程中要多提一些问题，在对方讲话时要注意分析其中的内在含义，借此了解发现对方的潜在需要和真正需要；③谈判过程中要善于察言观色，通过对方的形体语言发现需要；④对于一些在谈判过程中无法了解到，但对谈判又非常重要的需要，可以采取私下的形式或其他的渠道获得。

心理挫折是人的内心活动，它是通过人的行为表现和摆脱挫折困扰的方式反映出来的。其行为反应主要有以下几种：攻击、倒退、固执、畏缩。

摆脱挫折困扰的心理防卫机制比较常见的有以下几种：理喻作用、替代作用、转移作用、压抑作用。

商务谈判人员必须具备的素质有：信念、诚意、意志力、自制力、感受力、果断、应变能力。

思考题

1. 如何发现谈判对方的需要？
2. 在商务谈判中如何应用需要层次理论？
3. 简述商务谈判中产生心理挫折的原因及应对措施。
4. 简述商务谈判人员应具备哪些心理素质。

案例分析讨论

满足双方需求的一项谈判

荷伯·科恩出差之前，家人几经讨论，决定购买一台 RCA 的 VHS 自由选放功能的录像机和一台新力牌的 21 英寸遥控电视机，并一致推举荷伯为代表去购买。荷伯回家后听说此事，当然不反对，并欣然前往商店选购。

然而，最大的困难是时间。因为大多数商店是 9：00 才开始营业，而荷伯已答应小儿子，11:00带他去看足球赛。这就是说，必须在11:00前完成购买录像机和电视机的任务。时间太紧，来不及收集更多的资料。不过不要紧，荷伯知道自己该怎么办。要用合理的价钱买到质量好的录像机和电视机，更重要的是要送货到家安装好，随时可以使用。前往商店的途中，荷伯对自己说："荷伯，你并不需要一项非常漂亮的交易，只要不被《吉尼斯世界纪录大全》记载你是世界上花最多的钱买一套录像机的人就可以了。所以你必须冷静地行事。"

装着是闲逛的人，荷伯在早晨9:20进入商店大门，对老板笑着打招呼："嗨，早啊！"

"您早。"老板回答，"可以为您效劳吗？"

"哦，我只是随便逛逛。"

因为荷伯是店里唯一的顾客，所以，他以友善的态度和老板交谈。荷伯向老板询问附近新开业的购物中心对他的生意是否有影响。老板肯定地说："生意是清淡了些。但我认为生意迟早会来——你知道，这家购物中心刚刚开业，人们对新的事物总是好奇的，去了之后就没有什么吸引力了，你不这样认为吗？"

荷伯点头同意。在看到电视机及录像机时，荷伯也透露出对录像机有些兴趣，并借着询问的机会，建立起一点关系。

老板谈到他的一些问题："我不懂这儿的人为什么喜欢用信用卡，好像政府印的钞票不够用似的。他们使用一次，我就等于多一次损失。"在友好的对话中，荷伯用手指着一台录像机问道："喂，这东西怎么用啊？我最怕电子产品。交流电与直流电有什么不同我都不太清楚。"接着，老板教荷伯如何使用它。

"这就是个现成的例子，"他说，"在隔壁的那个购物中心开业之前，常有大公司的高级职员到这儿，一买就是两三台。开业之后，就没有这样的主顾了。"接着老板的话题，荷伯问："如果他们一次买两三台，你也和大公司一样另外再给折扣吗？""是啊！"他答道："只要买的东西多，我总会优惠些的。"老板在花了整整15min教荷伯怎样使用录像机后，荷伯问："哪种牌子的录像机最好啊？""当然是这台，RCA的，我自己家里用的就是这种型号，很不错。"老板毫不迟疑地回答。当时的时间为9:45，他们已经进入了直呼名字的阶段：约翰和荷伯。他们已建立了关系，并且荷伯知道了老板的问题及需求。此时，荷伯觉得已奠定了谈判的基础。

于是，他以谦卑的口吻说："嗯，我不知道这玩意儿要花多少钱，我一点儿概念都没有。但是，约翰，我希望能多少照顾一点你的生意，这玩意儿多少钱你最清楚。这样吧，就像我信任你所推荐的牌子，我也相信你会给我一个公道的价钱，我不跟你还价，告诉我一个合理的数字，我现在就付钱。""谢谢你，荷伯。"约翰说道，既愉快又客气。荷伯继续用随和的口吻说："别客气啦，我知道我可以信任你，约翰，感觉上我好像早就认识你了。我对你出的价钱绝无疑问，虽然别的大商店可能有较便宜的价钱，但我喜欢和你做生意。"这时，约翰写了一个数字，虽然他的左手挡住了荷伯的视线。"我希望你有合理的利润，约翰，当然，我也希望得到合理的价钱。"此时，荷伯继续透露更多的信息："等一等，如果我连这台新力牌21英寸电视机一块儿买的话，总价会不会便宜一些？""你说是两套一起买？""是啊，我记得你提过一次买多一些，可以有一些优惠的。"荷伯温和地回答。"当然啦。"约翰说："请稍等一下，让我把两个价钱加一加。"正当约翰要告诉荷伯价钱时，荷伯说："还有件事我要确定一下，我希望付你公平的价钱——对彼此都公平的价钱。并且，如果以后我为公司购买同样的东西，你会按照同样的价钱给我，对吗？"当荷伯说话时，他已觉察到约翰正把刚写好的数字划掉了。

"但是，如果价钱不合理，我只好换个地方买了。""当然啦！"约翰答道："我到后面去一下，马上回来。"一会儿，约翰回来了，手上写着另外一个数字。按照先前约翰告诉荷伯的情况，荷伯问道："我在想你刚才所说的话，关于你急需现金的问题。我突然想到，原先我准备使用信用卡的，但是……付你现金的话，对你是不是比较方便？""是啊！"他答道："尤其是现在，可以帮我大忙。"约翰一边说着，一边又涂改了一次数字。"你会替我安装吗？你知道，我马上就要出差了。"荷伯说。"没问题，都交给我吧！""谢谢啦，多少钱啊？"约翰报了价：1528.3 美元。稍后，荷伯得知，这是最合理的价钱。荷伯去银行提了款，回来将钱交给约翰。此时的时间为 10∶05。任务圆满完成。

后来，约翰为荷伯装好了设备，还免费赠送了一个放录像带的架子。2 个月以后，荷伯也为自己的公司在该店买了相同的产品。从此，两人成为很好的朋友。

问题：

1. 荷伯·科恩是如何发现店主的需求的？

2. 他是怎样通过谈判一步步满足自己和店主的需求的？

3. 结合自己的亲身经历谈谈在谈判中如何做到利益与友谊兼顾？这样做有什么好处？

第四章

商务谈判的策略

本章要点

1. 理解商务谈判策略的含义。
2. 了解制定商务谈判策略的程序。
3. 掌握商务谈判的预防性策略。
4. 掌握商务谈判的处理性策略。
5. 掌握商务谈判的综合性策略。

导入案例

日方的谈判策略

三位日本商人代表日本航空公司和美国一家公司谈判。会谈从早上8点开始，进行了两个半小时。美方代表以压倒性的准备资料淹没了日方代表，他们用图表解说、计算机计算、屏幕显示、各式的数据资料来回答日方提出的报价。而在整个过程中，日方代表只是静静地坐在一旁，一句话也没说。终于，美方的负责人关掉了机器，重新扭亮了灯光，充满信心地问日方代表："意向如何？"一位日方代表斯文有礼、面带微笑地说："我们看不懂。"

美方代表的脸色忽地变得惨白："你说看不懂是什么意思？什么地方不懂？"另一位日方代表也斯文有礼、面带微笑地说："都不懂。"

美方发言人带着心脏病随时将发作的样子问道："从哪里开始不懂？"

第三位日方代表以同样的方式慢慢答道："当你将会议室的灯关了之后。"

美方代表松开了领带，斜倚在墙上，喘着气问："你们希望怎么做？"

日方代表同声回答："请你再重复一遍。"

美方代表彻底丧失了信心。谁有可能将顺序混乱而又长达两个半小时的介绍重新来做？美国公司终于不惜代价，只求达成协议。

也许日本商人确实不懂，但这种可能性实在太小，素以精明著称的日本商人绝不会如此不了解谈判内容的，"我们不懂"的真正意思大概就是：我们根本不同意你们的算法。这种不说"不"的方式不比直截了当地拒绝更显其威力吗？由此可见，适当的商务谈判策略对于商务谈判的成功至关重要。

第一节　商务谈判策略概述

一、商务谈判策略的含义

商务谈判策略是指商务谈判人员为取得预期的谈判目标而采取的措施和手段的总和。它对谈判成败有直接影响，关系到双方当事人的利益和企业的经济效益。恰当地运用谈判策略是商务谈判成功的重要前提。

（1）谈判策略是在谈判中扬长避短和争取主动的有力手段。商务谈判的双方都渴望通过谈判实现自己的既定目标。这就需要认真分析和研究谈判双方各自所具有的优势和弱点，即对比双方的谈判"筹码"。在掌握双方的基本情况之后，若要最大限度地发挥自身优势，争取最佳结局，就要机动灵活地运用谈判策略。例如，工业品的制造商在与买方的谈判中，既要考虑买方的情况，又要关注买卖双方竞争对手的情况。要善于利用矛盾，寻找对自己最有利的谈判条件。若不讲究谈判策略，就很难达到这一目的。

（2）谈判策略是企业维护自身利益的有效工具。谈判双方虽非敌对，但也存在着明显的利害冲突。因此，双方都面临如何维护自身利益的问题，恰当地运用谈判策略则能够解决这一问题。在商务谈判中，如果不讲究策略或策略运用不当，就可能轻易暴露己方意图，以致无法实现预定的谈判目标。高水平的谈判者应该能够按照实际情况的需要灵活运用各种谈判策略，达到保护自身利益、实现既定目标的目的。

（3）灵活运用谈判策略有利于谈判者顺利通过谈判过程各个阶段。通常谈判过程包括准备、始谈、摸底、僵持、让步和促成等六个阶段。谈判过程的复杂性决定谈判者在任何一个阶段对问题处理不当，都会导致谈判的破裂和失败，始谈阶段尤其重要，其理由如下：

1）在始谈阶段，双方所持的态度直接影响以后谈判中的行为，从谈判开始双方便相互信任是谈判成功的基础。

2）在始谈阶段，双方所采用的谈判模式为以后谈判确定了框架，具有定调的作用。

3）在始谈阶段，双方信心最强，都抱有使谈判成功的愿望，都处于精力和注意力最佳的状态。

谈判者要想营造一个良好的开端，使谈判能顺利进行，达到预期的谈判目标，就必须重视和讲究谈判的策略和技巧。只有这样，才能解决和克服谈判中出现的问题和困难，将谈判逐步推向成功。

（4）合理运用谈判策略有助于谈判双方尽早达成协议。谈判的当事双方既有利害冲突的一面，又有渴望达成协议的一面，因此，在谈判中合理运用谈判策略，及时让对方明白谈判的成败取决于双方的行为和共同的努力，就能使双方求同存异，在坚持各自基本利益的前提下互谅互让，互利双赢，达成协议。

二、制定商务谈判策略的程序

制定商务谈判策略的程序是指制定策略所应遵循的逻辑步骤。其主要步骤包括以下方面：

（一）现象分解

现象分解是制定商务谈判策略的逻辑起点。谈判中的问题、趋势、分歧、事件，必须把这个"组合"分解成不同的部分，从中找出每一部分的意义之后再重新安排，借以找出最有利于己方的形式。

根据制定的商务谈判策略，判断谈判进程中进退的有利时机，寻求应该采取的手段或方式，达成有利的协议。谈判人员除了必须具有一定的分析能力外，还必须针对谈判中的消长趋势随机应变，而不只是一眼看破玄机。

（二）寻找关键问题

进行现象分解与科学分析之后，就要有目的地寻找关键问题，即抓主要矛盾。因为只有找到关键问题，才能使其他问题迎刃而解。

（三）确定目标

确定目标关系到谈判策略的制定，以及将来整个谈判的走向、价值和应采取的行动。确定目标，是根据现象分解和关键问题分析得出的结论，还要根据己方条件和谈判环境要求，对各种可能目标进行动态分析判断，以便取得满意的结果。

（四）形成假设性解决方法

形成假设性解决方法是制定策略的核心与关键步骤。对假设性解决方法的要求是既能满足目标，又能解决问题。方法是否有效，要经过比较才能鉴别，所以谈判人员在提出假设性解决方法时，既要解放思想，打破常规，力求有所创新，又要尽力使假设性解决方法切实可行。

（五）对解决方法进行深度分析

对各种假设方法根据"可能"与"有效"的原则进行排列组合和优化选择。对少数可行性策略进行深入研究，为最终选择打下基础。准确地权衡利弊得失，要求谈判人员快刀斩乱麻，运用定性与定量相结合的方法进行分析。

（六）具体谈判策略的生成

在深度分析的基础上，确定评价的准则，生成具体的谈判策略。确定评价准则的科学方法是指明约束条件，并且做谈判环境分析。

（七）拟订行动计划方案，得出最后的结论

有了具体的谈判策略，还要考虑把这种策略落到实处，这就要按照从抽象到具体的思维方式，列出各个谈判人员必须做的事情，把它们在时间、空间上安排好，并进行反馈控制和追踪决策。

三、商务谈判策略的分类

在商务谈判过程中，为了使谈判能够顺利进行和取得成功，谈判人员应注意抓住对方主观和客观上的弱点，发挥己方主观上和客观上的某些优势，根据具体情况，灵活运用适当的策略，使双方之间的分歧能够得到合理解决，意见趋向一致。

在国外，有人把商务谈判的策略分为以下三类：

（1）预防性策略。其目的是使双方避免发生较大的冲突，或使双方的矛盾不要激化。这一类策略的具体方式包括不开先例策略、投石问路策略、声东击西策略、虚张声势策略和安全答话策略等。

（2）处理性策略。其目的是使已经发生的矛盾或问题能得到比较合理的解决。这类策略的具体方式包括巧破僵局策略、以退为进策略、最后通牒策略、限制权力策略、攻其弱点策略和化整为零策略等。

（3）综合性策略。其目的兼含前两者，既着眼于预防矛盾的产生和激化，又着眼于解决好已经产生的矛盾和问题。这类策略的具体方式有软硬兼施策略、货比三家策略、边打边谈策略、速战速决策略和耐心说服策略等。

应当说明的是，上述商务谈判策略的分类，只不过是某些学者的一家之言，关于这方面的理论和观点，国外和国内都有很多，众说纷纭，很不一致。由于市场情况和谈判双方情况不同，商务谈判的策略也是千变万化的，但限于资料和经验，我们还无法整理出一套公认的比较成熟和定型的商务谈判策略供读者采用。下面所介绍的只是一些曾经有人尝试用过的策略，目的是引起读者对谈判中要灵活运用策略这个问题的重视，从而认真进行探索，不断积累经验，而不是要读者生搬硬套这些经验。

第二节　商务谈判的预防性策略

一、不开先例策略

不开先例策略，通常是指握有优势的卖方坚持自己提出的交易条件，尤其是价格条件，而不愿让步的一种强硬策略。当买方所提的要求使卖方不能接受时，卖方谈判者向买方解释说：如果答应了这一次的要求，对卖方来说，就等于开了一个交易先例。这样就会迫使卖方今后在遇到类似的问题同其他客户发生交易行为时，也必须提供同样的优惠，而这是卖方客观上承担不起的。

当谈判中出现以下情况时，卖方可以选择运用不开先例的策略：

（1）谈判内容属保密性交易活动时，例如高级生产技术的转让、特殊商品的出口等。

（2）交易商品属于垄断经营时。

（3）市场有利于卖方，而买方急于达成交易时。

（4）当买方提出的交易条件难以接受时，这一策略性回答也是退出谈判最有礼貌的托词。

卖方在运用不开先例谈判策略时，需要对所提出的交易条件反复衡量掂酌，说明不开先例的事实与理由，使买方感到可信；否则，不利于达成协议。

对于买方来说，这里的关键问题是难以获得必要的信息来确切证明卖方所宣称的"先例"界限是否属实；而且即使在目前的谈判中卖方决定提供给该买主一个新的优惠，但这是否就真的成为一个"先例"，也是无法了解的。因此，买方除非已有确切信息可予以揭穿；否则只能凭主观来判断，要么相信，要么不相信，别无他选。

总之，不开先例策略是一种保护卖方利益，强化自己谈判地位和立场的最简单有效的方法。当然，买方如居优势，对于有求于己的推销也可参照应用。

二、投石问路策略

投石问路是探测对方意图的好方式。投石问路中所投之"石"可以是多种媒介，但最常用的是语言的提问。

（1）假如我们订货的数量加倍，或者减半呢？

（2）假如我们和你签订一年的合同呢？

（3）假如我们将保险金减少或增加呢？

（4）假如我们自己供给材料呢？

（5）假如我们自己供给工具呢？

（6）假如我们要买好几种产品，不止购买一种呢？

（7）假如我们让你在淡季接下这项订单呢？

（8）假如我们自己提供技术援助呢？

（9）假如我们买下你全部的产品呢？

（10）假如我们改变一下规格，就像这个样子呢？

（11）假如我们分期付款呢？

所提问题的内容、方式以及问题提出的时间，一定要仔细推敲。因为有目的地向对方提出各种问题，是摸清对方底细、掌握对方打算的重要手段。

投石不要正面直接投，而应当从侧面、背面投。因为正面投会引起对方的心理防卫。只有旁敲侧击，才可以在对方毫无警觉的情况下暴露出他的真实意图。提问的艺术有以下几种：

（1）低姿态。表现出一副完全不懂或懂得不多的姿态，以鼓励对方给你一个完整而细致的回答。

（2）充分准备。提问前的准备一定要充分，提出的问题要有针对性和引导性。当对方做出意料之外的回答时，思想上也要有所准备，不至于措手不及。

（3）灵活多变。在商务谈判中，发现原来设计的问题不妥当时，要果断地修改和中止提问。另外，可提出一些已经掌握的问题，以观察对方的虚实程度。

投石问路策略似乎有点残酷，它逼得对方进退两难。每一句问话都好像是一块真的"石头"，若不认真地接纳或巧妙地躲避，就会被砸得"头破血流"。那么，如何对付这突如其来的"石头"呢？最好的方法是以牙还牙，他向你投来"石头"，你向他索要条件。例如"只要你的订货量达到某某标准，我就可以满足你的要求，提供某某资料或服务。"切忌"有问必答"，有些问题可以拒绝回答或者拖延回答。

一个精明的谈判者，可以将对方投出的"石头"变成一个很好的机会。针对其想知道更多资料的要求，向对方提出一连串的"合理化建议"，请对方考虑，以便达成交易。

阅读案例 4-1：A 公司和 B 公司的谈判

A 公司委托市场代理机构 B 公司进行一个项目的前期市场研究和市场定位工作，前面都进展得很顺利，但最后阶段出了问题。A 公司派出的业务员开出的价格遭到了 B 公司经理的回绝，B 公司认为价格太低了，没有办法开展工作。A 公司经过分析，猜测 B 公司认为 A 公司只是派出一个业务员试探价格，没有诚意，因此决定让经理亲自出面。可是 B 公司经理已经回绝了提出的价格，怎样挽回是 A 公司面临的一个难题。

于是 A 公司经理以第三者的身份参与了谈判，首先调查市场情况，分析 B 公司的工作强度和工作量，看 A 公司给的价钱是否匹配，结果发现 A 公司的价格确实偏低，B 公司听到这一结论后十分高兴，谈判可以继续了。A 公司经理继续分析，B 公司提供的所有服务是否都必不可少，发现并非如此，而且如果减少一些不必要的服务，B 公司的成本就可以降下来。在讨价还价过程中，B 公司透露出别家公司也正在委托他们做同样的项目。于是 A 公司立刻提出，接受 A 公司的委托可以降低 B 公司的成本，B 公司开始软化了。最后，双方达成一致协议，A 公司在原价基础上提高 20%，但 B 公司要提供质量更高的产品，双方对此都基本满意。

在整个谈判过程中，A 公司和 B 公司在出牌时依据的都是客观存在的成本。

三、声东击西策略

就军事方面来讲，当敌我双方对阵时，我方为了更有效地打击敌人，声东击西会造成一种进攻的假象，借以迷惑对方，然后进攻另一面。这种策略同样适用于谈判。

在谈判中，处于某种需要而有意识地将会谈的问题引导到对对方来说并不重要的问题上，借以分散对方的注意力，达到己方的目的。实际的谈判结果也证明，只有更好地隐藏实际需要，才能更好地实现谈判目标，尤其在不能完全信任对方的情况下。过去传统的马匹交易，马贩子从来不让卖马的人知道他真正喜欢哪匹马，否则价格就会飞涨。美国大富豪洛克菲勒想使纽约的不动产升值，就想把有影响力的机构设在纽约，其中包括联合国大厦。当他悄悄地买下准备建联合国大厦的地皮后，立即又公开扬言他要以两倍以上的价格购买纽约的房地产，由此房地产的价格飞涨，他达到了自己的双重目的。使用这种策略的主要目的在于：

（1）尽量使双方所讨论的问题对己方是次要的，但采用这种策略可能表明己方对这一问题重视，进而提高该项议题在对方心目中的价值，一旦己方做出让步，就能使对方更为满意。

（2）作为一种障眼法，转移对方的视线。如己方关心的可能是货款的支付方式，而对方的兴趣可能在货物的价格上，这时声东击西的做法是力求把双方讨论的问题引到订货的数量、包装和运输上，借以分散对方对前述两个问题的注意力。

（3）为以后的真正会谈铺平道路。以声东击西的方式摸清对方的虚实，排除正式谈判所遇到的干扰。

（4）把某一议题的讨论暂时搁置起来，以便抽出时间对有关的问题做出更深入的了解，探知或查询更多的信息和资料。

（5）延缓对方所要采取的行动。如果发现对方有中断谈判的意图，可运用这一策略做出某种让步的姿态。

（6）作为缓兵之计。一方面以继续谈判来应付，一方面则另谋其他对策，研究更妥善的解决办法。

在商务谈判活动中，如果想对某个重要问题让对方先让步，就可以利用声东击西策略把这一问题轻描淡写地一笔带过，反而强调不重要的问题，造成对方的错觉。这样就会达到目的。但是，也要提防对方在谈判中使用同样的办法来拖延时间，或分散己方的注意力。如果有迹象表明对方采用的是声东击西的方法，己方应立即采取针锋相对的策略。

阅读案例4-2：声东击西策略的运用（一）

一位机械工具制造商正在对一项合同进行投标，其竞争对手是德国和美国的其他供应商。买方公司的董事已经同意接受这位工具制造商的投标，但买方采购负责人告诉总裁，他希望能对这位制造商再压一下价。采购负责人给制造商的销售人员打电话说："乔，我很遗憾地告诉你一个坏消息。事情是这样的，你知道，如果我能决定这件事的话，你明天就可以拿到订单了，但是现在董事会从我的手中接管了这件事，仅仅是为2.5%的折扣，我认为这没多大道理……"乔立即感觉到他可能拿不到订单了，对仅仅因为2.5%的折扣就要输了感到很惊讶。他问对方能否有机会等一天再做决定，采购负责人告诉他已经签好了给他的竞争者的信件了，但他可以把这项买卖冻结24h。他说："但是我不能因为2.5%的折扣再和董事会交涉这笔买卖了，你们应该做得更漂亮一点。"

这是一种压价者的术语。乔请示了他的主管，主管又请示了总经理，总经理很怕失掉这笔本来很有把握的订单，因为他的企业经营状况很不好。于是，这位总经理说："好吧，你最多可以压低3.5%，但是如果你还需要压价的话，先给我打个电话。不管怎样，也要拿到订单。"于是，这位采购负责人得到了3.5%的压价。乔认为3.5%实在是小意思，因为它在总数为200万美元的销售额中只占7万美元。但是总经理认识到，这笔折扣实际上只能从合同的毛利中支出，它几乎卷走了这笔交易的全部利润。尽管如此也没有办法。

事实上，既然该公司已经谈成了这笔交易，本来是不需要再付出这笔额外折扣的，这一戏剧性的结果是怎么发生的呢？原来，早在6个星期以前，乔曾会见过买方的主任工程师，双方讨论了技术细节问题。乔解释说，他们公司的销售状况不佳，公司正面临巨大的压力。虽然这是一次偶然的谈话，却被主任工程师告知了采购负责人，采购负责人抓住了该公司销售状况不佳这一核心问题，作为压价的筹码。从这个问题上不难看出采购负责人的高明，他采用了声东击西的谈判策略，即目的明明是压价，却在能否拿到订单上做文章，迫使乔接受他提出的所谓董事会的意见。

阅读案例4-3：声东击西策略的运用（二）

A公司与B公司为设备转让问题进行商务谈判，该设备包括硬件及其附带的软件。谈判中，作为买方的A公司认为硬件部分的价格太高，而作为卖方的B公司又不愿意再降价。买方很为难，想提出来不买了，又怕卖方说自己没有信用，更担心卖方已经允诺的其他有利于买方的协议由此而被推翻。这时，卖方正好提出希望扩大设备散件交易的愿望。买方借机行事，把本来要递给对方的采购设备散件的清单收了起来，反过来向卖方纠缠索要设备的优惠价，并以此作为扩大散件交易的条件。同时，又将"可能性"进行宣传，吊其胃口。当卖方了解到买方愿意购买其散件，而又数量可观时，便认真地与买方谈判。买方利用了这个有利的时机，表面上和卖方郑重其事地谈判，在场下又认真做了大量的分析研究工作，尽量减少散件的订购数量。买方从清单上划掉一种又一种不是十分必需的散件。卖方为了尽可能多地卖散件，而降低了软件和硬件设备的总体价格，同时散件价格也给了一定的优惠，从而使买方在谈判中获得了很大的利益。

从这个案例中我们不难看出买方是怎样成功运用声东击西的谈判策略的。买方不仅取消了不必要的散件，而且也促使卖方降低了硬件设备的价格。买方在谈判中故作姿态，

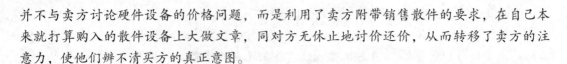

并不与卖方讨论硬件设备的价格问题，而是利用了卖方附带销售散件的要求，在自己本来就打算购入的散件设备上大做文章，同对方无休止地讨价还价，从而转移了卖方的注意力，使他们辨不清买方的真正意图。

当然，声东击西的谈判策略也是有破解对策的。这就要求谈判者在谈判前做好充分的准备，搞清对方的真正要求。这样，在对方实施声东击西策略时，就会临阵不乱，将计就计，使之难以奏效。

四、虚张声势策略

在商谈交易价格时，由于双方对市场情况的了解和预测不完全一致，因而价格高低往往成为双方争执的主要焦点之一。

一般来说，在市场情况不变的前提下，卖方若开价稍高一些，往往可为谈判留有讨价还价的余地，因此，有可能以较高的条件成交；反之，如果买方出价较低或者杀价较狠，只要言之有理，则往往能以较低的价格成交。因此，在谈判中，卖方喊价较高，并佐以宣扬其货物如何先进、实用，价格如何合理等，以此激起买方购买该货物的欲望和试探买方的真实出价；买方则运用杀价较狠、再三挑剔标的物的缺陷、强调标的物市场竞争激烈状况等方式，达到使卖方把喊价自动降低的目的。上述措施即虚张声势策略。

这种策略主要适用于交易双方相互不甚了解与信任，或者对方对标的物的性能和竞争力不甚了解的场合。因此，谈判者在采用该策略时，应注意说话的分寸、时机和艺术，切忌过分地夸大其词、夸夸其谈和不留余地。

阅读案例 4-4：虚张声势策略的运用

在 1992 年秋季的广州商品交易会上，某市家用电器公司一行几人来此推销本企业经营的光管支架产品。由于厂家名气小，开始订货人数寥寥无几，几乎无人问津。这时，推销人员灵机一动，想了个妙招。第一天在订货办公室门前挂牌说："第一季度订货完毕"；第二天又挂牌说："第二季度货已订满"；第三天挂牌说："对不起，1993 年的货没有了"；而后则挂出"请订 1994 年的货"的牌子。一时间，公司洽谈处门庭若市，顾客盈门，生意兴隆。转眼，两年的货物被订购一空。

该家用电器公司这一招既妙又绝。这无疑是一种虚张声势的推销术，但是这里的"虚"只是形式，究其根本，还在于他们的产品质量上乘，不然，各路商人就不会络绎不绝地来此订货了。

虚张声势作为国际交往的一项策略，在商务谈判中无处不在，无人不用。这当然不能说是不道德，但是却很冒险。"虚"得不妙，树立不起企业的美好形象，招不来顾客，达不到交易目的；"虚"得过度，可能会失去信用，被视为"欺骗""瞎编滥造"，顾客也会望而却步。因此，"虚"要适当，以"实"为本。

在商务活动中，由于虚张声势而使企业信誉扫地的有，利用虚张声势行骗的也有，上当受骗者更是大有人在。所以，作为谈判人员，在运用虚张声势策略时，千万不能先露出自己的底牌，或者预先表示出自己的愿望。当对方虚张声势时，一定要想方设法摸清"虚"的程度。若其中有诈，则速回头靠岸，中止谈判。

五、安全答话策略

在谈判当中，向对方提出问题以及回答对方的提问是在所难免的，特别是面对对方的提问，需在短暂的时间内做出合适的回答往往成为谈判者最头疼之事。实际上，谈判者能时时牢记谈判中有些问题不值得回答，有些问题只回答某一部分就已经足够，在没有完全了解或者掌握对方所提问题的实质或者用意之前，千万别做正面回答。根据对方所提问题的性质及己方对此问题的掌握程度，采用不同的回答方法。

商务谈判中，常见的几种回答问题的方法及其破解措施如下：

（一）引导式

引导式也称引诱式或者反向式。它的主要表现是：当对方提出某一问题后，谈判者运用自己所掌握的资料，循序渐进、步步为营地进行反问，尽量引导对方对己方的反问表示同意，然后综合对方对己方反问的答案，作为回答对方所提问题的答案。

这种回答方法，由于是综合利用对方对己方反问的答案，所以不但有可能使对方折服，而且也可使对方无出尔反尔的借口。但是，采用种种回答法的前提条件是：反问者必须掌握足够的、准确的资料，并且在反问时能做到步步为营、一环扣一环地引导对方每问必答，不由自主地进入其预定的目标范围。否则，只要在反问中某一环节脱节或者在某一问题上对方否定反问者的反问，就有可能达不到预期的目的和效果。

所以，对引导式回答法破解的关键在于：明确对方反问的目的，不误入对方反问的圈套；提出证据否定对方的反问，使其引诱企图中途流产；提问前做好充分准备，避免提出有矛盾、有漏洞的问题，如果确信己方所提问题准确无误，就应对对方的反问听之任之，必要时还可借其反问去反问对方，迫使对方正面回答己方原来所提问题；如果己方的提问确因考虑不周而被对方抓住漏洞时，就须对对方的反问进行避重就轻、留有余地的回答，或者干脆坦率承认或者纠正自己提问的漏洞之处，以便终止或者冲破对方引诱的圈套。

（二）试探式

在商务谈判中，当未完全掌握和领会对方提问的目的和用意，或者对对方的提问尚需简短时间思考时，有些谈判者往往诡称对对方所提问题尚未听懂，请提问者再讲一遍，这种方式就称为试探式。

回答者运用这种方法，不但可以为自己争取到一段宝贵的时间去思考答案和对策，更重要的是可以试探出对方的提问是事先已做好了充分的准备，还是临时或者无意中想到的；是要求回答者必须正面回答，还是为了满足其虚荣心；是诚心为了解决问题，还是有意挑起事端。若提问者的提问是事先已做好充分准备的话，当回答者请其再讲一遍时，提问者就会马上原原本本地重复一遍或者从另一个角度讲得更加完善，否则难以做到此点。同时，若提问者的提问涉及问题的实质，且重复时口气（或态度）较强硬者，在大多数情况下就表明提问者是要求回答者正面回答。相反，尽管提问者重复时的态度较强硬，但所提问题并未涉及问题实质，或者所提问题表面上看起来涉及某一重要问题，但分析起来漏洞百出或者纯属偶然，或者所提问题一听就知是外行者等情况，则提问者往往是为了满足其虚荣心。再则，若提问者提问时态度专横粗暴，其内容偏离正题或者故意找刺，则表明提问者通常不是为了解决问题，而是出于其他目的。

国外一家研究机构的调查结果显示，在商务谈判的提问中，有68%的提问是临时或者无意中想到的，有39%的提问者是有意找茬或者满足其虚荣心。因此，对于前者，由于提问者的提问是临时或者无意中想到的，所以往往其目的不太明确，心中也可能无标准答案，此时的回答者只要采用避实就虚等回答法就很可能使其满意。对于为了满足虚荣心的提问者，只要回答者采取针对性措施使其目的实现就足够了。对于有意找刺的提问者，一般应采取耐心说服的策略，讲清谈判是双方合作的起点与基础，任何有害于谈判顺利进行的行为对双方均将无益等道理，相信有意找刺的提问者也可能会予以配合；对于极个别一意孤行的找刺者，除了采取耐心说服的策略外，必要时也可考虑采取"以牙还牙"的方式进行反击。

在商务谈判中，采用试探式，有意请提问者重复一遍提问，有时可以收到很好的效果，特别是当提问者的提问是临时或无意中想到，或者是为了满足其虚荣心的情况下更是如此。正是由于这种原因，要求谈判者在谈判前一定要尽可能对己方欲提的问题做好充分准备，例如，明确提问的目的，规定各种问题分别由何人在何种场合下采用何种方式提出；确定通过何种方法去引诱（或启发）回答者回答到何种程度，以及对方的答案出乎意料的应急措施等。

（三）避实就虚式

避实就虚即避开提问的实质，只就问题的枝节部分或对提问中无关紧要的其他问题虚张声势，大谈特谈，以达到"喧宾夺主"或混淆视听的目的。当回答者对于提问只清楚其中的某些部分，或尽管可以完全回答但鉴于某种原因只能回答某一部分或知其然而不知其所以然时，往往采用这种回答方式。比如回答者若只了解提问的某一个部分或只能回答其某一部分提问时，就可以说："贵方（或某某先生）提出的问题非常好，非常有意思，不过我想此问题的实质（并非问题真正实质）就在于……"于是，就将可以回答或能够回答的那一部分作为问题的实质（尽管不是）喧宾夺主，大谈特谈。又如，若回答者对提问只知其然而不知其所以然，或对提问的实质不清楚，但知道一些与提问有关的其他问题，或鉴于某种原因不能正面回答提问，只能回答一些与提问有关的问题时，就可以说："在我回答本问题之前，我想先了解一下××问题。"于是，就虚张声势地谈论一些无济于事的问题，以达到混淆视听的目的等。

上述回答方式，一般可应付未做好准备或为了满足虚荣心的提问者，有时甚至也可以迷惑那些准备不十分充足的提问者。因此，破解这种回答方式的办法有两个：①防患于未然，即像前述那样，每次提问要做好充分准备，事先确定提问的目的、方式、步骤、目标以及应对措施等；②不被对方虚张声势的喧宾夺主式回答所迷惑，力求得到问题的真正答案，在对方回答问题时，应不时提醒对方针对问题做正面回答，并从心理上告诫自己，对方采取避实就虚式的回答法，大多数情况下正好表明己方抓住了对方的要害，若继续追问下去，必将获取有效的成果。当然，对于那些对方实在难以启齿或者与所谈问题关系不甚密切且对方又实在回答不出来的问题，除非策略的需要，否则应尽量少提，免得惹恼对方，引起不必要的风波。但对于那些事关重大，以及与己方策略紧密相连的提问，则一定要对方回答清楚。如果对方暂时无法回答，可以给予时间思考，不要轻易地放过或让步。

（四）推卸责任式

有些谈判者面对毫无准备的提问，往往不知所措，或者即使能够回答，但鉴于某种原因而不能回答时，通常就会采用诸如"对于这个问题我虽然没有研究（或没经验、没调查等），但我曾经听说过……"或"贵方××先生的问题提得很好，我曾经在不知哪一份资料上看到过有关这一问题的记载，就记忆所及，大概是……"等推卸责任的回答法。在这些回答中，即使答案是胡说八道或带有故意欺骗的性质，回答者也可能不负责任，因为其答案不但没加肯定，而且是"曾经听说过的"或"就记忆所及的"，因为眼见为实、耳听为虚乃人人皆知，何况还是"曾经听说过的"呢。因此，这种回答方式对于那些为了满足虚荣心的提问者以及自己也不明确提问的目的和目标的提问者，往往能够收到较好的效果。

这种回答方式的破解之法，除了参见上述对避实就虚的两个破解方法之外，还必须清楚对方的这种回答往往是道听途说，甚至是胡说八道的，所以应进一步挖掘回答者采用这种回答方式的目的和意图，若发现其带有故意欺骗性质，或其他不道德的意图时，就需毫不留情地予以揭露，或者采用其他方法刺痛他，以达到揭露或警告的目的。

（五）安慰式

当问题属于公认的复杂问题，或短时间内无法回答清楚的问题，或技术性很强、非专家讨论（或解释）无法明了的问题时，有些回答往往采用安慰式。即首先肯定和赞扬提问者提出问题的重要性、正确性和"适时"性，然后话锋一转，"合情合理"地强调提问所涉及的问题的复杂性以及马上回答的困难程度，在必要时，还可答应以后找个专门时间对提问进行专门讨论等，以此换取包括提问者在内的在座者的理解与同情。通常情况下，各位在座者是会给予谅解的，因为回答者的回答起码在表面上表现了"合情合理"的姿态，所以这种回答法有时能促使商谈顺利进行。同时，这种安慰式回答法若用于对付那些为了满足虚荣心的提问者，其效果有时很理想。因此，提问时应合情合理，有理有据，适时适情并适当提出，如确信己方的提问无懈可击，应坚持下去，不被对方的含糊或间接推辞式回答所迷惑。如果发现对方回答实际性问题时有意避开或开"空头支票"推辞的话，就应该追问下去，以求甚解。当然，如果确实是马上回答困难程度很大的复杂性问题，或非专家不能解释清楚的问题，应避免提问或少提问，即使是非提问不可的，也应在适当时间适当地提出，以免对方借口避开或间接推辞。

（六）刺激式

作为一个谈判者，不但要反应灵敏，思路清晰，口齿清楚，言语表达准确无误，而且也应具备随时能洞悉对方言行目的的能力。但话又得说回来，在那种双方都存有戒心的商务谈判中，特别是在商务谈判气氛特别紧张或过于轻松的场合下，谈判者往往容易在言谈之中有失误，或者出现漏洞。另外，有些谈判者又喜欢抓住对方的言谈漏洞或语言毛病不放，以此为突破口，达到击败对方或挽回自己损失的目的。

遇到这种情况，有经验的谈判者往往采用刺激式回答回击对方，诸如"看起来，先生是一个非常称职的语言学家，若先生有时间请一定赐教……"或"先生的文学造诣之深实在令我惊叹不已，佩服至极，若能抽暇赐教，将感激万分，不过……"等。这一类回答，看起来是吹捧对方，实际上是在挖苦对方，是对对方钻语言空子强烈不满的一种表现，因此，在大多数情况下，用此类回答方法能够有效地遏制喜欢钻语言空子之人的行为。另外，有些谈判者也往往利用刺激式回答故意激怒对方，使对方怒中出错，这同上述第一种技巧的施行方法有类似之处，在此不再赘述。

除了上述六种常见的回答方法外，还有更换话题法、顾左右而言他法以及拒绝回答法和故意愤怒式回答法等。

第三节　商务谈判的处理性策略

一、巧破僵局策略

商务谈判是双方商务合作的起点，本应在诚实信用、平等互利、友好合作的基础上进行，但有时候也可能会因各种各样的原因而使谈判出现僵局。一旦出现僵局，谈判者就应视不同的情况采取不同措施尽快化解。为此，有些谈判者往往会认真细致地分析引起僵局的根源，然后采取灵活而又具有针对性的措施进行化解。

例如，如果形成僵局是源于对方策略所需而由对方有意导致时，一般通过有说服力的资料或者其他客观标准，采用耐心说服的方法提醒对方，使对方意识到僵局对双方均无好处，也于事无益，与此同时，将谈判引导到有利于双方共同利益的问题上，使对方能够"体面"地自解僵局；如果属于谈判组内部成员言行不当引起的僵局，则需更换引起僵局的人员或者负责人，或者说些笑话缓和谈判气氛；如果确属谈判者自己预定的目标过高而引起的僵局，则需适时适当地改变预定的目标，使双方的意向逐渐接近，或者结合慎重让步的策略给予让步；如果确属双方之间暂时难以调和的问题而引起僵局，则需考虑找一个双方信得过的调解人调和双方的矛盾和利益，或者决定暂时休会，彼此约定再商谈的时间、地点，以此缓解僵持的局面等。

上述方法看起来简单，并无特别之处，但是经过实践证明确实是行之有效的方法，所以被众多的谈判者所采用。不过，在实际谈判中，有些谈判者在碰到谈判僵局时，常常会迟疑不决，不知所措；特别是在僵局发生后，在决定是期望对方采取主动，还是己方采取主动去打破僵局这一问题时，更是如此。实践证明，虽然原则上讲让对方采取主动行为化解僵局最有利于谈判，然而如果对方迟迟不采取行动或者己方已有化解僵局的有效措施，也不妨采取主动行为去化解僵局。因为在这种场合下，它既有助于化解谈判僵持的局面，又可保全对方的面子以促使对方继续与己方合作。事实证明，僵局一旦打破，有时还能促使交易更快地达成。

二、以退为进策略

以退为进策略实行起来既简单又实用。一个有经验的买方倘若利用这一策略，往往有可能使得买卖双方皆大欢喜。同样，一个有经验的卖方使用这一策略，也有可能迅速达成交易或者争取到更大的利益。

买方使用这一策略的表现手法往往是："我们非常喜欢您的产品，也喜欢您的合作态度，遗憾的是我们只有这么多钱……"；或者"遗憾的是政府只拨这么多款"；或者"公

司的预算只有这么多"等。

卖方的表现手法是："我们非常乐意为您服务，也愿意竭尽全力满足您的需求，但我们的成本就是××，故此价格不能再低了"；或者"我们非常愿意同您谈成这笔交易，但是除非您能和我们共同解决一些简单（或实际性）问题，否则难以达成协议"；或者"假如您要以这个价格购买，则交货期必须延长（或者您必须预付定金或预付货款）"；或者"假如您以这个价格购买，您必须修改您的设计以适应我们的生产线（或者原材料只能是某种替代品，或者只能是某种型号的货物）"；或者"如果您要以这个价格购买，您必须增加订货数量"等。

采用这一策略的目标是：以己方的让步换取对方的让步，或者强调己方的困难处境，以争取对方的谅解并给予让步。这一策略同古语"如欲取之，必先予之"以及俗语"吃小亏占大便宜"有异曲同工之妙。须知，人类的天性是乐意帮助他人的，是乐意协助朋友达到目的的，以退为进策略就是利用人类固有的天性而施行的。

由此可见，为了在谈判中获取更大的利益，适当的让步是一种有效的方法。你退一步，谈判双方皆大欢喜，关系融洽，交易总成本就自然会下降，使再进两步也成为可能。在市场秩序日益健全、人际关系日趋融洽的今天，以退为进是一种很值得推崇的谈判策略。

阅读案例 4-5：以退为进策略的运用

比利时某画廊曾经发生过这样一件事：美国画商看中了印度人带来的 3 幅画，标价是 25 万美元，美国画商不愿意出此价，双方谈判陷入僵局。那位印度人被惹火了，怒气冲冲地跑出去，当着这位画商的面把其中一幅画烧了。美国画商看到这样一幅好画被烧掉了，感到十分可惜，问印度人剩下的两幅画卖多少钱，回答还是 25 万美元。美国画商又拒绝了这个报价。这位印度人横下一条心，又烧掉了其中一幅画，美国画商当下乞求他千万不要再烧最后一幅画了。当再次询问这位印度人最后一幅画卖多少钱时，印度人说："最后一幅画能与 3 幅画卖一样的价吗？"这位印度人竟以 60 万美元将手中的最后一幅画拍板成交。这位印度人之所以采用烧掉两幅画以吸引那位美国画商的"以退为进"策略，是因为他知道自己出售的 3 幅画出自名家之手，烧掉了两幅，剩下最后一幅，正是"物以稀为贵"。这位印度人还了解到美国人有个习惯——喜欢收藏古董名画，只要他爱上这幅画，是不会轻易放弃的，宁肯出高价也要收买珍藏。聪明的印度人这一招果然很灵，谈成了一笔成功的生意。

当然，运用以退为进策略要认真考虑其后果，既要考虑退一步后对自己是否有利，又要考虑对方的反应如何。如果没有十分把握，不要轻易使用这一策略。

三、最后通牒策略

在谈判陷入僵持阶段时，某一方宣布某个新条件或某个期限作为对谈判中合同成败的最后决定条件，逼对方做出最终答复的做法，即最后通牒策略，也被称为谈判中的边缘政策。大家知道，谈判的目的是满足自己的某种需要，确切地说是通过让出自己一部分利益的方式而维护自己的另一部分利益。然而，人的犹豫产生于对未来的希望和对现实的不肯舍弃的矛盾之中。对利益的无限追求是人的本能，在谈判中，人总是想保住将来可能会给自己带来的更大利益，而不肯做出最后选择。打破对手对未来的奢望，就能击败犹豫中的对手。其有效手段便是"最后通牒"，即亮出你的最后条件（如价格、交货期、付款方式、签约日等），表示行就行、不行就拉倒的态度。

最后通牒在一定的条件下能击破对手不切实际的奢望，提高谈判效率。但是最后通牒也把发出通牒者逼到了"不成功，便成仁"的境地，因而要慎用。一般来说，当出现以下几种情况时，可采用这一策略：

（1）当你不想和对方继续交易时。

（2）当你已将价格降到无法再降的时候。

（3）当你确信对方无法负担失去这项交易的损失时。

（4）由于对该对手的降价，你可能不得不对所有顾客降低价格时。

（5）当你确信对方没有诚意时。

使用这一策略时，还应注意：

（1）通牒令人可信。如"要走"，可能性必须存在，下午两点的确有飞机，机票的确订好。

（2）通牒的根据要强硬。如果能替自己的立场提出论据和理由支持，那就是最聪明的最后通牒。例如，"你的要求提得不过分，我希望答应你，但我们的财务制度不允许"。

（3）通牒的内容要有弹性，即不要将对方逼上梁山，无路可走。而应该设法让对方在你的通牒中选择一条路。至少在对方看来，是两害相权取其轻。

对方发出最后通牒时，可采取以下手段对付他：

（1）不予理睬，或者装成没有听懂，继续阐述自己的观点。

（2）装作退出谈判的样子，以探明对方的真假。

（3）可以后发制人，出些难题，转移对方的注意力。

（4）要求对方给以充足的时间，以便全面细致地思考一下。

阅读案例 4-6：中意双方关于半导体生产设备的谈判

意大利某电子公司欲向中国某进出口公司出售半导体生产用的设备，派人来北京与中方洽谈。其设备性能良好，适合中方用户。双方很快就设备性能指标达成协议，随即进入价格谈判。

中方讲：其设备性能可以，但价格不行，希望降价。

意方说：货好，价也高，这很自然，不能降。

中方讲：不降不行。

意方说：东方人真爱讨价还价，我们意大利人讲义气，就降 0.5%。

中方说：谢谢贵方的义气之举，但贵方价格是不合理价格。

意方问：怎么不合理？

中方答：贵方以中等性能要高等价，而不是适配价。

意方问：贵方不是对我方的设备很满意吗？

中方答：是的，这是因为它适合我们的需要，但并不意味着这是最先进的设备。如用贵方报的价，我们可以买到比贵方设备更好的设备。

休息一会儿，双方再谈。意方报了一个降 3% 的价格。中方认为还没有到成交线，要求意方再降。意方坚决不同意，要求中方还价，中方给出了再降 15% 的条件。意方听到中方的条件，沉默了一会儿。从包里掏出一张机票说：贵方的条件太苛刻，我方难以接受。为了表示交易诚意，我再降 2%。贵方若同意，我就与贵方签合同；贵方若不同意，这是我明天下午 2 点回国的机票，按时走人。说完，站起来就要走，临走时留下一句话："我住在友谊宾馆某楼某号房间，贵方有了决定，请在明日中午 12 点以前给我电话。"

中方在会后认真研究成交方案，认为 5% 的降价仍不能接受，至少应降到 7%，也就是还差 2%，如何能再谈判呢？于是先调查明天下午 2 点是否有意大利的航班或欧洲的航班，以探其虚实，结果是没有。第二天早上 10 点左右，中方让翻译给意方宾馆打电话，告诉他，昨天贵方改善的条件反映了贵方的诚意，我方表示赞赏。作为一种响应，我方也可以改变原立场，只要求贵方降 10%。意方看到中方让了 5%，而 10% 与其内定价格相差一些，但比 15% 而言，可以谈判了。于是，希望马上与中方见面。中方赶到宾馆，到其房间谈起来，没有太多的寒暄，开门见山。双方认为还有差距，但双方均愿意成交。只有一条路——互相让步，你多我少，还是我多你少？双方推断：在此之前双方各让了5%，对等，最后一搏是否也应对等？最终双方降 5% 的差距各担一半，即以 7.5% 成交。

四、限制权力策略

在商务谈判当中，据专家们调查，一个权力受了合理限制的谈判者要比大权独揽的谈判者更加处于有利地位。因为一个谈判者的权力受到合理限制之后，他的立场就会更加坚定些，他就可以毫无顾忌地告诉对方"关于某某问题，我不能做主，因为公司（或上司）没有给予我此项权力。我已经在我的权限内尽到了最大的责任（或做出了最大的让步）……"等诸如此类的话。言外之意，该笔交易是否能达成的关键是对方，如果对方不能在其权限内做出让步，那么交易未达成的责任在对方，从而把商谈失败的责任全部推给了对方。

然而，大多数人既不肯放弃已付出的劳动而再做进一步的努力，也不会轻易负起某项失败事件的责任，于是就很可能会违心地做出较大的让步。同时，有权一方若不肯做出最大的让步，要么使交易不能达成，要么去找对方的上司或上司的上司，但不管是对方的哪一位，均会面临着一种新的地位关系、人际关系，并需为此做出更多的准备。不仅如此，而且其心理上还会有怀疑和忧虑，即使找到对方的上司，交易是否就能达成？如果交易照样不能达成，不但白费了心机，而且还得罪了权力受到限制的当事人。因此多数有全权的商谈者宁愿做出大的让步也不会去找对方的上司直接洽谈。于是，商务谈判中的这一情形就被一些谈判者所利用，他们往往要求公司或上司明令限制其一部分权力，即使实际上未加限制，也要诡称其权力被限制了，以便在谈判当中能够给对方施加压力。

不过，在实际业务中，可以发现许多谈判者对于加在他们身上的种种限制均不满。一方面，是由于这些谈判者认为不值得采用"限制权力"这一策略去给对方施加压力；另一方面，也是由于决策者不知道将谈判者的权力限制到何种程度才能有利于谈判。有些决策者对直接谈判者的权力限制过死，或者该限制的未加限制，不该限制的又给予了严格限制，这样均不利于谈判。

在商务谈判中，对谈判者的权力究竟应限制到何种程度或究竟应限制其哪些权力呢？根据相关专家的调查分析和论证，下述各项限制均有利于谈判者在谈判当中争取到更大的利益：

（一）对买方谈判者的权力限制项目

（1）购买数量及品质规格的限制。

（2）最高购买价格的限制。

（3）预付定金的限制。

（4）支付方式的限制。

（5）交货地点及交货时间的限制。

（6）价格术语方面的限制。

（7）包装方面的限制。

（8）利息方面的限制。

（9）售后服务方面的限制。

（10）根据国家的法律、政策等做其他方面的必要限制。

（二）对卖方谈判者的权力限制项目

（1）对所推销商品的品质规格的限制。

（2）最低价格的限制。

（3）最低预付金或保证金的限制。

（4）交货地点、交货时间及运输方式的限制。

（5）支付方式的限制。

（6）赊账数额及其期限的限制。

（7）商品数量与折扣比例的限制。

（8）有关售后服务方面的限制。

（9）有关包装及装运方面的限制。

（10）根据国家的法律、政策等做其他必要的限制。

（三）对购销大型机器设备的谈判者的权力限制项目

（1）有关最高或最低价格的限制。

（2）有关设计规格和种类的限制。

（3）有关原材料和辅料及品质保证方面的限制。

（4）有关预算和标准成本方面的限制。

（5）有关预付金或保证金方面的限制。

（6）工程进度分期付款的限制。

（7）有关利息及利息支付方式等方面的限制。

（8）有关技术培训和售后服务方面的限制。

（9）有关支付条件方面的限制。

（10）有关包装和运输方面的限制。

（11）有关技术转让方面的限制。

（12）根据国家的法律、政策等做其他必要的限制。

以上这些限制对于直接谈判者来讲不但是必要的，而且是有百利而无一害的。因为其中有一些能使谈判者有更充分的时间去思考问题，想出更好的解决方法，从而更能有理、有利、有据、有节地商谈；有一些限制能使谈判者有充分的借口坚持自己强硬的立场而迫使对方不得不做出让步；还有一些限制能够考验对方的决心。再则，使用限制权力的技巧，有时能够使对方很有面子地让步，从而促使谈判顺利进行。因为有些谈判者有时候不是不愿让步，主要是怕丢掉面子或受到上司或下属的责难。但是当对方是因权力所限而不得不由其做出让步时，不但不会因此丢掉面子，而且也不会因此而遭受旁人及上司或下属的责怪。所以权力受到限制的谈判者，反而往往处于有利的地位。当对方采用限制权力的策略迫使己方让步时，则不应轻易受其迷惑而让步，应问清对方有权力者是谁，然后可以要求跟对方有权决定的人直接洽谈；或者坚持对等的原则，表示己方也保留重新考虑任何问题或修改任何允诺的权力。这样可以有效抑制对方滥用限制权力策略对己方施加压力。

五、攻其弱点策略

任何一个人均有优点，也有某些弱点。攻其弱点的策略，就是针对对方小组成员的弱点，采用有针对性的措施迫使或者"说服"对方让步。采用这一策略的手法多见于恭维和威胁。

（一）恭维

恭维往往是对付资历较浅、经验较少的人的武器。这种人往往不承认自己不了解情况。所以，若谈判者能有效地采用恭维这一武器，往往可能会使缺乏经验者所发表的意见或者做出的决定符合己方的利益。特别是将恭维这一武器对准对方资历较浅的决策者或者专业顾问，其效果将更加明显。

（二）威胁

威胁和恭维在做法上恰恰相反，它一般是用来对付代替其上级前来洽谈而资历较浅的成员的武器。当该成员在某个问题上态度较强硬时，往往可见有些谈判者采用如下问话来迫使对方让步："×× 先生，我们过去总是同您的上司 ×× 先生打交道，而每次谈判都令双方愉快和满意，因为您的上司从不采取您这种态度，希望您也能像您的上司一样，使这次交易能取得成功。"在此种场合下，该位替代者往往害怕承担谈判陷入僵局的责任而可能被迫做出让步。

实际上，作为一个谈判者来说，只要自己在谈判中事事处处小心谨慎，每时每刻保持高度的警惕和清醒的头脑，并以诚实、信用、合作和不卑不亢的心态待人，就不应畏惧对方采用恭维、威胁等策略。当然，作为一个资历浅的谈判者，出现一些工作上的失误甚至差错均属正常，只要有勇气承认错误，并能改正错误或弥补失误就值得赞赏，切忌将错就错，一错再错。

六、化整为零策略

将整体不能谈下的条件分成几块、各个实现的做法，称为化整为零策略。当整体方案谈判陷于僵局时，化整为零地谈，无疑是有益的。

例如，某卖主报空调机生产线 400 万美元，久谈不下，买方将其技术分成单项工艺，分别论水平给价，将其设备逐台去找设备制造厂另询价，结果设备费仅花 160 万美元，该卖主惊讶不已，最后为了达成整个协议做出了巨大让步，买方以不超过 200 万美元的条件成交。

再如，某项目卖方有很大预算，开始整体工程的报价很高。谈判中，买方不给价码。这时，卖方将整个方案分解：服务费按纲目、任务、时间、人数划分；工程设计按联络次数、人数、时间、设计任务划分；设备按工序分好；还主动标明哪些可用国产设备代替。这么一来，给了买方思考的机会，根据其预算选择范围，使谈判摆脱了僵局，为赢得合同创造了机会。

使用这一策略时应注意：①若带技术的项目化整为零时，应以技术保证为前提，否则钱可能赚了，但技术泄露了，将来还有可能赔大钱。在技术引进中，如果工业基础不好，自己搞"拼盘"，表面省钱，其实不然，如果发挥不了效益的话，反而更费钱。化整为零在形式上与搞拼盘一样，但根本的区别在于以技术保证为前提。②在卖方使用该策略时，买方应要求同时标上分项价，以衡量自己承担时成本是否会更低，费用的绝对值是否更小。没有分项价就表态增减内容，有可能多花钱。因为卖方也可能把价格转移到余下的内容上，即买方非买不可的部分。

第四节　商务谈判的综合性策略

一、软硬兼施策略

软硬兼施策略是指在商务谈判过程中的原则性问题上毫不退却、细节问题上适当让步的一种策略。谈判时，面对咄咄逼人的对手，可在坚持原则的条件下做一些顺水推舟的工作，等到对方锐气减退时，己方再发起反攻，力争反败为胜。

软硬兼施策略，通俗地讲又叫"红白脸"策略，它的具体做法有两种：以两个人分别扮演红脸和白脸，或一个人同时扮演红脸和白脸的角色。

使用该策略时应注意：①扮演"白脸"的人既要"凶"又要出言在理，保持良好的形象。比如，态度强硬，寸步不让，但又处处讲理，决不蛮横。外表上，不要高门大嗓，唾沫横飞，显出俗相，也不一定老是虎着脸，反倒可以有笑容，只是立场要硬，条件要得狠。②扮演"红脸"的人应该为主谈人或负责人，要善于把握火候，让"白脸"好下台，及时请对方表态。③若是一个人同时扮演"红脸"和"白脸"，要机动灵活。如发动强攻时，声色俱厉的时间不宜过长，同时说出的话要给自己留有余地，否则会把自己给绊住。若由于过于冲动而被动时，最好的解决方法就是"暂停""休会"或"散会"，通过改变时间，来研究被动局面的化解方法。

阅读案例 4-7：金宇中与苏丹谈判

在商务谈判中，软硬兼施策略被谈判者普遍采用。凭软的方法，以柔克刚；又用硬的手段，以强取胜。

韩国企业家金宇中就善于采用软硬兼施的谈判策略，在商战日益激烈的环境中战胜一个又一个对手，闯过一道又一道难关而取得成功。以闵丙权为韩国商务代表团团长的一行八人于 1976 年 4 月 9 日入境，金宇中随团首次访问苏丹，入境后便下榻到迎宾馆。连过两天，苏丹方面没有活动安排，代表团非常着急，因为团长带来了朴正熙总统给苏丹尼迈里总统的亲笔信。到了第二天下午，苏丹方面突然通知，晚上在迎宾馆准备了便宴。这一消息更使代表团感到不安："是不是让我们喝几杯酒后就送我们回去？"此时，金宇中边笑边说："总统的秘书长也能出席，我们是应他的邀请而来，并不是喝几杯酒就了事。"可是闵团长还是不放心，他接过金宇中的话说："金社长，这不是开玩笑的事情，如果就这样让我们回去，不等于撵我们走吗？"在当天晚上的宴会上，苏丹和韩国代表中间隔着一张长桌，面对面地坐着，气氛显得既紧张又冷淡。闵丙权团长说明来意，并介绍了韩国经济所取得的成就，同时表示今后愿意帮助苏丹发展经济。他说："两国间的经济合作，可以与韩国民间企业代表具体协商。为了顺利地促进经济合作，本人希望首先应该解决两国间的建交问题。"闵团长的话并没有引起苏丹方面的兴趣，反而借故让他们于 4 月 22 日离境。这时，金宇中心里十分着急，因为他知道，在两国没有外交关系的情况下，一旦离开了想要再回来就很困难。于是，金宇中转移了话题："我是做生意的人。如果要想做生意，正如我们团长所说，两国间就应该有领事协定。但是，这种外交上的问题，是政府的事情。我在来访之前，就有这种想法。"金宇中的一席话引起了苏丹代表的重视。坐在对面的苏丹总统的秘书长终于开口，他说："现在我国需要建设最先进的大型纺织厂。苏丹是世界上最大的棉花出产国，如果生产纺织品出口，收入要比出口原棉提高几倍。但是，现在面临的问题是，绝大多数工厂开工不足的最主要原因是资金短缺，如果在条件上能达成一致意见，我们可以出租这些工厂。另外，我们还想在红海沿岸地区建设娱乐设施，吸引外国游客，发展旅游事业。每年至少能吸引 30 万名外国游客，如果每位游客平均消费 300 美元，那么，一年就可收入 9000 万美元。可是，我国缺乏建设红海沿岸娱乐设施的资金，旅游业又由交通部统管。今天，中央银行总裁也来了，资金问题可与他具体协商。如果工作计划和事业前景大致能够确定下来，那么就可以从外国借钱。韩国方面有无投资的意向？"金宇中当即回答说："只要有可行性，韩国也可以直接投资，也可以帮助从第三国贷款。"就这样，晚宴的气氛由冷淡变为友好。第二天，总统的秘书长以个人身份单独邀请金宇中共进午餐，这实际上是对他在首尔期间金宇中曾招待过他晚餐的还礼。由于外交上的原因，金宇中感到为难，后经请示得到了允许。在午宴上，金宇中耐心地向秘书长等人介绍了韩国商务代表团的计划，提出了建议。同时，他还尽力说服苏丹方面的有关官员："求同存异，以符合双方利益为目的，韩国愿意购买苏丹没有销路的原棉，大宇集团也非常愿意参加苏丹红海娱乐设施、铁路设施、纺织厂等建设项目。"他还希望建设一些有助于苏丹经济发展而又能获利的工厂。秘书长终于被金宇中的坦诚建议所感动，他表示："如果大宇希望访问苏丹，可以提供一切方便。"金宇中认为时机已到，马上说："大宇要在苏丹设立公司，贵国必须首先同韩国签订领事协定，如果不这样做，在苏丹只同朝鲜保持外交关系的情况下，我们韩国的大宇又怎么能在苏丹自由地开展贸易活动呢？""我理解大宇的立场，可是，现在朝鲜大使馆要求我们立即撤回韩国商务代表团，否则他们将撤回青少年馆的建筑工程队。"秘书长说。"这不必担心，如果他们撤走，我们大宇负责建设。""真的吗？""我们有这样一句格言：男儿一言千金。""好！我向总统建议，明天上午在总统府接见韩国商务代表团。"就这样，4 月 23日上午 10 点，苏丹尼迈里总统接见了韩国商务代表团。借此机会，闵丙权转交了朴正熙

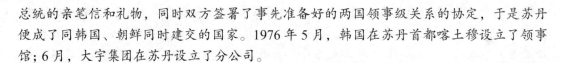

总统的亲笔信和礼物，同时双方签署了事先准备好的两国领事级关系的协定，于是苏丹便成了同韩国、朝鲜同时建交的国家。1976年5月，韩国在苏丹首都喀土穆设立了领事馆；6月，大宇集团在苏丹设立了分公司。

采用软硬兼施的谈判策略在国际商战舞台上取得成功的事例不胜枚举，美国大富豪霍华·休斯（Howard Hughes）采购飞机的谈判就是典型的一例。

阅读案例4-8：霍华·休斯采购飞机的谈判

霍华·休斯性情古怪，脾气暴躁。谈判中他列出了34项要求，对于其中的11项要求是非满足不可的。对此，对方表现出了相当的不满，谈判陷入了僵局。后来，休斯选派了他的私人代表出面继续和飞机制造商代表谈判。他嘱咐自己的代表说："只要能争取到那11项非得到不可的要求我就满足了。"该代表经过一场谈判后，竟然争取到休斯所希望的34项要求中的30项，当然包括那11项必不可少的要求。当休斯问及是怎样取得这次谈判的成功时，他的代表回答说："这很简单，因为每到相持不下时，我都问对方，你到底希望我解决这个问题，还是留待霍华·休斯跟你们解决？结果对方无不接受我的要求。"这是一场未经策划的软硬兼施战，私人代表即兴把自己扮成软的角色，霍华·休斯则成为硬的角色，当软的角色发挥作用时，硬的角色却不在谈判桌旁。真是未经策划，胜似策划。

二、货比三家策略

货比三家策略是指在谈判某笔交易时，同时与几个供应商或采购商进行谈判，以选出其中最优一家的做法。此策略广为人知，也是商场上的千古信条。

具体做法是：邀请同类产品的卖方或所需同类产品的买方，同时展开几场谈判，将各方的条件进行对比，择优授予合同。这种货比三家的策略，在动用时应注意以下几个问题：

（1）选的对象要势均力敌，比起来才有竞争力。若对比对象力量不均，就应制造可比之处，使各家均有信心去争取交易。例如，有专长的中小企业，可与综合性的大企业集团比专业特点。

（2）时间安排要便于分组穿插谈判，且可及时将各组谈判结果汇总，包括日程、方式和人员的安排。

（3）对比的内容要科学。货比三家策略客观上造成工作量大，评比工作复杂，因此，应有快捷统一的评比方法和内容，以减少重复性、不准确的工作，还应避免受个人感情的影响。

（4）平等对待参加竞争的各个对手，但在谈判的组织上应有突破重点。平等与各参加竞争的对手谈判是信誉的需要，重点突出是谈判全局的需要，两者缺一不可，相辅相成。

（5）慎守承诺。对于评选出的结果应慎守承诺。如遇落选竞争对手卷土重来，虽然其结果会带来好处，但应慎用该机会。首先，对明文选中的对象应承担一定的信誉上的义务，且应充分晓其原因，才能重新审议。即便决定再谈判，应把出新价的任务赋予卷土重来者，当该方新的条件有明显的优势时，再约被选中一方谈；若不太有优势，则不必重谈。约已被选中的一方再谈时，也可以要求其重审成交条件。不过，两者均非强制，只是从说服鼓励的角度来坚持重申的必要性。如果被选中的一方在响应后其条件仍优于要求重谈者，就可以结束谈判；如劣于重谈者，可再给被选中一方一次机会。在这次努力之后，若差距不大，则仍选原成交者；若重新要求谈判者的条件十分明显地优于原成交者，则不得不改变原先的决定。不过，善后的处理工作也要做好。

（6）在多家采购者联合向多家卖者谈判时，应由权威单位统一起来，形成联合对外的机构，如同对特殊谈判主持人的要求一样，做到统一对外，统一技术要求，统一对外谈判策略，同时，还应有严格的纪律，以保守机密，各尽其职。

三、边打边谈策略

谈判者往往会感觉到谈判是一件非常辛苦的事情，这是由于谈判中往往要面对着真真假假、虚虚实实的事情以及整天处于忧虑、紧张、枯燥的气氛之中。正因为如此，许多诚实正派的谈判者都呼吁：谈判者在谈判中应本着平等、互利、诚实、正派、合作的态度进行各项商务活动，不应故弄玄虚、滥设关卡或者有意制造事端等。这种呼吁本来对于谈判双方均有莫大的好处，理应遵守，但是在目前的商务谈判中，还会看到一些人在有意地制造一些真假难辨的事端让对方处于忧虑紧张之中。

（一）买方制造令卖方忧虑紧张的事端

常见的买方制造令卖方忧虑紧张的事端有：

（1）买方在与卖方谈判期间，就同一类谈判标的物又分别同其他卖方接洽商谈。

（2）同时邀请谈判对方和其他竞卖者一起参加一个集会或者酒会或者宴会。

（3）有意让谈判对方知道其发送新的询价单给了其他卖方。

（4）制造借口诡称其上级对谈判的拖延十分生气，或者做出其他要挟性行动，迫使卖方尽快让步或者做出更大的让步。

（5）出尔反尔，否认已做出过的允诺。

（6）在谈判期间，特别是后期，有些买方往往会拿出新设计方案给卖方看，或者提出其他较苛刻的条件让卖方马上答复，并暗示如不能满足其设计方案或条件，将会另找卖方，迫使卖方做出让步。

（7）采取诸如突然提出休会、突然更换谈判负责人、突然更换谈判内容等种种手法使卖方忧虑。

（二）卖方制造令买方忧虑紧张的事端

常见的卖方制造令买方忧虑紧张的事端有：

（1）发布新闻消息，暗示价格或者原材料将会上涨，或者暗示产品将限制进口或出口（即采用新的配额制）。

（2）放出信息，说明卖方正和其他买方洽谈一笔非常大的生意，而此笔生意的标的物正好是买方急需或者社会紧缺物资，以引诱竞买者快成交，多成交。

（3）放出信息，暗示某条生产线可能会撤销，而该生产线的产品或者零部件又正好是较特殊的产品并且正值畅销期。

（4）让几个买方先后或者同时到达洽谈场所，或者让几位竞买者几乎在同一时间先后见面等。

（5）更换谈判人员（特别是负责人），让对方面临新的负责人。

买卖双方如果采用上述行为，有可能改变对方的预定策略和预期的期望，使自己站在有利的地位。但是这些人恰恰忘记了谈判既是策略的较量，又是互相合作的磋商，若故意寻求一些卑劣手段制胜，往往会搬起石头砸自己的脚。

（三）破解措施

在商务谈判过程中，若对方采用上述策略时，己方可采用如下措施破解：

（1）事前进行广泛调研，届时拿出有说服力的材料反驳对方。

（2）采用耐心说服的策略去说服对方。

（3）采用踢皮球策略对付对方。

（4）采用软硬兼施策略破解对方。

（5）以牙还牙，以探对方的诚意，促使其回心转意。若证实对方无诚意则应适时终止谈判。

四、速战速决策略

在商务谈判中，促使对方按照己方的意图尽快签约是谈判者的追求及目的。为此，有些谈判者在谈判时通常采用如下方法：

（1）从正面重复拟定合同的要求。比如，有些谈判者认为签约的条件已具备时，就会说："经过共同努力，我们想（或觉得）我们双方对于各条款的内容都已了解了，且无异议（尽管事实并非如此），为了不让我们的劳动付诸东流，我们还是签个合同（或在此合同上签字）吧。"

（2）大胆假设一切问题都已解决，并用暗示的手法促使对方签约。比如，若是买方，可以询问对方的往来银行是哪一家或者最喜欢在哪家银行议付，或者询问对方何时可以备妥货物。若是卖方，则可以询问对方何时需要货物，目的港选在何处，某某时间开立信用证是否有困难；若按 FOB 条件成交时，也可问买方何时可以派船来接货等。上述询问均表明询问者认为可以签约了，起码也表明询问者认为主要问题已经谈妥了。

（3）提供某些特殊的优惠作为尽快签约的鼓励。例如，作为卖方可以视情况给予以下优惠：在价格上给予适当的折扣、附送一些零部件、免费安装、代培训技术人员、邀请考察或者其他一些额外服务等。

（4）说个笑话或者讲个故事，暗示有人因为错过机会而陷入困境，让对方充分了解现在是签约的最好时机。

（5）找出一个令人信服（起码表面看起来应该如此）的借口，说明如果错过今天签约的机会，明天乃至数天后都有其他安排，以此暗示对方若不同意现在签约，就只能耐心等待了，从而激发或者迫使对方尽快签约。

（6）想结束谈判时，就应少说话，即使要说也应每句围绕签约或者讲一些双方同意

FOB为Free on Board的首字母简写，也称船上交货价。

的问题，决不要触及双方意向尚有差距（哪怕是较少的差距）的问题。同时，不要忽略倾听对方的意见，也不要被对方看出成交心切的焦虑感。

（7）假如对方不同意签约，要问清对方问题所在，让对方解释，然后代其解答和想办法。

以上这些方法，一直被全世界的谈判者广泛运用并证明行之有效。运用者往往带着坚韧、愉快、主动的态度和心情快速地促成交易。

然而，如果谈判者确认合同中的某些条款双方尚未真正达成一致的理解，或者在某一点上己方尚须进一步权衡的话，就不要勉强签约，应大胆地对马上签约的提议加以拒绝并说明理由，引导对方与己方合作，共同将所有问题均取得一致的理解或协议，只有到了此时，才能同其签约。谈判者要牢记，在一般情况下，只要双方在合同或协议上签了字，该合同对双方均具有相当于法律的约束力，若要改约、毁约，将会受到一系列条件或者法律的制约而难以随愿。

五、耐心说服策略

在商务谈判中，若双方发生了矛盾，耐心说服对方是十分重要的；否则就有可能形成僵局。根据国际商务谈判的经验，如果对于僵局不采取积极措施加以尽快解决的话，以后欲再恢复谈判则比较困难，起码也会给以后的谈判蒙上一层阴影。因此，成功的谈判者都十分注重耐心说服这一策略，尽量避免发生不必要的争议。为此，有些谈判者通常采用以下方法：

（1）在谈判中，先讨论容易解决的问题，把双方意向差距较大的问题放在谈判总时间的 3/5 时提出来，并佐以文娱活动等能增强彼此友好气氛的活动。

（2）把正在争论的问题和已经解决的问题有机地联系起来，促使协议的快速、顺利达成。

（3）强调有利于对方的各项条件，以此去影响对方的意见，进而影响谈判的结果。

（4）在同时有一好一坏的信息需传递给对方时，则先让对方知道那个较能迎合其兴趣或者意愿的信息，然后再委婉地将不利信息的好坏两方面告知对方，这样对方容易接受。

（5）在谈判中，尽可能多地强调双方处境的相同之处，以及尽量强调问题的两个方面。

（6）利用谦虚、礼貌等言行博取对方的好感，使对方成为知己。在解释或者说明问题以及提出要求时，尽可能地拿出证据或者有说服力的资料去证实其解释或要求。

第五节　签约策略

一、先入为主策略

基本做法：以各种理由，争取由己方起草合同文本，并在合同草案中安排有利于己方的措辞、条款顺序和有关解释。

目的：使合同条款的内容有利于己方。

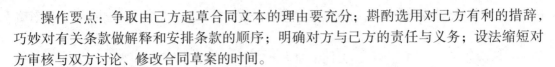

操作要点：争取由己方起草合同文本的理由要充分；斟酌选用对己方有利的措辞，巧妙对有关条款做解释和安排条款的顺序；明确对方与己方的责任与义务；设法缩短对方审核与双方讨论、修改合同草案的时间。

1. 利弊与适用范围

先入为主策略可以增加交易的整体利益，为今后履行合同争取到主动地位。但若己方出现失误，即存在不利于己方的漏洞，对方将会视而不见或将计就计，使己方蒙受损失。这种策略具有广泛的适用性。

2. 应对方法

争取由己方起草合同文本，或争取起草合同文本第二稿；用足够的时间和精力对对方起草的合同详细地审核，尤其对关键条款、重大责任与义务、专业词语及其有关解释要通过集体讨论的方式（或请教专家），逐条、逐款、逐句、逐词与逐字地斟酌与修订，并在双方的讨论中明确提出修改意见，坚持按己方的修改意见撰写合同正式文本；不同意单方起草合同文本，提出由双方各自起草一份合同初稿，然后经讨论与协商，再融合成一份合同文本的要求，并坚持此要求。

二、请君入瓮策略

基本做法：一开始就拿出一份有利于己方（往往是卖方所为）的完整的合同文本，要求对方按照此合同文本的内容讨论每项条款，并最终在此基础上签约。

目的：限定对方讨价还价的范围和要价的幅度，限制对方谈判策略和技巧的发挥，占据有利的谈判地位，使谈判结果八九不离十地达到己方的目标。

操作要点：大多数议题的要价须偏高；注意控制局面，不要使谈判偏离合同文本的轨道。

1. 利弊与适用范围

请君入瓮策略可以较好地把握谈判的主动权，为己方争取到较大利益。这种策略具有广泛的适用性。

2. 应对方法

坚决拒绝接受对方提出的合同文本和谈判方式，由己方提出（或由双方协商后议定出）新的谈判方式与程序，并按此方式与程序展开谈判。

三、金蝉脱壳策略

基本做法：以各种理由为借口，例如，经请示，上级领导不同意按已谈妥的条件签合同；本谈判组无权（权利受限）按谈妥的条件签约等，拒绝签订合同，或提出重新谈判的建议。

目的：作为重新谈判、全面调整利益的最后一招，或是出于别的需要，有意退出此交易。

操作要点：拿出理由和证据，深表歉意与遗憾，然后或见机行事，或果断退出，不去理会对方的谴责言辞。

1. 利弊与适用范围

金蝉脱壳策略可以将其作为避免签署严重不利于己方利益合同的一种手段，和出于特殊原因，需要退出此交易的措施。但其会有损于己方的商业信誉与形象。这种策略一般是在已达成的交易条件严重有损于或完全达不到己方的整体效益及交易目的，或确有必要退出此交易的情形下使用。这种策略要审慎使用，切不可滥用。

2. 应对方法

分析对方出此对策的原因，对确有原因的，如己方要价过高，对方获利太少，则同意调整单项利益关系，甚至同意重新开谈，全面调整利益关系；若对方是在要花招，则要予以强烈谴责，并以向同业和大众披露其商业劣迹相要挟，直至对方采取行动。

▶▶ 本章小结

商务谈判策略是指商务谈判人员为取得预期的谈判目标而采取的措施和手段的总和。它对谈判成败有直接影响。关系到双方当事人的利益和企业的经济效益。恰当地运用谈判策略是商务谈判成功的重要前提。

商务谈判的策略分为三类：

第一类是预防性策略。其目的是使双方避免发生较大的冲突，或使双方的矛盾不要激化。这一类策略的具体方式包括不开先例策略、投石问路策略、声东击西策略、虚张声势策略和安全答话策略等。

第二类是处理性策略。其目的是使已经发生的矛盾或问题能得到比较合理的解决。这类策略的具体方式包括巧破僵局策略、以退为进策略、最后通牒策略、限制权力策略、攻其弱点策略和化整为零策略等。

第三类是综合性策略。其目的兼含前两者，既着眼于预防矛盾的产生和激化，又着眼于解决好已经产生的矛盾和问题。这类策略的具体方式有软硬兼施策略、货比三家策略、边打边谈策略、速战速决策略和耐心说服策略等。

签约策略有：先入为主策略、请君入瓮策略、金蝉脱壳策略。

在商务谈判中，由于谈判人员在素质、经济实力、拥有的信息量、准备的情况等方面存在差异，因此，总会存在被动、主动和平等地位的区别。当谈判人员所处的地位不同时，应该选择不同的谈判策略来实现自己的谈判目标。

▶▶ 思考题

1. 简述商务谈判策略的程序。
2. 采用投石问路策略时，提问的艺术有哪几种？
3. 请制订一个以退为进策略的方案。
4. 在什么条件下采用速战速决策略。
5. 签约策略有哪几种？

案例分析讨论

一场关于经济赔偿的谈判

我国从日本S汽车公司进口的大批FP148货车，在使用时普遍发生了严重的质量问题，致使我国蒙受巨大经济损失。为此，我国向日方提出索赔。

谈判一开始，中方简明扼要地介绍了FP148货车在中国各地的损坏情况，以及用户对此的反应。中方在此虽然只字未提索赔问题，但已为索赔说明了理由和事实根据，展示了中方的谈判威势，恰到好处地拉开了谈判的序幕。日方对中方的这一招早有预料，因为货车的质量问题是一个无法回避的事实，日方无心在这一不利的问题上纠缠。日方为避免劣势，便不动声色地说："是的，有的车子轮胎炸裂、风窗玻璃炸碎、电路有故障、铆钉振断，有的车架偶有裂纹。"中方觉察到对方的用意，便反驳道："贵公司代表都到现场看过，经商检和专家小组鉴定，铆钉不是振断的，而是剪断的，车架出现的不仅仅是裂纹，而是裂缝、断裂！而车架断裂不能用'有的'或'偶有'，最好还是用比例数据表达，更科学、更准确。"日方淡然一笑说："请原谅，比例数据尚未准确统计。""那么，对货车质量问题贵公司能否取得一致意见？"中方对这一关键问题紧逼不舍。"中国的道路是有问题的。"日方转移了话题，答非所问。中方立即反驳："诸位已去过现场，这种说法是缺乏事实根据的。……在设计时就应该考虑到中国的实际情况，因为这批车是专门为中国生产的。"中方步步紧逼，日方步步为营，谈判气氛渐趋紧张。中日双方在谈判开始不久，就在如何认定货车质量问题上陷入僵局。日方坚持说中方有意夸大货车的质量问题："货车质量的问题不至于到如此严重的程度吧？这对我们公司来说，是从未发生过的，也是不可理解的。"此时，中方觉得该是举证的时候了，并将有关材料向对方一推说："这里有商检、公证机关的公证结论，还有商检拍摄的录像。如果……""不！不！对商检、公证机关的结论，我们是相信的，我们是说贵国是否能够做出适当让步；否则，我们无法向公司交代。"日方在中方所提质量问题攻势下，及时调整了谈判方案，采用以柔克刚的手法，向对方踢皮球，但不管怎么说，日方在质量问题上设下的防线已被攻克了。这就为中方进一步提出索赔价格要求打开了缺口。随后，双方对FP148货车损坏归属问题取得了一致的意见。日方一位部长不得不承认，这属于设计和制作上的质量问题。初战告捷，但是中方代表意识到更艰巨的较量还在后面，索赔金额的谈判才是根本性的。

随即，双方谈判的问题升级到索赔的具体金额上。报价、还价、提价、压价、比价，一场毅力和技巧较量的谈判展开了。中方主谈代表擅长经济管理和统计，精通测算。他翻阅了国内外许多有关资料，甚至在技术业务谈判中，他也不凭大概和想当然，认为只有事实和科学的数据才能服人。因此，他纸笺上的大大小小的索赔项目旁写满了密密麻麻的阿拉伯数字——这就是技术业务谈判，不能凭大概，只能依靠科学、准确的计算。根据多年的经验，他不紧不慢地提出："贵公司对每辆车支付加工费是多少？这项总额又是多少？""每辆车10万日元，计5.84亿日元。"日方接着反问道："贵国报价是多少？"中方立即回答："每辆车16万日元，此项共计9.5亿日元。"精明强干的日方主谈人淡然一笑，与其副手耳语了一阵，问："贵国报价的依据是什么？"中方主谈人将车辆损坏后各部件需要如何修理、加固、花费多少工时等逐一报价。"我们提出的这笔加工费并不高。"接着中方代表又用了欲擒故纵的一招："如果贵公司感到不合算，派人员维修也可以。但这样一来，贵公司的耗费恐怕是这个数的好几倍。"这一招很奏效，顿时把对方将住了。日方被中方如此精确的计算所折服，自知理亏，转而以恳切的态度征询："贵国能否再压低一点。"此刻，中方意识到，就具体数目的实质性讨价还价开始了。中方答道："为了表示我们的诚意，可以考虑贵方的要求，那么，贵公司每辆车出价多少呢？""12万日元。"日方回答。"13.4万日元怎么样？"中方问。"可以接受。"日方回答。日方深知，中方在这一问题上已做出了让步。于是双方很快就此项索赔达成了协议。日方在此项目费用上共支付7.76亿日元。

　　然而，中日双方争论索赔的最大数额的项目却不在此，而在于高达几十亿日元的间接经济损失赔偿金上。在这一巨大数目的索赔谈判中，日方率先发言。他们也采用了逐项报价的做法，报完一项就停一下，看看中方代表的反应，但他们的口气却好似报出的每一个数据都是不容打折扣的。最后，日方统计可以给中方支付赔偿金30亿日元。中方对日方的报价一直沉默不语，用心揣摩日方所报数据中的漏洞，把所有的"大概""大约""预计"等含糊不清的字眼都挑了出来，有力地抵制了对方所采用的浑水摸鱼的谈判手段。

　　在此之前，中方谈判班子昼夜奋战，计算机的荧光屏上不停地跳动着各种数字。在谈判桌上，中方报完每个项目的金额后，都讲明这个数字测算的依据，在那些有理有据的数字上，打的都是惊叹号。最后中方提出间接经济损失费70亿日元！

　　日方代表听了这个数字后，惊得目瞪口呆，老半天说不出话来，连连说："差额太大，差额太大！"于是，进行无休止的报价和压价。

　　"贵国提的索赔额过高，若不压半，我们会被解雇的。我们是有妻儿老小的……"日方代表哀求着。老谋深算的日方主谈人使用了"哀兵"制胜的谈判策略。

　　"贵公司生产如此低劣的产品，给我国造成多么大的经济损失啊！"中方主谈接过日方的话头，顺水推舟地使用了欲擒故纵的一招，"我们不愿为难诸位代表，如果你们做不了主，请贵方决策人来与我们谈判。"双方各不相让，只好暂时休会。这种拉锯式的讨价还价，对双方来说是一场毅力和耐心的较量。因为谈判桌上，率先让步的一方就可能被动。

　　随后，日方代表急用电话与日本S公司的决策人密谈了数小时。接着谈判重新开始了，此轮谈判一接火就进入了高潮，双方舌战了几个回合，又沉默下来。此时，中方意识到，己方毕竟是经济损失的实际承受者，如果谈判破裂，就会使己方已获得的谈判成果付诸东流；而要诉诸法律，时间漫长，麻烦就更大。为了使谈判已获得的成果得到巩固，并争取有新的突破，适当的让步是打开成功大门的钥匙。中方主谈人与助手们交换了一下眼色，率先打破沉默说："如果贵公司真有诚意的话，彼此均可适当让步。"中方主谈人为了防止由于己方率先让步所带来的不利局面，建议双方采用"计分法"，即双方等量让步。"我公司愿意付40亿日元。"日方退了一步，并声称："这是最高突破数了。""我们希望贵公司最低限度必须支付60亿日元。"中方坚持说。

　　这样一来，中日双方各自从己方的立场上退让了10亿日元，双方比分相等，谈判又出现了转机。双方界守点之间仍有20亿日元的逆差。但一个界守点对双方来说，都是虚

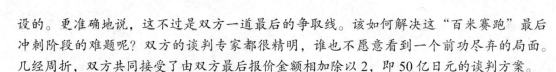

设的。更准确地说，这不过是双方一道最后的争取线。该如何解决这"百米赛跑"最后冲刺阶段的难题呢？双方的谈判专家都很精明，谁也不愿意看到一个前功尽弃的局面。几经周折，双方共同接受了由双方最后报价金额相加除以2，即50亿日元的谈判方案。

除此之外，日方愿意承担下列三项责任：①确认出售给中国的全部 FP148 型货车为不合格品，同意全部退货，更换新车；②新车必须重新设计试验，精工细作，并请中方专家检查验收；③在新车未到之前，对旧车进行应急加固后继续使用，日方提供加固件和加固工具等。

一场罕见的特大索赔案终于公正地交涉成功了！

问题：

1. 本案中中方运用了哪些商务谈判策略取得了胜利？
2. 日方采用了什么商务谈判策略？
3. 中方是如何针对日方所采取的商务谈判策略进行反击的？

第五章

商务谈判的准备

本章要点

1. 了解商务谈判的组织准备的内容。
2. 掌握商务谈判的信息准备的内容。
3. 掌握如何制订商务谈判计划。
4. 了解商务谈判应做哪些物质条件准备。

导入案例

一场有准备的商务谈判

法方有一项产品的技术经过 5 年的研制才完成，要转让给中方，中方应付费。

中方认为法方的提议有道理，但该费用应如何计算呢？

法方解释，他们每年需投入科研经费 200 万美元，5 年为 1000 万美元，考虑到仅转让使用权，他们计提成费，以 20% 的提成率计，即 200 万美元，仅收中方 1/5 的投资费，该数不贵，对中方是优惠的。

中方听后，表示研究后再谈。中方内部进行了讨论，达成如下共识：分头去收集该公司的产品目录，调查该公司近几年来新产品的推出速度如何，如推出的新产品多，说明他们每年的科研投入不仅仅为研制一个产品，可能是多个产品。同时，收集该公司近几年的年报，调查其资产负债状况和利润状况。若利润率高，说明有资金投入科研开发；若利润率低，大量资金投入科研就没有可能，除非借钱搞开发。另外，若负债率不高，说明没有借钱，负债高就有可能借钱。此外，还请海外机构的代表查询该公司每年缴纳企业所得税的情况。纳税多，说明利润高；纳税少，说明利润偏低。

各路人员收集了这几方面的信息，分析发现：

（1）该公司每年有 5 种新产品推向市场。

（2）该公司资产负债率很低，举债不高。

（3）该公司利润率不高，每年的利润不足以支持开发费用。

结论是，法方每年的投入量是虚的，若投入量为真，该企业必须逃税漏税才有钱。

在后续会谈中，中方提出上述资料和推断，请法方表态。法方还坚持其数为真实数据。中方问法方，怎么解释低负债？怎么解释低利润呢？法方无法解释低负债、低利润和高投资的关系，又不能在中方面前承认有逃税，只好放弃原价的要求。

从这个案例中可以看出，在谈判中，中方之所以会成功，关键在于中方在谈判前进行了调查，掌握了谈判信息，从而在谈判中从容不迫，占据了谈判的主动权。

第一节　商务谈判的组织准备

一、谈判班子的规模

组建谈判班子首先考虑的就是规模问题，即谈判班子的规模多大才最为合适。

根据谈判的规模，谈判可分为一对一的个体谈判和多人参加的集体谈判。个体谈判即参加谈判的双方各派出一名谈判人员完成谈判的过程。美国人常常采用这种方式进行谈判，他们喜欢单独或在谈判桌上只有极少数人的情况下谈判，并风趣地称为"孤独的守林人"。个体谈判的优点在于：在授权范围内，谈判者可以随时根据谈判桌上的风云变幻做出自己的判断，不失时机地做出决策以捕获转瞬即逝的机遇，而不必像集体谈判时那样，对某一问题的处理首先要在内部取得一致意见，然后再做出反应，因此常常延误战机；也不必担心对方向自己一方谈判成员中较弱的一人发动攻势以求个别突破；或利用计谋在己方谈判人员间制造意见分歧，从中渔利。一个人参加谈判独担责任，无所依赖和推诿，全力以赴，因此谈判效率较高。

谈判仅由一个人完成，也有其缺点，它只适用于谈判内容比较简单的情况。在现代社会里，谈判往往是比较复杂的，涉及面也很广。从涉及的知识领域来讲，包括商业、贸易、金融、运输、保险、海关、法律等多方面的知识，并且谈判中所要运用、收集的资料也非常多，这绝不是个人的精力、知识、能力所能胜任的，何况还有"智者千虑，必有一失"的情况。

通常情况下，谈判班子的人数在一人以上。多个人组成的谈判班子，首先可以满足谈判多学科、多专业的知识需要，谈判人员之间知识结构上互补，可发挥综合的整体优势。其次，谈判人员分工合作、集思广益、群策群力，可形成集体的进取与抵抗的力量，常言说得好："三个臭皮匠顶个诸葛亮"，"一个人是一条虫，齐心协力一条龙"。因此，成功的谈判有赖于谈判人员集体智慧的发挥。研究日本问题的专家指出，日本人就像一群小鱼在鱼王的率领下在大海中游行，如果遇到危险的信号，不是四处逃散，而是跟随鱼王迅速调转方向集体脱险，这可以说是对日本民族精神的形象描绘。

谈判班子人数的多少没有统一的标准，谈判的具体内容、性质、规模以及谈判人员的知识、经验、能力不同，谈判班子及其规模也不同。实践表明，直接上谈判桌的人不宜过多。如果谈判涉及的内容较广泛、较复杂，需要由各方面的专家参加，则可以把谈判人员分为两部分：一部分主要从事背景材料的准备工作，人数可适当多一些；另一部分直接上谈判桌，这部分人数以与对方人数相当为宜。在谈判中应注意避免出现对方出场人数很少，而己方人数很多的情况。

二、谈判人员的配备

在一般的商务谈判中，所需的知识大体上可以概括为以下几个方面：①有关技术方面的知识；②有关价格、交货、支付条件等商务方面的知识；③有关合同法律方面的知识；④语言翻译方面的知识。

根据谈判对知识方面的要求，谈判班子应配备相应的人员。

（一）技术精湛的专业技术人员

熟悉生产技术、产品性能和技术发展动态的技术员、工程师，在谈判中负责有关产品技术方面的问题，也可以与商务人员配合，为价格决策做技术参谋。

专业技术人员是谈判组织的主要成员之一。其基本职责主要有以下几点：

（1）同对方进行专业细节方面的磋商。

（2）修改草拟谈判文书的有关条款。

（3）向首席代表提出解决专业问题的建议。

（4）为最后决策提供专业方面的论证。

（二）业务熟练的商务人员

商务人员是谈判组织中的重要成员，商务人员由熟悉贸易惯例和价格谈判条件、了解交易行情且有经验的业务人员或公司主管领导担任。其具体职责主要有以下几点：

（1）阐明己方参加谈判的愿望和条件。

（2）弄清对方的意图和条件。

（3）找出双方的分歧或差距。

（4）掌握该项谈判总的财务情况。

（5）了解谈判对手在项目利益方面的期望指标。

（6）分析、计算修改中的谈判方案所带来的收益变动。

（7）为首席代表提供财务方面的意见和建议。

（8）在正式签约前提供合同或协议的财务分析表。

（三）精通经济法的法律人员

法律人员是一项重要谈判的必需成员，如果谈判小组中有一位精通法律的专家，将会非常有利于谈判所涉及的法律问题的顺利解决。法律人员一般是由律师或既具备经济方面的知识又精通法律专业知识的人员担任，通常由特聘律师或企业法律顾问担任。其主要职责主要有以下几点：

（1）确认谈判对方经济组织的法人地位。

（2）监督谈判在法律许可范围内进行。

（3）检查法律文件的准确性和完整性。

（四）业务熟练的翻译人员

翻译人员一般由熟悉外语和企业相关情况、纪律性强的人员担任。翻译是谈判双方进行沟通的桥梁。翻译的职责在于准确地传递谈判双方的意见、立场和态度。一个出色的翻译人员，不仅能起到语言沟通的作用，而且必须能够洞察对方的心理和发言的实质，

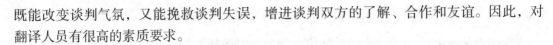

既能改变谈判气氛，又能挽救谈判失误，增进谈判双方的了解、合作和友谊。因此，对翻译人员有很高的素质要求。

（五）首席代表

首席代表是指那些对谈判负领导责任的高层次谈判人员。他在谈判中的主要任务是领导谈判组织工作。这就要求他除具备一般谈判人员必须具备的素养外，还应阅历丰富、目光远大，具有审时度势、随机应变、当机立断的能力，以及善于控制与协调谈判小组成员的能力。因此，无论从什么角度来说，首席代表都应该是富有经验的谈判高手。其主要职责主要有以下几点：

（1）监督谈判程序。

（2）掌握谈判进程。

（3）听取专业人员的建议和说明。

（4）协调谈判班子成员的意见。

（5）决定谈判过程中的重要事项。

（6）代表单位签约。

（7）汇报谈判工作。

（六）记录人员

记录人员在谈判中也是必不可少的。一份完整的谈判记录既是一份重要的资料，也是进一步谈判的依据。为了出色地完成谈判的记录工作，要求记录人员要有熟练的文字记录能力，并具有一定的专业基础知识。其具体职责是准确、完整、及时地记录谈判内容。

这样，由不同类型和专业的人员就组成了一个分工协作、各负其责的谈判组织群体。

三、谈判班子成员的分工与协作

当挑选出合适的人组成谈判班子后，就必须在成员之间根据谈判内容和目的以及每个人的具体情况做出明确、适当的分工，明确各自的职责。此外，各成员在进入谈判角色尽兴发挥时，还必须按照谈判目的与其他人员彼此相互呼应、相互协调和配合，从而真正赢得谈判。这就好像一场高水准的交响音乐会，之所以最终赢得观众雷鸣般的掌声，除了每位演奏家的精湛演技外，更离不开每位演奏家的配合。

1999年美国国家航空航天局在火星进行的人造气象卫星任务失败，就是因为一组工程师使用公制单位撰写程序，而另一组工程师却使用英制单位运算。这个例子说明了协调与配合的重要性。

如何才能使谈判班子成员分工合理、配合默契呢？

具体来讲，就是要确定不同情况下的主谈人与辅谈人、他们的位置与职责以及他们之间的配合关系。

所谓主谈人，是指在谈判的某一阶段或针对某一个或几个方面的议题，以谁为主进行发言，阐述己方的立场和观点。这时其他人处于辅助的位置，称为辅谈人。一般来讲，谈判班子中应有一名技术主谈，一名商务主谈。

主谈人作为谈判班子的灵魂，应具有上下沟通的能力；有较强的判断、归纳和决断能力；必须能够把握谈判方向和进程，设计规避风险的方法；必须能领导下属齐心合作，群策群力，突破僵局，达到既定的目标。

确定主谈人和辅谈人以及他们之间的配合是很重要的。主谈人一旦确定，那么己方的意见、观点都由他来表达，一个口子对外，避免各吹各的调。在主谈人发言时，自始至终都应得到己方其他人员的支持。比如口头上的附和"正确""没错""正是这样"等，在姿态上也可以做出赞同的姿势，如眼睛看着己方主谈人不住地点头等。辅谈人的这种附和对主谈人的发言是一个有力的支持，会大大加强他说话的分量和可信程度。如果己方主谈人讲话时其他成员东张西望、心不在焉，或者坐立不安、交头接耳，就会削弱己方主谈人在对方心目中的分量，影响对方的理解。

有配合就有分工，合理的分工也是很重要的。

（一）洽谈技术条款时的分工与合作

在洽谈合同技术条款时，专业技术人员处于主谈人的地位，相应的商务人员和法律人员则处于辅谈人的地位。

技术主谈人要对合同技术条款的完整性、准确性负责。在谈判时，对技术主谈人来讲，除了要把主要的注意力和精力放在有关技术方面的问题上外，还必须放眼谈判的全局，从全局的角度来考虑技术问题，要尽可能地为后面的商务条款和法律条款的谈判创造条件；对商务人员和法律人员来讲，他们的主要任务是从商务和法律的角度向技术主谈人提供咨询意见，并适时地回答对方提出的涉及商务和法律方面的问题，支持技术主谈人的意见和观点。

（二）洽谈商务条款时的分工与合作

很显然，在洽谈合同商务条款时，商务人员应处于主谈人的地位，而专业技术人员与法律人员则处于辅谈人的地位。

合同的商务条款在许多方面是以技术条款为基础的，或者是与之紧密联系的，因此在谈判时，需要专业技术人员给予密切的配合，从技术角度给予商务人员有力的支持。比如，在设备买卖谈判中，商务人员提出了某个报价，这个报价是否能够站得住脚，首先取决于该设备的技术水平。对卖方来讲，如果卖方的专业技术人员能以充分的证据证明该设备在技术上是先进的、一流水平的，即使报价比较高，也是顺理成章、理所应当的；而对买方来讲，如果买方的专业技术人员能提出该设备与其他厂商的设备相比在技术方面存在的不足，就会动摇卖方报价的基础，从而为买方谈判人员的还价提供了依据。

（三）洽谈合同法律条款时的分工与合作

事实上，合同中的任何一项条款都是具有法律意义的，不过在某些条款上，法律的规定性更强一些。在涉及合同中某些专业性法律条款的谈判时，法律人员则以主谈人的身份出现，对合同条款的合法性和完整性负主要责任。由于合同条款法律意义的普遍性，法律人员应参加谈判的全部过程。只有这样，才能对各项问题的发展过程了解得比较清楚，从而为谈判法律问题提供充分的依据。

应该指出，谈判小组成员之间的相互配合，不仅在谈判桌上需要，在其他场合也一样需要。例如，有位领导同志在与外商谈判前，把谈判组的成员介绍给对方时说："这是小王，刚上任的财务科长，大学毕业没几年，没什么谈判经验，这次带他来长长见识。"这样一来，对方在谈判中对小王的意见就不重视了。如果换一种说法："这是王××先生，本厂的财务科长，负责本厂的资金调度，是一位精力充沛、聪明能干的小伙子。"效果就会大不一样。

四、谈判人员的素质

人是谈判的行为主体，谈判人员的素质是筹备和策划谈判谋略的决定性主观因素，它直接影响整个谈判过程的发展，影响谈判的成功与否，最终影响谈判双方的利益分割。可以说，谈判人员的素质是谈判成败的关键。

那么，一个优秀的谈判人员应具备怎样的素质呢？

在心理学上，素质是指人的神经系统和感觉器官的先天的特点。然而在广义上，人的素质不仅有生理、心理两个方面的基本特点，而且包含了一个人的知识修养和实际能力方面的内容。人的素质可以在实践中逐步发展与提高。

一个商务谈判人员应该在自身素质培养方面做好哪些准备？这个问题就如同一个运动员必须取得何种资格条件方能参加重大国际比赛一样。一般来讲，商务谈判人员必须具备下述几方面的素质条件：

（一）知识素质

通晓相关知识是任何一个以商务活动为职业的人员开展工作的基础，对于一个谈判人员来讲也不例外。通常，除了国际贸易、国际金融、国际市场营销这些必备的专业知识以外，谈判人员同时还要掌握心理学、经济学、管理学、法学、财务会计、历史学等方面的知识。谈判是一个人与人之间、团体与团体之间的利益关系协调磋商的过程。这种协调需要谈判者有较强的洞悉力与体察对方心理状态及其变化的能力，并能借以做出针对性的反应。这种协调不仅反映为谈判一方与对手之间的外部的相互适应过程，还更多地反映为谈判一方内部的观点、意见、立场的统一过程，以及对谈判策略、谈判方式及谈判进程的选择与控制等。因此，对谈判队伍的组织协调与控制必须借助于科学的方法来指导。

谈判既然是对现存利益的分割或对未来共同创造利益的分享，那么资金的筹措与利用的效率，包括价格、利率的变动就成了直接影响谈判双方利益的敏感因素。所以，懂得一些经济学、金融学理论及其操作技巧是谈判者能够统揽全局，进而做到知己知彼、进退自如的前提。

政治学、经济学、商法方面的知识也是商务谈判人员的知识结构中十分重要的组成部分。政治与经济是不可分离的，经济是基础，政治又反作用于经济，这是由社会存在与社会意识对立统一的关系所决定的，无论是发达国家还是发展中国家都是如此。在国际经济活动中实行的普惠制、最惠国待遇，以及有些发达国家出于某种政治目的对发展中国家的经济制裁，都是政治与经济相结合的表现。各个国家在对外贸易中也存在着国别政策。所以，具有政治方面的知识不仅是必要的，而且对于搞清商务活动背后种种非经济因素的影响，并因势利导地去实现其可能给商务交易所带来的潜在利益将起到积极的作用。

除了上述方面的知识以外，掌握宏观经济学的知识，非常有助于培养与提高谈判人员对经济形势的观察力和判断力，从而使谈判者更好地把具体的商务洽谈放在整个经济发展格局中去考虑，由此而争取短期利益与长期利益的同步增长。同时，各个国家有自己的国情，各国都是依据本国的利益制定各种相应的经济政策的，从另一个国家的角度去看待这些政策往往会感到难以理解与无所适从。然而，对于这些国家来说，出于对国家利益的考虑，则非这样做不可。因此，在国际经济合作中必须重视对对方国家特殊政策的了解与研究。

商务谈判，特别是国际商务谈判必然会涉及许多法律问题，不仅在讨论合同条款时要尽可能做到仔细、详尽，而且要注意合同引起争议时有关适用法律的规定。因此谈判者不仅要有较强的法律意识，也要尽可能熟练地掌握本国经济法规以及国际经济法的有关规定。

学习与掌握有关工程技术知识对于一个商务谈判者来说则是必不可少的，否则合同中有关的技术标准、验收标准等条款的确定就会变得相当困难，甚至在合同的实施过程中也会出现类似的争议与纠纷。一般而言，很少有既是技术专家同时也是国际商务活动专家的谈判人员。如果商务谈判者本人缺乏必要的工程科学知识，那么无论是内部沟通还是与合作方沟通都会缺乏必要的基础。所以，许多国家在培养工商管理硕士（MBA）时，比较倾向于招收那些具有理工科背景的学生，使他们进一步接受系统的商务知识教育。

在一些涉及面较广的商务谈判中，经常可以发现，来自发达国家的谈判人员常常只有几个人出场，而发展中国家却会以数倍于对方的人员坐到谈判桌上去。这反映了发展中国家相对于发达国家而言，既懂技术又懂商务的复合型人才比较缺乏，说明了掌握上述各种知识的必要性和迫切性。

在知识结构上，商务谈判人员还要了解有关国家和地区的社会历史、风俗习惯以及宗教信仰等，否则就会闹笑话。比如有的谈判者向来自热带地区国家的商人大谈要用"滚雪球"的方式积累资金，使对方百思不得其解。此外，还要了解对方谈判人员在其特有的文化背景下所形成的谈判作风与谈判方式。比如，对有些商务谈判人员由于长期生活习惯所形成的迟到、散漫等现象要能给以宽容。更多地了解对方的情况，可以避免在与其交往的过程中失礼；更重要的是可以避免在谈判中判断失误，沟通中断，以至于不能有效地做出必要的反应。如果对对方的情况比较了解，对其文化背景比较熟悉，己方的表达方式也符合对方的习惯，那么己方的想法和观点也就比较容易被对方接受。

知识的增长主要靠自己用心积累，仔细观察，多考虑一些问题，在平时多听、多学、多分析、多实践，日积月累，知识就会丰富起来，就能得心应手地驾驭谈判的过程。

不言而喻，熟练掌握一门外语在商务谈判中具有十分积极的意义。在国际谈判中，商务合同可能会用外语写成，作为商务谈判人员，懂得外语，不仅便于沟通，而且更能准确地在合同中表述出双方所达成的一致意见。当然，这并不是排斥商务活动中翻译人员的作用，谈判人员懂得外语与充分发挥翻译的作用不仅不是矛盾的，而且在商谈过程中，翻译人员的翻译过程可以为谈判者赢得更长的思考时间。不少国际商务谈判者往往很善于利用这种技巧来赢得对问题深入思考的时间，这一点是值得我们学习和借鉴的。

全面的知识结构不仅构筑了一个谈判者的自信与成功的背景，而且在谈判实践中，当他碰到某些复杂的专业问题时，这种背景也能帮助他很快地找到通往成功之路的钥匙，至少他会知道该向谁请教什么问题。

商务谈判人员必须善于与别人讨论，向别人学习。敢于启齿说自己不懂，然后诚恳地向别人请教，这才是聪明的谈判者。一个优秀的谈判人员有了较为广博的知识，可是终究不可能涵盖谈判中所需要的全部知识，如与外商交往中需要了解和尊重的对方的宗教习俗问题，谈判项目涉及的某些具体技术标准、法律条文、金融财务手段的运用等专业问题。如果采取得过且过甚至不懂装懂的态度，则一定会破坏和谐的谈判气氛，最终损害自身的利益。其实，这是一种对工作不负责任的态度。对于一个谈判人员而言，十分重要的是要善于了解谈判可能涉及的各个方面的问题，然后及时研究乃至向别人讨教。可怕的是对于一些重要问题，谈判人员根本就没有意识到其存在，忽略其影响。当这些问题导致了不可挽救的后果时才幡然悔悟，然而为时已晚。

谈判人员应该谦虚好学，善于从各方面专家那里汲取所需要的知识。提倡这种良好的学习作风还有利于增强谈判小组中各方面专家的彼此互补合作，增强团体合作精神以及增强谈判实力。谦虚好学不仅是指谈判一方内部的相互学习，取长补短，还体现在向有经验的外商虚心求教。在国际商务谈判中，发达国家在处理技术、项目管理、国际惯例、支付方式等问题方面积累了丰富的经验。认真听取、分析外方提出的意见、建议，或者由我方提出一些具体设想，请外方加以充实完善，或许不仅给外方带来方便，而且也会为我方节约大笔的资金。这种学习对象可以是曾经与我们友好合作过的国外厂商、国际金融机构、商务咨询公司、会计师事务所，也可以是现在的谈判对手。

一个人不可能事事精通，但只要充分认识到"三人行，必有吾师焉""十步之内，必有芳草"的道理，就能避免盲目自信，博采众长，最终比较成功地完成任务。可以说，谦虚好学是商务谈判人员必备的素质。

（二）心理素质

耐心、毅力是商务谈判人员应该具备的基本素质。有时谈判是一项马拉松式的工作，在长时间的谈判中始终如一地保持镇静、信心与机敏不是一件容易的事情。周恩来总理是一位举世公认的谈判高手，虽然他经常夜以继日地工作，但只要一到谈判场合，他总是精神抖擞。在谈判中，人们有时发现服务员会不时地递上一块热毛巾，这时，他身边的同志就会明白总理一定是连续几夜不眠了。他宁愿以热毛巾擦脸醒脑，也不愿中断谈判休息片刻，这种精神实在叫人钦佩。

在商务谈判中，有些对手也会以拖延时间来试图消磨我方的意志，以求获取更好的谈判条件，对付这种伎俩没有坚忍的毅力是不行的。

这种意志力、忍耐力还表现在一个谈判人员无论在谈判的高潮阶段还是低潮阶段，都能心平如镜。特别是当胜利在望或陷入僵局时，更要善于控制自己的情绪，喜形于色或愤愤不平不仅有失风度，而且也会被对手抓住弱点与疏漏，给对手以可乘之机。

顽强的意志品质与一个谈判人员对工作一丝不苟、认真负责的态度和坚持原则的精神也是联系在一起的。谈判人员经常会面临四面受压的局面，压力既有来自谈判对手一方的，也有来自自己一方的。当谈判陷入争执不下、久拖未果的境地时，这种压力还会呈几何级数地增长。来自内部的压力往往是由于某些领导不了解实际情况，急于求成，以主观臆断代替客观分析，以行政命令干预谈判具体工作所造成的。然而领导的决策正确与否，与具体工作人员的工作水平、工作作风关系密切。在具体的项目谈判中，谈判人员一定要坚持实事求是的原则，不管谁说了什么，不管周围的压力有多大，都应该据实测算分析，如实向领导反映报告，这样才能帮助领导做到心中有数，保证决策的正确性，为项目合作争取有利的条件。谈判的压力也常常来自谈判对手的"沙文主义"立场。有些厂商总是以自己的优势地位来强迫对方接受他们提出的不平等条件。例如，在有些发达国家提供政府贷款的项目谈判中，某些厂商总是希望从他们国家提供的具有捐助成分的款项中尽可能多地把钱挖回去，联手报价，并不断地施加压力。对此，我们要明确告诉外商"政府贷款是两国之间友好关系的象征，它同具体厂商无关"。我们要坚持用客观标准来进行商务谈判，坚持平等、互利、公平、合理的合作准则，坚持把达成协议的基础建立在相互合作的原则上，而不是屈服于压力。

能否在谈判中顶住来自内部和外部的压力，不但是对谈判人员耐心与毅力的考验，也是对谈判人员能否坚持原则的考验。谈判人员应该从实际工作出发，严格按商务谈判的客观规律办事，顶住来自各方面的压力，有效维护国家利益，争取项目的最大效益。

（三）仪态素质

不卑不亢、有理有节始终是商务谈判人员应该坚持的谈判态度。从另一个角度看，这也是谈判双方把谈判引向成功的基础。这看起来简单，但要准确地把握分寸却是很不容易的事情。如何表现强硬？如何表现灵活？如何表现妥协？这些技巧的掌握来自平时不断积累的经验。有的人认为对谈判对手要客气些，甚至认为对方讲的都是对的，这样会连对方都瞧不起你；但也有些人有莫名其妙的优越感，猖狂孤傲，在实际谈判中表现粗鲁，常常将不平等的条件强加于人。所有这些都是不正确的态度。当然，如果个别商人企图欺骗我们，向我们推销劣质产品，那我们就要识破并制止他们的行为，并予以必要的反击。同时，我们也不能因为自己手上有些筹码而自鸣得意，摆出一副高高在上的架势，趁机向对方提出一些过分和无理的要求，动辄以最后通牒方式向对方压价，即使对方报价相当合理也无动于衷。又如当项目管理中出现问题时，常常不顾实际情况推卸责任。自卑易受人欺辱，而莫名其妙的傲慢与拒绝妥协也不是理智的反应。在商务谈判中我们应该始终遵循周恩来总理曾经说过的"不卑不亢，有理有节，互相尊重，友好协商"的方针。

在与对手的谈判中，要表现出应有的诚意，要树立一种认真负责的形象，及时答复对方提出的问题，严格履行曾经允诺过的东西，如对方给你一个电传，你要及时回复。对方有些做法不对，你要适时指正；我们自己做法不妥，要敢于承认。同时，不轻易向对方承诺，而一旦承诺就要尽力履行。这样对方就会认为你是可靠的。寻求有效的合作有时需要营造竞争的局面。然而，有时我们准备招标一个项目，就随随便便向一些商家发出邀请洽谈的函电，这是不妥当的。对方会以为这只是我们的摸底与试探，因而不予以重视，结果来洽谈的商人就会十分有限，竞争也就无从谈起。所以，在商务交往中，态度一定要诚恳，要通过适当的渠道让有关厂商充分了解我们的意图，让他们感到合作的条件已经具备，接下来的谈判将不是一个旷日持久、漫无边际的过程，这样就会众商汇集，就能广泛地选择合作伙伴，在公平竞争中占有优势地位。事实上，在商务谈判中，认真、诚恳的态度也是不卑不亢作风的自然延伸。

（四）谈判技能

知识广博是一个谈判人员素质构成中的基本因素，而技能则是知识的外在表现与具体应用。技能主要表现在以下几个方面：

（1）一个谈判人员应该有必要的运筹、计划能力。谈判的进程如何把握？谈判在什么时候、什么情况下可以由准备阶段进入接触阶段、实质阶段，进而达到协议阶段？在谈判的不同阶段要注意重点的转移，采取何种技巧、策略？对此，谈判者都要进行精心设计与统筹安排。当然，这种计划离不开对谈判对手背景、需要、可能采用的策略的调查、了解与充分评估，由此才能做到知己知彼、成竹在胸。

（2）懂得所谓谈判就是靠"交谈"来消除双方观点的分歧，达成彼此观点一致的过程，因此一定的语言驾驭能力是谈判者的基本素质之一。这就要求谈判者能够善于表达自己的见解，叙述条理清晰，用词准确明白；对于某些专业术语也能以简明易懂的语言加以解释；同时谈判者还要善于说服对方接受自己的观点与条件，善于通过辩论来批驳对方的立场，维护自己的利益。谈判者驾驭语言方面的能力不足不仅容易引起交流中的误解，造成沟通障碍，而且还会使自己的合理要求在谈判结果中得不到有效的表达和保障。当然强调提高语言驾驭能力并不是提倡在谈判中泛泛而谈，虚张声势，这种做法会影响谈判气氛，使对方产生不满，如有的谈判者在解释自己的观点时常常词不达意，漫无边际；强调语言驾驭能力是因为谈判的过程是双方表达、辩论与说服的过程，谈判也只有在这种多层次、全方位的沟通过程中才能达成逐渐趋向一致的结果。

（3）对谈判进程的把握，谈判中语言技巧的运用，都离不开对谈判对手的了解与认识。这种了解与认识的依据不能仅仅从对对手的背景调查中得到，面对面的谈判为了解与认识谈判对手提供了直接的机会和丰富的信息。这依赖于谈判者的观察能力以及对对手在口头语言、动作语言、书面语言等各方面表述中所体现的心理状态及其细微变化的体察能力。此外还要求谈判者捕捉到信息后能做出准确的判断与快速的反应。理论与实践相结合，是提高这种观察力的重要途径。

（4）创造力与灵活性是谈判人员素质中"天然"的组成部分，与谈判人员意志力的坚忍、顽强互为补充、相得益彰，并在谈判中具体表现为既不轻易退让，又能善于妥协的谈判能力。如果一个人在谈判中只是表现出单纯的原则性和百折不挠的精神，往往会使双方陷入争执，这时候坚持强硬的立场常常使僵持局面得不到化解。在这种情况下，谈判人员发挥应有的创造力、想象力，并在制订与选择方案上表现出灵活性，对于推动谈判的发展具有关键性的作用。所罗门说过，"没有幻想的人只有毁灭"，这一点在谈判者身上的表现尤为重要。

（5）商务谈判人员应该有较强的人际交往能力，要注意积累人际关系资源。同政府机关、金融机构、工商企业等各界朋友建立广泛的联系，这样在谈判时，就可能获得一个方便的信息通道或若干义务咨询顾问。这对了解谈判对手，确定谈判方案，突破谈判僵局都大有益处。

第二节 商务谈判的信息准备

商务谈判是人们运用有关信息获取所需利益的一种活动。信息准备是商务谈判准备的重要一环，对谈判起到至关重要的作用。

一、商务谈判信息的含义及作用

阅读案例 5-1：总经理的"黄昏症"

有位著名律师曾代表一家公司参加一次商务谈判，对方公司由其总经理担任主谈。在谈判前，该律师从自己的信息库里找到了一些对方总经理的材料，其中，有这样一则笑话，总经理有个毛病，每天一到下午四五点钟就会心烦意乱、坐立不安，被戏称为"黄昏症"，这则笑话使这名律师顿生感悟，他利用总经理的"黄昏症"制定谈判策略，把每天需要谈判的关键内容拖到下午四五点钟进行，此举取得了谈判成功。

资料来源：徐文.商务谈判［M］.北京：中国人民大学出版社，2008.

商务谈判信息是反映与商务谈判相联系的各种情况及其特征的有关资料。商务谈判的信息同其他领域的信息相比较，有其不同特点。首先，商务谈判的信息无论是来源还是构成都比较复杂和广泛，有些信息的取得和识别都具有相当难度。其次，商务谈判的信息是在特定的谈判圈及特定的当事人中流动的，谈判者对谈判资料的敏感程度，是其在谈判中获取优胜的关键。最后，商务谈判的信息涉及己方和谈判对手的资金、信用、经营状况、成交价格等，具有极强的保密性。

不同的商务谈判信息对谈判的作用是不同的，有的起着直接作用，有的起着间接作用。商务谈判信息在商务谈判中的作用主要表现在以下几个方面：

（一）谈判信息是制订谈判计划和战略的依据

谈判战略是为了实现谈判的战略目标而预先制定的一套纲领性总体设想。谈判战略正确与否，在很大程度上决定着谈判的得失成败。一个好的谈判方案应当是战略目标正确可行、适应性强、灵敏度高。这就必须有可靠的大量资料作为依据。在商务谈判中，谁在谈判信息上拥有优势，掌握对方的真正需要和谈判利益界限，谁就有可能制定正确的谈判战略，在谈判中掌握谈判的主动权。

（二）谈判信息是谈判双方相互沟通的纽带

在商务谈判中，尽管各种谈判的内容和方式各不相同，但有一点是共同的，即都是一个相互沟通和磋商的过程。没有谈判信息作为双方之间沟通的中介，谈判就无法排除许多不确定因素和疑虑，也就无法进一步协商、调整和平衡双方的利益。掌握了一定的谈判信息，就能够从中发现机会和风险，捕捉住达成协议的契机，使谈判活动从无序到有序，消除不利于双方的因素，促使双方达成协议。

（三）谈判信息是控制谈判过程的手段

为了使谈判过程始终指向谈判目标，使谈判在合理规定的限度内正常进行，必须有谈判信息作为准则和尺度，否则，任何谈判过程都无法有效地加以控制和协调。因此，在实际谈判中通过对方的言行获取信息，及时反馈，使谈判活动得到及时调节、控制，按照规定的谈判目标顺利进行。

二、信息收集的主要内容

（一）与谈判有关的环境因素

1. 政治状况

政治和经济是紧密相连的，政治对于经济具有很强的约束力。商务谈判中的政治因素是指与商务谈判有关的政府管理机构和社会团体的活动，主要包括政局的稳定、政府之间的关系、政府对进口商品的控制等。政治因素对商务谈判活动有着非常重要的影响，它直接决定了商务谈判的行为。当一个国家政局稳定，政策符合本国国情，它的经济就会发展，就会吸引众多的外国投资者前往投资。否则，政局动荡，市场混乱，人心惶惶，就必然产生相反的结果。因此，贸易组织在进行经济往来之前，必须对谈判对手的政治环境做详尽的了解。

2. 法律制度

商务谈判不仅是一种经济行为，而且是一种法律行为，因此在商务谈判中，首先必须符合有关的法律规定，才能使谈判成为合法行为或有效行为，才能受到国家有关法律的承认和保护。在商务谈判中，只有清楚地了解对方的法律制度，才能减少商业风险。

3. 宗教信仰

宗教是社会文化的一个重要组成部分。宗教信仰影响着人们的生活方式、价值观念及消费行为，也影响着人们的商业交往。对于宗教的有关问题，商务谈判人员必须了解，如宗教的信仰和行为准则、宗教活动方式、宗教的禁忌等，都会对商务活动产生直接的影响。如果把握不当，则会给企业带来很大的损失。例如麦当劳曾经进入印度失败，当地人讥讽麦当劳"用 13 个月的时间才发现印度人不吃牛肉"。

4. 商业习俗

在商务谈判中，商业习俗对谈判的顺利进行影响很大。谈判当事人由于各自所处的地理环境和历史等种种原因，形成了各具特色的商业习惯。作为谈判人员，要促使谈判顺利进行，就必须了解各地的风俗习惯、商业惯例，否则双方就很有可能会产生误会和分歧。比如，日本的文化是把和谐放在首位，日本人在日常交往中非常注重礼节，和日本人进行谈判时千万不要在这方面开玩笑，这是日本人最忌讳的。而美国文化则比较强调进取、竞争和创新，美国有句名言"允许失败，但不允许不创新"，所以多数美国人在交往中性格外露，热情自信，办事干脆利落，谈判时开门见山，很快进入谈判主题，并喜欢滔滔不绝地发表自己的看法，谈判中善于施展策略，同时也十分赞赏那些讨价还价和善于施展策略的谈判对手。和沙特阿拉伯人谈判时千万不能问及对方的妻子，而和墨西哥人谈判时问及对方的妻子则是必需的礼貌。有位谈判人员说过"和东方人做生意，应多做解释少争执；对英国人则应有礼貌地慢慢说服"。

5. 价值观念

价值观念是人们对客观事物的评价标准。对商务谈判影响较大的价值观念主要有时间观念和审美观念。时间观念是人们利用时间的态度。一般来说，工业发达的地区，人们的生活和工作节奏都比较快，时间观念强，认为"时间就是金钱"，业务洽谈十分注重时间。相反，在某些地区却不同，家庭主妇购买速溶咖啡会被人笑话，认为是"懒惰的主妇"，因为在这里时间不值钱。审美观念是人们对于美的看法，尽管对于此问题有一定的一致性，但由于文化和地理上的差异，还是存在很大的不同。

6. 气候因素

气候因素包括雨季的长短与雨量的多少、气温的高低等，这些因素对人们的消费习惯、贸易谈判都会产生一定的影响。比如，日本汽车之所以能在东南亚等地打败欧洲厂商，原因在于日本汽车在进入市场时，考虑到当地气候炎热，在汽车上配有制冷设备，而欧洲汽车没有这些设备，不能适应市场的需要。

（二）有关谈判对手的信息

了解谈判对手的信息是极其重要的，知己知彼，百战不殆，已在商务谈判中成为极为重要的警语。对于未来的谈判对手，应该尽一切可能全面了解其情况。当年肯尼迪为前往维也纳同赫鲁晓夫进行首次会谈做准备，曾研究了赫鲁晓夫的全部演讲和公开声明，还搜集了几乎全部可以找到的资料，甚至包括其早餐嗜好和音乐欣赏趣味，为这场至关重要的谈判奠定了必要的基础。

英国著名哲学家弗朗西斯·培根曾在《谈判论》中指出："与人谋事，则须知其习性，以引导之；明其目的，以劝诱之；谙其弱点，以威吓之；察其优势，以钳制之。与奸猾之人谋事，唯一刻不忘其所图，方能知其所言；说话宜少，且须出其最不当意之际。于一切艰难的谈判之中，不可有一蹴而就之想，唯徐而周之，以待瓜熟蒂落。"培根的精辟见解告诉我们，对于未来的谈判对手，了解得越具体、越深入，估计得越准确、越充分，就越有利于掌握谈判的主动权。

谈判对手的信息主要包括该企业的发展历史、组织特征、产品技术特点、市场占有率和供需能力、价格水平及付款方式、对手的谈判目标、资信情况和合作欲望，以及参加谈判人员的资历、地位、性格、爱好、谈判风格、谈判作风及模式等。这里主要介绍对手的资信情况、合作欲望及谈判人员情况。

1. 对手的资信情况

一是要调查对手是否具有签订合同的合法资格，二是要调查对手的资本、信用和履约能力，包括对手的商业信誉及履行能力，如对手的资本积累状况，技术装备水平，产品的品种、质量、数量及市场信誉等。对对方的资本、信用和履约能力的调查，资料来源可以是公共会计组织对该企业的年度审计报告，也可以是银行、资信征询机构出具的证明文件或其他渠道提供的资料。

2. 对手的合作欲望

这包括对手同己方合作的意图是什么，合作愿望是否真诚，对己方的信赖程度如何，对实现合作成功的迫切程度如何，是否与我国其他地区或企业有过经济往来等。总之，应尽可能多地了解对方的需要、信誉等。对方的合作欲望越强，越有利于谈判向有利于己方的方向发展。

3. 对手的谈判人员情况

这包括谈判对手的谈判班子由哪些人组成，成员各自的身份、地位、年龄、经历、职业、爱好、性格、谈判经验如何。另外，还需了解谁是谈判中的首席代表，其能力、权限、特长及弱点是什么，此人对此次谈判抱何种态度，倾向性意见如何等。这些都是必不可少的资料。

（三）竞争者的情况

生产力水平的不断提高和科学技术在生产中的普遍运用，使社会商品极大丰富，同一商品往往会出现许多替代品（包括相似产品和同种产品）。因此，在商业交往中，经常会出现一个卖主、多家买主和一个买主、多家卖主的情况。这样，对买卖双方来讲，了解竞争者的情况就显得很有必要。竞争者作为谈判双方力量对比中一个重要的"砝码"，影响着谈判"天平"的倾斜。很显然，在一家卖主、两家买主竞相争购的情况下，对卖主来讲无疑是非常有利的，增加了其讨价还价的筹码。

竞争者的信息主要包括市场同类产品的供求状况，相关产品与替代产品的供求状况，产品的技术发展趋势，主要竞争厂家的生产能力、经营状况和市场占有率，有关产品的配件供应状况，竞争者的推销力量、市场营销状况、价格水平、信用状况等。

一般来讲，了解竞争者的状况是比较困难的，因为无论是买方还是卖方，都不可能完全了解自己所有的竞争对手及其情况。因此，对谈判人员来说，最重要的是了解市场上占主导力量的竞争者。

（四）己方的情况

谈判成功的关键在于，在了解对方的同时，要更深刻地了解自己。只有正确地了解自己，才能在谈判中正确地确立自己的地位，采取相应的对策。己方的情况包括本企业产品及生产经营状况和己方谈判人员情况，如本次交易对己方的重要性，己方在竞争中所处的地位，己方对有关商业行情的了解程度，对谈判对手的了解程度，己方谈判人员的经验等。

正确地评价自己是确定奋斗目标的基础。对己方各方面条件的客观分析，有助于我们弄清己方在谈判中的优势和薄弱环节，从而有针对性地制定谈判策略，以便在谈判时扬长避短。

三、信息收集的方法和途径

在日常经贸往来中，企业都力求利用各种方式收集大量的信息，为谈判所用，这些方法及其途径主要包括：

（一）实地考察，收集信息

眼见为实，耳听为虚，在现实经济生活中，人们为了获得真实有效的信息，往往通过实地考察的方式进行收集。这时，企业派人到对方企业，通过对其生产状况、设备的技术水平、企业管理状况、工人的劳动技能等各方面的综合观察和分析，以及对当地人员的走访，获得有关谈判对手各方面的第一手资料。当然，在实地考察之前应有一定的准备，带着明确的目的和问题，才能取得较好的效果。实地考察时应摆脱思想偏见，避免先入为主。

（二）通过各种途径收集公开信息

企业为了扩大自己的经营，提高市场竞争力，总是通过各种途径进行宣传，这些都可以为我们提供大量的信息，如企业的文献资料、统计数据和财务报表、企业的内部报刊和杂志、各类文件、广告、广播宣传资料、用户来信、产品说明和样品等。通过对这些公开信息的收集和研究，就可以获得所需要的资料。因此，平时应尽可能地多订阅有关报纸杂志，并分工由专人保管、收集、剪辑和汇总，以备企业所需。

阅读案例 5-2：日本人是如何收集大庆油田信息的？

1966 年 7 月，《中国画报》封面上登出了一张大庆石油工人艰苦创业的照片。画面上，工人们身穿大棉袄，正冒着鹅毛大雪奋力拼搏。日本人根据这一张照片分析出，大庆油田可能是在东北三省北部的某个地点。接着，在《人民日报》上，日本人又看到了这样一篇报道，说王进喜到了马家窑，说了一声"好大的油海啊！我们要把中国石油落后的帽子扔到太平洋里去。"于是，日本人找来地图，发现马家窑是位于黑龙江海伦县东南的一个村子，在兆安铁路上一个小站以东十几公里处。接着，在日文版的杂志里又有报道说，中国工人阶级发扬了"一不怕苦，二不怕死"的精神，大庆石油设备不用马拉车推，完全靠肩扛人抬运到工地。日本人据此分析出，大庆的石油钻井离马家窑远不了，远了人工是扛不动的。当 1964 年王进喜出席第三届全国人民代表大会的消息见报时，日本人肯定地得出结论：大庆油田出油了。他们进一步根据《人民日报》上的一幅大庆油田钻塔的照片，从钻台上手柄的架势等方面推算出油井的直径，再根据油井直径和政府工作报告，用当时的石油产量减去原来的石油产量，估算出大庆油田的石油产量。在这个基础上，他们很快设计出适合大庆油田操作的石油设备。当大庆油田向全世界征求石油设备的设计方案时，其他国家都没有准备，唯独日本人胸有成竹，早已准备好了与大庆油田现有情况完全吻合的设备方案，在与大庆油田的谈判中，一举中标。

这个案例告诉我们，大量的信息存在于公开的资料之中，了解和掌握信息并不像我们想象的那么困难。只要有心，平时多加留意，认真分析信息可能出现的地方，从很多公开的相关资料中就能很容易地得到需要的信息，从而为商务谈判打下牢固的信息基础。

（三）通过各类专门会议收集信息

各类商品交易会、展览会、订货会、博览会等，都是某方面、某组织的信息密集之处，是了解情况的最佳时机。

（四）通过对与谈判对手有过业务交往的企业和人员的调查了解信息

任何企业为了业务往来，都必然收集大量的有关资料，以准确地了解对方。因此，通过与对手有过业务交往的企业和人员，必然会得到大量有关谈判对手的信息；向与对手打过官司的企业与人员了解情况，也会获得非常丰富的资料，他们会提供许多有用的信息，有些甚至是在普通记录和资料中无法找到的事实和看法。

四、信息的整理和筛选

通过信息收集工作，我们获得了大量来自各方面的信息，要使这些原始信息为我所用，发挥其作用，还必须经过信息的整理和筛选。

整理和筛选的目的在于：一方面，鉴别信息的真实性与可靠性，去伪存真。在商务谈判前，有些企业和组织故意提供虚假信息，掩盖自己的真实意图。另外，由于各种原因，有时收集到的信息可能是片面的、不完全的，这就需要通过对信息的整理和筛选加以辨别。另一方面，在保证真实、可靠的基础上，结合谈判项目的具体内容，对各种信息进行分类和排队，以确定哪些信息对此次谈判是重要的，哪些是次要的，并在此基础上制订出具体的谈判方案和对策。

信息的整理和筛选要经过以下程序：

（1）初步筛选。

（2）分类。即将所得信息按专题、目的、内容等进行分类。

（3）比较和判断。比较即分析，通过分析了解和判断信息之间的联系性，以做到去伪存真。

（4）研究。在比较、判断的基础上，对所得信息进行深化加工，形成新的概念和结论，为己方谈判所用。

（5）整理。将筛选后的信息进行整理，做出完整的检索目录和内容提要，以便检索查询，为谈判提供及时的资料依据。

阅读案例 5-3：雅各布的小册子

1935 年 3 月 20 日，有个名叫伯尔托尔德·雅各布的作家被德国特务在瑞士绑架了，因为这个人引起了希特勒的极度恐慌。他曾经出版了一本描述希特勒新军里的组织情况的小册子，这本 172 页的小册子描绘了德军的组织结构、参谋部的人员布置、部队指挥官的姓名、各个军区的情况，甚至谈到了最新成立的装甲师里的步兵小队。小册子列举了 168 名指挥官的姓名，并叙述了他们的简历，这在德国属于军事机密。希特勒勃然大怒，他要求情报顾问瓦尔特·尼古拉上校说清雅各布的材料是从哪里窃取的，上校决定让雅各布本人来解决这个问题，于是便发生了前面提到的这次绑架。

在盖世太保的审讯室里，尼古拉抓住雅各布盘问道："雅各布先生！告诉我们，这里的材料是从哪里来的？"雅各布的回答却大大出乎他的意料，"上校先生，我的小册子里的全部材料都是从德国报纸上得来的。比如我写的哈济少将是第 17 师团指挥官，并驻扎在纽伦堡，因为当时我从纽伦堡的报纸上看到了一个讣告。这条消息报道说新近调驻纽伦堡的第 17 师团指挥官哈济将军也参加了葬礼。"

雅各布接着说，"在一份乌尔姆的报纸上，我在社会新闻栏里发现了一宗喜事，就是关于菲罗夫上校的女儿和史太梅尔曼少校举行了婚礼的消息。这篇报道提到了菲罗夫是 25 师团第 36 联队的指挥官，史太梅尔曼少校的身份是信号军官。此外还有从斯图加特前往参加婚礼的沙勒少将，报上说他是当地的师团指挥官。"真相终于大白，雅各布不是间谍，却在做着被认为是间谍才能做到的事。在这个传播媒介极其发达的世界上，只要你留心，许多秘密其实早就不是秘密了。

资料来源：李品媛. 现代商务谈判［M］. 大连：东北财经大学出版社，2005.

五、信息收集时应注意的几个问题

信息收集的根本目的在于根据这些信息因素的发展变化情况制订和调整自己的谈判方案和谈判策略。我们在了解和考虑这些环境因素时，还要注意下面几个问题：

（一）要注意信息来源的真实性和可靠性

任何不真实的信息都会误导人们的行为。如果提供给谈判者的有关信息不够真实和准确，在谈判中就会令己方处于被动地位。这就要求我们首先要注意信息来源的真实性和可靠性，决不能道听途说，偏听偏信，对有疑点的信息，要从多方面进行了解和证实。

（二）要对信息进行科学的分析和整理

这是一个去粗存精、去伪存真的过程。对于一次特定内容的商务谈判而言，各种客观环境因素对谈判的影响力不是完全相同的，而且各环境因素也处在不断的发展变化中。这就要求我们对收集到的有关信息按一定程序和方法进行分类、计算、分析判断，然后才能提供给谈判者使用。

（三）根据所掌握的信息对谈判方案和谈判策略做适当的调整

在对所收集到的信息进行加工整理的基础上，认真研究这些信息对本次谈判会产生什么影响，有没有必要对谈判方案和谈判策略进行调整，以及如何调整才比较合适。

阅读案例 5-4：谈判女杰的智慧

中国经济改革初期，广东省珠海特区光纤公司（简称珠海光纤公司）与美国 ITT 公司进行了一场成功的国际谈判，双方正式签署了一份重要的合同。根据这份合同，珠海光纤公司引进的 ITT 型光导纤维成套设备及购买的技术专利达到同期世界先进水平，更为引人注目的是把美方的报价压到 186 万美元的最低价，中方谈判代表庄敏女士也因此被商界誉为"谈判女杰"。为了获得谈判成功，庄敏及珠海光纤公司的有关人员对谈判过程中的各种环境都做了精心而周密的准备和安排。为了掌握行情，庄敏及同伴先后同 12 家公司进行了试探性谈判，在此基础上最后选定与 ITT 进行实质性谈判。ITT 代表团的业务能力相当高，特别是主谈莫尔先生，谈判几乎全部用数字，而非文字语言，并且所有关于计算的数据极其精确、无一差错。由于谈判双方精心策划和准备，一场复杂而重大的国际商务谈判圆满完成。

（四）信息的保密

对谈判所涉及内容、文件及双方各自有关重要观点等资料应做好保密工作。如果不严格保密，将造成不应有的损失。例如，国外在重要的生意谈判中，有的不惜花重金聘请"商业间谍"摸对方的底。因此，应加强谈判信息的保密工作。

谈判信息保密的一般措施有：

（1）不要给对方造成窃密机会，如文件调阅、保管、复印、打字等。

（2）不要随便托人代发电报、电信等。

（3）不要随意乱放文件。

（4）不要在公共场所，如餐厅、机舱、车厢、过道等地方谈论有关谈判业务的问题。

（5）不要过分信任临时代理人或服务人员。

（6）最后的底牌只能让关键人物知道。

（7）在谈判达成协议前，不应对外公布。

（8）必要时使用暗语。

第三节　制订商务谈判计划

一、商务谈判的主题和目标

由于整个商务谈判活动都围绕着谈判的主题、目标和方针来进行，因此，谈判前应明确通过这次谈判想获得什么。

（一）谈判主题的确定

谈判主题既是谈判活动的中心内容，也是谈判时的公开观点，是对双方坐在一起谈判的意图的高度概括。一般情况下，一次谈判只有一个主题，而谈判方案也以这一主题作为活动安排的核心。

（二）谈判目标的确定

谈判目标体现了谈判的基本目的，整个谈判活动都必须紧紧围绕着这个目标来进行，都要为实现这个目标服务。因此必须认真而慎重地确定谈判目标。谈判目标可分为三个层次：

第一层次：最低目标。它是谈判必须实现的目标，是谈判的最低要求。若不能实现，宁愿谈判破裂也没有讨价还价、妥协让步的可能。

第二层次：可以接受的目标。它是指在谈判中可努力争取或做出让步的范围。如果第一层次的目标可以用一个点来表示，那么第二层次的目标是一个区间范围。这个层次的目标是要争取实现的。

第三层次：最高目标，也叫期望目标。它是己方在商务谈判中所要追求的最高目标，也往往是对方所能忍受的最高限度。它也是一个点，如果超过这个目标，往往要冒谈判破裂的危险。因此，谈判人员应充分发挥个人的才智，在最低目标和最高目标之间争取尽可能多的利益。

在确定谈判目标时，必须以客观条件为基础，即综合企业或组织的外部环境和内部条件。一般说来，谈判目标的确定要考虑以下因素：谈判的性质及领域，谈判的对象及环境，谈判项目所涉及的业务指标的要求，各种条件变化的可能性、方向及对谈判的影响，与谈判密切相关的事项和问题等。

阅读案例 5-5：撒切尔夫人的谈判目标

撒切尔夫人擅长于"好高骛远"，把自己的期望目标定得很高。在谈判中，她意志顽强，不达目的决不罢休，迫使对方妥协，以保证自己的目标顺利实现。这种谈判策略被称为"撒切尔夫人谈判法"。也许她深谙中国的一句古话："取法乎上，得乎其中；取法乎中，得乎其下。"

1975 年 12 月，欧共体各国首脑会议在柏林举行，讨论各国对欧共体经费的负担问题。撒切尔夫人在会谈中提出："英国负担费用过高，然而并未享有各项利益。"所以要求削减英国承担的费用，她提出了一个惊人的数字："逐年减少 10 亿英镑。"一言既出，举座皆惊，各国首脑面面相觑。其他各国首脑预计本次会议将使英国削减 3 亿英镑的负担，所以只提出 2.5 亿英镑的削减额。他们深信，撒切尔夫人肯定会以 3 亿英镑妥协。谁知撒切尔夫人毫不退让，坚持要削减 10 亿英镑。谈判陷入僵局，撒切尔夫人早就料到会出现僵局，所以毫无惧色，充分展现了她铁娘子的风范，态度强硬，语气咄咄逼人，把10亿英镑称为"英国的钱"。这让欧共体其他国家首脑，尤其是法国、德国、丹麦等国首脑大为恼火。

面对欧共体其他国家的威胁，撒切尔夫人针锋相对，她告诉下议院，原则上依照她所提出的方案执行，没有选择的余地，并把该意思警示各国。这让法国难以下台，因为法国曾因禁止英国小麦进口违反了欧共体的章程。于是，各国开始动摇、退让。这次会议达成协议："英国每两年削减8亿英镑，如果欧共体经济不景气，则须每3年削减一次。"当然，高起点并不是无限制地高，而必须把握一个"变"。在谈判过程中，必须以"铁腕"作为"配套"手段，同时要把握对手的心理承受能力。

资料来源：李品媛. 现代商务谈判［M］. 大连：东北财经大学出版社，2005.

（三）谈判方针的确定

谈判方针大体可以归纳为八个字：谋求一致、以战取胜。谈判双方应尽量在友好、和谐的气氛中谋求一致，但也不妨在为己方谋得最大利益的前提下给对方适当的让步，甚至在必要的时候采取种种谋略、技巧以谋求双方的一致。

（四）谈判目标的优化

谈判目标的优化解决的是谈判目标的磨合和兼容问题。一般来说，由于每份合同中都会包含少则十多个、多则几十个大的条款，每个条款都有具体成交区间，各个条款的要求之间就会有一个相容的问题。对方可能会满足你的某些要求，但也要求你在另一些条款上做出让步。这就要求谈判目标下的各个条款之间彼此保持协调一致，避免相互内耗、相互抵触。

值得注意的是，谈判目标的优化并不是各个条款的简单折中。比如，技术水平高并不一定就要与很高的价格相匹配，技术水平不高也不见得卖方就会报低价。优化的目的在于最大限度地满足自己的需要，而且可以根据谈判过程中各种因素的变化做适当的调整和修改。

二、商务谈判的时间和地点

（一）时间安排

谈判要确定在何时举行，为时多久，倘若是分阶段的客主座轮流谈判还需事先确定分为几个阶段、每个阶段谈判的地点，所花的时间大约是多少等。具体的时间安排应满足以下几点要求：

1. 分歧不大的议题在较短时间内解决

谈判应有时间观念，讲求效率。双方分歧不大的议题应力求在较短时间内解决，以免"捡了芝麻，丢了西瓜"。

2. 主要的议题应适时提出

谈判的主要议题应在谈判进行过半之后提出，这样可以使双方在前期讨论的基础上深入地磋商关键问题，还给主要议题的讨论留足了时间。

3. 文娱活动的安排要恰到好处

在紧张的谈判之余，主座谈判方可以安排适当的文娱活动以增进友谊、消除紧张情绪。但是，文娱活动的安排应适时适度。所谓适时，即文娱活动尽量安排在谈判进行到主要议题时进行；所谓适度，是指文娱活动的安排不要重复，也不要过于密集，每周一次是比较恰当的。

4. 要安排适当的机动时间

每次安排谈判时间时都要对可能面临的困难有充分的事前估计，因为一旦谈判中双方争执不下，就会延误谈判进程。因此，确定谈判议程时要留有机动时间，比如一周的谈判，应留出半天的机动时间，若谈判按时结束可安排参观游览活动，若谈判拖延也可从容应对。

（二）地点的选择

商务谈判中可供选择的谈判地点有三种类型，即己方所在地、对方所在地和第三方所在地。这些地点各有优缺点。

1. 己方所在地

谈判地点的选择，往往涉及谈判的环境心理因素问题，有利的场所能增强自己的谈判地位与谈判力量。具体来说，在己方所在地谈判有如下优势：

（1）熟悉的环境会使主座谈判的一方获得安全感，带来心理上的优势。

（2）东道主能在更大程度上控制谈判议程、日程，有利于掌握谈判的主动权。

（3）在食宿起居等方面都比较习惯，便于取得专家和其他辅助人员的支持，处理各种谈判事务比较主动。

（4）容易运用以礼压人的策略，如满意的招待，使对方做出让步。

（5）谈判地点在己方可以产生一种压力，即如果不能取得一定成就，会或多或少有损自尊。因此，这就迫使己方努力进取，想方设法赢得谈判。

（6）谈判对手因其客人身份，故较讲求礼仪而不致过分侵犯主人的利益。

由此可见，商务谈判如能安排在己方所在地进行，可以使主座一方占据天时、地利、人和的优势。所以，主谈人应争取在己方所在地进行谈判。

2. 对方所在地

客座地点的选择，是由谈判一方特意决定，用这个谈判地点的特定条件给予谈判以某种影响，或由此表明谈判地点确定者的某种心态。客座谈判的优势表现在以下几方面：

（1）谈判人员可全身心投入谈判，不受外界干扰。

（2）对手在己方谈判，无法借口自己无决定权而拖延谈判。

（3）可深入了解对方的情况。

（4）有利于退出或终止谈判。

3. 第三方所在地

谈判双方一般都深知谈判地点选择的重要性，都想争取在己方所在地谈判，这样，往往在谈判地点的选择上陷入僵局，尤其是在双方彼此怀有敌意的情况下容易出现这种

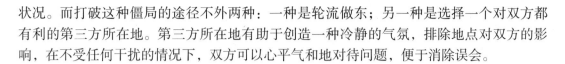

状况。而打破这种僵局的途径不外两种：一种是轮流做东；另一种是选择一个对双方都有利的第三方所在地。第三方所在地有助于创造一种冷静的气氛，排除地点对双方的影响，在不受任何干扰的情况下，双方可以心平气和地对待问题，便于消除误会。

阅读案例 5-6：八公犬的故事

A 公司想与 B 公司共同承担风险进行经营，但困难的是，B 公司对 A 公司的信誉总不太信任。为了解决这个问题，A 公司公关人员安排了一个特别的地方，请两公司的决策人会面。这个特别的地方有一座狗的雕塑，关于这座狗的雕塑还有一个故事。故事中有一只名为"八公"的犬，对主人非常忠诚。有一次主人出门未回，这只狗不吃不喝，一直等到死。后来人们把它称为"八公犬"，把它当成了忠诚和信用的象征，并在这个传说的地方为它塑了像。所以许多人为了表示自己忠诚和信用，就把这里作为约合地点。当两个公司的决策人来到这里时，彼此都心领神会，合同就这样顺利签署了。足智多谋的公关人员针对对方有些疑虑的心理，采取巧妙的措施，安排了一个有特殊含义的谈判地点，使问题迎刃而解。

这是一则由于安排具有特殊含义的谈判地点而取得谈判成功的范例。

三、商务谈判的议程安排

谈判议程的安排对谈判双方非常重要，议程本身就是一种谈判策略，必须高度重视。谈判议程一般要说明谈判时间的安排和谈判议题的确定。谈判议程可由一方准备，也可由双方协商确定。议程包括通则议程和细则议程，通则议程由谈判双方共同使用，细则议程供己方使用。

（一）时间安排

时间安排即确定在什么时间举行谈判、多长时间、各个阶段时间如何分配，议题出现的时间顺序等。谈判时间安排是议程中的重要环节。如果时间安排得很仓促，准备不充分，匆忙上阵，心浮气躁，就很难沉着冷静地在谈判中实施各种策略；如果时间安排得很拖延，不仅会耗费大量的时间和精力，而且随着时间的拖延，各种环境因素都会发生变化，还可能会错过某些重要的机遇。

（二）确定谈判议题

所谓谈判议题，就是谈判双方提出和讨论的各种问题。确定谈判议题首先必须明确己方要提出哪些问题，要讨论哪些问题。要把所有问题全盘进行比较和分析，哪些问题是主要议题，要列入重点讨论范围，哪些问题是非重点问题，哪些问题可以忽略。这些问题之间是什么关系，在逻辑上有什么联系，还要预测对方会提出什么问题，哪些问题是己方必须认真对待、全力以赴去解决的，哪些问题可以根据情况做出让步，哪些问题可以不予讨论。

（三）拟定通则议程和细则议程

1. 通则议程

通则议程是谈判双方共同遵守和使用的日程安排，一般要经过双方协商同意后方能正式生效。在通则议程中通常应确定以下内容：

（1）谈判总体时间及分段时间安排。

（2）双方谈判讨论的中心议题，问题讨论的顺序。

（3）谈判中各种人员的安排。

（4）谈判地点及招待事宜。

2. 细则议程

细则议程是己方参加谈判的策略的具体安排，只供己方人员使用，具有保密性。其内容一般包括以下几个方面：

（1）谈判中统一口径，如发言的观点、文件资料的说明等。

（2）对谈判过程中可能出现的各种情况的对策安排。

（3）己方发言的策略，何时提出问题，提出什么问题，向何人提问，谁来提出问题，谁来补充，谁来回答对方的问题，谁来反驳对方的提问，什么情况下要求暂时停止谈判等。

（4）谈判人员更换的预先安排。

（5）己方谈判时间的策略安排、谈判时间期限。

（四）己方拟定谈判议程时应注意的几个问题

（1）谈判的议程安排要依据己方的具体情况，在程序安排上能扬长避短，也就是在谈判的程序安排上，保证己方的优势能得到充分的发挥。

（2）议程的安排和布局要为自己出其不意地运用谈判策略埋下契机。对一个谈判老手来说，是绝不会放过利用拟定谈判议程的机会来运筹谋略的。

（3）谈判议程内容要能够体现己方谈判的总体方案，统筹兼顾，引导或控制谈判的速度，以及己方让步的限度和步骤等。

（4）在议程的安排上，不要过分伤害对方的自尊和利益，以免导致谈判的过早破裂。

（5）不要将己方的谈判目标，特别是最终谈判目标，通过议程和盘托出，使己方处于不利地位。

当然，议程由自己安排也有短处。己方准备的议程往往透露了自己的某些意图，对方可以通过分析猜出且在谈判前拟定对策，使己方处于不利地位。同时，对方如果不在谈判前对议程提出异议而掩盖其真实意图，或者在谈判中提出修改某些议程，容易导致己方被动甚至谈判破裂。

（五）对方拟定谈判议程时己方应注意的几个问题

（1）未经详细考虑后果之前，不要轻易接受对方提出的议程。

（2）在安排问题之前，要给自己充分的思考时间。

（3）详细研究对方所提出的议程，以便发现是否有什么问题被对方故意摒弃在议程之外，或者作为用来拟定对策的参考。

（4）千万不要显出你的要求是可以妥协的，应尽早表示你的决定。

（5）对议程不满意，要有勇气去修改，决不要被对方编排的议程束缚住手脚。

（6）要注意利用对方议程中可能暴露的对方谈到意图，后发制人。

谈判是一项技术性很强的工作，为了使谈判在不损害他人利益的基础上达成对己方更为有利的协议，可以随时卓有成效地运用谈判技巧，但又不为他人觉察。一个好的谈判议程，应该能够驾驭谈判，这就好像双方作战一样，成为己方纵马驰骋的缰绳。你可能被迫退却，你可能被击败，但是只要你能够左右敌人的行动，而不是听任敌人摆布，你就仍然在某种程度上占有优势。更重要的是，你的每个士兵和整个军队都将感到自己比对方高出一筹。

当然，议程只是一个事前计划，并不代表一个合同。如果任何一方在谈判开始之后对它的形式不满意，那么就必须有勇气去修改，否则双方都负担不起因为忽视议程而导致的损失。

第四节　商务谈判物质条件的准备

一、商务谈判场所布置

选择环境优美、条件优越的具体谈判地点，并巧妙地布置会谈场所，使谈判者有一种安全舒适、温暖可亲的心理感受，不仅能显示出己方热情、友好的诚恳态度，也能使对方对己方诚恳的用心深表感谢，这就为谈判营造了和谐的气氛。

（一）场所的选择

谈判场所的选择应该满足以下几个方面的要求：

1. 交通、通信便利

谈判场所应选在交通、通信便利，便于有关人员来往，便于双方通信的地方。

2. 环境舒适安静

谈判环境应宽敞、整洁、舒适，具有良好的通风和采光条件，相对比较安静，避免外界的干扰。

3. 必要时要备密室

最好在举行会谈的会议室旁边备有一两间小房间，以利谈判人员协商机密事情。

4. 必要的办公设备

谈判场所应配备必要的办公设施，如计算机、复印机、投影仪等，便于双方人员处理文件。除非对方同意，否则不要配有录音录像设备。实践证明，录音录像设备有时对双方都会起到负面作用，使人难以畅所欲言。

（二）会场的布置

谈判会场的布置及座位的安排是否得当，是检验谈判人员素质的标准之一。有些谈判者会根据谈判会场的布置状况判断主方对本次谈判的重视程度和诚意。

一般来说，商务谈判时，双方应面对面而坐，各自的组员应坐在主谈者的两侧，以便互相交换意见，发挥集体的力量。谈判桌的形状多种多样，如长方桌、圆形桌、椭圆形桌等。商务谈判通常用长方形条桌，其座位安排通常如图5-1和图5-2所示。

如图5-1所示，若以正门为准，主人应坐背门一侧，客人则面向正门而坐，其中主谈人或负责人居中。我国及多数国家习惯把翻译安排在主谈人的右侧即第 2 个席位上，但也有少数国家让翻译坐在后面或左侧，这也是可以的。

如图 5-2 所示，若谈判长桌一端向着门，则以正门的方向为准，右为客方，左为主方。其座位号的安排也是以主谈者（即首席）的右边为偶数，左边为奇数，即所谓"右边为大"。

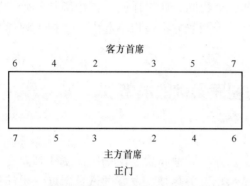

图 5-1 长方形条桌谈判座位安排（一）

图 5-2 长方形条桌谈判座位安排（二）

若没有条桌，也可用圆形桌或方形桌，其座位安排分别如图 5-3 和图 5-4 所示。还有一种排位方式是随意就座，适合于小规模的、双方都比较熟悉的谈判。有些谈判还可以不设谈判桌。

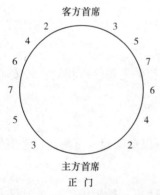

图 5-3 圆形桌谈判座位安排

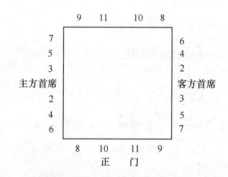

图 5-4 方形桌谈判座位安排

各方谈判代表如此重视谈判桌的形状，绝不是吹毛求疵的行为，因为这涉及谈判各方的地位次序问题，是一个比较敏感的界域问题。一般来说，谈判座位的设置围成圆形，适合多方谈判；围成长方形，适合双方平等谈判。许多有经验的谈判专家认为，选择圆形桌比选择方形桌要好一些，因为桌子方方正正，双方谈判人员对面坐定后往往会有过于正规、不太活泼的感觉，有时甚至会产生相互对立的情绪。如果运用圆形谈判桌，效果就大不一样了，双方谈判人员坐定，围成一个圆圈，便于交换意见、沟通彼此的思想感情。

与谈判桌相匹配的还有椅子。椅子要舒适，不舒适使人坐不住；但是，也不能过于舒适，那样会使人容易产生倦意，精神不振。此外，会议所需的其他设备和服务也要周到，如纸篓、记事本、文件夹、饮料、水果等。

二、商务谈判食宿安排

（一）食宿安排的意义

用餐、住宿安排是会务人员工作的重要内容。东道主对于来访人员的食宿安排应周到细致、方便舒适，但不一定要豪华、阔气，按照国内或当地的标准条件招待即可。许多客商十分讲究时间、效率，反倒不喜欢烦琐冗长的招待仪式。但是，适当地组织客人参观游览、参加文体娱乐活动也是十分有益的。在某种程度上，住宿地和餐桌上常常是正式谈判暂停后的缓冲和过渡阶段，是个别沟通和增进相互了解的重要场合，甚至是解决谈判难题的关键场地。

（二）安排饮食需要注意的事项

安排饮食需要注意的事项主要有：根据客人的地位、本次谈判的重要程度等确定饮食档次；认真了解对方人员在饮食方面的特殊要求，如宗教信仰和民族习惯的饮食禁忌、个人的饮食习惯，因身体原因对饮食存在的特殊要求，或因生病正在用药产生的忌口等；主要人员的饮食习惯，对某类风格的饮食或菜系的偏好，近日饮食的特点、口味变化的要求；尽量提供客人喜欢的且具有当地风味的菜肴和新、奇、特食品，但是不能不顾国家有关法律方面的规定，如《野生动物保护法》关于某些稀有珍禽动物禁食的规定；酒和饮料的安排要根据实际需要；饮酒要适度，借酒表态和想在酒桌上取得一定的谈判结果更要谨慎。

（三）安排住宿需要注意的事项

安排住宿需要注意的事项主要有：住宿地点除了要考虑环境上的宁静、舒适、卫生以及交通和通信的便利外，还要考虑宾馆的建筑风格和内部装修的文化品位，以及服务设施和服务质量与客人对这方面的要求相适应，在地位上相一致，和本次谈判业务的重要性相吻合；住宿地点和餐饮地点的距离应较近、便捷；如果必要，己方要开设服务房间，有专人随时解决客人所遇到的生活问题。

▶▶ 本章小结

商务谈判的准备包括：谈判班子的规模、谈判人员的配备、谈判班子成员的分工与协作。

通晓相关知识是任何一个以商务活动为职业的人员开展工作的基础，对于一个谈判人员来说也不例外。通常，除了国际贸易、国际金融、国际市场营销这些必备的专业知识以外，谈判人员同时还要掌握心理学、经济学、管理学、法学、财务会计、历史学等方面的知识。

谈判人员要具有一定的心理素质，耐心、毅力是商务谈判人员应该具备的基本素质。

谈判人员要有仪态素质，不卑不亢、有理有节始终是商务谈判人员应该坚持的谈判态度。

谈判技能表现在：必要的运筹、计划能力，一定的语言驾驭能力，观察能力，创造力和灵活性，较强的人际交往能力。

信息收集的主要内容包括与谈判对手有关的环境因素、有关谈判对手的信息、竞争者的情况和己方的情况。

制订商务谈判计划首先要确定谈判的主题和目标、时间和地点、议程安排。

商务谈判物质条件的准备包括场所布置和食宿安排。

思考题

1. 拟定一个谈判主题，制订一份商务谈判计划。
2. 简述信息准备的主要内容。
3. 谈判负责人的工作主要有哪些？
4. 试述物质条件准备的内容。

案例分析讨论

中海油的谈判准备

2005年8月2日，中国海洋石油总公司（以下简称中海油）宣布撤回其对优尼科公司的收购要约。中海油报价仍然超出雪佛龙公司竞价约10亿美元。

进与退：选择曾一波三折

中海油收购优尼科，历时半年多，可谓一波三折。

2005年年初，美国第九大石油公司优尼科挂牌出售。这家公司在泰国、印度尼西亚、孟加拉国等国家拥有良好的油气区块资源。优尼科由于经营不善等导致连年亏损，并申请破产。

优尼科挂牌后，中海油有意对优尼科公司进行收购。同时对此表现出浓厚兴趣的还有壳牌、戴文能源公司和西方石油公司在内的国际石油巨头们。

3月，中海油开始与优尼科高层接触，并向优尼科提交了"无约束力报价"。优尼科当时的市值还不到100亿美元，但很快，国际原油价格飙升，优尼科股价迅速上涨，中海油内部对这一收购看法出现分歧。在中海油意见还没有统一之时，美国第二大石油公司雪佛龙4月宣布以160亿美元加股票的形式收购优尼科，收购计划包括25%的现金、75%的股票交换，以及接收优尼科的16亿美元债务。

6月10日，美国联邦贸易委员会批准雪佛龙的收购计划。此时，中海油失去了第一次竞购机会。

但是，根据美国法律，该交易还需要美国证券交易委员会（SEC）批准，只有在批准之后，优尼科董事会才能向股东正式发函，在此后30天由全体股东表决。实际上，中海油还有最后一次机会，即在发函之前提出新的收购方案，若被优尼科董事会认可，就有收购成功的可能。

7月20日，优尼科董事会决定接受雪佛龙公司加价之后的报价，并推荐给股东大会。据悉，由于雪佛龙提高了报价，优尼科决定维持原来推荐不变。

对此，中海油深表遗憾。但中海油认为185亿美元的全现金报价仍然具有竞争力，优于雪佛龙现金加股票的出价。中海油表示：为了维护股东利益，公司无意提高原报价。

成与败：中国企业得到了什么？

从有关方面获得的信息显示，一家美国民意调查公司，每天抽样调查500位美国人对收购优尼科的反应。其中3天的调查结果显示，绝大多数美国民众并不知道中海油，甚至很多人也不知道优尼科，原因是优尼科的资产主要在海外，在美国影响有限。在抽样调查中，当受访者被问道"是否同意将优尼科出售给中国"时，52%的人反对，仅有12%的人支持；当继续被问道"如果这项并购将不会造成美国人失业"时，在加州30%继续反对，47%的人转为支持，而全国反对的人为35%，支持的人为41%；调查员提出第三个问题，"如果兼并后在美国的石油资源将继续供应美国"后，反对的人只剩下20%，而支持者高达60%。

尽管中海油在美国民间的支持率在增高，然而令众多国内外能源领域专家学者不解的是，本该是一个双赢的、简单的企业并购行为，却被美国政府无端政治化了。一些国会议员提出应该以国家安全为由阻止这一收购行动。

美国《纽约时报》发表的文章认为，大多数并购案都可以由价格来决定，出价最高的竞购者获胜。但从华盛顿的强烈反应来看，优尼科并购案可没有这么简单。如今，石油价格不断攀高，能源储备日益升值，而美国也对自己的石油和天然气资源感到担心。优尼科公司的外国竞购者正是在这个时候意外出现的。与此同时，美国政府需要在贸易和货币问题上与中国合作，但它对中国与日俱增的经济实力也感到越来越担心。

面对这些，中海油表示，这项交易不会对美国石油和天然气市场带来任何不利影响，因为优尼科在美国境内所生产的石油和天然气将继续在美国市场销售。优尼科美国油气资产的产量占全美石油和天然气消耗量的不到1%。

其实，中国和美国的经济依存程度比通常想象的更高。根据美国海关统计，2004年中美双边贸易额为2314.2亿美元，同比增长28%，中国成为美国第五大出口市场，第二大进口市场。在全球化的今天，贸易使国家之间紧密融合，美国并不会因为阻止中海油的收购而得到什么特别的好处，所以中海油竞购优尼科不是对中国企业的考验，而是对美国政府的考验。

问题：

1. 你认为中海油在此次谈判之前是否做好了充分的准备？
2. 本案例值得吸取的经验教训有哪些？

第六章

商务谈判的开局

本章要点

1. 营造良好谈判气氛的重要性及方法。
2. 熟悉营造开局气氛的过程。
3. 掌握谈判开局的各种方式。
4. 掌握谈判开局的原则。
5. 掌握商务谈判开局的策略。

导入案例

营造良好的开局气氛

某年秋季广交会上，我方谈判人员陈先生与美国某进口服装商人王先生进行了关于进出口服装的谈判。当时我方的销售意图是扩大服装出口数量，并使服装卖个好价钱。下面是他俩在谈判中的对话。

陈：你好，很高兴见到您！

王：我也很高兴见到您！

陈：昨天您看过我们的样品，感觉如何？

王：总的印象不错，没想到中国的做工如此精细。但不清楚是否有给美国长裤的配额。我想，可否从贵公司订一些长裤？

然后王告诉他所需长裤的面料、颜色、款式和规格等。

陈：您准备订多少？什么时候要货？

王：首先要看您有多少配额，交货时间大约在6月末吧。

陈：我们首先考虑您是否做非配额品种，如棉麻短裤等。您知道，配额数量是很有限的。如果您还有其他非配额品种一起做，我可以给您一些长裤配额。

王：如果是这样的话，请允许我再联系一下客户，两天以后再谈。

陈：好吧，我给您保留三天。

三天后。

王：您好，很高兴又见到您。

陈：您好！您订多少数量？

王：订 1.5 万打。

陈：如果我公司一时没有棉麻料，可否采用进料加工贸易方式？

王：没问题，那么请您报个价吧。款式不超过 12 种，颜色在 6 种以内，交货期在 2008 年 4 月 30 日以前。

陈：依照上述条件，每打的费用为 80 美元，货运到香港。

王：价格太贵，您要知道这是非配额品种。

陈：我知道，但是我要给您一些配额品种。

王：您给我多少长裤配额？

陈：5000 打。

王：太少了。这样吧，如果您能增加 3000 打配额，我可以同我的老板商量一下价格。

陈：很抱歉，我只能给您增加 1000 打配额。这也是我对您的让步了。但是长裤按照您说的条件，每打价格要 80 美元。

王：我仍不能接受非配额的加工费，请考虑打点折扣。每打减少 5 美元如何？

陈：您要考虑到我已分配给您 6000 打的配额，我们将会长期合作，并且基本上每年留一定数额的配额给您，这对于您不断扩大生意、稳定客户是大有好处的。

王：可是我们也拿了 1.5 万打的非配额长裤给您做，这个数量对于服装老板来讲是可观的一笔收入啊！

陈：好吧，为了我们长期合作。我将加工费每打减少 3 美元，这已是最后的让步，并且要求您明年连续做非配额品种。

王：好的。

双方握手签约。

上述谈判采用了怎样的开局方式？谈判开局要注意哪些问题？怎样才能达到合作双赢的目的？这是本章探讨的主要问题。

第一节　商务谈判开局概述

一、商务谈判开局的作用与目标

商务谈判开局是双方第一次见面后，在讨论具体问题、实质性的谈判内容之前，相互介绍、寒暄以及就谈判内容以外的话题进行交谈的阶段。谈判开局是双方刚开始接触的阶段，是实质性谈判的序幕。

（一）商务谈判开局的作用

谈判开局的好坏将直接影响整个谈判的格局和前景。首先，开局阶段谈判人员的精力最为充沛，注意力也最为集中，所有人都在专心倾听别人的发言，全神贯注地理解讲话的内容。其次，谈判各方均需要阐明自己的立场，表明各自的重要观点，谈判双方阵容中的个人地位及所承担的角色基本显露出来，各方都将从对方的言谈举止中观察到对方的态度及特点，从而确定自己的行为方式。再次，谈判的总体格局基本上在开局后的几分钟内确定，它对所要解决的问题及解决问题的方式将产生直接影响，而且一经确定就很难改变。最后，开局的成败将直接关系到谈判一方能否在整个谈判进程中掌握谈判主动权和控制权，取得谈判优势地位，以最大限度地谋取谈判利益，从而最终影响谈判结果。

（二）商务谈判开局的目标

"良好的开端是成功的一半"。开局阶段是为整个谈判奠定基础的阶段。经验表明，这个阶段所营造的特定的谈判气氛会对整个谈判过程产生重要的影响和制约作用。因此，谈判者在这个开局阶段的基本目标和任务就是为谈判营造一个合适的谈判气氛，为后续的谈判工作打下良好的基础。有经验的谈判人员都会重视和充分利用谈判开局，营造对己方有利的理想谈判气氛，从而引导整个谈判的发展方向和左右整个谈判的格局，最终实现己方的谈判目标。

谈判气氛是谈判双方参与人员之间相互影响、相互作用所共同形成的人际氛围。不同的谈判活动，会表现出不同的谈判气氛。特定的谈判气氛会影响谈判人员的心理、情绪、感觉和态度，从而引发相应的行为反应。如果不加以调整和改变，这一氛围就会不断强化，从而最终影响谈判的结果。特定的谈判气氛还会影响谈判的发展方向。一种特定的谈判气氛可以在不知不觉中将谈判活动推向某一方向。如热烈、积极、合作的谈判气氛会使谈判朝着达成一致协议的方向推进；而冷淡、对立、紧张的谈判气氛，则会把谈判推向严峻的境地，甚至导致谈判失败。同样的谈判议题，在不同的谈判气氛中，谈判结果可能大相径庭。

二、营造合作双赢的谈判气氛

在制定商务谈判目标、谈判议程的过程中，双方要互相尊重，共同协商，以达到合作双赢的目的。

（一）开局目标的建立

开局目标是指双方为什么坐在一起谈判，要解决什么问题。例如，探讨双方的利益之所在，寻求共同利益的可能性，提出或解决悬而未决的问题，达成原则性的协议，检验合同执行进度，解决有争议的问题等。因此，谈判的目标可能是其中的一个或几个。

开局目标的建立是通过开场陈述完成的，因此开场陈述是谈判双方分别阐明己方对有关问题的观点，同时要给对方以充分搞清己方意图的机会，然后再听取对方陈述，并搞清楚对方的意图。

1. 开场陈述的内容

开场陈述的主要内容有：

（1）根据己方的理解，阐明该次会谈所涉及的问题。

（2）说明己方通过谈判所要取得的利益，尤其要阐明哪些方面是己方至关重要的利益。

（3）说明己方可以采取何种方式为双方共同获得利益做出贡献。

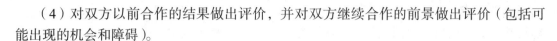

（4）对双方以前合作的结果做出评价，并对双方继续合作的前景做出评价（包括可能出现的机会和障碍）。

2. 开场陈述的原则

谈判各方在开场陈述时要遵循的原则有：

（1）各方只阐述己方的谈判立场（所做陈述的重点放在阐述己方的利益上）。

（2）所做陈述要简明扼要，只做原则性的陈述。

（3）各方所做陈述均是独立的，不要受对方陈述内容的影响。

3. 开场陈述的顺序

开场陈述的顺序也要加以考虑，因为最初的发言很重要，它往往决定了谈判的整个基调。所以陈述时应该争取先陈述，但要注意言简意赅，更不要过早地亮出自己的底牌。

阅读案例 6-1：关于土地买卖的谈判

甲乙双方要进行一桩关于土地买卖的谈判。在谈判之初所做的开场陈述如下：

甲方（买方）：这块土地对我们很有吸引力，我们打算把土地上原有的建筑物拆掉盖商店。我们已经同有关部门打过交道，相信他们会同意的。现在的关键问题是时间，我们要以最快的速度在这个问题上达成协议，为此，我们准备简化正常的法律和调查程序。以前我们从未正式打过交道，不过据朋友介绍，你们一向是很合作的。这就是我们的立场，我是否说清楚了？

乙方（卖方）：我们非常愿意出售这块土地。但是，我们还承诺别的单位在这块土地上保留现存的建筑物。当然这一点是灵活的，我们关心的是价格能否优惠，反正我们不急于出售。

（二）谈判开局的方式

谈判正式开始后，首先要表明各自的观点和交易条件。方式有以下几种。

1. 书面和口头交易条件相互补充

在会谈开始将书面条件交给对方。这种方法有很多优点，书面交易条件内容完整，能把复杂的内容用详细的文字表达出来，对方可多人反复阅览，全面理解。提出书面交易条件也有其缺点，如写上去的东西会形成一种束缚并难以更改。另外，文字形成的条款都不如口语热情，表达也不如口语精细，特别是在不同语种之间，局限性就更大了。所以，在提出书面交易条件之后，并做相应的语言说明和解释，使自己的观点和条件表达得更清楚、准确，应努力做到下述要点：让对方多发言，不可多回答对方提出的问题；尽量试探出对方反对意见的坚定性；如果不做任何相应的让步，对方能否接受；不要只注意眼前利益，还要注意目前的条件与其他条件的内在联系，无论心里感觉如何，都要冷静、泰然自若；要随时注意纠正对方的某些概念性错误，不要只在对本企业不利时才纠正。

2. 当面提出交易条件

这种形式是事先双方不提交任何书面形式的文件，仅仅在会谈时提出交易条件。这种谈判方式有许多优点：可以见机行事，有很大的灵活性；先磋商后承担义务；可充分利用感情因素，建立个人关系，缓解谈判压力等。但这种谈判方式也存在着某些缺点：容易受到对方的反击；阐述复杂的统计数字与图表等相当困难；语言不同时，可能产生误会。

运用这种方式应注意以下事项：

（1）谈判应有明确的谈判内容和要点。

（2）对每个交易条件和立场都应该表达清楚、准确、到位，使双方都能明确。

（3）不要忙于自己承担义务，而应为谈判留有充分的余地。

（4）注意交易条件之间的关系。

（5）注意纠正对方的概念性错误，包括与自己无关的，防止对方借题发挥。

（6）神态稳定，泰然自若。

3. 提出书面交易条件，不做任何补充

这种开局方式使用较少，只在以下两种情况下适用：

（1）本部门在谈判规则的束缚下不可能选择其他方式。比如，本部门向政府部门投标，政府机构规定在裁定期间不准与投标者磋商。

（2）本部门准备把所提交的最初的书面交易条件也作为最后的交易条件。这时对文字材料的要求是：各项交易条款必须准确无误，让对方一目了然，无须再做解释；如果是还盘，还盘的交易条件也必须是实盘，要求对方无条件地接受。

（三）谈判开局的原则

要使开局有利于谈判的发展，就要遵循一定的原则，如在开局阶段谈判双方对发言的顺序、发言的时间分配以及议事日程的确定，这些具体问题需要按照一定的原则进行，否则会影响谈判的结果和效率。解决这些问题应遵循下列原则：

（1）发言机会均等。

（2）表达的内容要简洁、轻松。

（3）善于提出有利于合作的建议，同时征求对方的意见。

（4）肯定对方的意见。

（5）谈判班子成员之间相互配合。

遵循上述原则，谈判开局就不会出现东一句西一句的混乱局面，就可以把核心问题突出出来，对谈判的进程和最终的结果都会起积极的作用。

三、谈判开局应注意的问题

谈判开局时，谈判人员不仅要把精力放在营造好的谈判气氛上，还要注意以下几点。

1. 善于察言观色

谈判人员在开局阶段不仅要营造合作的气氛，而且要注意观察对方：通过对方的言谈举止，观察和分析对方，掌握对方的性格、态度、意向、策略、风格及经验等各个方面的情况。据此采取措施，用自己的方式给对方施加影响，并使这种影响贯穿谈判的全过程。谈判人员的经验和技巧通过其行为和语言反映出来，如前所述，谈判者的姿态、表情以及开局的表达能力都是很重要的信号。如果对方在寒暄时不能应付自如，瞻前顾后、优柔寡断，或是锋芒毕露、赤膊上阵，那么很显然，他是一个新手；相反，如果双

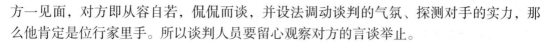

方一见面，对方即从容自若，侃侃而谈，并设法调动谈判的气氛、探测对手的实力，那么他肯定是位行家里手。所以谈判人员要留心观察对方的言谈举止。

2. 把握对方的谈判风格

不同人的谈判风格不一样。在谈判的开始阶段就应该把握对方的谈判风格，并采取相应的方式使谈判顺利开展。谈判高手为了寻求双方合作，经常在开始谈判时说些一般的话题，也可以给对方施加影响。探求哪些是优势，哪些是劣势，哪些是对方的立场、原则或需要，以及在哪些问题上对方可以让步，不仅要了解对方的整体情况，而且对个人的背景和价值观以及能否加以利用的事项都搞得一清二楚。下面的开场白就说明了这个问题。

"欢迎你，见到你真高兴！"

"我也十分高兴能再次来这里。你对这笔生意如何看？"

"这笔买卖对于你我都很重要。首先请允许我对你的到来表示欢迎。旅途愉快吗？"

"非常愉快。不知道交货是否有困难？"

"这个问题也是我们要讨论的。来点茶好吗？"

这看起来是一个随便的寒暄，虽然表面上很平静，但体现出双方谈判的风格，而且采用的是针对对方开门见山的风格，进行婉转的回避，效果很好，否则就不利于谈判的开展。在这种情况下，如果能让对方接受这种轻松的聊天，并破译对方背后的想法，多关注对方的利益，就有可能将某些潜在的麻烦在进一步的洽谈中转化掉。在这个阶段，谈判人员千万不要把对方的意图看成固定的想法，也不可能在一开始就将对方的所有情况弄清楚。了解到的信息仅能引导谈判的方向，随着洽谈的不断深入才能使谈判人员避开对方的锋芒，获知对方的真正需要，最终使双方走向合作。

3. 阐明谈判的议题

在开局阶段，主要通过陈述来阐明谈判的主要议题。

第二节　营造良好的谈判气氛

开局阶段虽然在时间上只占整个谈判过程的很小一段，其涉及的内容似乎与整个谈判的主题关系也不大，但却是十分重要的。因为开局阶段关系到双方谈判的诚意和积极性，关系到谈判的发展趋势。良好的开局将为谈判成功奠定良好的基础。

一、营造良好谈判气氛的重要性

（一）营造良好开局气氛的重要性

任何谈判都是在一定的气氛下进行的。每一项谈判都会有其独特的气氛，有热烈的、积极的、友好的；也有冷峻的、紧张的、对立的；还有松松垮垮、慢慢吞吞、旷日持久的；以及严肃认真、力争朝夕、速战速决的。

一般情况下，总有一种气氛处于主导地位并且贯穿于谈判过程的始终。虽说谈判气氛可能会随着谈判阶段的推进而转换，但是，谈判双方一经见面接触，谈判气氛就基本形成，并且将会延续下去，一般不会改变。就如同两人初次见面，第一印象往往是根深蒂固的一样。当然，这样说并不意味着双方最初的接触是决定洽谈气氛的唯一时刻，谈判双方在洽谈以前的非正式见面以及洽谈过程中的交锋，都会对洽谈气氛产生影响，只是开局瞬间的接触最为重要而已。谈判初期所建立的气氛是最关键的，这种气氛会影响整个谈判的进程。从有利于达成协议的角度出发，谈判初期需要营造一个互相信赖、诚挚合作的谈判氛围，为此，谈判者要做的第一件事就是要获得对方的好感，在彼此之间建立一种互相尊重和信赖的关系。一般来说，双方初次接触，不要急于进入实质性洽谈。相反，倒是可以花一定的时间，选择一些与谈判无关的、令双方感兴趣的话题叙述。诸如彼此以前各自的经历，共同熟悉或交往过的人，一场精彩的足球比赛，甚至天气、当天的新闻等都可以成为营造轻松、和谐谈判气氛的媒介。

谈判气氛会直接影响谈判人员的情绪和行为方式，进而影响谈判的发展。谈判气氛受多种因素的影响，谈判的客观环境对谈判的气氛有重要影响。例如，双方面临的政治形势、经济形势、市场变化、文化氛围和实力差距，以及谈判时的场所、天气、时间和突发事件等。对于客观环境对气氛的影响，需要在谈判准备阶段做好充分准备，尽可能地营造有利于谈判的环境气氛；谈判人员主观因素对谈判气氛的影响也是直接的，谈判开局阶段的一项重要任务就是发挥谈判人员的主观能动性来营造良好的谈判气氛。谈判气氛的形成一般是通过双方相互介绍、寒暄，以及双方接触时的表情、姿态、动作、说话的语气等方面来实现的。谈判气氛的营造既表现出双方谈判人员对谈判的期望，也表达出谈判的策略特点，并表明了双方的态度，是获得对方第一手信息的来源。

（二）影响开局气氛的因素

影响开局气氛的因素有很多，主要包括以下几个方面：

1. 环境因素

谈判环境的好坏直接影响谈判的气氛，所以在选择谈判地点时应该找一个与谈判主题相适应的谈判场合。

（1）谈判地点的选择。谈判地点的选择，对谈判人员的心理有不小的影响。在己方所在地谈判，可以随时向上级领导和专家请教、查找资料和提供样品等，在生活方面也能保持正常，饮食起居都不受影响，而且处于主人的地位，心理上占有优势。但主场谈判易受各种杂事干扰，要花费一定时间照顾对方。在异地进行谈判虽有诸多不便，但也有一定的好处，如便于观察和了解某些情况，在遇到难以解决的问题时，可以以权力有限、必须向领导请示为借口，暂时中止谈判，以便深入思考某些问题。

一般来说，对于重要的问题或难以解决的问题最好争取在己方所在地谈判，一般性问题或容易解决的问题，可以在对方所在地进行谈判，也可以选择中立地进行谈判。

（2）谈判室的布置。谈判室最好选一个幽静、没有外人干扰的地方，房间大小要适中，桌椅摆设要紧凑但不拥挤，环境布置要温馨，灯光要明亮，颜色搭配要明快协调，使人心情愉快。谈判室的安排可以根据谈判内容的重要程度进行调整，一般开始时比较正规，可以在会议室进行，只剩下一些无关紧要的问题时，也可以在公共场所进行。

谈判桌一般有两种：一是方形谈判桌，双方谈判人员面对面入座，但这样给人带来凝重感，有时还会产生对立的感觉，交谈也不太方便，所以一般在中间放一些鲜花等物品进行调节；二是圆形谈判桌，双方谈判人员成圆而坐，这种形式常使双方人员感到一种和谐一致的气氛，交谈也比较方便。在现实的谈判实践中，也有不设谈判桌的情况，大家随便坐在一起，轻松交谈，这样能增加友好的气氛。有时候也根据实际需要安排其他形状的谈判桌。

谈判人员的座位安排主要有两种方式：根据谈判情况不同，可以双方分开而坐，双方分坐一边，可以从心理上产生一种安全感，而且便于查阅资料；也可以双方交叉而坐，这样有一种"谋求一致"的感觉，能增强合作、轻松、友好的气氛。双方的座位间距也有一定的要求。排得太近，彼此会感到拘束，不舒服；离得太远，交谈不方便，而且有一种疏远的感觉；保持适当的距离，有利于形成一种亲密的交谈气氛。安排谈判不仅要摆放好桌椅，而且要适时适量地提供一些茶点、冷饮等，另外还要尽量避免电话或来访者的干扰。

2. 心理因素

有些不良心理因素会直接影响谈判的气氛。

（1）因缺乏自信而举止慌乱造成的紧张气氛。许多人在谈判的过程中，始终处于紧张和不安的状态，他们觉得面对面的交锋太可怕了。这是商务谈判中忌讳的。缓解的办法是减轻内心的压力，厘清思路，不急于发言，身体端正，目光远视，沉默不语几分钟，以一种"以不变应万变"的气派克制住慌乱。

（2）因急于接触实质性的问题而造成的僵持气氛。商务谈判的实质性问题就是谈判目标中己方利益的实现。在谈判时一定要严格遵守商务谈判的程序，谈判人员见面时，双方人员都不太熟悉，有的刚入座，有的还在摆放资料，所以这时应该做的是细心观察，不能没说几句话就单刀直入地询问对方的报价还价，甚至自己一开口就报价。主谈应从容不迫，藏而不露，其他人员更不可轻举妄动，否则会丧失己方应得的利益。

（3）因过早地对对方的意图形成固定的看法而形成的轻视、漫不经心的气氛。谈判双方刚见面，洽谈开始，己方谈判人员不能将对方的交易条件作为"盾"，而把己方的交易条件作为"矛"去攻。固定对方的报价或还价就框死了己方。始终要记住，谈判双方资格是平等的，交易条件虽不等价，但是一种公平交易。要分析对方的意图，有的是真的，有的还有水分，有的可能并没有表示出来，就算是对方的真实意图，也是可以改变的。高明的谈判者一开始就置对方意图于不顾而不断去改变它，以保证己方利益的实现。

3. 实力因素

有时一种融洽对等的气氛不太容易形成，在遇到实力较强、优势明显的谈判对手时更是如此，双方地位相当悬殊，己方很难与其对等谈判。然而即使面对这样的谈判对手，只要有合作前景，己方也要争取营造一种良好的谈判气氛。通常的处理方法有两种：一种是比较消极的，即给对方出点难题，挫其锐气，使其正视己方的地位；另一种则是积极的，即在开始时表现出对对手的极大尊重，附和和赞同他的见地，找机会显示出己方谈判人员的水准，不失时机地展示己方的独特优势，令对手自然转变态度。这两种方法具体选用哪一种，应根据时间和对象而定。

二、如何营造良好的谈判气氛

谈判气氛是由参与谈判的所有谈判人员的情绪、态度与行为共同营造的，任何谈判个体的情绪、态度与行为都可以影响或改变谈判开局的气氛；与此同时，任何谈判个体的情绪、思维都会受谈判气氛的影响而呈现出不同的状态。因此，根据不同的谈判内容、不同的谈判处境，营造一种有利的谈判开局气氛，从而控制谈判开局，控制谈判对手，对谈判人员来说就显得非常重要。

谈判是为了达到互惠双赢的目的，洽谈的气氛也必须是诚挚、合作、友好、轻松和认真的。要想营造这样一种洽谈气氛，需要谈判各方共同努力，精心营造，不能在洽谈刚开始不久就进入实质性谈判。因此，要花足够的时间，利用各种因素，形成合作的良好气氛，应该从以下几个方面设计：

（一）营造轻松的高调气氛

1. 谈判气氛的类型

（1）尊重、积极、和谐、融洽的谈判气氛。谈判双方都能采取积极主动的态度，抱有合作的诚意，心情愉快，语气热情，彼此都能考虑对方的需要，对达成协议充满信心，并常用活跃、幽默的语言来调节气氛。

（2）轻松、友好、合作的谈判气氛。谈判人员要着力营造一种平和、自然、轻松的气氛。例如，随意谈一些题外的轻松话题，松弛一下紧绷的神经，不要过早与对方发生争论，语气要自然、平和，表情要轻松、亲切，尽量谈论中性话题，不要过早刺激对方。

要使双方有一种"有缘相知"的感觉，双方都愿意友好合作，都愿意在合作中共同受益。因此谈判双方实质上不是"对手"，而是"伙伴"。基于这一点，营造友好合作的气氛并不仅仅出于谈判策略的需要，更重要的是双方长期合作的需要。尽管随着谈判的进行会出现激烈的争辩或者矛盾冲突，但是双方是在友好合作的气氛中去争辩，不是越辩越远，而是越辩越近。因此，要求谈判人员真诚地表达对对方的友好愿望和对合作成功的期望，此外，热情的握手、热烈的掌声、信任的目光、自然的微笑都是营造友好合作气氛的手段。

（3）松弛、缓慢、旷日持久的谈判气氛。主要表现为谈判双方明显对谈判感到厌倦，进入谈判场地时姗姗来迟，精神不振；相见时握手例行公事、马虎了事；落座后左顾右盼，表情麻木，显出一种可谈可不谈的无所谓态度。在这种谈判气氛下，谈判双方对谈判缺乏信心，谈判话题不时转换，表现为漫不经心、东张西望、私下交谈、打瞌睡、吃东西等，谈判进展缓慢，效率低下，会谈也常常因故中断。

谈判双方抱着各自的立场和目标坐到一起谈判，极易出现冲突和僵持。如果处理不当，可能会过早地造成情绪激动和对立，使谈判陷入僵局。过分的紧张和僵持还会使谈判人员的思维偏激、固执和僵化，不利于灵活地运用谈判策略。

（4）冷淡、对立、紧张的谈判气氛。在这种气氛中，谈判双方见面时互不关心、不热情；目光不相遇，相见不抬头，相近不握手；话不投机，语带双关，甚至带讥讽口吻，企图压倒对方。在这种谈判气氛下，双方带有明显的戒备、不信任的心理，处于对立情绪之中。这种谈判气氛无疑会给谈判蒙上一层阴影。

2. 如何营造高调气氛

高调气氛是指谈判情绪较热烈，谈判双方情绪积极、态度主动，愉快因素成为谈判情势主导因素的开局气氛，属于气氛类型中的（1）和（2）。当一方在谈判中占较大优势，如价格等主要条款对自己极为有利，己方希望尽早达成协议与对方签订合同时，该谈判方应努力营造高调的谈判气氛。因为在高调气氛中，谈判对手往往只注意到对他自己有利的方面，而且对谈判前景的看法也倾向于乐观，因此可以促进协议的达成。营造高调气氛通常有以下几种方法：

（1）感情渲染法。感情渲染法是指通过某一特殊事件引发普遍存在于人们心中的感情因素，并使这种感情迸发出来，从而使谈判的氛围愉悦、热烈。

阅读案例 6-2：引进彩电生产线

20世纪90年代，中国一家彩电生产企业准备从日本引进一条生产线，于是与日本一家公司进行了接触。双方分别派出一个谈判小组就此问题进行谈判。谈判那天，当双方谈判代表刚刚就座，中方的首席代表（副总经理）就站了起来，他对大家说："在谈判开始之前，我有一个好消息要与大家分享。我的太太昨天夜里为我生了一个大胖儿子！"此话一出，中方成员纷纷站起来向他道贺，日方代表也纷纷站起来向他道贺，整个谈判会场的气氛顿时高涨起来，谈判进行得非常顺利。中方企业以合理的价格顺利地引进了一条生产线。

这位副总经理为什么要在谈判桌上提自己太太生孩子的事呢？原来，这位副总经理在与日本企业的以往接触中发现，日本人很愿意板起面孔谈判，造成一种冰冷的谈判气氛，给对方造成一种心理压力，从而控制整个谈判局面，趁机抬高价码或提高条件。于是，他便用自己的喜事来打破日本人的冰冷面孔，营造一种有利于己方的高调气氛。

（2）称赞法。称赞法是指谈判中通过称赞对方来达到削弱对方心理防线的目的，从而激发出对方的谈判热情，调动对方的情绪，营造高调的气氛。利用称赞法时应注意要选择那些对方最引以为自豪并希望己方注意的目标，同时应注意选择恰当的时机和适当的称赞方式。

阅读案例 6-3：恰当称赞

某玻璃厂厂长率团与美国欧文斯公司就引进先进的玻璃生产线一事进行谈判。我方的部分引进方案美方无法接受。于是我方采用了诚恳而又切实的称赞："全世界都知道，欧文斯公司的技术是一流的，设备是一流的，产品是一流的。"

我方代表在微笑中开始谈天说地，先来了个"一流"使欧文斯公司情绪大为好转。接着说："如果欧文斯公司能帮助我们玻璃厂跃居全中国第一流，那么全中国人民会感谢你们。目前，我们的确存在资金困难的问题，不能全部引进，这点务必请美国同行们理解和原谅，而且希望在我们困难的时候，你们能伸出友谊之手，为我们将来的合作奠定一个良好的基础。"这席话消除了对方心理上的对抗，问题迎刃而解，协议迅速签订，为国家节约了大量外汇。

（3）幽默法。幽默法就是用幽默的方式来消除谈判对手的戒备心理，使其积极参与到谈判中来，从而使谈判气氛轻松，使谈判人员受到欢迎。采用幽默法时要注意选择适当的场合和方式，要做到收发有度。

阅读案例 6-4：幽默的力量

卡普尔任美国电话电报公司负责人的初期，在一次董事会议上，众人对他的领导方式提出许多批评和责问，会场上充满了紧张的气氛，人们似乎都已无法控制自己激动的情绪。

有位女董事质问道，过去一年中，公司用于福利方面的钱有多少？她认为应该多花些钱，因此对卡普尔不断地抱怨。当她听完卡普尔说只有几百万美元之后，她说："我真要昏倒了。"听了这话，卡普尔轻松地回答了一句："我看那样倒好。"会场上爆发出一阵难得的笑声，那位女董事也笑了，紧张的气氛随之缓和下来。卡普尔用恰当的口吻把近乎敌对的讽刺转化为了幽默，解除了众人激动的情绪，换来了大家的理解和信任。

（4）诱导法。诱导法是指投其所好，利用对方感兴趣或值得骄傲的一些话题，来调动对方的谈话情绪与欲望，从而使己方处于较主动的地位。

阅读案例 6-5：诱导见成效

A 橡胶厂曾进口了一整套现代化胶鞋生产设备，由于原料与技术力量跟不上，搁置三年无法使用。后来新任厂长决定将设备转卖给 B 橡胶厂。正式谈判前，A 橡胶厂了解到 B 橡胶厂两个重要情况：一是该厂经济实力雄厚，但基本上都投入了再生产，要马上腾挪 200 万元添置设备困难很大；二是该厂厂长年轻，自负好胜，几乎在任何情况下都不示弱，不相信有办不到的事。A 橡胶厂厂长了解到这些情况后，决定亲自与 B 橡胶厂厂长直接谈判。

A 方厂长：经过这两天双方的交谈，了解到贵厂的生产情况，你们的经营管理水平确实使我肃然起敬。厂长年轻有为，能力非凡，有胆识有魄力，着实令我由衷钦佩。可以断言，贵厂在您这位好厂长的领导下，不久将成为中国橡胶行业的明星。

B 方厂长：老兄过奖了。我身为厂长，年轻无知，希望得到老兄的指教！

A 方厂长：我向来不会奉承人，只会一尺十寸，实事求是。关于咱们洽谈的进口德国 GD 公司制造的现代化胶鞋生产设备转让问题，在贵厂转了一天后，我的想法又有所改变了。

B 方厂长：有何高见？

A 方厂长：谈不上高见。只是担心挺大，疑问挺多：第一，我怀疑贵厂是否真有经济实力能在两天里拿出这么多资金；第二，怀疑贵厂是否有或者说能招聘到管理操作这套设备的技术力量。所以，我并不像原先考虑的那样，确信将设备转卖给贵厂，能使贵厂的技术水平三年之内迈上新台阶。

B 方厂长听到这些，觉得受到 A 方厂长的轻视，十分不悦。于是不无炫耀地向 A 方厂长介绍了经济实力与技术力量，表明完全有能力购买和管理操作这套新设备。这样，B 方为了急于炫耀和购买，迫于时间压力，就不好意思还价，并当即拟写了协议，双方签约，握手共庆。

3. 避免低调气氛

低调气氛是指谈判气氛十分严肃、低落，谈判的一方情绪消极、态度冷淡，不愉快因素是构成谈判情势的主导因素。低调气氛在谈判中应当回避。但在特殊情况下，可以慎重使用。例如己方有讨价还价的价码，但不占绝对优势，若己方利用一些技巧，向对方施加压力，制造较低调的气氛，对方可能会在某些问题上做出让步。低调气氛会给双方带来较大的心理压力，若对方的心理承受能力较弱，在己方营造低调气氛后，对方便会很容易处于被动地位。而己方在营造低调气氛时就要做好充分的心理准备。

（二）树立良好的谈判者形象

一个良好的谈判者形象由以下几个方面的要素构成：

1. 气质

一个人的气质，对其精神面貌和对方的心情都有很大的影响，所以谈判人员要注意气质的培养。气质是以人的文化素养、文明程度、思想品质和生活态度为基础的。在现实中，有相当多的人只注意穿着打扮，并不注意文化素养和思想品质，往往精心打扮却不能给人以美感，显得庸俗做作。品德是气质美的又一重要方面，为人诚恳、心地善良是不可缺少的。文化水平在一定程度上对气质起着很大的影响作用。所以谈判人员在平时生活中应该注意个人气质美的培养，要在个人举手投足、待人接物方面进行修炼。在谈判过程中表现出以下几个方面：

（1）在精神状态上要表现得神采奕奕、精力充沛、自信而富有活力。

（2）在性格上要落落大方、自重、认真、活泼和直爽，尽量克服性格中的弱点。

（3）在态度上要诚恳待人、端庄而不矜持、谦逊而不骄满、热情而不轻佻。

（4）在仪表礼节上要表现得秀美整洁、洒脱、俊逸潇洒，使人乐于亲近。

（5）在谈吐上要幽默文雅、言之有据、言之有理、言之有物、言之有味。

（6）在动作表情上要适当得体。

2. 服饰

谈判人员的服饰要与谈判的环境和对方相配，具体要注意服装的配色。衣服面料的各种色调的协调固然重要，但这些又要与环境、穿着者的年龄以及职业相协调，协调才是美。另外还要注意款式与体形的和谐，服装的新颖款式可以给人增添魅力，能使自然美和气质美更加突出，也能使原有的体形、气质上的不足得到弥补。但是，由于现在服装款式的变化层出不穷，而人的体形又千差万别，因此对于服装款式的选择并没有一定之规。谈判人员的服装是影响谈判人员形象的重要因素，服装的色调与清洁状况，反映了谈判人员的心理特征、审美观和对对方的态度。一般来说，谈判人员的装束应当美观、大方和整洁。但由于服饰属于文化习俗范围，在不同的文化背景下也就会有不同的要求。

3. 表情

人体语言与有声语言一样，具有很强的感染力，它可以反映出此人是信心十足还是优柔寡断，是精力充沛还是疲惫不堪，是轻松愉快还是剑拔弩张。这些情绪是通过头部、背部和肩膀的动作反映出来的。谈判人员的表情对谈判的气氛有很大的影响，为了创造好的谈判气氛，谈判人员在表情方面要注意：

（1）表情要恰当和善变，要适应交流的过程。

（2）表情务必率真、自然。

（3）注意眼睛的变化，而且要以唇和脸部肌肉变化相配合。切忌面无表情、呆板。

4. 心态

创造开局的良好气氛需要谈判人员保持平和的心态。要把对方看作合作伙伴，而不是竞争者，目的是达到双赢。这样，对对方的一些自己认为不满意的行为就不会产生反感，也就不会使自己的心态不好，从而容易营造良好的开局气氛。

平和的心态在行为上表现为以下几个方面：

（1）礼貌。谈判双方在开局阶段要营造出一种尊重对方、彬彬有礼的气氛，无论是表情、动作，还是说话的语气都应该表现出尊重、礼貌，不能流露出轻视对方、以势压人的态度，不能以武断、蔑视、指责的语气讲话。

（2）自然。无论是语言和表情，还是行为都应该表现得自然。

（3）友好、合作。要求谈判人员真诚地表达对对方的友好愿望和对合作成功的期望。此外热情的握手、信任的目光、自然的微笑都是营造友好合作气氛的手段。

（4）进取。进取的行为主要有追求效率，追求成功的决心和解决问题的方法，不论有多大分歧，有多少困难，相信一定会获得双方都满意的结果。

（三）选择合适的话题

在谈判进入正式话题之前谈一些双方都喜欢的中性话题，有利于创造和谐的气氛。这些话题一般与业务无关，容易引起双方共鸣，有利于营造和谐气氛。中性话题的内容通常有：各自的旅途经历，都喜欢的著名人士，都熟悉的人和事，文体新闻事件，业余爱好，彼此都有过交往的老客户等。

（四）开局气氛的营造过程

谈判开局对整个谈判过程起着至关重要的作用，这一阶段的目标主要是对谈判程序和相关问题达成共识，双方人员互相交流，营造友好合作的谈判气氛。双方分别表明己方的意愿和交易条件，摸清对方的情况和态度，为实质性磋商阶段打下基础。为达到以上目标，开局阶段的基本任务有以下三项。

1. 明确谈判的具体事项

所谓具体事项，主要包括谈判的目的、计划、进度及成员四个方面的内容。谈判双方初次见面，要互相介绍参加谈判的人员，包括姓名、职务和谈判角色等情况，然后双方进一步明确谈判要达到的目标，这个目标应该是双方共同追求的合作目标。同时双方还要磋商确定谈判的大体议程和进度，以及需要共同遵守的纪律和共同履行的义务等问题。明确具体事项的目的就在于促进谈判双方友好接触，统一共识，明确规则，安排议程，掌握进度，把握成功。

2. 营造合作的谈判气氛

谈判气氛直接影响谈判人员的情绪和行为方式，进而影响谈判的发展。了解了影响谈判的诸多因素，就应该在谈判准备阶段做好充分准备，尽可能营造有利于谈判的环境气氛和谈判气氛。

3. 进行开场陈述和报价

通过双方各自陈述己方的观点和愿望，并提出己方认为谈判应涉及的问题的性质、地位，以及己方希望取得的利益和谈判立场，从而营造和谐双赢的气氛。

三、谈判气氛的调节

在开局阶段，要积极营造和谐融洽的谈判气氛。但随着谈判的不断深入，分歧也会随之出现，如果不注意维护，不采取积极的措施，谈判气氛也会发生变化，甚至会转向其反面，形成剑拔弩张、唇枪舌剑的紧张对立气氛，这无疑会阻碍谈判的进行。因此，还应随着谈判的深入，密切注意会谈的气氛，有意识地约束和控制谈判人员的言行，使每个人自觉地维护谈判气氛，积极促进谈判顺利进行。

1. 积极主动地营造和谐的谈判气氛

谈判气氛是在双方开始会谈的一瞬间就形成了，并会影响以后会谈的气氛。因此，在谈判初期阶段形成的气氛十分重要，双方都应努力促使谈判有一个良好的开端。会谈伊始，双方见面，彼此寒暄，互相正式介绍，然后大家围坐在谈判桌前开始洽谈。这时的会谈气氛还是客气的、友好的，彼此可以聊一些谈判以外的话题，借以使气氛更加活跃、轻松，消除互相间的生疏感、拘束感，为正式谈判打下基础。在这一期间能否争取主动，赢得对方的好感，很大程度上取决于对方对你的"第一印象"。第一印象在人们的相互交往中十分重要。如果对方在与你初次交往中对你的言行举止、风度、气质感觉良好，就会对你产生好感、信任，并愿意继续保持交往；反之，就会疏远你。而且这种印象一旦形成，就很难改变。因此，要营造相互信任的谈判气氛，就要给对方留下良好的第一印象。

2. 随谈判进展调节不同的谈判气氛

会谈一般应在紧张、严肃、和谐的气氛中进行。但是，人是生命的有机体，要受其生理机能的制约，长时间的紧张严肃，会使人丧失承受能力，不利于会谈的进行。当会谈的内容比较重要时，要求会谈气氛紧张、热烈，谈判代表应一丝不苟、认真严肃地讨论磋商合同条款。双方就主要问题达成协议后，应调节一下会谈的气氛，如互相开开玩笑，讲一些幽默笑话，吃些点心，喝些饮料等。当双方商讨一些比较次要的细节问题时，要尽量营造轻松、愉快、热烈、活泼的会谈气氛，这种气氛使大家能够畅所欲言，有助于达成一个明智的、有效的协议。

3. 利用谈判气氛调节谈判人员的情绪

气氛是在谈判双方人员的相互接触中形成的，对谈判人员的情绪影响甚大。在紧张、严肃的气氛中，有的人冷静、沉着；有的人拘谨、恐慌；有的人振奋、激昂；有的人则沮丧、消沉。这是由于不同的人对外界刺激信号的接受和反应不同造成的。在谈判过程中，双方人员的心理压力比较大，如果会谈的气氛过于紧张、严肃，就会使一些人难以承受，如有的谈判人员会歇斯底里地情绪爆发，就是承受不了心理压力的表现。因此，谈判人员应注意谈判气氛不能过于严肃、紧张，至少不能长时间如此。注意随时采用各种灵活的形式调整谈判的气氛，如休会，查找资料，插入一些轻松愉快的话题，提供水果、饮料、点心，改变谈判座位等。相反，如果谈判气氛松松垮垮、慢慢腾腾，谈判人员的情绪也振奋不起来，会出现漫不经心、沮丧消极、无所作为等现象，这会严重影响

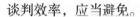

谈判效率，应当避免。

由于情绪具有感染性，因此，在某种气氛下，某个人的情绪表现也会影响他人，这个人越有威望、越有地位，影响力就越大。在谈判活动中，如果谈判小组负责人在困难面前沉着坚定，充满必胜的信心，也会给其他成员极大的鼓舞；相反，如果他表现出惊慌失措，就容易使其他成员动摇、颓丧，乃至丧失信心。

四、谈判人员的精力分配

谈判人员的精力和注意力不是一成不变的，其变化是有其内在规律可循的。一般在谈判刚开始的时候，各方的精力都十分集中，但持续的时间较短。在这一段时间里，每个人的注意力都集中在各自关心的一些问题上。但是，随着谈判的进行，充沛的精力会明显下降，明显下降期之后，下降的速度会变慢，直到洽谈的最后阶段，人们的精力下降趋势才停下来。只有当谈判人员意识到即将达成协议时，各自的精力才会重新集中，会突然振作起来，但时间也非常短，此后，再使用什么办法也很难复苏。例如某一谈判进行了三个小时，那么开始时精力旺盛的阶段只不过十几分钟，而最后情绪高涨阶段也只有十几分钟。再如，在一两个月左右的谈判中，只有前几天精力旺盛，以后的一周里精力明显下降；在以后的一个多月里，精力下降速度减缓；在双方即将达成协议的最后两天，才会出现精力充沛期。当然，谈判人员的精力变化情况也不完全是这样，在谈判过程中，人员的精力可能会出现较大的波动，当涉及某个对自己重要的问题时也会突然精力集中。在谈判过程中，谈判人员的注意力总是在谈判开始时和临近结束时高度集中，合格的谈判人员应采取有效措施，充分利用情绪高涨期，与此同时，要善于应付情绪低落期，谈判人员应利用这几个关键时刻，达到自己的谈判目标。

第三节　掌握开局的策略

一、商务谈判开局策略的类型

商务谈判开局策略是谈判人员为谋求和实现对谈判开局的控制而采取的行动方式或手段。营造适当的谈判气氛实质上就是为实施谈判开局策略打下基础。商务谈判开局策略一般有以下几种。

（一）坦诚的开局策略

坦诚的开局策略是指以开诚布公的方式向谈判对手陈述自己的观点和条件，以尽快打开谈判局面。坦诚的开局策略比较适合双方过去有过商务往来，而且关系很好，互相比较了解的情况。在陈述中可以真诚、热情地畅谈双方过去的友好合作关系，适当地称赞对方在商务往来中的良好信誉。由于双方关系比较密切，可以省去一些礼节性的外交辞令，坦率地陈述己方的观点以及对对方的期望，使对方产生信任感。

坦诚的开局策略有时也可用于实力弱于对方的谈判。实力的强弱双方都了解，因此没有必要掩盖。坦率地表明己方存在的弱点，使对方理智地考虑谈判目标。这种坦诚也表达出实力较弱一方不惧怕对手的压力，充满自信和实事求是的态度，这比虚张声势掩饰自己的弱点要好得多。

阅读案例6-6：党委书记的坦诚开局策略

某地区一位党委书记在同外商谈判时，发现对方对自己的身份持有强烈的戒备心理。这种状态妨碍了谈判的进行。于是，这位党委书记当机立断，站起来对对方说道："我是党委书记，但也懂经济、搞经济，并且拥有决策权。我们摊子小，并且实力不强，但人实在，愿意真诚与贵方合作。咱们谈得成也好，谈不成也好，至少你这个外来的'洋'先生可以交一个我这样的'土'朋友。"寥寥几句肺腑之言，打消了对方的疑惑，使谈判顺利地向纵深发展。

（二）协商式的开局策略

协商式的开局策略是指以协商、肯定的语言进行陈述，使对方对己方产生好感，创造双方对谈判充满信心的感觉，从而使谈判双方在友好、愉快的气氛中进行谈判。

协商式的开局策略比较适用于谈判双方实力比较接近，双方过去没有业务往来的情况。第一次接触，都希望有一个良好的开端，应多用外交礼节性语言、中性话题，使双方在平等、合作的气氛中开局。比如，谈判一方以商量的语气来征求谈判对手的意见，然后对对方意见表示赞同或认可，双方达成共识。语言要友好礼貌，表示充分尊重对方的意见，但又不刻意奉承对方。沉稳中不失热情，不卑不亢，自信但不自傲，把握住适当的分寸，顺利打开局面。

阅读案例6-7：协商式的开局策略的运用

主方："我们彼此介绍一下各自的商品系列，你觉得怎么样？"

客方："可以，要是时间允许的话，咱们看看能不能做笔买卖？"

主方："很好，咱们谈一个半小时如何？"

客方："估计介绍商品半小时就够了，用一小时谈生意差不多行。"

谈判双方通过简短的对话，在谈判目标、方式和速度方面达成一致意见后，巧妙表达了各自的开局目标。

（三）谨慎的开局策略

谨慎的开局策略是指以严谨、稳重的语言进行陈述，表达出对谈判的高度重视和鲜明的态度，目的在于使对方放弃某些不适当的意图，以达到控制谈判的目的。

谨慎的开局策略适用于谈判双方过去有过商务往来，但对方曾有过不太令人满意的表现的情况，己方要通过严谨、慎重的态度，引起对方对某些问题的重视。例如，可以对过去双方业务关系中对方的不妥之处表示遗憾，并希望通过本次合作能够改变这种状况。可以用一些礼貌性的语言提醒对方应该注意的问题，不急于拉近关系，注意与对方保持一定的距离。这种策略也适用于己方对谈判对手的某些情况存在疑问，需要经过短暂接触摸底的情况。当然谨慎并不等于没有谈判诚意，也不等于冷漠和猜疑，这种策略正是为了寻求更有效的谈判成果而使用的。

阅读案例6-8：谨慎开局策略的运用

某一贸易谈判一开始，双方寒暄和客套之后，买方就说："请告诉我，你们能够接受的最低条件是什么，好让我看看是否能再做点什么。"卖方因摸不清对方的底细，害怕自己的报价低于对方的底价，所以没有直接回答，而反问道："为什么不告诉我们，你愿意出的最高价格，好让我来看看是否能再削减点价格。"结果对方被这个回答逗乐了，报出了他的开盘价格。

（四）进攻性的开局策略

进攻性的开局策略是指通过语言或行为来表达己方强硬的态度，为了捍卫己方的尊严和正当权益，使对方站在平等的地位上进行谈判，从而获得谈判对手必要的尊重，并借此给对方制造心理压力，使谈判顺利进行下去。进攻性的开局策略可以扭转不利于己方的低调气氛，使之走向自然气氛或高调气氛。但是，进攻性的开局策略也可能使谈判一开始就陷入僵局。

进攻性的开局策略只有在特殊情况下适用。例如发现谈判对手居高临下，以势压人，有不尊重己方的倾向，如发展下去，对己方不利，因此要争取主动，不能被对方的气势压倒。此策略运用时必须注意有理、有利、有节，不能使谈判一开始就陷入僵局；要切中要害，对事不对人；既表现出己方自尊、自信的态度，又不能咄咄逼人，使谈判的气氛过于紧张。所以运用此策略的难度较大。

阅读案例 6-9：日方代表进攻性的开局策略

日本一家著名的汽车公司在美国刚刚"登陆"时，急需找一家美国代理商来为其销售产品，以弥补他们不了解美国市场的缺陷。当日本汽车公司准备与美国的一家公司就此问题进行谈判时，日本公司的谈判代表路上塞车迟到了。美国公司的代表抓住这件事紧追不放，想要以此为手段获取更多的优惠条件。日本公司的代表发现无路可退，于是站起来说："我们十分抱歉耽误了你的时间，但是这绝非我们的本意，我们对美国的交通状况了解不足，所以导致了这个不愉快的结果。我希望我们不要再为这个无所谓的问题耽误宝贵的时间了，如果因为这件事怀疑我们合作的诚意，那么，我们只好结束这次谈判。我认为，我们所提出的优惠代理条件是不会在美国找不到合作伙伴的。"

日本代表的一席话说得美国代理商哑口无言，美国代理商也不想失去这次赚钱的机会，于是谈判顺利地进行了下去。

（五）保留式的开局策略

保留式的开局策略是指在谈判开始时，对谈判对手提出的关键性问题不做彻底的、确切的回答，而是有所保留，从而给对手造成神秘感，以吸引对手步入谈判。

保留式的开局策略适用于对谈判对手不十分了解，或情况不熟悉，信息传递不及时等情况。

（六）挑剔式的开局策略

挑剔式的开局策略是指开局时，对对手的某项错误或礼仪失误严加指责，使其感到内疚，迫使对方自觉理亏，在来不及认真思考的情况而匆忙做出不适当的决定，从而达到迫使对方让步的目的。

挑剔式的开局策略适用于谈判实力较强的一方，或主场谈判。使用此策略的目的是使对方在心理上产生一定的压力而乱了阵脚。

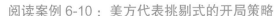

阅读案例6-10：美方代表挑剔式的开局策略

巴西一家公司到美国去采购成套设备。巴西谈判小组成员因为上街购物耽误了时间。当他们到达谈判地点时，比预定时间晚了45min。美方代表对此极为不满，花了很长时间来指责巴西代表不遵守时间，没有信用，如果老这样下去的话，以后很多工作很难合作，浪费时间就是浪费资源、浪费金钱。对此巴西代表感到理亏，只好不停地向美方代表道歉。谈判开始以后美方代表似乎还对巴西代表来迟一事耿耿于怀，一时间弄得巴西代表手足无措，说话处处被动。无心与美方代表讨价还价，对美方提出的许多要求也没有静下心来认真考虑，匆匆忙忙就签订了合同。等到合同签订以后，巴西代表平静下来，头脑不再发热时才发现自己吃了大亏，上了美方的当，但已经晚了。本案例中，美国谈判代表成功地使用挑剔式的开局策略，迫使巴西谈判代表自觉理亏，在来不及认真思考的情况下匆忙签下对美方有利的合同。

二、使用商务谈判开局策略时应注意的问题

谈判人员在使用谈判策略时，经常不能正确地估计自己的能力，而策略的使用是建立在对自己能力分析的基础上的。不能正确估计自己的能力，策略也就难以产生效果。因此在使用策略时必须注意以下几点：

（一）开局的策略要能够激发对方的欲望

谈判开局的策略一是要明确谈判的议题，二是要激发对方的需求和欲望。想要使开局的策略能够激发对方的欲望，就应该使开局的策略有以下特点：

1. 可以引起对方的注意与兴趣

前面的内容已经为营造一个良好的开局构建了框架，因此开局的策略就应该吸引对方的注意力，使对方产生合作的欲望。所以在使用时要注意自己的目光和说话的配合，使对方感觉到己方的策略有助于解决问题，且方法可行。

2. 能够刺激对方的欲望

开局策略应该根据对手的特点有针对性地刺激其欲望，能刺激其谈判的出发点，而且具有合理性，经得起推敲，有说服作用。

（二）正确估计自己的能力

谈判人员在使用谈判开局的策略时经常不能正确地估计自己的能力，策略的使用是建立在对自己能力的分析的基础上的，如果不能正确估计自己的能力，策略也就很难产生效应，不利于在谈判中取得满意的结果。那么应该如何正确估计自己的能力呢？

1. 要自信，不被对方的身份、地位及无理或粗野的态度吓住

在谈判桌上常常习惯级别对等，但我们要知道，有的权威是假的，行政等级并不与知识和能力成正比。一个专家可能过于专精，而不知道本行以外的事情；某些具有很高地位和权力的人却不能举一反三，而小人物有时候比大人物更难对付。当谈判中遇到粗野无理的对手时，不妨大声地当面斥责他。如果允许对方这样对你，他就会变本加厉。要把对方所表现的无理视为一种狐性的狡猾，有的时候也是对方的一种策略。

2. 相信自己的潜能，逐渐显示自己的全部实力

慢慢显示自己的力量，比马上暴露出全部力量更有效。因为慢慢显示会增加对对方的了解，提高改变意见的可能性，使对方用相当长的时间来适应和接受你的观念。大多数人实际拥有的能力要比他们所想象的大。能力源于坚定的信念、激烈的竞争、奖励或惩罚、冒险精神、知识以及勤奋的工作。

3. 要利用对方存在的不足

不要过分计较可能遭到的损失和过分强调自己的困难，对方存在的问题才是你可以利用的机会；但也不要认为你已经了解对方的要求而掉以轻心。要假设你不了解对方的要求，然后耐心地试探和发现事情的真相。如果你根据自己未经证实的估计进行深入洽谈，就犯了严重的错误。

4. 对对方的借口保持清醒的头脑

不要轻信对方的数字、先例、原则、规定。原则是人定的，在特定情况下，原则、先例和规定是可以改变的，所以不要相信对方的这些借口，要保持怀疑的态度，要向他们挑战。

三、商务谈判开局策略的调整

在谈判有了初步接触之后，应该根据前一段所得到的信息重新制定开局的策略，谈判人员应该及时地对各种信息围绕以下两个方面进行处理：①分析对方是否在谈判伊始就持有合作、诚挚的态度；②分析在己方提出的谈判方案中，哪些是对方可能接受的，哪些是不易被对方所接受的，据此来安排下一步谈判的计划与策略。

在双方最初的接触中，如果已经营造了良好的气氛，当然是比较理想的。但在实际工作中，对手往往在一些问题的看法上与己方有明显差距，甚至持不合作的态度。这就需要己方审视造成这种局面的原因。如果对方对合作没有充满诚意，那么己方就应该自省，是否在谈判目标和策略设计方面要调整，自己原先在哪些方面估计不足和判断失误。

如果是因为对方没有完全理解己方的建议，那么己方完全有必要征求对方对谈判的时间议程表、谈判内容等的意见，并做出进一步详尽的解释。如果是对方故意采取强压、逼迫的方针，那么己方就应立即放弃幻想，针锋相对，改变自己的谈判策略。

例如，谈判双方刚刚进入洽谈室，对方就以极大的热情谈论某一具体问题。在这种情况下，可以让对方谈下去，也可以打断对方，这都无关紧要，重要的是必须要在双方对洽谈的目标和达到目标的途径有了比较一致的意见后，才能进行双方的商谈。

例如，对方一开始就讲："我们很关心价格问题。现在我们想……""好，我们也很关心这个问题，不过咱们先把会谈程序和目标统一一下，这样谈起来效率更高。"这样就绕开了刚刚开始就遇到的麻烦。如当对方出于某种目的在谈判一开始就唱反调，我们应该这样处理："请原谅，我耽误几分钟时间，我们是否按议程开始商谈？我想这次会谈的目标是达成协议，您说对吧？"这样做就是要谋求双方的真正统一。

随着开局会谈的逐步展开，双方的策略和意图也就渐露端倪，双方对彼此的基本情

况会有所了解。这样，两方面都要相应调整自己的策略。如果对方在确定谈判目标和议程等小问题上都不肯合作，那么他对谈判毫无诚意或妄自尊大则确定无疑了。对此，应让他对自己有个正确的认识。如果对方关心的只是自己的利益，就必须要采取策略，放弃互惠的想法，努力争取自己的利益，这样，对方倒可能醒悟，放弃其自私的要求。谈判人员应掌握对方的实际意图，有时不能强求一致，适时调整对策是必不可少的。这个时候双方必须回顾一下已取得了哪些共识，对己方提出的谈判方案和所采用的策略进行评价，无论对方是否接受，都应对对方可能的反应进行分析，并拟定恰当的应对策略，使谈判的开局达到明确谈判基本问题、形成良好气氛的目的。因此，开局的策略应该根据对方的策略进行相应的调整。

本章小结

开局目标是指双方为什么坐在一起谈判，要解决什么问题。开场陈述是双方分别阐述己方对有关问题的观点，同时要给对方以充分搞清我方意图的机会，然后再听取对方陈述，并搞清对方的意图。开场陈述的主要内容有以下几个方面：

（1）根据己方的理解，阐明该次会谈所涉及的问题。

（2）说明己方通过谈判所要取得的利益，尤其要阐明哪些方面是己方至关重要的利益。

（3）说明己方可以采取何种方式为双方共同获得利益做出贡献。

（4）对双方以前合作的结果做出评价，并对双方继续合作的前景做出评价。

谈判各方在做开场陈述时要遵循以下原则：

（1）各方只阐述己方的谈判立场。

（2）所做陈述要简明扼要，只做原则性的陈述。

（3）各方所做陈述均是独立的，不要受对方陈述内容的影响。

开局应注意的问题有：善于察言观色、把握对方的谈判风格、阐明谈判的议题。谈判气氛的类型有：尊重、积极、和谐、融洽的谈判气氛，轻松、友好、合作的谈判气氛，松弛、缓慢、旷日持久的谈判气氛，冷淡、对立、紧张的谈判气氛。

营造高调气氛的方法有：感情渲染法、称赞法、幽默法、诱导法。商务谈判开局策略的类型有：坦诚的开局策略、协商式的开局策略、谨慎的开局策略、进攻性的开局策略、保留式的开局策略、挑剔式的开局策略。

思考题

1. 商务谈判开局的原则有哪些？

2. 谈判开局应该注意哪些事项？

3. 谈判开局主要有哪些方式？

4. 谈判开局策略有哪几种类型？

5. 拟订一个商务谈判的主题，写一段开场陈述语。

▶▶ 案例分析讨论

接受不了的开局话题

电灯刚开始使用不久，世界上生产灯泡的厂商只有一家。这时某公司也第一次制造出电灯泡，董事长就到各地去推销宣传，希望各地的代理商仍能本着以前的态度进行合作，使这项新产品——电灯泡能顺利地打入市场。

他把所有的代理商召集到一起，向他们详细介绍这款刚刚生产的新产品。他说："经过多年来的苦心研究，本公司终于完成了这款对人类大有用途的产品。虽然它还称不上第一流的产品，只能说是第二流的，但是，我仍然要拜托在座的各位，以第一流的产品价格，来向本公司购买。"

听完董事长的一席话，在场的代理商都不禁哗然："咦！董事长有没有说错？有谁愿意以第一流产品的价格来购买第二流的产品呢？我们这些惯于经营的代理商又不是傻瓜，怎么会做这种明摆着亏本的买卖呢？莫非是董事长糊涂了？你本人都承认它是第二流的产品了，那当然应该以第二流产品的价格进行交易才对啊！奇怪，怎么会说出这样的话呢？难道……"大家都以怀疑、莫名其妙的眼光看着董事长。

"各位，我知道你们一定会觉得很奇怪，不过，我仍然要再三拜托各位。""请你把理由说出来听一听吧！""大家都知道，目前制造电灯泡的厂家可以称为第一流的，全国只有一家而已。因此，他们垄断了整个市场，即使他们任意抬高价格，大家也仍然要去购买，是不是？如果有同样优良的产品，但价格便宜一些的话，对大家不是一个福音吗？否则你们仍然不得不按厂商开出来的价格去购买。"董事长这么一说，大家似乎有了认同。

"就拿拳击赛来说吧！无可否认，拳王的实力谁也不能忽视。但是，如果没有人和他对抗的话，他就不是拳王了。所以必须有个实力相当、身手矫健的对手来和拳王打擂，这样的拳击才精彩，不是吗？现在，灯泡制造业中就好比只有拳王一个人，这个时候能出现一位对手的话，就有了互相竞争的机会。换句话说，把优良的新产品以低廉的价格提供给各位，大家一定能得到更多的利润。"

"董事长，你说得不错，可是，目前并没有挑战者啊！""我想挑战者就由我来充当好了，为什么目前本公司只能制造第二流的灯泡呢？这是因为本公司资金不足，所以无法进行技术上的突破。如果各位肯帮忙，以第一流产品的价格来购买本公司第二流的产品，这样我就会得到许多利润，把这笔利润用于技术改良上，相信不久的将来，本公司一定可以制造出优良的产品。这样一来，灯泡制造业等于出现了竞争，在彼此大力竞争之下，品质必然会提高，毫无疑问价格也就会降低。到了那个时候，我一定好好地谢谢各位。此刻，我只希望你们能帮助我扮演'拳王的对手'这个角色。但愿你们能不断地支持、帮助本公司渡过难关。因此，我要求各位能以第一流产品的价格，来购买这些第二流的产品！"

经过大家的决议之后，他们推出的代表这么说："以前也有不少人来过这儿，不过，从来没有人说过这些话。我们很了解你目前的处境，所以希望你能赶快成为'另一个拳

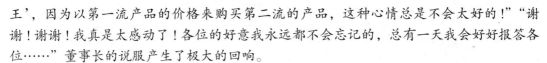

王'，因为以第一流产品的价格来购买第二流的产品，这种心情总是不会太好的！""谢谢！谢谢！我真是太感动了！各位的好意我永远都不会忘记的，总有一天我会好好报答各位……"董事长的说服产生了极大的回响。

一年后，这家公司制造的电灯泡以第一流的品质而推出，那些代理商也得到了令他们满意的报酬。董事长的开局精妙之处就在于他开诚布公的态度和出人意料的逆向思维，这种让人接受不了的开局话题，却收到了意想不到的效果。

问题：

1. 董事长采取了什么样的开局策略？你认为董事长的开局精妙在什么地方？

2. 这样开局的前提条件是什么？

3. 为什么这样的开局可以得到满意的结果？

第七章

商务谈判的磋商

本章要点

1. 了解摸底阶段的主要内容。
2. 掌握合理报价的基本要求。
3. 理解报价的策略与方法。
4. 掌握讨价还价的内容。
5. 掌握让步的原则与方式。

导入案例

没有进行磋商的结果

一对夫妻在浏览杂志时，看到一幅老式时钟的广告，广告上没有标明价格。经过商量，夫妻都同意购买类似的钟挂在家里，研究之后，他们决定要在古董店里找寻那座钟，并且商定假若找到那座钟只能出 800 元以内的价格。他们经过三个月的搜寻，终于在一家古董展示会场的橱窗里看到了那座钟。

妻子兴奋地叫起来："就是这座钟！""没错，就是这座钟。"

丈夫说："记住，我们绝不能超出 800 元的预算。"他们走近那个展示摊位。

"哦喔！"妻子说道："时钟上的标价是 1500 元，我们还是回家算了，我们说过只有 800 元的预算，记得吗？""我记得，"丈夫说，"不过，还是试一试吧，我们已经找了那么久了。"

由丈夫作为谈判者，争取以 800 元买下。随后，丈夫鼓起勇气对那座钟的售货员说："我注意到你们有座钟要卖，定价就贴在钟座上，而且蒙了不少灰尘，显得的确很古老。"

又说："告诉你我的打算吧，我给你出个价，只出一次价买那座钟，就这么说定。想你可能会吓一跳，你准备好了吗？"他停了一下以增加效果。

"你听着——400 元。"那座钟的售货员连眼也不眨一下，说道："那座钟是你的了。"那个丈夫的第一个反应是什么？得意扬扬。"我真是棒极了，不但获得了优惠，而且又得到了我想要的东西。"

我们都曾经碰到过类似的情况。他的最初反应必然是:"我真蠢!我应该对那家伙出价200元才对!"你也知道他的第二个反应:"这座钟应该很重才对,怎么那么轻呢?我敢说里面一定有些零件不见了。"然而,他仍然把那座钟放在家里的客厅中,看起来非常美丽,而且似乎也没什么毛病,但是他和太太却始终感到不安,那晚他们安歇之后,半夜曾三度起来,为什么?因为他们没有听到时钟的声响。这种情形持续了无数个不眠的夜晚,也影响了他们的健康。为什么夫妻以比他们愿意支付还低的价格买下了那座钟,还会有那样痛苦的感觉?问题出在哪里了?只因为那个售货员不经交涉就以400元的价格把钟卖给了他们。因此,谈判是需要磋商的。

商务谈判的磋商过程是商务谈判活动的核心,关系到整个商务活动的成败。因此要掌握并合理运用各种技巧和策略,在磋商过程中占据主动地位,并促成谈判成功。

第一节　摸底阶段

一、对双方谈判实力的判定

通过对谈判对手资信情况进行审查,确认合乎己方的要求后,接下来的工作就是对双方在谈判中的实力进行评价和判定。这是制订方针、目标和行动方案的前提。

谈判实力是指影响双方在谈判过程中的相互关系、地位和谈判的最终结果的各种因素的总和,以及这些因素对谈判各方的有利程度。通常情况下,影响谈判实力的因素取决于以下几个方面:

1.交易内容对双方的重要程度

商务谈判的成功标志着谈判双方都得到了一定的好处,但这并不说明交易内容本身对各方的重要程度相同。实际上,交易内容本身对双方的重要程度往往各不相同,这就决定于双方谈判实力上的差异。一般说来,交易对某一方越重要,也就是说该方越希望成交,那么该方在谈判中的实力就越弱,反之则越强。比如在货物买卖业务洽谈过程中,若卖方的产品较为紧俏,而买主又急于购买该产品,这时,对于卖方来讲其谈判实力就强,因为卖方不愁卖不掉产品,反而买方怕买不到产品而着急,显然买方的谈判实力弱。

2.各方对交易内容与交易条件的满足程度

商务谈判双方对交易内容与交易条件的满足程度是存在差异的。某一方对交易内容与交易条件满足的程度越高,那么该方在谈判中就比较占优势,也就是说该方的谈判实力越强。比如在货物买卖谈判中,如果卖方对其货物的质量、数量、交货时间等要求越能够满足买方,卖方的谈判实力就越强,因为买方在这种情况下无法提出一些寻求对方让步的借口,所以卖方谈判实力强,买方谈判实力弱。

3.双方竞争的形势

在业务往来过程中,很少出现一个买主对应一个卖主的一对一现象,经常是多个买主对应多个卖主的情况。很显然,如果多个卖主对应较少的买主时,即形成了买方市场,这时无疑买主谈判实力强,而卖主谈判实力弱;反之,如果多个买主对应较少的卖主时,即形成了卖方市场,这种情况下,显然卖方谈判实力强,而买方谈判实力弱。

4. 双方对商业行情的了解程度

谈判的某一方如果对交易本身的商业行情了解得越多、越详细，那么该方在谈判中就越处于有利地位，也就相应地提高了自身的谈判实力；反之，如果对商业行情了解甚少，其谈判实力显然较弱。大家知道，商业行情是极为宝贵的资源，它可以转化为财富，这在业务洽谈过程中是非常明显的。换言之，只有在掌握了充分的市场行情的前提下，才有可能制定出有针对性的谈判战略和战术。

5. 双方所在企业的信誉与实力

从企业的信誉角度来看，企业的商业信誉越高，社会影响越大，则该企业的谈判实力越强。特别是当支持和影响谈判的因素越强时，该方的谈判实力也就越强。在消费领域，大型零售商尽管其经营的商品可能在价格上高于其他小型零售商，但消费者还是乐于光顾，这完全是因为大型零售商名气大、牌子响、讲信誉，从而得到消费者的厚爱与信赖。

另外，从实践来看，实力强的企业拥有和掌握着比较多的人力、物力和财力资源，能够承受得住旷日持久的磋商谈判。一旦发生经济纠纷，这类企业也能承受得起法律诉讼的压力，因而这类企业比一般性企业的谈判实力要强。

6. 双方对谈判时间因素的反应

商务谈判的某一方如果特别希望早日结束谈判，并且达成协议，那么时间因素的限制就大大削弱了该方的谈判实力。由于时间的限制，该方就不得不做出某些对其不利的让步，乃至接受不利的谈判结果。比如，对于季节性较强的商品，其卖主往往为了在一定的时间内出售，有时会不惜降价进行推销，这种时间的限制，削弱了季节性商品卖主的谈判实力。现在，有些过季商品并不过时，于是买主抓住了卖主在时间上的弱势，专门进行过季消费。

7. 双方谈判艺术与技巧的运用

在谈判实践中，经常出现这种现象，即己方本来在该项目谈判中并不占优势，反而出乎意料地取得了很好的谈判效果，这就是由于己方在洽谈艺术与技巧方面运用得当，才使得己方取胜。事实上，谈判人员如果能充分地调动有利于己方的因素而尽可能避免不利的因素，那么己方的谈判实力就增强了。谈判艺术与技巧越高超，谈判实力就越强。

可见，判定双方谈判实力，必须考虑以上诸因素，加以综合评价。在确定双方谈判实力之后，便可采取一定的措施筹划正式的谈判活动。

二、摸底阶段的主要工作

通过双方各自陈述己方的观点和愿望，提出己方认为谈判应涉及的问题及问题的性质、地位，以及己方希望取得的利益和己方的谈判的立场；通过初步接触，探测对方的目标、意图以及可能的让步程度，这一过程就是通常所说的摸底。通过摸底，谈判人员应完成下述几项工作：

（1）考察对方是否诚实、正直、值得信赖，能否遵守诺言。

（2）了解对方对该项交易的诚意与合作意图，对方的真实需要是什么。

（3）设法了解对方的谈判经验、作风，对方的优势与劣势，了解对方每一位谈判人员的态度、期望，甚至要弄清对方认为有把握的和所担心的事情分别是什么，是否可以加以利用等。

（4）要设法了解对方在此项谈判中必须坚持的原则，以及在哪些方面可以做出让步。

在谈判双方进行实质性的谈判之前，谈判人员应特别重视通过对方的言谈举止获取对己方有利的各种信息，要留意对方阵营中正直坦诚和表现出合作倾向的人，与他们沟通合作，会取得更好的效果。同时，也要注意听话听音，领会对方谈话所包含的信息，这些信息可能反映了对方的真实意图。陈述的目的是使对方理解己方的意愿，还要体现合作性和灵活性。双方各自提出自己的各种设想和解决问题的方案，提出寻求实现双方共同利益的最佳途径，并且在陈述的基础上提出各自的交易条件，也就是报价。报价是各自利益需求的具体体现。

通过摸底，可以大致获悉对方利益之所在，应该进一步发现双方共同获利的可能性，就谈判的规程、计划、进度等提出一些初步的建议。由于这是一个不涉及或很少涉及双方利益的问题，因此通过与对方坦率交流、协商，往往很快就可以达成一致。这样，还可以顺势将先前建立的诚挚、融洽的气氛引入到双方进一步的洽谈过程中。

三、摸底阶段的策略运用

在商务谈判过程中，对方的底价、时限、权限及最基本的交易条件等，均属机密，谁掌握了对方的这些底牌，谁就会赢得谈判的主动。因此，在谈判初期，双方都会围绕这些内容施展各自的探测技巧。常用的方法有：

（一）火力侦察法

先主动抛出一些带有挑衅性的话题，刺激对方表态，然后根据对方的反应判断其虚实。比如，甲买乙卖，甲向乙提出了几种不同的交易品种，并询问这些品种各自的价格。乙一时搞不清楚对方的真实意图，甲这样问，既像是打听行情，又像是在谈交易条件；甲像个大买主，但又不敢肯定。面对甲的期待，乙心里很矛盾，如果据实回答，万一对方是来摸自己底细的，那自己岂不被动？但是自己如果敷衍了事，有可能会错过一笔好的买卖，说不定对方还可能是位可以长期合作的伙伴呢。在情急之中，乙想：我何不探探对方的虚实呢？于是，他急中生智地说："我的产品货真价实，就怕你一味贪图便宜。"大家知道，商界中奉行这样的准则："一分钱一分货，便宜无好货。"乙的回答暗含着对甲的挑衅意味。除此之外，这个回答的妙处还在于，只要甲一接话，乙就会很容易地把握甲的实力情况，如果甲在乎产品的质量，就不怕出高价，回答时的口气也就大；如果甲在乎产品的紧俏，就会急于成交，口气就会显得较为迫切。在此基础上，乙就会很容易地确定出自己的方案和策略了。

（二）迂回询问法

通过迂回，使对方松懈，然后乘其不备，巧妙探得对方的底牌。在主客场谈判中，东道主往往利用自己在主场的优势，实施这种技巧。东道主为了探得对方的时限，就极力表现出自己的热情好客，除了将对方的生活进行周到的安排外，还盛情地邀请客人参观本地的山水风光，领略风土人情、民俗文化，往往会在客人感到十分惬意之时，就会有人提出帮你订购返程机票或车船票。这时客方往往会随口就将自己的返程日期告诉对方，在不知不觉中落入了对方的圈套。至于对方的时限，他却一无所知。这样，在正式的谈判中，自己受制于他人也就不足为怪了。

（三）聚焦深入法

就某方面的问题进行扫描式的提问，在探知对方的隐情所在之后再进行深入探寻，从而把握问题的症结所在。例如，一笔交易（甲卖乙买）双方谈得都比较满意，但乙还是迟迟不肯签约，甲感到不解，于是他就采用这种方法达到了目的。首先，甲证实了乙的购买意图。在此基础上，甲分别就对方对自己的信誉、对甲本人、对甲的产品质量、包装装潢、交货期、适销期等逐项进行探问，乙的回答表明，上述方面都不存在问题。最后，甲又问到货款的支付方面，乙表示目前的贷款利率较高。甲得知对方这一症结所在之后，随即又进行深入探寻，他从当前市场的销势分析，指出乙按照目前的进价成本在市场上销售，即使扣除贷款利率，也还有较大的利润。这一分析得到了乙的肯定。但是乙又担心，销售期太长，利息负担可能过重，这将会影响最终的利润。针对乙的这点担忧，甲又从风险的大小方面进行分析，指出即使那样，风险依然很小，最终促成了签约。

（四）示错印证法

探测方有意通过犯一些错误，比如念错字、用错词语，或把价格报错等种种示错的方法诱导对方表态，然后探测方再借题发挥，最后达到目的。例如，在某时装区，当某一位顾客在摊前驻足，并对某件商品多看了几眼时，早已将这一切看在眼里的摊主就会前来搭话："看得出你是诚心来买的，这件衣服很合你的意，是不是？"察觉到顾客无任何反对意见时，他又会继续说："这衣服标价150元，对你优惠，120元，要不要？"如果对方没有表态，他可能又说："你今天身上带的钱可能不多，我也想开个张，打本卖给你，100元，怎么样？"顾客此时会有些犹豫，摊主又会接着说："好啦，你不要对别人说，我就以120元卖给你。"早已留心的顾客往往会迫不及待地说："你刚才不是说卖100元吗？怎么又涨了？"此时，摊主通常会煞有介事地说："是吗？我刚才说了这个价吗？啊，这个价我可没什么赚啦。"稍做停顿，又说，"好吧，就算是我错了，那我也讲个信用，除了你以外，不会再有这个价了，你也不要告诉别人，100元，你拿去好了！"话说到此，绝大多数顾客都会成交。这里，摊主假装口误将价涨了上去，诱使顾客做出反应，巧妙地探测并验证了顾客的购买需求，收到了引蛇出洞的效果。在此之后，摊主再将涨上来的价让出去，就会很容易地促成交易。

第二节　合理报价阶段

一、合理报价的基本要求

报价是商务谈判的一个重要阶段，是谈判的利益要求的"亮相"。交易条件的确立是以报价为前提的。报价不仅表明了谈判双方对有关交易条件的具体要求，也集中反映了谈判双方的利益与需要。通过报价，谈判双方可以进一步分析彼此的意愿和目标，以便有效引导谈判行为。这里的报价，不仅是在价格方面的要求，而且是包括价格在内的关于整个交易的各项条件，如商品数量、质量、包装、装运、保险、支付、商检、索赔和仲裁等交易条件。如果报价的分寸把握得当，就会把对方的期望值限制在一个特定的范围内，并有效控制交易双方的盈余分割，从而在之后的价格磋商中占据主动地位；反之，报价不当，就会助长对方的期望值，其至使对方有机可乘，从而陷入被动境地。合理报价的重要性可见一斑。因此，对合理报价的基本要求如下：

（一）正确表明己方的立场和利益是报价的根本任务

报价不仅仅是价格问题，通过报价可以反映出谈判双方各自的立场和利益。所以报价策略的运用是正确表明立场，为争取己方利益服务的。

（二）报价应以影响价格的各因素为基础在合理的范围内报出

报价主要考虑的条件是市场行情和产品成本，而从对企业发展是否有利的角度来看，要以市场行情为标准。所以，谈判报价的基础是市场行情。要价过高或过低都会蒙受损失，或失去成交机会。

（三）报价时要考虑己方可能获得的利益和对方能否接受

开价必须是高的，但这并不意味着可以漫天要价。报价应控制在合理的范围内，过高会使对方认为己方缺乏诚意，致使谈判过早破裂。

（四）报价要高，要为后续谈判留有充分的余地

一般对卖方而言，就应在所确定的报价范围内，报最高价格；对买方而言，要按最低的价格报价。让价格有一个弹性区间，这样双方就有了让步的余地。

二、报价策略

（一）先报价与后报价

先报价与后报价属于谋略方面的问题，体现谈判人员的经验与技巧。谈判中是选择"先声夺人"还是选择"后发制人"，一定要根据不同的情况灵活处理。

1.不同情况下报价策略的选择

（1）胸有成竹，抢先报价。一般来说，如果一方准备充分，知己知彼，就要争取先报价。要通过分析谈判双方的实力对比情况决定何时先报价。如果己方的谈判实力比对方强，在谈判中处于有利地位，那么先报价就是有利的；尤其是对方对本次交易的行情不太熟悉的情况下，先报价的利益更大。如果通过调查研究，估计双方谈判实力相当，谈判过程一定会竞争得十分激烈，那么，同样应该先报价，以争取更大的影响。

（2）面对较老练的谈判对手时让对手先报价。如果你不是行家，而对方是，那你要沉住气，后报价，从对方的报价中获取信息，及时修正自己的想法；或己方谈判实力明显弱于对手，特别是在缺乏谈判经验的情况下，应该让对方先报价。因为这样可以通过对方的报价来观察对方，同时也可以扩大自己的思路和视野，然后再确定己方的报价。情况相反时，则己方应主动报价。

（3）谈判发起者带头报价。依照惯例，谈判发起者应该先报价，投标者与招标者之

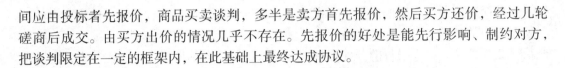

间应由投标者先报价，商品买卖谈判，多半是卖方首先报价，然后买方还价，经过几轮磋商后成交。由买方出价的情况几乎不存在。先报价的好处是能先行影响、制约对方，把谈判限定在一定的框架内，在此基础上最终达成协议。

阅读案例7-1

美国大财阀摩根想从洛克菲勒手中买一大块明尼苏达州的矿地，洛克菲勒派了一个叫约翰的人出面与摩根交涉。见面后，摩根问："你准备开什么价？"约翰答道："摩根先生，我想，你说的话恐怕有点不对，我来这儿并非卖什么，而是你要买什么才对。"约翰的几句话说明了问题的实质，掌握了谈判的主动权。该案例说明了发起谈判的一方应先报价，卖方欲获得后报价的好处。

2. 先报价与后报价各有利弊

先报价不仅能够为谈判规定一个难以逾越的上限（卖方的报价）或下限（买方的报价），而且还会直接影响谈判对方的期望值。所以先报价的影响力比后报价要大。如果谈判对手是个"外行"，那么无论你是"内行"或者"外行"，都要先报价，力争牵制、诱导对方。自由市场上的老练商贩，大都深谙此道。当顾客是一个精明的家庭主妇时，他们就采取先报价的技术，准备对方来压价；当顾客是个毛手毛脚的小伙子时，他们多半先问对方"给多少"，因为对方有可能报出一个比商贩的期望值还要高的价格。这是一个比较微妙的问题。报价的先后在某种程度上会对谈判结果产生实质性的影响，因此，谈判人员一般对此比较注意。

但先报价也有不利之处：①对方听了己方的报价后，了解了交易价格的起点，从而修改他们原来的想法，进行方案调整；②对方不还价，却集中精力对报价方的报价发起进攻，迫使其进一步降价，而不泄露他们的价格上限，可以把心中隐而不报的价格与之比较，然后进行调整，合适就拍板成交，不合适就利用各种手段进行杀价。

阅读案例7-2：爱迪生关于专利价格的谈判

美国著名发明家爱迪生在某公司当电气技师时，他的一项发明获得了专利。公司经理向他表示愿意购买这项专利权，并问他要多少钱。当时，爱迪生想，只要能卖到5000美元就很不错了，但他没有说出来，只是督促经理说："您一定知道我的这项发明专利权对公司的价值了，所以，价钱还是请您自己说一说吧！"经理报价："40万美元，怎么样？"还能怎么样呢？谈判当然是没费周折就顺利结束了。爱迪生因此而获得了意想不到的巨款，为日后的发明创造提供了资金。

（二）高报价与低报价

卖方的报价事实上对谈判的最后结果确立了一个终极上限，为后续谈判留有充分的余地。当然，为了使对方相信所报价格的可接受性，要适当说明高报价的原因。一般高报价的原因有：原材料价格昂贵、技术水平高、使用期限长、其他质量指标高等。

1. 卖方高报价的优势

（1）为买方让步留有较大的余地，有利于让步，打破僵局。

（2）影响对手对己方的潜力评价，报价越高，潜力评价就越高。

（3）报价高，期望值高，成功的可能性就越高。

比如，你报价1万元，那么，对手很难奢望还价至1000元。一些地区的服装商贩就大多采用先报价的方法，而且他们报出的价格一般要超出顾客拟付价格的一倍乃至几倍。1件衬衣如果卖到60元的话，商贩就心满意足了，而他们却报价160元，考虑到很少有人好意思还价到60元，所以，一天中只需要有一个人愿意在160元的基础上讨价还价，商贩就能盈利赚钱。当然，卖方先报价也得有个"度"，不能漫天要价，使对方不屑于谈判——假如你到市场上问小贩鸡蛋多少钱1斤，小贩回答300元1斤，你还会费口舌与他讨价还价吗？

2. 买方低报价的优势

（1）买方的报价是向对方表明要求的标准。

（2）反映买方的期望水平。

（3）为后续的让步留有余地。

三、报价的方法

先报价与后报价属于谋略方面的问题，而一些特殊的报价方法则涉及语言表达技巧方面的问题。同样是报价，运用不同的表达方式，其效果也是不一样的。

1. 除法报价法

除法报价法是将总报价分解成若干个小的单位，然后报出的方法。它是一种价格分解术，以商品的数量或使用时间等概念为除数，以商品价格为被除数，得出一种数字很小的价格，使买主对本来不低的价格产生一种便宜、低廉的感觉。例如，某保险公司为动员液化石油气用户参加保险，宣传说：参加液化气保险，每天只交保险费1元，若遇到事故，则可得到高达1万元的保险赔偿金。这种说法，用的就是除法报价的方法。如果说每年交保险费365元的话，效果就差得多了，因为人们觉得365是个不小的数字；而用除法报价法说成每天交1元，人们听起来在心理上就容易接受了。

2. 加法报价法

加法报价法就是把价格分解成若干层次渐进提出，使用若干次的报价，最后加起来仍等于当初想一次性报出的高价的方法。采用加法报价法，卖方依恃的是所出售的商品具有系列组合性和配套性，买方一旦买了组件1，就无法割舍组件2和3了。

比如，文具商向画家推销一套笔墨纸砚，如果他一次报高价，画家可能根本不买。但文具商可以先报笔价，要价很低；成交之后再谈墨价，要价也不高；待笔、墨卖出之后，接着谈纸价，再谈砚价，抬高价格。画家已经买了笔和墨，自然想"配套成龙"，不忍放弃纸和砚，在谈判中便很难在价格方面得到让步了。针对这一情况，作为买方，在谈判前就要考虑商品的系列化特点，谈判中及时发现卖方加法报价的企图，挫败这种"诱招"。

3. 诱导报价法

诱导报价法是谈判的一方有意将商品在一个限定的范围内报出，在不经意中试探对方的底线的方法。例如，一个优秀的推销员，见到顾客时很少直接逼问："你想出什么价？"相反，他会不动声色地说："我知道您是个行家、经验丰富，根本不会出20元的价钱，但你也不可能以15元的价钱买到。"这些话似乎是顺口说来，实际上却是报价，片言只语就把价格限制在15至20元的范围之内。这种报价方法，既报高限，又报低限，"抓两头，议中间"，传达出这样的信息：讨价还价是允许的，但必须在某个范围之内。比如上面这个例子，无形中就将讨价还价的范围规定在15至20元之间了。

4. 激将法

谈判双方有时出于各自的打算，都不先报价，这时，就有必要采取激将法让对方先报价。激将的办法有很多，这里仅仅提供一招——故意说错话，以此来套出对方的报价。假如双方绕来绕去都不肯先报价，这时，你不妨突然说一句："噢！我知道，你一定是想付30元！"对方此时可能会争辩："你凭什么这样说？我只愿付20元。"他这么一辩解，实际上就先报了价，你尽可以在此基础上讨价还价了。

5. 差别报价法

差别报价法是将同一商品因客户的性质、购买数量、需求急缓、交易的时间、交货地点、支付方式等不同而制定不同价格的方法。这种价格差别体现了商品交易中的市场需求导向。例如，对老客户或大批量的客户，为了巩固良好的客户关系或建立起稳定的交易联系，可实行价格折扣；对新客户，有时为开拓新市场，也可给予适当让价；对某些需求弹性较小的商品，可以实行高价策略。

从以上的叙述可以看出，商业谈判中的报价与商品的定价是有些类似的，从某些方面也可以说，谈判中的报价就是一种变相的商品定价，因此谈判中的报价技巧可以借鉴商品定价的方法与策略。

第三节 磋商过程的策略

磋商阶段是交易各方就各自的交易条件向对方进行说明、辩论、说服和协商，以谋求达成一致的阶段。因此，讨价还价是这一阶段的重要内容。

一、讨价还价是磋商过程的重要内容

价格谈判是商务谈判中十分重要的内容，是商务谈判中的核心环节，它关系到双方获得利益的多少，也是双方非常敏感的问题。买卖双方根据自己在谈判中的地位和自己的谈判经验和水平进行利益的分割。这期间需要经过初始报价和还价，之后经过多个回合的讨价还价，此过程就是磋商过程。讨价还价是谈判磋商的重要内容。在此过程中谈判双方使用各种策略与技巧，在不断地坚持与让步中，最终逐渐接近双方都可以接受的价格，直至成交。磋商是复杂的较量与沟通过程。

二、如何讨价还价

（一）讨价的含义、准备及方式

1. 讨价的含义

所谓讨价，就是在买方对卖方的价格解释予以评论后，提出让对方重新报价或改善

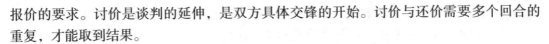

报价的要求。讨价是谈判的延伸，是双方具体交锋的开始。讨价与还价需要多个回合的重复，才能取到结果。

2. 讨价的准备

在卖方报价之后，买方比较有策略的做法是不急于还价，而是要求对方对报价的依据、计算的基础进行解释。通过价格解释，可以了解对方报价的实质、意图及其诚意，寻找破绽，从而进行讨价。

3. 讨价的方式

在大量的谈判实践中，通常把讨价分为三个阶段：全面讨价、针对性讨价、再次全面讨价。

（1）全面讨价，不限一次。一般来说，第一次讨价是全面介入，当然不限一次，可以根据需要或两次或三次。比如，某酒店老板要把其酒店整体转让的报价是2亿元，买方对该酒店的客房、餐厅、各类酒店的设备等价格解释进行评价后，提出改善价格的要求，这是买方对酒店的全面讨价。

（2）针对性讨价，选择突破。经过全面讨价后，卖方向买方做出第二次报价，这时买方可以有针对性地进行讨价。比如，针对酒店的中央空调设备的制冷效果不好等，提出该设备折价空间要加大等要求，并针对该设备提出改善设备要求。需要提醒的是，针对性报价没有项目次数的限制，全在于自己把握。

（3）再次全面讨价。经过针对性讨价后，再次进入全面讨价，其做法与第一次相同。虽然不能说是最后一次定价，但已经越来越接近双方可以接受的价格。

（二）还价的含义、准备及方式

1. 还价的含义

所谓还价，就是针对对方返回的交易条件所做出的表明己方交易条件的行为。为推进谈判，卖方在做了调价后，强烈要求买方还价，买方也应以还价来表示尊重对方。

2. 还价的准备

（1）对报价进行分析。将双方的意图和要求逐一进行比较，弄清双方分歧所在，估计对方的谈判重点在哪里，以便做好应对的准备。

（2）还价前的措施。接到报价后，要询问对方报价的根据，及在各项主要交易条件下有多大的通融余地。如果通过对照发现双方所开条件和要求差距太大，就可以拒绝对方的报价，要求对方重新报价或其他交易条件做些变动。

3. 还价的方式

在大量的谈判实践中，通常把还价分为以下三种方式：

（1）按成本还价。按成本还价是指一方在计算出所谈判商品成本的基础上再加上一定比率的利润作为依据进行还价。这种还价方式的关键是所计算成本的准确性，成本计算得比较准确，还价的说服力就比较强。

（2）按可比价还价。按可比价还价是指在己方无法准确掌握所谈判商品本身的价值时，只能以相近的同类商品的价格做参照进行还价。这种还价方式的关键是所选参照的

商品的可比性，及其价格的合理性，只有参照的商品价格合理，还价才能使对方信服。

（3）单项还价。这是按所报价格的最小单位还价，或者对某个别项目进行还价。单项还价一般是针对性讨价的相应还价方式。从价格谈判的过程来看，一般第一阶段采用总体还价，因为正面交锋刚刚拉开序幕，买方总喜欢从宏观的角度笼统压价；第二阶段使用分别还价；第三阶段进行针对性还价。对于不便采用全面还价的，第一步可以按照交易内容的具体项目分别还价；第二步再按照各项价格虚假成分分别还价；第三步进行针对性还价。

阅读案例 7-3：讨价与还价

日本某公司向中国某公司购买电石，这是他们交易的第五年。上一年谈价时，日方压下中方 30 美元/t，这次又要压下 20 美元/t，即从 410 美元/t 压到 390 美元/t，据日方讲，他们已经拿到多家报价，有 430 美元/t 的，有 370 美元/t 的，也有 390 美元/t 的。据中方了解，370 美元/t 是个体户的报价，430 美元/t 是较小厂家的报价。中方公司代表与供货厂厂长共四人组成谈判小组，由中方公司代表为主谈。谈判前，供货厂厂长与中方公司代表达成了价格共识，工厂可以在 390 美元/t 成交。公司代表对厂长说对外保密，价格水平他会掌握。公司代表又向其主管领导汇报，分析价格形势。主管领导认为价格不取最低，因为他们是大公司，讲质量、讲服务。谈判中可以灵活，但步子要小，若在 410 美元/t 以上则可成交，谈不下时把价格定在 405 ~ 410 美元/t，再由主管领导出面谈。

中方公司代表将此意见向供货厂厂长转达，并达成共识，双方共同在谈判桌上争取该条件。经过交锋，价格仅降了 10 美元/t，在 400 美元/t 成交。比供货厂厂长的成交价格高了 10 美元/t。工厂代表十分满意，日方也满意。

启示：商务谈判磋商的过程实际上就是讨价还价的过程。讨价还价也有一定的方法与技巧。中方在谈判前市场调查充分，准备方案到位，在谈判中游刃有余，最终取得良好的谈判效果。

三、磋商过程中时间因素的利用

（一）谈判磋商过程中时间的作用

在谈判的磋商阶段，时间起着非常大的作用。主要表现为以下两个方面：

1. 谈判时间的充裕与否，决定谈判策略使用的方式

从整个谈判过程看，规定了具体谈判时间将可能使谈判人员在时间的影响下改变原来的策略，如在有限的时间内，为达到谈判目的应该及时地变克制性策略为速决策略。有限的谈判时间有两种情况：一是谈判开始已经规定了谈判时间，而且双方都对彼此了解；二是开始未提出任何时间限制，但在谈判进行中，由一方单独提出时间限制。所以在有限的时间条件下，首先尽量争取时间，其次就是改变谈判策略。

2. 谈判时间压力大小，决定其效果

从每个谈判细节上看，由于时间限制，谈判必须在一个规定的期限内做出一些不能撤销的决定，这将给谈判人员自身带来一定的压力；同时，对方也会对己方的谈判人员

施加一定的压力。这种压力本身也是一种战术。在具体的谈判过程中，谈判人员应学会利用时间延长压力的作用，给对方制造压力，使谈判向有利于己方的方向发展。利用时间压力时要注意与以下因素结合起来使用，可以产生意想不到的效果：

（1）决策的重要程度。一般来说，谈判过程中做出的决策越重要，时间所产生的压力就越大。如果所做的决策非常重要，目标选择失误的可能性又很大，失误的后果会更严重，则时间产生的压力就更大。所以，老练的谈判人员会千方百计地把重要的决策内容安排在较短的时间内让对方决策。

（2）决策的复杂程度。在谈判过程中，如果决策比较复杂，谈判人员就需要慎重考虑，所需要的时间长，压力也大；相反，比较简单容易的决策，对谈判人员的压力就小。所以在面对需要考虑的因素较多的复杂决策时，就要反复思考，预先做好分析或在条件允许的情况下想办法拖延时间，以确保决策的准确性；同时要注意不要被压力弄昏了头，要冷静处理。

（3）决策的时间长短。做出决策的时间越短，对谈判人员的压力就越大。这种时间压力往往会产生种种不利的影响。比如，谈判人员在没有进行很好的总结回顾时就要做出决策，这将导致很多风险。在这种情况下，要减轻压力带来的不利影响，减少失误的风险，就必须让谈判人员事先采取行动，即在时间压力起作用之前就采取措施。

阅读案例 7-4：硅谷公司的三分钟谈判

20世纪80年代末，硅谷某家电子公司研制出一种新型集成电路，但其先进性尚不能被公众理解，而此时公司又负债累累，即将破产，这种集成电路能否被赏识可以说是公司最后的希望。幸运的是，欧洲一家公司慧眼识珠，派三名代表飞了几千公里来洽谈转让事宜。诚意看起来不小，一张口起价却只有研制费的2/3。电子公司的代表站起来说："先生们，今天先到这里吧！"从开始到结束，这次洽谈只持续了3min。岂料下午欧洲人就要求重开谈判，态度明显"合作"了不少，于是电路专利以一个较高的价格进行了转让。

硅谷公司的代表为什么敢腰斩谈判呢？因为他知道，施压有两个要点：一是压力要强到让对方知道你的决心不可动摇；二是压力不要强过对方的承受能力。他估计欧洲人飞了几千公里来谈判，绝不会只因为这3min就打道回府。这3min的会谈，看似不合常理，在当时当地，却是让对方丢掉幻想的最佳方法。

（二）拖延时间的办法

拖延战术作为一种基本手段，在具体实施中是可以有许多变化的。例如一些日本公司就常采取这个办法：以一个职权较低的谈判者为先锋，在细节问题上和对方反复纠缠，或许可以让一两次步，但每一次让步都要让对方付出巨大精力，到最后双方把协议已勾画出了大体轮廓但总有一两个关键点谈不拢时，往往已经拖得对方精疲力竭了。这时公司的权威人物出场，说一些"再拖下去太不值得，我们再让一点，就这么成交吧"之类的话。此时，由于对方身心均已透支，这个方案只要在可接受范围内，往往就会一口答应。

拖延战术有时会被恶意运用，即通过拖延时间，静待法规、行情、汇率等情况的变

动，掌握主动，迫使对方做出让步。一般来说，可分为以下两种方式：

一是拖延谈判时间，稳住对方。例如，某商人与东北某省外贸公司洽谈毛皮生意，条件优惠却久拖不决。转眼过去了两个多月，原来一直兴旺的国际毛皮市场货满为患，价格暴跌，这时某商人再以很低的价格收购，使外贸公司吃了大亏。

二是在谈判议程中留下漏洞，拖延交货（款）时间。1920 年武昌某一纱厂建厂时，向英国安利洋行订购纱机 2 万锭，价值 20 万英镑。当时英镑与白银的兑换比例为 1：2.5，20 万英镑仅值白银 50 万两，英商见银贵金贱，就借故拖延不交货。到 1921 年年底，世界金融市场行情骤变，英镑与白银兑换比例暴涨为 1：7。这时英商就趁机催纱厂结汇收货，50 万两白银的行价，一下子成了 140 万两，使这个纱厂蒙受了巨大损失。

总体来说，防止恶意拖延，要做好以下几方面的工作：①充分了解对方的信誉、实力，乃至实施谈判者的惯用手法；②充分掌握有关法规、市场、金融情况的现状和动向；③预留一手，作为反要挟的手段，例如，要求金本位制结汇，要求信誉担保，要求预付定金等。

还可以用一些方法来找借口争取时间，如材料不足、权力有限、一时难以找到专家、重要证据没有带来等。

第四节　让　步

一、让步的基本原则

让步实际是一种侦察手段，是一步步弄清对方的期望值到底是什么的过程。它不仅仅取决于绝对值的大小，还取决于彼此的让步策略，即怎样做出这个让步以及对方怎样争取到这个让步。

在具体谈判过程中，要注意以下几个让步的基本原则：

（1）不要做盲目的让步。

（2）让步要恰到好处。

（3）不要做无谓的让步。每一次让步都体现对己方有利的原则，每一次让步是为了换取对方在其他方面的让步。

（4）在己方认为重要的问题上，力求让对方让步，而较为次要的问题，根据需要，己方让步。

（5）不要承诺做同等程度的让步。

（6）如果做出的让步欠妥，要及早收回，不要犹豫。

（7）一次让步的幅度不要过大，节奏不要太快。

（8）在准备让步时尽量让对方开口提条件。

二、让步的方式

让步是个十分慎重的问题，每一次让步都能给对方某种好处，相应地，每一次让步都可能损失己方的利益。因此，运用恰当的让步方式十分重要。成功的谈判者是能够不断地改变自己的让步方式，从而有效地控制自己的让步幅度的。

在实践中人们总结出八种让步方式，见表 7-1。

表 7-1　八种让步方式

让步方式	让步幅度	第一次	第二次	第三次	第四次
第一种	100	0	0	0	100
第二种	100	100	0	0	0
第三种	100	50	50	0	0
第四种	100	25	25	25	25
第五种	100	25	15	25	35
第六种	100	50	30	15	5
第七种	100	63	7	0	30
第八种	100	40	30	20	10

每一种方式都与谈判经验、谈判方针和策略、期望值有关。下面对这几种方式做具体的分析：

第一种让步方式：

1. 特点

这是在最后阶段一次就全部让出的方法。让步的态度比较果断，在开始阶段寸步不让，态度十分强硬，到了最后时刻，则一次让步到位，促成和局。

2. 优点

在开始阶段寸步不让，目的是向对方传递己方坚定的信念。如果谈判对手缺乏毅力和耐性，就有可能被征服，使己方在谈判中获得较大的利益。再者，坚持了几次不让后，一次让出己方的利益，对方有险胜的感觉，因此会特别珍惜这种让步，不失时机地握手言和，还可以给对方既强硬又出手大方的印象。

3. 缺点

这种让步方式容易给对方传递己方缺乏诚意的信息，从而造成僵局，影响谈判进程。

4. 适用情况

这种让步方式适用于对谈判的投资少、依赖性差，在谈判中占有一定优势的一方。实践证明，谁在谈判中投资少，依赖性差，谁就有承担谈判失败风险的力量，或在某种意义上说，不怕谈判失败。

第二种让步方式：

1. 特点

这种让步方式的特点是：态度诚恳、务实、坚定、坦率。一次性让步，不留余地，然后坚守阵地，再也不让。

2. 优点

由于谈判者一开始就向对方亮出底牌，让出自己的全部利益，比较容易打动对方采

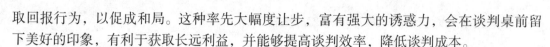

取回报行为，以促成和局。这种率先大幅度让步，富有强大的诱惑力，会在谈判桌前留下美好的印象，有利于获取长远利益，并能够提高谈判效率，降低谈判成本。

3. 缺点

这种让步方式操之过急，可能失去本来可以争取的利益。而在对手是个贪婪者的情况下，这种让步并没有使对方感谢你。

4. 适用情况

这种让步方式适用于己方处于谈判的劣势或谈判各方之间的关系比较友好的谈判。处于谈判劣势的一方往往是被动的，所以谈判中的让步应该表现得积极、坦诚，用一开始就做出最大让步的方法来感召对方；在双方关系比较友好的谈判中更应该以诚相待。

第三种让步方式：

1. 特点

这种让步分两次做均等幅度的让步，后期寸土不让。

2. 优点

开始两步让出全部利益，具有很大的吸引力，往往会使谈判起死回生。

3. 缺点

这种让步方式容易让对方认为你的让步是大概的，而不是精确的。当对方继续要求让步时，你又拒绝让步，这会使对方感到你缺乏诚意，容易造成谈判僵局甚至谈判破裂。

4. 适用情况

这种让步方式适用于性情急躁且没有较多时间谈判的对手，速战速决有利于谈判的成功。为了节省谈判时间及成本，将全部利益分两次让出，也可能打动对方。

第四种让步方式：

1. 特点

这是一种均等让步的方式，把所让利益分为四次等值让出。这种方式态度谨慎、步子稳健、极富有商人气息，挤一步让一步，让步的速度和数量都是均等的。国际上称其为"色拉米"香肠式的让步。这种方式只要遇到耐心等待的买方，就会鼓励买方期待进一步的让步。在理论上成立，是平稳的，没有悬念，没有精确之感。

2. 优点

由于这种让步平稳、持久，让对方每一次讨价都有收获，对双方充分讨价还价比较有利，容易在利益均沾的情况下达成协议。

3. 缺点

这种让步方式每次让步的数量相等、速度平缓，给人感觉平淡无奇，浪费时间，谈判成本高；而且均衡让步不符合成本、价格计算精确的原则。

4. 适用情况

这种让步方式适用于没有谈判经验的人以及在进行一些比较陌生的谈判时运用，往往效果比较好。

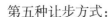

第五种让步方式：

1. 特点

这是一种先高后低，然后又拔高的让步方式。它的特点是比较机智灵活，富于变化。

2. 优点

首先，起点恰当、适中，能够向对方传递合作、有利可图的信息；其次，使谈判富于变化，如果谈判不能在缓速减量中完成，则可采取大举让利的方法，使谈判易于成功；再次，在第二次让步中减缓一步，可以给对方造成一种接近尾声的感觉，容易促使对方尽快拍板，最终能保住己方的较大利益。

3. 缺点

这种让步是由少到多，不稳定的让步方式，容易鼓励对方继续讨价还价；由于第二次让步就已经向对方传递了接近尾声的信息，而后来又做了大步让利，让人感觉不诚实，因此，对于友好合作关系的谈判者来说往往不利；由于初期让步比较适当，给对方留下了很好的印象，可第二次让步却向对方传递了一个不真实的信息，反而影响了初期的美好印象。

4. 适用情况

这种让步方式适用于竞争性比较强的谈判，由谈判高手采用。这种方式在运用时要求技术性强，又富于变化；同时又要时刻观察对手对己方的反应，以调整己方让步的速度和数量，实施起来难度较大。

第六种让步方式：

1. 特点

这是一种递减式的让步方式，以较大的让利作为起点，然后依次下降，直到让完为止。

2. 优点

这种让步方式可以成功地遏制对方可能产生的无限制的让步要求。这是因为每一次让步都给对方一定的优惠，表现了让步的诚意，同时保全了对方的面子，使对方有一定的满足感；让步的幅度越来越小，越来越困难，使对方感到己方让步不容易，是在竭尽全力满足对方的要求；最后的让步幅度不大，是给对方以警告，己方已经让步到了极限。

3. 缺点

这种让步方式一开始幅度较大，容易给强硬的对手造成软弱可欺的不良印象，因而容易加强对手的进攻性。

4. 适用情况

这种让步方式一般适用于以合作为主的谈判。由于谈判的双方是建立在互利互惠基础之上的，因此开始时做出的让步较大，这有利于营造出良好的合作气氛和建立友好的伙伴关系。

第七种让步方式：

1. 特点

这种让步方式给人以软弱、憨厚、老实之感，因此成功率较高。这种方式在让步初期让出绝大部分利益，第二次让步到己方可让利的边际，到第三次则原地不动，这就向对方传递了能让的利已基本让完的信息。如果对方仍一再坚持，再让出己方保留的最后一步，以促成谈判的成功。

2. 优点

这种让步方式以求和的精神为先，开始就让出多半利益，因此有换得对方回报的较大可能性。最后又会使通达的谈判对手难以拒绝签约，因此效果往往不错，是比较艺术的做法。

3. 缺点

这种让步方式由于开始表现得软弱，大步让利，在遇到贪婪的对手时，会刺激对手变本加厉，得寸进尺。而且这种让步方式可能由于第三次让步遭到拒绝后，导致谈判僵局或败局的出现。

4. 适用情况

这种让步方式一般适用于在谈判竞争中处于不利境地，但又急于获得成功的谈判。由于己方处于劣势，于是初期让出较大的利益，可能会尽快地促成谈判成功。但此种让步较早、较大，可能会使对方得寸进尺，所以到第三次时采用了固守的策略，这样会给对方传递"该收场了"的信号。最后再让出小利，更坚定了自己的立场，同时又给对方以台阶，就会促成谈判尽快地结束。

第八种让步方式：

1. 特点

这种让步方式每次做递减式让步，而且一次比一次让步的幅度小，以合作为主，竞争为辅。

2. 优点

这种让步能成功地遏制对方可能产生的无限制要求。这是因为：每一次让步都给对方一定的优惠，表现了让步的诚意，同时保全了对方的面子，使对方有一定的满足感；让步的幅度越来越小，越来越困难，使对方感到己方让步不容易，是在竭尽全力满足对方的要求；最后的让步幅度不大，是给对方警告，己方已经让到了极限。

3. 缺点

这种让步方式是由大到小，对于买主来讲，越争取利益越小，因而使买主感觉不好，故终局情绪不会太高。这是谈判让步中惯用的方法，缺乏新鲜感，也比较乏味。

4. 适用情况

这种让步方式适用于商务谈判的提议方。通常情况下，谈判的提议方对谈判的结局更为关心，理应以较大的让步做出姿态，以满足对方从谈判中获利的期望；相反，如果谈判的提议方在谈判的让步过程中不肯率先让出足以吸引对方的利益，对方更不会做出相应的让步了。

三、让步的技巧

谈判中的让步是指降低、放弃己方的原有要求，接受对方相应要求等行为的总称。谈判本身是一个理智取舍的过程，如果没有舍，也就不能取。一个高明的谈判者除了知道如何抓住利益外，还知道何时放弃利益。通常妥协意味着退让，等于付出，所以让步有时是很难的。如何做到恰到好处的让步呢？

（一）把握让步的时机

让步采取的是形让实不让，但必须把握好让步的时机。让步的时机有以下几种情况：

1. 有所得时让步

经过双方较量，己方有了收获，即对己方有进步。欲再想得，需要妥协时，应该退让。

2. 己方理亏时让步

经过激烈的辩论，己方理不如人。如果不退让就会使己方的形象受到损失，并且在很难说服对方让步的情况下，需要退让。

3. 全局需要时让步

当谈判双方僵持的时间较长，厌战、失望情绪充斥谈判时，谈判人员心头烦闷，而需要谈判结果，不克服目前的障碍将危及以后的成果时，需要主动考虑退让。

（二）掌握让步的技巧

1. 立场让步

立场让步是指谈判人员在态度上、观点上的让步。这类让步属于软性让步，并不是实质交易条件的让步，而是实质让步的一种拖延方式。例如从强硬态度转为温和，使僵死的看法开始松动。典型的表现有：不仅是脸色和眼神的让步变化，从言辞上也有明显的变化，如使用"贵方说明可以理解，彼此没有充分交流可以理解"等措辞。

2. 数字上让步

数字上让步是指改善以数字表示的交易条件，这属于硬性让步。多数情况下反映在所交易商品的价格、指标、保质期、交货期、服务质量上。

3. 文字上让步

文字上让步是指合同的主要文件及附件遣词造句上的让步。它是一种权责与风险的妥协，一般来说文字描述均与权责有关，也与风险相关。例如条款分为有价条款与程序性条款时，程序性条款中的义务修改、法律规定的通融等，都会改变双方执行合同的先后顺序，以及各种风险在大小、经济上可能的增减。所以让一句一字也是很有价值的让步。

四、买卖双方可作为让步的内容

（一）买方让步的内容

（1）资金方面的内容：迅速支付货款，事先全部购买原材料，超义务信贷及某特定项目的合资经营。

（2）提供技术援助。

（3）批量订货。

（4）如果原材料涨价，可以适当提高交货的价格。

（5）中间商参与广告宣传。

（6）买方向卖方提供紧缺的原材料。

（7）推迟交货期。

（8）降低包装要求。

（9）自己安装。

（10）长期经销。

在实际谈判中，还有很多让步内容，买方谈判人员可以根据实际情况，选择最有效的内容对卖方让步。

（二）卖方让步的内容

（1）降低某些项目的价格。

（2）为买主提供仓储和运输。

（3）提供各种方便的付款方式，如分期付款或延期付款；简化支付程序，如月支付或季支付。

（4）包装方面的让步。例如标准或非标准包装、便于库存的特别标记、便于堆放的包装。

（5）期限变化方面的让步。当币值发生变化后，期限也就要随之变化。

（6）提高产品质量。

（7）提供全部或部分工具费和安装费用。

（8）培训技术人员。

（9）无偿调试。

（10）在特定期限内，保证价格稳定。

（11）提供租赁方式，向对方提供运输工具。

在实际买卖过程中，卖方能够提供的让步内容还很多，谈判人员可适当使用。

五、让步中的忌讳

由于谈判的复杂性和人员个人方面的原因，每个谈判人员都可能犯错误。以下是谈判让步中容易出现的错误，虽然不全面，但可能会发生，希望谈判人员能够注意，在实际中给予重视。

（1）一开始就接近最后的目标，没有余地。

（2）自以为了解了对方的要求，不耐心地试探和发现事情的真相。

（3）要求太低，你的要求可能对方会非常容易地就满足你。

（4）接受对方最初的价格。

（5）在没有得到对方的交换条件时轻易让步。

（6）轻易相信"不能让步"的话。

（7）在重要问题上先做让步。

（8）不适当地让步。

（9）接受让步时感到不好意思或者有罪恶感。

（10）忘记自己的让步次数。

（11）让步的形态表现得太明显。

（12）卖方让步时，买方也做相对的让步。

（13）在没有弄清对方所有的要求以前，做出各种让步。

（14）执着于某个问题的让步，不考虑整体利益。

（15）做交换式的让步。

（16）每次让步后不检验效果。

第五节　僵局的处理

谈判僵局是商务谈判过程中，谈判双方利益或期望对某一问题的立场和观点存在分歧，很难达成共识，而又都不愿意做出妥协时，谈判进入停顿的僵持状态。

谈判出现僵局，会影响谈判协议的达成，无疑这是谈判人员不愿看到的。因此，在双方都有诚意的谈判中，应尽量避免出现僵局。但是，不论是和风细雨的谈判，还是激烈争辩的谈判，出现僵局是不可避免的。出现僵局不等于谈判破裂，但它会影响谈判的进程。因此，了解谈判僵局产生的原因，学会利用僵局迫使对方让步，是每个谈判人员必备的技能；更重要的是掌握科学有效的策略和技巧，打破僵局，使谈判重新顺利进行下去。

一、僵局产生的原因

1. 谈判双方势均力敌

谈判双方实力相当，并且双方各自的目的、利益都集中在某几个问题上。一宗商品交易，买卖双方都非常关注商品价格、付款方式这两项条款，这样双方通融、协商的余地就比较小，很容易在此问题上抬价或压价，互不让步，形成僵局。

2. 谈判双方利益诉求不一致

双方对交易内容的条款要求和想法差别较大，也容易形成僵局。例如，一桩商品交易，卖方要价60万元，而买方还价30万元；卖方要求一次性付款，买方坚持两次付款。这样一来，要调节双方的关系就比较困难。通常的办法是双方各打五十大板，做同等让步，以45万元的价格成交。如有任何一方不妥协，僵局就会形成。

3. 谈判人员行为失误

由于一方言行不慎，伤害了对方，常常会引起对方的不满，使其产生抵触情绪和强烈的对抗，谈判陷入僵局。

4. 以坚持立场的态度磋商问题

在谈判过程中如果双方的立场观点不一致，各自认为己方是正确的，而对方是错误的，并且谁也不肯放弃自己的立场观点，往往会出现僵局。而双方的真正利益被这种立场观点的争论所掩盖，双方为了维护自己的面子，不但不愿意做出让步，反而用否定的语气指责对方，迫使对方改变立场观点，谈判就变成了不可相容的立场对立而形成僵局。因为人们很容易在谈判时陷入立场观点的争执中不能自拔。

5. 信息沟通不畅

谈判过程是个信息沟通的过程，只有双方信息实现正确、全面、畅通地沟通，才能互相深入了解，才能正确把握和理解对方的利益和条件。但是实际上双方的信息沟通会遇到种种障碍，造成信息沟通受阻或失真，使双方产生对立，从而陷入僵局。

6. 对威胁战术的反抗结果

当谈判的一方占有一定的优势，他们就以优势者自居，向对方提出不合理的交易条件，强迫对方接受。被强迫一方出于维护自身利益或是维护尊严的需要，拒绝接受对方强加于自己的不合理条件，反抗对方的强迫。被强迫一方越是受到逼迫，就越不退让，从而使谈判陷入僵局。

二、制造和利用僵局

许多谈判人员都有视谈判僵局为失败的概念，企图竭力避免，在这种思想的指导下，不是采取积极的措施加以缓和，而是消极躲避。为避免僵局出现，就会处处迁就对方，一旦陷入僵局，就会很快地失去信心和耐心，甚至怀疑自己的判断力，对预先制订的计划也产生了动摇。应该看到，僵局的出现对双方都是不利的。如果能正确认识，恰当处理，会变不利为有利。

当谈判不能按期达成协议而陷入僵局时，将成为一股巨大的压力。僵局是一种具有强烈暗示性的不确定状态，它可能意味着谈判即将破裂。在出现僵局客观所形成的压力下，谈判者往往会心急如焚，甚至会病急乱投医，并会以较大幅度的让步来试图排除这股压力。因此，了解制造僵局的一般规律更有助于利用僵局。为了达到"不打不成交"的效果，通常要考虑下述几点：

（1）让对方有选择的余地。所提出的方案不是唯一的。

（2）给自己留有余地。要留有后路，话不要说得太满，给自己留个台阶下。

（3）僵局的产生是由于未能达成协议而引起的利益损失，而不是源于双方自尊心的损害，所以打破僵局的最好办法不是相互道歉，而是达成协议。

（4）有应对措施。例如制造虚假情报、声东击西、以静制动、静观其变。

（5）面对僵局对事不对人。对某些原则性问题，谈判时语气要和蔼，但态度要坚决。

三、僵局的处理对策

僵局在谈判中是一种不进不退的状态，当双方所谈问题的期望值差距过大，且谈判双方不对分歧做出妥协时，谈判进程就会停顿，影响谈判的顺利进行。僵局对双方合作不利，但谈判者可以通过方法和措施有效地回避，以保证谈判顺利进行。

（一）避免僵局的方法

1. 事前在谈判方式上避免

为了避免僵局，可以采用互惠的谈判方式。互惠方式是谈判双方均认定自身需要和对手需要，然后共同探讨满足双方需要的一切有效可行的途径。使用这种谈判方式的谈判者，视对方为解决问题者而不是敌人，追求的目标是在顾及效率及人际关系的前提下满足双方的需求。对对方温和，但在谈判的主题上采取强硬的态度，讲理而不屈服于压力，眼光放在利益上，而不是立场上，探寻共同利益，而不是单纯地以自身收益为达成协议的条件。采用多头并进的横向谈判也是事先避免僵局的好办法。运用这种方法，可以保持谈判的机动性。

2. 回避分歧，委婉否定

当双方对某一议题产生严重分歧时，可借助有关事项和理由委婉地否定对方的意见。其具体办法有四种：①先肯定局部，后全盘否定；②先重复对方的意见，然后削弱之；③用对方的意见说服对方；④以提问的方式促使对方自我否定。

3. 准备可供选择的多种方案

如果双方仅仅采用一种方案进行谈判，当这种方案不能为双方同时接受时，就会形成僵局。实际上，谈判中往往存在多种满足利益的方案。在准备期间就应该备有多种可选择的方案，一旦一种方案遇到障碍，就可以提供其他的备用方案供对方选择。使"山穷水复疑无路"的局面转成"柳暗花明又一村"的美景。谁能够创造性地提出可供选择的方案，谁就能掌握谈判的主动权。当然这种替代方案既要维护己方的利益，又要兼顾对方的利益，这样才能使对方对替代方案感兴趣，进而从新方案中寻找双方的共识。

（二）突破僵局的策略与技巧

1. 避重就轻，转移视线

当僵局出现后，转移视线不失为一个有效方法。有时谈判之所以出现僵局，是因为双方僵持在某一个问题上，这时，可以把这个问题避开，磋商其他条款。例如，双方在价格条款上互不相让，僵持不下，可以把这一问题暂时放在一边，先洽谈交货日期、付款方式、运输、保险等。如果在这些问题的处理上双方都比较满意，很可能对价格条款做出适当的让步。

2. 暂时休会，缓解情绪

采用暂时休会的方式，使双方都冷静头脑，整理思路。对己方来说，最好在休会前将自己的方案再做一次详尽的解释，提醒对方在休会时进一步考虑。休会是使双方冷静的最好方法，由于双方都在火头上，此时稍有不慎，随时可能有"着火"的危险。富有经验的谈判人员一般在僵持不下的情况下主动提出暂停。暂时的离开并不是放弃，而是争取更多的胜利，有放有收、把握节奏是高明的技巧。避开正式的谈判场所，把谈判转到轻松的环境中。

3. 尊重对方，有效让步

当谈判人员各持己见陷入僵局时，谈判人员应该明白，谈判的目的是达成协议，实现双方的共同利益。如果促使合作的退让所带来的利益大于固守己方立场导致的谈判破裂的收获，那么退让就是聪明有效的做法。采取有效退让方法打破僵局的原则是：牺牲

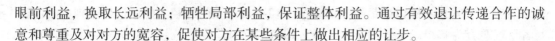

眼前利益，换取长远利益；牺牲局部利益，保证整体利益。通过有效退让传递合作的诚意和尊重及对对方的宽容，促使对方在某些条件上做出相应的让步。

4. 以硬对硬，据理力争

并非所有的僵局都可以靠诚恳破解。如果你推心置腹地向对手交了底，有可能反而让对手抓住了把柄，作为进一步向你讨价还价的根据。所以，遇到了态度特别强硬的对手，有时不妨以硬对硬。使用此策略的前提条件之一是己方的要求是合理的，而且没有退让的余地，因为再退让就会损害己方的根本利益；另一个前提条件是己方不怕谈判破裂，如果对方珍惜这次合作机会，有可能选择退让的方案，从而打破僵局。

5. 场外沟通，消除障碍

场外沟通作为拖延战术的一种特殊形式，有着相当重要的作用。心理学家认为，人类的思维模式总是随着身份的不同、环境的不同而不断改变的，谈判桌上的心理肯定和夜光杯前的心理不一样，作为对手要针锋相对，作为朋友促膝倾谈则肯定别有一番心情。当双方把这种融洽的关系带回到谈判场中，自然会消去很多误解，免去很多曲折。对于正式谈判出现的僵局，可以通过场外沟通来解决，以消除隔阂，但要把握好时机。通常在下列情况下进行：

（1）谈判双方在正式会谈中相持不下，陷入僵局，彼此虽有求和之心，但在谈判桌上碍于面子难于启齿。

（2）当谈判陷入僵局时，谈判双方或一方的幕后主持人希望借助非正式的场合进行私下商谈，从而缓解僵局。

采取的具体措施有：

（1）改变谈判环境。当谈判陷入僵局时，在谈判桌上谈不成的东西，在郊游、娱乐的场合极有可能谈成，从而打破僵局。

（2）利用第三方调节。第三方介入的前提是以双方共同确认为必要。第三方应该确定具体的介入规则，通常通过第三方的工作，了解各自的需求和当前的进展，发现双方的共同点和分歧点，分析可能的分歧弥合策略，加强双方的沟通。很多情况下，第三方看到的利害关系比双方看到的利害关系更清楚，第三方提供的资源在当事人看来也更可信。第三方要有一定的权威性。

（3）调整谈判人员。更换谈判小组成员或主谈人员，有利于打破僵局。

总之，僵局的突破是谈判的科学性与艺术性结合的产物。在分析、研究及策略的制定方面，谈判的科学性大一些；而在具体运用上，谈判的艺术成分大一些。需要指出的是，一种策略可以有效地运用于不同的谈判僵局中，但一种策略在某次僵局突破运用成功，并不一定就适用于其他同样起因、同种形式的谈判僵局。只要僵局构成因素稍有差异，包括谈判人员的组成不同，各种策略的使用效果都有可能是迥然不同的。

阅读案例 7-5：同强盗成了朋友

美国著名作家欧·亨利曾发表过一个病人同强盗成为朋友的故事；

一天晚上，一个人因病躺在床上。忽然，一个蒙面大汉跳过阳台，几步就来到了床边。他手中握着一把手枪，对床上的人厉声叫道："举起手！起来！把钱都拿出来！"

躺在床上的病人哭丧着脸说："我患了非常严重的风湿病，手臂疼痛难忍，哪能举得起来啊！"

那强盗听了一愣，口气马上变了："哎，老哥！我也有风湿病，不过比你轻多了。你患这种病有多长时间了？都吃了什么药？"躺在床上的病人把各类激素药都说了一遍。强盗说："那不是好药，是医生用来骗钱的药，吃了它不见好也不见坏。"

两人热烈地讨论起来，特别是对一些骗钱的药物看法相当一致。两人越谈越热乎，强盗已经在不知不觉中坐在床上，并扶病人坐了起来。强盗忽然发现自己还拿着手枪，面对手无缚鸡之力的病人十分尴尬，连忙偷偷把枪放进衣袋之中。为了表示自己的歉意，强盗问道："有什么需要我帮忙的吗？"病人说："你我有缘分，我那边的酒柜里有酒和酒杯，你拿来，庆祝一下咱俩认识。"强盗说："不如咱们到外面的酒馆喝个痛快，如何？"病人苦着脸说："只是我手臂太疼了，穿不上外衣。"强盗说："我可以帮忙。"他帮病人穿戴整齐，一起向酒馆走去。刚出门，病人突然大叫："噢，我没带钱！""不要紧，我请客。"强盗答道。

短短的时间之内，病人跟强盗竟然成了朋友，这种精神的感化同样可以运用到谈判桌上，作为谈判成功的一种好办法。在谈判过程中，假如能顺利地找到谈判对手与你在个人需要上的共同点，就可以很快让那些棘手的难题迎刃而解，达成有利于己方需要的协议。

▶▶ 本章小结

通过双方各自陈述己方的观点和愿望，提出己方认为谈判应涉及的问题及问题的性质、地位，以及己方希望取得的利益和己方的谈判立场；通过初步接触，探测对方的目标、意图以及可能的让步程度，这一过程就是通常所说的摸底。通过摸底，谈判人员应完成下述几项工作：考察对方是否诚实、正直、值得信赖，能否遵守诺言；了解对方对该项交易的诚意与合作意图，对方的真实需要是什么；设法了解对方的谈判经验、作风，对方的优势与劣势，了解对方每一位谈判人员的态度、期望，甚至要弄清对方认为有把握的和所担心的事情分别是什么，是否可以加以利用等；要设法了解对方在此项谈判中必须坚持的原则，以及在哪些方面可以做出让步。摸底阶段常用的方法有：火力侦察法、迂回询问法、聚焦深入法、示错印证法。

报价的方法有：除法报价法、加法报价法、诱导报价法、激将法、差别报价法。

让步的基本原则：①不要做盲目的让步；②让步要恰到好处；③不要做无谓的让步；④在己方认为重要的问题上，力求让对方让步，而较为次要的问题，根据需要，己方让步；⑤不要承诺做同等程度的让步；⑥如果做出的让步欠妥，要及早收回，不要犹豫；⑦一次让步的幅度不要过大，节奏不要太快；⑧在准备让步时尽量让对方开口提条件。

避免僵局的方法有：事前在谈判方式上避免；回避分歧，委婉否定；准备可供选择的多种方案。突破僵局的策略与技巧有：避重就轻，转移视线；暂时休会，缓解情绪；尊重对方，有效让步；以硬对硬，据理力争；场外沟通，消除障碍。

思考题

1. 摸底的主要工作有哪些？策略的运用有哪些？
2. 合理报价的基本要求是什么？
3. 报价的方法有哪些？其特点如何？
4. 让步的原则和技巧有哪些？
5. 突破僵局的策略与技巧有哪些？

案例分析讨论

理想谈判目标的实现需要付出努力

爱姆垂旅店是一家专门面向 18～25 岁的青年人且需要得到富有同情心的帮助和专业上的指导，以使他们能顺利地完成从学校走入社会的转变的旅店。许多旅客大多是精神分裂者，或者已到精神分裂症的边缘，或刚从吸毒的不幸经历中解脱出来。旅店位于波士顿郊外的一个工业城中，可容纳约 20 名旅客。它的隔壁是一家交通中转站，环境嘈杂，不是一个理想的住所。但旅店的占地面积还是挺大的，还有一片榆树林。

史蒂夫是爱姆垂旅店董事会成员。董事会曾委派他调查将爱姆垂旅店迁到一个安静的、半居住性的社区的可能性。合适的迁移地点有 A、B 两市。但由于资金的原因，搬迁的想法被打消了。

不久，一位名叫威尔逊的先生来找爱姆垂旅店的经理——彼得斯夫人，表示他的公司（一家建筑开发承包公司）愿意买下爱姆垂旅店。这个情况太突然了，爱姆垂旅店并未公开对外宣布想要搬迁。她回答从来没想过要卖旅店，但是如果价钱合适的话，董事会也许会考虑。

董事会委派史蒂夫去办理这项有希望的交易。史蒂夫找了一位谈判专家帮忙，咨询他应该如何与威尔逊先生取得联系。谈判专家建议他先给威尔逊先生打个非正式电话。而后，史蒂夫被邀请参加一次鸡尾酒会，届时他将与威尔逊先生讨论成交的可能性。在第一次会谈中，不谈任何财务问题——只是去试探一下威尔逊的看法，而且还不能透露董事会正在寻找地点准备搬迁。

根据首次会晤的结果和对威尔逊商业往来所做的一些深入调查，史蒂夫确认威尔逊是一位有信誉的合法商人。他的公司想买爱姆垂旅店，可能是想在这里建造公寓。威尔逊希望马上讨论价格问题，而史蒂夫则需要两个星期来做些谈判准备工作。所以他借口说，他需要得到董事会的批准，才能开始实质性的谈判。

在接下来的日子里，史蒂夫做了几件事。首先，要确定爱姆垂旅店的底价或能够轻易成交的价格。而这个价格要取决于是否可以找到合适的搬迁地点，所以很难确定下来。史蒂夫得知，在以前曾确定的 A 市或 B 市的两个地点是可以用一个合适的价格得到的。史蒂夫分别和这两块房地产的所有人谈过了，他得知，A 市的那块房地产可以以 17.5 万美元的价格买来，B 市的那块可以用 23.5 万美元的价格买来。

史蒂夫断定，爱姆垂旅店搬迁到 A 市至少需要22 万美元，而搬迁到 B 市则至少需要27.5 万美元。这笔钱包括：搬迁费、小修费、保险费和一小笔风险贴现费。A 市地点比 B 市位置好得多，而 B 市又比现在爱姆垂的位置好。所以史蒂夫决定，他的底价是22 万美元，低于这个价格，他就不谈了，而且盼望能高一些——足够买下 B 市那块房地产。史蒂夫通过考察附近地区的销售价格，以及与本地的房地产经纪人和房地产专家的交流，得知爱姆垂旅店可能大约仅值12.5 万美元。

为了摸清威尔逊的底价，史蒂夫请教了一些房地产专家（其中几位在哈佛商学院），还询问了波士顿地区的两家承包商。了解到售价的高低很大程度上取决于开发者的意图，即能够允许他们在这块地基上建造多高的建筑物，以及他们是否还要买别的地基。经过调查之后断定，威尔逊的底价是在27.5 万 ~ 47.5 万美元之间。

谈判开始的两天前，史蒂夫开始准备谈判策略。爱姆垂旅店的餐厅太吵了，在大学的办公室也不合适，所以商定会谈在某一酒店内举行，史蒂夫在会谈中需要一位助手帮助提些法律细节方面的建议，他决定邀请波士顿的一位律师参加谈判，并让最熟悉爱姆垂旅店的彼得斯夫人也参加谈判。谈判分工为：史蒂夫谈价格问题，彼得斯夫人负责协助讨论有关城镇之间旅店的重要社会作用等事宜。

谈判还没有开始，史蒂夫意识到对威尔逊的底价做出的估价太粗了，以致很容易出错，这样首次报价很可能比他的实际底价低。但如果一开始漫天要价，比如说90 万美元——远远地高于可能成交的价格，那么就会破坏谈判的气氛。

史蒂夫决定让威尔逊首先报价；如果不成功，或一开始就被迫首先报价，他的报价为75 万美元，这个报价有较大的灵活性。史蒂夫曾想过一开始就报出40 万美元，并在一段时间里坚持不变。但是经商量后，他们认为有40% 的概率这个价格会低于威尔逊的保留价。如果威尔逊首先报价，史蒂夫将不让他有时间仔细考虑他的报价，而将迅速做出反应，立即给出一个还价，比如说75 万美元，让对方在心理上觉得他的报价太低了。

一旦两个报价都拿到了桌面上来，最终的合同价格就在这两个报价之间。假如威尔逊的报价是20 万美元，史蒂夫的还价是40 万美元，则最终价格一般为30 万美元——当然，这个价格要在可能达成协议的范围之内，即在史蒂夫（卖方）的真正底价之间。作为先开价者，史蒂夫认为最后能卖到35 万美元。

他们曾经商量了时间的作用。如果威尔逊最近的报价低于22 万美元，史蒂夫是否应该离开谈判桌，暂停谈判呢？他的朋友提醒史蒂夫，对这个问题没有客观的标准。他将面临一种典型的不确定情况下的决策问题。而且在试探了威尔逊的态度之后，再对他的底价做出估计，会比以现有资料做出估计有用得多。暂停谈判的危险在于，休会期间，威尔逊可能会继续寻求别的机会。当然这种危险在于他们是怎样停下来的。

谈判一开始，双方说了几句幽默的笑话和客套话，接着威尔逊就说："请告诉我，你们能够接受的最低条件是什么。好让我看看是否能再做点什么。"史蒂夫早已料到了这样的开场白，没有直接回答，他问道："为什么不告诉我们，你愿意出的最高价格，好让我来看看是否能再削减点价格。"威尔逊被这个回答逗乐了，他报出的开盘价格为12.5 万美元，而且讲了在该地区许多房地产买卖的实例作为支持这个报价的证据。史蒂夫立即回答说，爱姆垂旅店完全可以卖得比这个价格高，再说他们一点也不想搬迁；只有当他们能够搬到更安静的地方去，他们才可能考虑搬迁。但是在环境安静的地方，房地产价格是很高的。史蒂夫最后提出，只有售价 60 万美元，才可能抵消这次麻烦的搬迁。史蒂夫选择这个价格的理由是 12.5 万美元和 60 万美元的中间值，高于所盼望的 35 万美元。威尔逊反驳道，这个价格根本不可能被接受。双方让了一小点儿步，最后决定休会，双方都暗示，他们将再做一些调查。

史蒂夫找他的朋友商量，应怎样重新评价和判断威尔逊的底价。史蒂夫直觉 60 万美元实际比威尔逊的保留价格高得多。威尔逊是这方面的老手，假如他的底价比 60 万美元高，他就会引导史蒂夫向别的方面想问题。于是决定等一星期以后告诉威尔逊，旅店董事会愿意把价格降到 50 万美元。

但是两天以后，史蒂夫接到了威尔逊的电话，他告诉史蒂夫，他的良心受到了责备，他做了一个梦，梦到了彼得斯夫人和他给这个世界带来的社会福利。他被感动了，愿意将他的价格提到 25 万美元。史蒂夫高兴地脱口而出："现在这个价格比较接近它了！"但是马上恢复了镇定，说道，他能说服理事会把价格降到 47.5 万美元。他们商定两天后再次会见，并希望那是最后一轮谈判。

由于史蒂夫的失误，让威尔逊知道了 25 万美元的报价就足够了，但是史蒂夫觉得，他的 47.5 万美元也较接近威尔逊的底价了，并且认为，这似乎就是威尔逊提出再进行最后一轮会谈的唯一原因。

在以后的两天中，双方各做了一些让步。威尔逊逐渐地将报价提高到 29 万美元，最后停在确定的报价 30 万美元上。史蒂夫则从 47.5 万美元降到 42.5 万美元，又降到 40 万美元，然后当威尔逊强硬地停在 30 万美元时，他又"费力地"提到了 35 万美元。史蒂夫最后停止了谈判，并告诉威尔逊，他将必须与董事会的主要成员取得联系，看看是否可以突破 35 万美元这个界限。

现在 30 万美元不仅突破了史蒂夫的 22 万美元，而且使爱姆垂旅店有可能买下 B 市的房地产。史蒂夫认为威尔逊将会把价格提高到 30 万美元以上。只需要采用一些保全面子的策略，但也不排除威尔逊还做着别的交易，一旦其中一项成交了，会很快决定放弃爱姆垂旅店的交易。

随后，史蒂夫做了两件事：①为了准备购买 B 市的那块房地产，他请律师为签订一份合法的合同做全面细致的准备。律师说除了需要超出原预算 2 万美元，对房子做一些必要的修理，一切都与原计划一样。30 万美元仍然能满足这个需要。②旅店可以将余下的 2.5 万美元放入"财务援助基金"之中。这个基金是为了帮助那些不能完全负担起爱姆垂旅店住宿费的旅客。

第二天，史蒂夫给威尔逊打了一个电话，向他解释说，旅店对是否接受 30 万美元的报价有不同意见。"您的公司能不能再多出一点儿？如果咱们的买卖做成了，您的公司能否为爱姆垂旅店新买的房子做相当于 3 万美元或 4 万美元的免费维修工作？要是这样的话，我可以接受 30 万美元的报价。"威尔逊回答说，他非常高兴董事会能明智地接受他的 30 万美元的慷慨报价，但他的公司有一项一贯的政策，就是不让自己卷入免费承包这种限制性的交易之中。所以这个建议根本行不通。史蒂夫回答道："如果您的公司能为爱姆垂旅店提供一笔免税的赞助，比如说 4 万美元的赠款，这笔钱将放入旅店的'财务援助基金'中，专供帮助急需的旅客之用。"

"噢，这倒是个主意！4 万美元太多了，但我可以问问我们的律师，是否捐赠 2 万美元。""2.5 万美元怎样？""好吧，就 2.5 万美元。"

根据法律，威尔逊的公司要直接付给爱姆垂旅店 32.5 万美元。这样威尔逊既保全了面子，又巧妙地突破了他自己的最终报价。而爱姆垂旅店则通过曲折道路充分满足了自己的需要。

问题：

1. 史蒂夫应采取什么样的开局策略？开局的目标是什么？有何依据？

2. 在此谈判中谁应当首先报价？如果威尔逊坚持让史蒂夫首先报价，史蒂夫应该采取的策略是什么？

3. 史蒂夫为这次谈判做了哪些准备？史蒂夫最后达到了预期目标，为此他使用了哪些策略？

4. 整个谈判过程分几轮？每一轮谈判解决了哪些问题？双方的让步策略如何？谈判中是否出现了僵局？如果出现了又是如何打破的？

5. 结合案例谈谈威尔逊是如何既保全了面子，又巧妙地突破了自己的最终报价的？而爱姆垂旅店是如何充分满足了自己的需要的？

第八章

商务谈判的结束与合同的签订

本章要点

1. 掌握商务谈判结束的原则。
2. 掌握商务谈判终结的策略。
3. 明确谈判合同的构成要素。

▶ **导入案例**

巧妙的"最后期限"

一位法国人,他家有一片小农场,种的是西瓜。经常有人来电话,要订购他的西瓜,但每一次都被他拒绝了。有一天,来了一位12岁左右的小男孩,他说要订购西瓜,被法国主人回绝了,但小男孩却不走,主人做什么,他都跟着走,在主人身边,专谈自己的故事,一直谈了个把小时。主人听完小男孩的故事后,开口说:"说够了吧?那边那个大西瓜给你好了,一个法郎。""可是,我只有一毛钱。"小男孩说。"一毛钱?"主人听了便指着另一个西瓜说:"那么,给你那边那个较小的绿色的瓜好吗?""好吧,我就要那个!"小男孩说:"请不要摘下来,我弟弟会来取,两周以后,他来取货。先生,你知道,我只管采购,我弟弟负责运输和送货,我们各有各的责任。"

男孩虽然遭到明确无误的拒绝,但谈判并没有结束,男孩通过融洽关系,"只有这些钱"和造成既定事实后追加有利的成交条件的办法,保证了最终目标的实现。

此案例的关键点是:卖主明确拒绝后,小男孩却没有收到"最后期限已到"的信息,而且将谈判成功地继续下去。但是,如果真的存在那个"最后期限"的话,结局恐怕就截然不同了。

第一节　商务谈判结束时机的准备

一、谈判结束的方式与原则

在准备正式结束谈判之前,谈判人员应该对谈判结束可能发生的结果和谈判结束

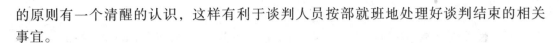

的原则有一个清醒的认识，这样有利于谈判人员按部就班地处理好谈判结束的相关事宜。

（一）谈判结束的方式

谈判结束的方式主要有三种：成交、中止和破裂。

成交是指交易双方达成合同，交易能够实现。成交分为两个层次：①双方对交易条件达成一致，对全部或绝大部分问题没有实质性的分歧；②双方在这个前提下能够达成法律生效的书面合同，合同内容符合各种规章制度的规定，需要主管部门审批的内容能够获得通过，合同能够正式进行到操作阶段。只有谈判的成交能够达到第二个层次，才能使谈判的成果真正带来现实的利益，这是真正意义上的成交。

谈判中止是指双方因为某种原因未能达成全部或部分成交合同而由双方约定或单方要求暂时终结谈判。谈判中止可能是因为谈判人员对一方提出的条件没有权限做出决定，或需要计算和商议技术问题和成本而中止谈判，或在新的条件下需要重新制定新的议案使双方能够达到双赢等。基于上述原因中止的谈判一般会约定重新进行谈判的时间，因为双方都知道谈判仍然有余地，这种中止是可以通过再次谈判而成交的，因为中止是为了促成双方创造条件，最后达成合同。另外一种中止方式是无约期中止，双方在中止谈判时对恢复谈判的时间无具体约定。在谈判中，由于谈判双方所开出的条件相距甚远，或因为特殊的困难而使双方不能成交，但是谈判破裂对双方造成的损失都非常大，重新开始谈判又有很多的未知条件不能满足，最典型的就是国家政策、形势的变化，这种情况下会采取无约期中止。无约期中止的双方可能表述为"一旦政策允许""一旦双方条件成熟"等含混的字眼。

谈判破裂是指双方经过最后的努力仍然不能达成共识和签订协议，交易不成，或友好告别，或愤然而去，从而结束谈判。依据双方的态度，谈判破裂可分为友好破裂结束谈判和对立破裂结束谈判。友好破裂结束谈判是指双方互相体谅对方面临的困难，讲明难以逾越的实际障碍而友好地结束的谈判；对立破裂结束谈判是指双方或单方在对立的情绪中愤然结束未达成任何协议的谈判。对于友好破裂，双方虽然没有达成共识，但是增进了彼此的了解，可以创造进一步合作的机会；而对立破裂使双方关系恶化，将来很难再次合作。

因此，在谈判双方经过一系列的努力终究不能达成共识的情况下，应该尽量稳定情绪，增进理解，不要攻击对方，争取以损失最小化的方式来处理谈判破裂。

（二）谈判结束的原则

从谈判学的角度来看，谈判结束既是自然的结果，又是能动的结果，其中大有规律和学问。正确判定谈判终结可使谈判双方减少谈判损失，增大谈判收益，避免阴差阳错、煮夹生饭或误导谈判。虽然谈判结束的方式各异，或成交，或中止，或破裂，但谈判结束的原则却基本相同。

1. 彻底性原则

彻底性原则是指所谈交易内容要全面，交易各方面的条件要谈透，不得再出现疑点。为了达到彻底性原则的要求，结束谈判时，谈判者均应"结账"与"对账"。

2. 不二性原则

不二性原则是指当谈判结束时，双方达成的成交、中止和破裂的状态不得改变。不二性原则有两个特征：明确，不变。所谓明确，是指与交易相关的一切条件，无论从听觉上、视觉上、感觉上，以及实际利益上，使当事双方或者第三者不会产生任何歧义。所谓不变，是指双方交易相关的一切条件达成协议后，不反悔，承担协议约束的义务。不变原则是指双方达成的任一协议内容和条件不得再改变，换言之，谈判结果具有不可更改性。如果双方对达成的协议存在歧义，理解问题似乎一致，但还有待商量的情况，该结局就不是"不二状态"。这种结局也存在风险。怎么才叫不二性呢？必须做到两点：明确与不变。

不二性原则可以判定谈判成果是否成熟，是否真的收获了。一般来讲，处在变化中的结果还难以肯定它是什么。该原则还反映谈判者所代表的企业及本人的信誉。所以，不二性原则促使谈判者要深思熟虑地处理所有问题，并要诚实守信。那么，不二性原则是否在结束谈判后毫无通融的可能呢？从概率看，只有一种情况可以通融，即双方认可的明显口误或笔误造成的错误，经协商可以修改，但前提是"及时"。所谓及时，是指不得晚于双方分手之时，最迟不晚于双方签订合同之时。若超过"及时"的限度，通融就会付出代价。

3. 条法原则

条法原则是指双方达成的各种交易条件均应以相应的法律格式表达出来，使之具有法律约束力。虽然口头承诺也具有合约效力，但从履约的便利及管理的角度看，必须将双方谈判达成的协议条法化。为此要做到以下三点：

（1）口头协议文字化，是指将双方谈判并达成一致的条件均撰写成准确表达其意的文字。该文字或许在卖方报价与买方还价时即已存在，但经过谈判后，这些文字表述的意义已发生变化。条法性要求将从文字到口头产生变化的结果——双方达成的协议的真实意思用文字准确表述出来。

（2）文字协议格式化，是指将达成的文字协议按交易内容的逻辑关系，按合同格式的要求，从整体上进行整理，使整个协议从命题到文体、从细目到秩序、从用词到描述总体格式化。通过格式化过程使文字表述标准化，通过逻辑排序使文体清晰并条理化。

（3）不同格式、不同文字的文本一体化，是指将合同正文的、技术附件的文本，以及不同语言文字（国际贸易中的不同语言文字）的文本相互排序、引证、核对，保证所有格式的不同文字文本的完整性、关联性，保证不同文字文本意思表达一致，使其成为交易合同不可分割的、具有同等效力的部分。

4. 情理兼备性原则

情理兼备性原则是指在谈判终结时要情绪平稳，并且理解对方的处境，充分解释己方不能达成交易的原因，争取对方的理解和将来的合作机会。

有经验的谈判人员不会让谈判完全破裂，否则，根本就不必谈判。他总会给对方留一点退路，以待下次谈判达成协议。但是另一方面，谈判人员须说明，没有达成协议比达成协议要好，因为勉强达成的协议可能后患无穷。很多人在谈判时大方向是知道的，但好的谈判人员把整个谈判内容化整为零，谈完了一点耗得对方精疲力竭时，他又突然跳到另一点，有时会绕回刚才那一点。这时，对方就不一定在每个环节上都知道自己最好的选择和底线是什么了。对于厂商，要不断地告诉他，自己已经为他做了些什么，让他感觉到己方已经付出了很多。如果谈不成，不要着急，暂时终止谈判，不要害怕主动终止会带来什么负面效应，要"斗争"到底。适当的时候，也要做出一些让他们吃惊的行为，让他们重视自己。这并不是说要坚持不让步，"斗争"的主要目的是找到一个双赢的策略。

二、商务谈判结束时机的判定

谈判如下棋，不会无限期继续，是否该结束，有其本身的规则，或有其一定的标志。见到这种标志，就要准备"收官"——结束谈判，不结束就会"没事找事"或"自讨苦吃"——多付出时间、金钱而毫无收获，甚至失去已有成果。谈判结束的标志有三个：条件标志、时间标志和策略标志。

（一）条件标志

条件标志，即以双方交易条件达成一致的程度来判断谈判的终局。不论交易复杂程度如何，交易条件普遍存在，如商业、法律、技术、文字与数字表述的条件等。条件作为结束谈判的标志时，需要将条件量化分级，谈判若完成了各级各层的条件内容，自然可以结束谈判。条件量化分级可为两级，即两个层次：分歧量与成交线。从判断的意义上讲，这些分级与层次也是不同的角度，即可从这些角度看终局。

1. 分歧量

分歧量是指以双方谈判存在的分歧数量作为谈判结束的标准。为什么只说分歧数量，而不讲分歧分量呢？这是因为从谈判进程看，每结束一个议题，即完成一个工作量；即使再有分量的分歧，也是一个议题，只要决策者一句话，或是或否，即可解决。可见，解决分量大或分量小的分歧方式是一样的，故取分歧数量即可。分歧数量越少，谈判进入结束阶段就越显现；而分歧分量越多，结束的结果越不乐观。

2. 成交线

成交线是指以对方的条件是否进入己方预定成交线来判断谈判是否结束。在谈判实务中，谈判者设定的成交线，即追求的谈判目标，分为上线、中线、下线。上线为最理想的条件，中线为满意的条件，下线为可以接受或"忍受"的条件。这里的成交线是指下线。因为当谈判条件进入己方成交下线时，从谈判心理和实际安排来说，均有进入结束阶段的感觉。

如当价格已进入最低成交线时，较自然的想法就会是再搏一下，以扩大战果，而不会不切实际再大干一场，这样有把到手的交易又失去的危险。所以，谈判者一定要考虑结束谈判的问题，合同条件的谈判也是如此。当某个法律条款的描述已基本表达了己方的想法或要求时，该条款谈判就进入结束阶段；若想再谈，也只是个别字句的问题，不应重谈。

如未进入成交线能否认为进入结束阶段呢？这取决于双方尚存的差距。经过分析、谈判，若该差距可以逾越，则谈判已进入结束阶段。不论由"单方动作幅度"——单方力量克服差距，还是由"双方动作幅度"——双方力量克服差距，都表明谈判可以准备结束。若经过谈判，该差距一时难以逾越，结果有两种：一是谈判破裂，它也是谈判结束；二是继续谈判，争取找到解决办法，此时谈判离结束还有距离。

（二）时间标志

时间标志是以谈判时间来判定谈判结束。谈判时间包括谈判所需、所花、所限的时间，也包含了"机会"的意义。时间标志有以下三种情况：

1. 双方约定的谈判时间

在开始谈判前，谈判双方就确定所需时间，双方据此安排谈判人员和程序，当所定的时间用完，谈判也应结束。一般来说，双方约定时间一定应在开始谈判之前，因为此时最易达成协议且不失自己的地位优势。谈判时间的长度多以谈判内容客观所需时间来确定。当一方故意压缩时间长度时，另一方也应采取"随意"的态度，因为不随意就会显得"急"，于日后谈判不利。

2. 单方限定的谈判时间

谈判某一方提出自己可以参加谈判的时间，该时间是判定终结谈判的另一标志。单方限定时间的做法在实际中用得较多。原因包括来自法人或自然人的客观或主观的原因。不过不论属于什么原因，限定时间的一方仅明示通告时限即可。对单方限时的谈判，可以随从，也可以不随从，关键看其条件是否符合自己的谈判目标。随从时，要防止对手以此作为施加压力的手段；不随从时，要利用对手对时间的要求，向其讨要更好的条件。当然，并不排斥单方限时的对手是真实可靠的，情出无奈。此时，若不认真配合，可能失去交易；若硬压对手，不但效果不好，还会为后面的谈判留下阴影。

当自己处在市场优势的情况时，单方提出时限不失为一种积极的谈判手段，既可让对手尽快地进入实质谈判阶段，也可为谈判策略的运用创造更好的机会。例如，"货比三家"的采购谈判和"奇货可居"的销售谈判，用此法可使多家对手尽快亮出底牌，在选择交易对象时，终局结果会对己方更有利。

不论谈判结果是否成交，限时一到，就要结束谈判；否则，欲继续谈判的一方必多拿条件出来。若是限时者欲继续谈判，损失将更大。提出限时的人改口，对方必然会抓住时机攻击："时间是您定的，谈不完贵方有责任。继续谈，也行，我方可以配合，但贵方应有真正的条件，否则，继续谈下去又有什么意义呢？"类似的打击在继续谈判中会不时出现，"继续"的请求成了要求者的包袱、对手攻击的借口，增加了谈判的难度，损失也毋庸置疑。

3. 第三者给定的时间

在竞争性的谈判中，谈判有第三者参与，此时谈判的时间除了双方的需要外，还受第三者对谈判进度的影响，此即为第三者给定的谈判时间。第三者的谈判进度，即是估量自己谈判结束时刻的标志。不过，第三者无权对你限定谈判时间，该时间是通过你的谈判对手反映出来的，如你的对手会说"某某已将该条件调到某位置了，比贵方的谈判进度快""某某即将给我方最终报价，贵方何时做出最优惠方案"等，均反映出第三者的进度，也给出了你可以继续谈判的时间。

对第三者时限的掌握很重要。一般来说，有诚意的谈判对手会明示第三者最后谈判阶段的时间——时限，以让你有机会竞争。也有的对手出于偏见而冷落你，或不成熟地简单对待参与竞争者，不给你任何提示。这时，自己的能动判断就很重要。可参考的判断因素有：

（1）对方谈判人员的安排。看主力人员在抓紧与你谈判还是与别人谈。当对方主要谈判人员与你谈一阵后便不再出现，仅一般人员维持与你的接触，那么，对方可能在与第三者加紧最后的冲刺。如果你与对方谈判气氛很好，也无明显的谈判错误（骄横、傲慢、固执等），对方主力缺席是因事缠身，你可以要求对方说明此事。

（2）总体谈判气氛。本来双方讨论很热烈，尽管有分歧，但双方均有理可讲，且彼此坦诚直述各自观点，这种积极合作的谈判气氛渐冷或骤冷，变化原因不仅为条件分歧，定有第三者的参与影响了谈判，此现象预示结束时刻到来。

（3）套对方的话，如与对方人员交谈，听其言，观其行。直接提问，对方答与不答都会说明问题。当他不正视你的问题，又不加责于你时，或回答得闪烁其词，就表明他另有"如意"伙伴。有时对方成员会无意地泄露，例如当对方另一场谈判顺利时，谈判者的情绪一定很轻松，从而可以察觉第三者给定的时限。

（三）策略标志

策略标志是指当某些策略被运用即预示谈判可以结束。当然，这里提到的策略不是一般的谈判策略，而是某些特定的谈判策略，从其做法和影响力看，这些策略对谈判有最终的冲击力，具有结束谈判的信号与标记作用。常见的终结性策略有：最后通牒、折中调和、好坏搭配（一揽子交易）和冷冻策略等。

阅读案例 8-1：关于铁矿石价格的谈判

2008 年 1 月，国际三大矿业公司访问日本，拉开了与日本方面进行的国际铁矿石价格谈判的序幕。后来三巨头之一的巴西淡水河谷（VALE）公司首席执行官访华，宝钢与矿业公司的第二轮谈判正式启动。日本钢厂方面人士表示，日本在 2008 年度的谈判中不会贸然与供方达成协议，很可能紧随中国。

2005 年，日本因率先签订铁矿石上涨 71.5% 的协议而备受全球钢铁企业埋怨，2008年，日本钢厂传来消息称，不会再贸然先达成协议，而是密切关注中国与矿业巨头的谈判进程。有市场消息称，巴西淡水河谷要求 70% 以上的涨幅，澳大利亚方面不急于定价，但是也提出涨价 50% 的心理价位，并要求另加海运费补偿。而中国钢厂普遍期望值是涨幅控制在 30% 以下，而且坚决反对海运费补偿。中外都很难找到谈判的切入点。联合金属分析师表示，这表明第二轮谈判双方达成一致的可能性仍然很小，影响 2008 年铁矿石价格的基本面都不明朗，且可能向有利于钢厂的方向发展，钢铁企业可继续等待最佳时机，不需要急于结束谈判。2008 年，国内建筑钢材的需求明显降低，国内钢材市场处于稳中缓跌的趋势，并且受到钢材电子远期交易价格下跌的影响，市场表现一般。同时多数研究机构认为，全球经济减速将不可避免，对国内外钢材市场的影响也不甚明晰。

分析师表示，在国内外钢材市场位于高点运行时与矿业公司讨论铁矿石价格并不合适，如果拖延至国内钢材价格走低或许对钢铁企业更加有利。而 2008 年备受瞩目的澳大利亚 FMG 公司铁矿产能一季度释放，将对国际铁矿石市场形成很大冲击，甚至有可能彻底改变供需天平。业内人士认为，随着国家对出口关税的调整，出口钢材的减少或将使国内钢材价格回落，从而令国内铁矿石需求暂时放缓，这有助于增大中国方面在谈判上的砝码。但是也有另一种可能，如果中方有意拖延，可能会刺激矿山进一步对中国削减长期协议的铁矿石供应量，转而投放到现货市场。

第二节　谈判终结

一、商务谈判终结前应注意的问题

（一）回顾总结前阶段的谈判

在交易达成的会谈之前，应进行最后的回顾和总结，其主要内容包括：

（1）是否所有的内容都已谈妥，是否还有一些未能解决的问题，以及对这些问题的处理方案。

（2）所有交易条件的谈判结果是否已经达到己方期望的交易结果或谈判目标。

（3）最后的让步的项目和幅度。

（4）采用何种特殊的结束技巧。

（5）着手安排交易记录事宜。

回顾的时间和形式取决于谈判的规模，它可以安排在一天谈判结束后休息时间里，也可以安排在一个正式的会议上。谈判者在谈判的基本内容回顾总结之后，就要对全面交易条件进行最后的确定，双方都需要做最终的报价和最后的让步。

（二）最终报价和最后的让步

1. 最终报价

最终报价时，谈判者要非常谨慎。因为报价过早会被对方认为还有可能做另一次让步，等待再得到获取利益的机会。报价过晚，对局面已不起作用或影响太小。为了选好时机，最好把最后的让步分成两步走：主要部分在最后之前提出，刚好给对方一定时间回顾和考虑：次要让步，如果有必要的话，应作为最后的"甜头"，安排在最后时刻做出。

2. 最后让步时的注意事项

（1）严格把握最后让步的幅度。

（2）最后让步幅度大小必须足以成为预示最后成交的标志。在决定最后让步幅度时，主要看对方接受让步的这个人在其组织中的级别。合适的让步幅度是：对较高职位的人，刚好满足维护他的地位和尊严的需要；对较低职位的人，以使对方的上司不至于指责他未能坚持为度。

最后的让步和要求同时并存。除非己方的让步是全面接受对方的最后要求，否则必须让对方知道，不管在己方做出最后让步之前或做出让步的全过程中，都希望对方予以响应，做出相应的让步。谈判者向对方发出这种信号的方法是：

1）谈判者做出让步时，可示意对方这是他本人的意思，这个让步很可能受上级的批评，所以要求对方予以相应的回报。

2）不直接地给予让步，而是指出他愿意这样做，但要以对方的让步作为交换。

（三）谈判记录及整理

在谈判过程中，双方一般都要做谈判记录。重要的内容要点应交换，整理成简报或纪要，向双方公布，这样可以确保协议不致以后被撕毁。因为这种文件具有一定的法律效力，在以后可能发生的纠纷中尤为有用。

在一项长期而复杂，有时甚至要延伸到若干次会议的大型谈判中，每当一个问题稳妥之时，都需要通读双方的记录，查对是否一致，不应存在任何含混不清的地方，这在激烈的谈判中尤为必要。一般谈判者都争取己方做记录，因为谁保存记录，谁就掌握一定的主动权。如果对方向己方出示其会谈记录，那就必须认真检查、核实。因为若存在错误的记录予以公布，同样具有法律力量，可作为谈判的原始记录存档。因此，在签约前，谈判者必须对双方的谈判记录进行核实。这种核实包括两方面：一是核实双方的洽谈记录是否一致。应认真查看对方记录，将自己的记录与对方的加以比较，若发生偏差，就应加以指出，要求修正。二是要查看双方洽谈记录的重点是否突出、正确。检查之后的记录是起草书面协议的主要依据。

二、谈判终结策略

谈判终结策略有多种选择，合理应用谈判终结策略可以使谈判适时结束，给谈判者带来决定性的谈判利益。这些策略的有效运用能够促成谈判的圆满完成，但是也要注意，如果这些策略运用不当，则会适得其反。

（一）最后通牒策略

最后通牒是指谈判的一方锁定一个最后条件，期望对方被迫接受这个条件而达成协议的一种方法。这里的最后条件可以是出价，也可以是其他方面，如交货时间、交货地点等。给对方一定的考虑期限，如果对方在这个期限内答应这个条件，即可签订协议；如果对方不答应这个条件，就可能导致谈判破裂。该策略适用于谈判的最后关键阶段。谈判者应该十分慎重地用最后通牒战术。一般来说，在下述四种情况下，可以使用最后通牒策略：

（1）谈判者知道自己处于一个强有力的地位，所有的竞争对手都不具备他的条件，如果交易要继续进行的话，对手只能找他。

（2）谈判者已试用其他方法均无效。

（3）对方现在所持的立场确已超过自己的最低要求。

（4）自己的最后条件在对方的接受范围之内；否则，对手宁可中止谈判，也不会妥协。

通牒作为一种战术来使用时，有时候不见得是已经到了通牒的地步。在使用这种策略时，关键要让对手相信它是最后的、真实的，而不是一种策略。如果对手不相信通牒会实施，通牒就会无效。可以用谈判桌外的行动来配合谈判桌上发出的通牒，例如收拾行装、回旅馆结账、预订回程机票、购买土特产等，表示归意已定。该策略也叫边缘政策，是最后一击，不惜以破裂相威胁，以迫使对方让步。其特征是凶狠、分量重，是"孤注一掷"的最后立场，故可以作为谈判终结的策略。最适用最后通牒策略的情况是当一方占有一定的优势，谈判双方又在细枝末节上纠缠不休的时候。一般在谈判临近终结时，一方阐明自己的立场，讲清自己的最后让步条件，并表明如果对方不接受则谈判将会破裂。但是在使用最后通牒策略时一定要注意以下几个问题：

1）应该在双方已经就关键问题做了多次磋商以后再使用。如果双方的磋商还不是很充分，一方就贸然采用最后通牒的手段，这样最后通牒就变成一种恫吓，同时过早地暴露了己方的底线，是不会达到预期目的的。

2）注意使用最后通牒的环境。最好是对方对己方产品的需求强度大于己方对对方产品的需求强度，或者说己方在谈判中处于相对优势地位。另外，谈判已经进行了充分的磋商，双方已经最大限度地向对方的条件靠近，需要摊出底线来结束谈判时也可以使用。还有一种情况，己方已经做了真实的最大让步，只能通过最后通牒来结束谈判。再有一种情况，当双方处在一个在细枝末节上不断纠缠的状态之中时，也可以采用最后通牒策略。

3）用自身的行动和态度来加强最后通牒的效力。采用最后通牒策略时应该由团队中身份较高的人出面讲清最后的条件，即基于当前的谈判状态这种条件成交的强有力的理由，最好能拿出支持这一理由的各种法律条文和政策文件，并且在谈判桌外要求预订回程的机票，制定回程的安排等。另外，从态度上，最后通牒的表达语言要避免生硬和尖刻，但要使对方感觉到己方的依据是有说服力的，是强硬的。最后，最后通牒留给对方的余地要有弹性，不要把对方逼向绝境为佳。

4）一定要保证最后通牒的效力。明确告知对方，若无符合通牒内容的回应，谈判即宣告结束。

（二）折中调和策略

折中调和策略是将双方立场和条件的差距，以折中方式，或完全对中的形式，或互相让步但不对等的形式予以妥协的做法。由于该策略的主体特征是相互妥协且更多地强调"对半"让步，所以只有在谈判的最后阶段才可以使用。在谈判的前期使用该策略，仅条件不合理的一方得利，折中结果难以公正。在经过严谨的分阶段谈判，双方立场均有所改善，交易条件日趋公平、合理时，对最后尚存的文字、数字条件分歧以折中方式解决，其结果才更合理。

（三）好坏搭配（一揽子交易）策略

好坏搭配（一揽子交易）策略是指双方将所有分歧条件以有的利于对方（退），有的利于己方（进）的新条件，组成一个方案向对方提出的做法。由于该方案包括了谈判存在的所有分歧，故称"一揽子交易"；又因其针对所有分歧提出了有进有退的条件，因而也称"好坏搭配"。这种谈判做法无疑告诉谈判者，这是最后的意见了，没得可谈了。

那么，对于这种做法能否再置疑，再谈判呢？一般，优秀的谈判对手会对"一揽子交易"条件挑毛病，意在多捡点便宜；否则，对手应做的则是清点、核对一揽子的内容是否准确。"一揽子"的分量，在此时是十分明确的。只需讲"行"或"不行"。如果对手自以为聪明，非要纠缠，则只能坚决予以回击，绝不再谈；否则，该策略就会失效，让出的条件就会白让。除非"一揽子交易"的设计确有问题，才可以考虑是否与对手再谈。

（四）冷冻策略

冷冻策略是指暂时中止谈判的做法。中止谈判从形式上说就是停止谈判，是某种意义上的终结。只是引起中止的原因不同，冷冻的意义会有所差别。

采用冷冻策略的原因有很多，例如，因为双方谈判条件差距太大，一时难以克服，但双方又有成交愿望；或因为交易相关的许可证、外汇、行政审批、政治或人事的重大变故，但交易双方自持交易诚意时，冷冻谈判就会出现。这时，谈判将进入终局。

对于冷冻了的谈判，双方可以在条件或时机成熟时重新开始谈判，以此来达到成交的目的。

（五）其他策略

根据谈判的情况以及双方力量的对比，还可以采取以下一些特殊的策略：

1. 临阵反悔策略

临阵反悔策略是指在谈判终结时，为了给己方争取更大的利益，当双方已经进入谈判结束阶段，一切条件都已经达成，正要签署正式的协议时，突然反悔，要求对某一项合同条款进行修改。这种策略是希望在最后关头从心理上给对方造成急躁的情绪和带来意想不到的压力。由于对方在谈判过程中已经消耗了大量的人力、物力，如果是客方也已经做好了返程的准备，因此有时会不得不为了快速交差而同意己方的要求。运用这种策略不能过犹不及，即主要是从附带条件中寻找折扣的机会，不能针对关键问题要求反悔，因为这样会恶化双方的关系，给合作伙伴留下出尔反尔的不良印象，即使达成了合同，也可能由于不信任而影响双方未来的合作。

2. 取舍由之策略

取舍由之策略往往与最后通牒策略一起使用比较有效，即当最后通牒策略使用之后对方仍然对条件进行纠缠时，让对方了解己方可以以谈好的条件成交，而如果对方不接受的话，己方对于谈判破裂的后果也可以轻松承受，这就是所谓的"取舍由之"。这一策略需要让对方知道如果不与己方成交，己方也可以找到其他的成交对手，从而向对方施压。另外，从使用该策略的时间来看，越在谈判后期使用效果越好。如果在谈判前期就使用该策略，会使对方感觉没有受到尊重；如果在谈判之中采用该策略，会使对方怀疑有第三方竞争者介入谈判，必然会产生质疑，从而影响谈判进程。

3. 得寸进尺策略

得寸进尺策略是一种最为过分、容易激怒对方的策略。该策略是指在谈判就要结束时，己方不断地提出一些新的小难题来强调自己的利益，一个小问题刚刚解决，获得收益，就立刻提出另外一个类似的问题。当己方面对的对手使用这样的策略时，己方可以要求对方一次性阐述自己的条件，从而不给对方得寸进尺的机会。

谈判终结策略是一种手段，而并非最终目标。谈判者应该在谈判中为获取长远的最

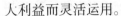

人利益而灵活运用。

经过谈判双方的共同努力，进入谈判终局阶段，需要结束谈判。在结束谈判之前，除了运用谈判策略之外，还要为谈判成果的确定、签订谈判合同以及谈判后的管理做出一些技术上的准备，同时监督合同的实施。只有这样，双方的谈判成果才能准确地确定下来，同时促进双方的合作，并把谈判的结果变成真正的收获。

三、结束谈判的技术准备

为了促成交易，应签订具有正式法律效力的书面合同。在谈判即将结束时，谈判双方应该进行一系列的技术准备，主要包括以下几个方面：

（一）给对方最后的小利

为了防止对方在谈判确定战果或签字时采用临阵反悔的策略，谈判者应该留一些小利到谈判最后来使用。谈判的小利能够使谈判对手的心理满足程度极大地提高，还可以防止在对方最后反悔要求好处时己方措手不及，失去更大的利益。因此，给对方一定程度的小利是结束谈判前必备的技术准备。

但是小利的施予要注意以下一些问题：

（1）小利不要太早提出。太早提出小利的让步会让对方觉得自己现阶段获得的价格不是己方的底线，而继续纠缠，这样小利就不能起到促进谈判快速、无异议签约的作用。

（2）小利的让步幅度要适当。例如，如果是对方高层领导来组织签约，那么相对适度的让步既可以维护双方的关系，以便谈判后的管理和合作，也可以让对方感觉将要签约的条件已经是底线了。

（3）小利让步之后态度必须坚定，也可以借以向对方索要相应的利益。

（二）对交易条件进行最后的明确和检查

通过对交易条件的最后明确和检查，可以帮助交易双方在签订合同之前对自己的利益有一个明确的认识，对自己最后小利的制定给出一个设计，对以前谈判的成果进行全面的总结。检查的内容主要有：明确还有哪些问题没有得到解决，对自己期望成交的每项交易条件进行最后的决定，同时，明确自己对各项交易条件准备让步的限度、决定采取何种结束谈判的战术、着手安排交易记录事宜。检查的时间可以安排在谈判结束前一天的休息时间进行，也可以安排一个正式的会议，并由本单位某个领导主持，这样的回顾和检查会议往往被安排在本企业与对方进行最后一轮谈判之前。至于检查的形式，这个阶段是谈判者必须做出最后决定的时刻，并且面临着是否达成交易的最后抉择，因此，进行最后的回顾与检查，应当以协议对谈判者的总体价值为根据，对那些本企业没有同意而未解决的问题，予以重新考虑，以权衡是做出相应让步还是放弃该笔交易。

（三）在签订合同前确保交易条款的准确无误

在签订合同前，双方对彼此同意的条款应有一致的认识，要注重合同的细节，以确保合同名副其实。最容易产生问题的地方有：

（1）价格方面的问题。价格方面的问题包括：价格是否已经确定，缔约者是否能收回人工和材料价格增长后的成本；价格是否包括各种税款或其他法定的费用；在履行合

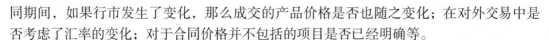

同期间，如果行市发生了变化，那么成交的产品价格是否也随之变化；在对外交易中是否考虑了汇率的变化；对于合同价格并不包括的项目是否已经明确等。

（2）合同履行方面的问题。合同履行方面涉及的问题有：对"履约"是否有明确的解释，是否包括对方对产品的试用，合同履行能否分阶段进行，是否已做了明确规定等。

（3）规格方面的问题。产品和合同规格方面涉及的问题有：是否明确哪些问题运用哪些标准，哪些标准与合同的哪部分有关，对于在工厂或现场的材料与设备的测试以及它们的公差限度和测试方法是否做了明确的规定等。

（4）仓储及运输等问题。仓储及运输等问题包括：谁负责交货到现场，谁负责卸货和仓储，一些永久性或临时性的工作由谁来负责安排与处理等。

（5）索赔的处理。索赔的处理主要是指当合同一方违约的情况下应如何处理、处理是否排除未来的法律诉讼等。

当然，在这里不可能做到面面俱到，但是上述提到的问题大体上适用于各种谈判。如果在谈判双方对某些问题的标准理解不一致的情况下签订合同，会给双方带来极大的风险，因此，注意并解决好这些问题是非常重要的。

（四）谈判记录及整理

以往粗放型的谈判，谈判双方只关注怎样能够达到目标，目标是否已经达到，而忽略了谈判的达成是一个过程的事实。所以传统的谈判方式经常让谈判双方忘记谈判是从哪里开始的，以至于重复谈判成为一种很大的资源浪费。另外，对于谈判已经达成一致的内容，如果没有及时记录，对于将来达成具有法律效力的书面合同也是不利的。

如何避免重复谈判，并且在谈判终局阶段能够使双方把谈判已经有成效的内容确定下来，就需要在谈判的过程中进行谈判记录。每一个问题在谈成之后都要认真地记录下来，以防产生含混不清的地方，影响谈判终局合同的签订。可以以谈判实时记录本或谈判记录表的形式来做谈判记录。谈判实时记录本有两种写法：如果场合准许，可以进行现场记录；如果需要看着对方的眼睛，那就要在谈判结束后迅速总结记录己方得到的信息。谈判记录表是谈判进度表，可以把从谈判开始到达成目标之间分成若干块，如初步接洽、达成意向、达到目标三层进度，根据不同的谈判对象记录谈判进度。每日的谈判记录，由一方在当晚整理就绪，并在第二天作为议事日程的第一个项目宣读，并由双方通过，且只有这个记录通过后，谈判才能继续进行。这样可以促进谈判的进程，使双方对谈判的进度有一个共同的认识。

如果只需进行两三天的谈判，则由一方整理谈判记录后，在谈判结束前宣读通过。谈判记录的主要作用就是帮助谈判终局时进行整理，从而作为签订正式的、具有法律效力的书面合同的依据，即在谈判终局阶段，谈判者应该检查和整理并共同确认谈判记录的正确无误，从而作为起草合同的主要依据。

第三节　合同的订立

合同又称为契约，是平等主体的自然人、法人、其他组织之间设立、变更、终止民事权利义务关系的协议。

一、合同订立的程序

（一）要约

1. 要约的概念和构成条件

要约在商业活动和对外贸易中又称为报价、发价、发盘、出盘等。发出要约的当事人称为要约人，而要约所指向的当事人称为受要约人。《中华人民共和国民法典》（简称《民法典》）对要约概念及其法律性质描述为："要约是希望与他人订立合同的意思表示。"

要约的主要构成要件包括：

（1）要约必须是由特定人提出。要约的提出旨在与他人订立合同，并唤起受要约人的承诺，因此发出要约的人必须是订立合同的一方当事人。所谓特定人，应当是为外界所能客观确定的人。如果是代理人，则需本人的授权。由于《民法典》要求订立合同的当事人需有民事权利能力和民事行为能力，因此欲以订立合同为目的而发出要约的要约人，也应当具有相应的民事权利能力和民事行为能力。

（2）要约必须具有订立合同的意思表示。要约是一种意思表示，这种意思表示必须具有与受要约人订立合同的真实意图，并非"打算""准备"或"正在考虑"订约，而是已经决定订约。这也是要约与要约邀请的主要区别。

（3）要约的内容必须具体确定。要约作为希望与他人订立合同的意思表示，其内容必须具体确定，不能含糊不清，使受要约人不能正确理解要约人的真实含义而无法承诺。要约的内容必须有足以使合同成立的主要条件。

（4）要约必须向要约人希望与之缔结合同的受要约人发出。要约的相对人包括特定的人和不特定的人。向特定的人发出的要约，通常是向具体的公司、企业或个人等直接发出要约。特定的人有时并不限于一人。向不特定的人发出的要约，一般是指向社会公众发出的要约，如商店柜台里陈列的标价商品、自动售货机、悬赏广告等。

在社会经济生活中，当事人发出的并不是典型的要约，而只是一种希望订立某一合同的愿望或初步意向或者想法，以求对方向自己发出订立合同的要约或摸清对方对订立某一合同的想法，在法律上将这种行为称为要约邀请。《民法典》规定："要约邀请是希望他人向自己发出要约的表示。"《民法典》将拍卖公告、招标公告、招股说明书、债券募集办法、基金招募说明书、商业广告和宣传、寄送的价目表列为要约邀请。

2. 要约的效力

（1）要约的生效时间。《民法典》规定，以非对话方式做出的意思表示，以到达相对人时生效，因此要约到达受要约人时生效。要约到达受要约人，并不等于一定要交付到受要约人或其代理人手中，只要要约送达到受要约人所能控制并能了解的地方即可。鉴于现今社会计算机的广泛应用，《民法典》规定，以非对话方式做出的采用数据电文形式的意思表示，相对人指定特定系统接收数据电文的，该数据电文进入该特定系统时生效；未指定特定系统的，相对人知道或者应当知道该数据电文进入其系统时生效。当事人对采用数据电文形式的意思表示的生效时间另有约定的，按照其约定。

（2）要约效力的内容。要约的法律效力表现为对要约人和受要约人的效力。①对要约人的约束力，主要是指要约一经生效要约人即受其约束。②对受要约人的约束力，受要约人对要约没有必须表示承诺或拒绝的义务，除非受要约人依照法律或者依照一般商业惯例负有承诺义务。可见要约的实质约束力对受要约人来说，是他有权利做出承诺以成立合同；对要约人来说，则是他有义务接受承诺以成立合同。

（3）要约的撤回和撤销。要约的撤回，是指在要约发生法律效力之前，要约人欲使其丧失法律效力的意思表示。允许要约人撤回要约，是尊重要约人的意志和利益的表现。《民法典》规定："要约可以撤回。"撤回要约的意思表示应当在要约到达受要约人之前或者与要约同时到达受要约人。

要约的撤销是指要约人在要约生效以后，将该项要约取消从而使要约的效力归于消灭。《民法典》规定，要约可以撤销，但是有下列情形之一的除外：①要约人以确定承诺期限或者其他形式明示要约不可撤销；②受要约人有理由认为要约是不可撤销的，并已经为履行合同做了合理准备工作。撤销要约的意思表示以对话方式做出的，该意思表示的内容应当在受要约人做出承诺之前为受要约人所知道；撤销要约的意思表示以非对话方式做出的，应当在受要约人做出承诺之前到达受要约人。

（4）要约失效。要约失效，是指要约丧失其法律效力，要约人和受要约人均不再受其约束。《民法典》规定，有下列情形之一的，要约失效：①要约被拒绝；②要约被依法撤销；③承诺期限届满，受要约人未做出承诺；④受要约人对要约的内容做出实质性变更。

要约人在发出要约后，受要约人做出承诺之前突然死亡，如果未来的合同需要由要约人本人履行，则要约人死亡使要约自动失效；如未来的合同不需要要约人亲自履行，则要约人死亡不影响要约的效力。一般来说，如果法人解散或被撤销，该法人发出的要约自然失去效力。

（二）承诺

1. 承诺的概念和构成条件

《民法典》对承诺所下的定义是："承诺是受要约人同意要约的意思表示。"承诺的法律效力在于一经承诺并送达要约人，合同即告成立。承诺必须具备下列要件：

（1）承诺必须由受要约人做出。受要约人为特定人时，承诺必须由该特定人做出；受要约人为不特定人时，承诺可由该不特定人中的任何人做出。除此之外，任何第三人做出的同意要约的意思表示，都不能视为承诺。

（2）承诺必须在有效期内向要约人做出。如果要约规定了承诺期限，承诺应该在承诺期限内做出，如果没有规定承诺期限，承诺应在合理期限内做出。对此，《民法典》规定，承诺应当在要约确定的期限内到达要约人。要约没有确定承诺期限的，承诺应当依照下列规定到达：①要约以对话方式做出的，应当即时做出承诺；②要约以非对话方式做出的，承诺应当在合理期限内到达。要约以信件或者电报做出的，承诺期限自信件载明的日期或者电报交发之日开始计算。信件未载明日期的，自投寄该信件的邮戳日期开始计算。要约以电话、传真、电子邮件等快速通信方式做出的，承诺期限自要约到达受要约人时开始计算。

（3）承诺的内容必须与要约的内容一致。承诺欲取得成立合同的法律效果，就必须在内容上与要约的内容一致，不得限制、扩张或者变更要约的内容，否则将不称其为承诺，而被视为对原要约的拒绝或一项新的要约。当然，承诺内容与要约内容一致，是要求受要约人不能更改要约的实质性内容，因为要约的实质性内容是未来合同的必备条款，如果缺少这些条款，则未来的合同便不能成立。《民法典》将有关合同标的、数量、质量、价款或者报酬、履行期限、履行地点和方式、违约责任和解决争议方法的变更，视为对要约内容的实质性变更。承诺对要约的内容做出非实质性变更的，除要约人及时表示反对或者要约表明承诺不得对要约的内容做出任何变更外，该承诺有效，合同的内容以承诺的内容为准。

2. 承诺的方式

承诺的方式是指受要约人通过何种形式将承诺的意思表示送达给要约人。承诺可以采用口头方式或书面方式，也可以采用某种行为，如直接发货或付款来表示承诺。《民法典》规定，承诺应当以通知的方式做出，但根据交易习惯或者要约表明可以通过行为做出承诺的除外。

3. 承诺的生效

《民法典》在承诺生效时间这一问题上，采用多数大陆法系国家采取的收信主义原则，即规定承诺需要通知的，以承诺到达要约人的时间为承诺生效的时间；承诺不需要通知的，根据交易习惯或者要约要求做出承诺的行为时生效。

4. 承诺的撤回

《民法典》规定，承诺可以撤回。但要求撤回承诺的通知应当在承诺生效之前或者与承诺通知同时到达要约人，这样才能发生阻止承诺生效的效果。

（三）合同的成立时间、地点

《民法典》规定，承诺生效时合同成立，即一般来说，承诺的生效时间即合同的生效时间。对于当事人采用合同书包括确认书形式订立合同的，自双方当事人均签名、盖章或者按指印时成立；签名、盖章或者按指印不在同一时间的，最后签名、盖章或者按指印时合同成立。

合同以承诺生效的地点为合同成立的地点。《民法典》还对采用数据电文形式订立的合同的成立地点做了规定："采用数据电文形式订立合同的，收件人的主营业地为合同成立的地点；没有主营业地的，其经常居住地为合同成立的地点。"同时，《民法典》也允许当事人另行约定合同的成立地点，当事人采用合同书包括确认书形式订立合同的，最后签名、盖章或者按指印的地点为合同成立的地点。

（四）当事人在订立合同过程中的责任

合同是平等主体的当事人之间就其双方的权利、义务意思表示一致的结果。在订立合同的过程中，任何一方违背诚信原则，以欺诈方式订立合同，或者利用订立合同的合法手段恶意损害对方利益的，都应当受到法律的制裁，并赔偿对方的损失。《民法典》对此特别规定，当事人在订立合同过程中，假借订立合同，恶意进行磋商，故意隐瞒与订立合同有关的重要事实或者提供虚假情况，有其他违背诚信原则的行为，给对方造成损失的，应当承担赔偿责任。另外，由于订立合同是一种交易的达成，因此在缔约过程中双方都会了解到对方的一些情况，有时甚至会了解到一些商业秘密。《民法典》规定，当事人在订立合同过程中知悉的商业秘密或者其他应当保密的信息，无论合同是否成立，不得泄露或者不正当地使用；泄露、不正当地使用该商业秘密或者信息，造成对方损失的，应当承担赔偿责任。

二、合同的形式

合同的形式是指合同当事人之间确立、变更或终止相互权利和义务关系的方式。《民法典》第 469 条规定："当事人订立合同，可以采用书面形式、口头形式或者其他形式。法律、行政法规规定采用书面形式的，应当采用书面形式。"

三、合同的内容

合同的内容是指合同当事人用以确定双方权利和义务的各项条件和条款。《民法典》第 470 条规定，合同的内容由当事人约定，一般包括下列条款：①当事人的姓名或者名称和住址；②标的；③数量；④质量；⑤价款或者报酬；⑥履行期限、地点和方式；⑦违约责任；⑧解决争议的方法。

四、格式合同的订立

现实生活中，很多买卖或其他交易行为是以一方提供的定型化、格式化合同采用格式条款订立合同的，因此，《民法典》适应这一现实需要，对采用格式条款订立的合同专门予以规定。格式条款是当事人为了重复使用而预先拟定，并在订立合同时未与对方协商的条款。采用格式条款订立合同时，若提供标准条款的当事人利用其在订约中的优势地位利用标准条款一味保护自己的利益，则会造成合同双方地位不平等，并损害相对人的利益。为此，《民法典》规定，采用格式条款订立合同的，提供格式条款的一方应当遵循公平原则确定当事人之间的权利和义务，并采取合理的方式提示对方注意免除或者减轻其责任等与对方有重大利害关系的条款，按照对方的要求，对该条款予以说明。提供格式条款的一方未履行提示或者说明义务，致使对方没有注意或者理解与其有重大利害关系的条款的，对方可以主张该条款不成为合同的内容。同时在合同的解释方面，《民法典》规定，对格式条款的理解发生争议的，应当按照通常理解予以解释。对格式条款有两种以上解释的，应当做出不利于提供格式条款一方的解释。格式条款和非格式条款不一致的，应当采用非格式条款。这样可以避免提供格式条款的一方利用其订立合同的优势地位损害对方的合法权益。另外，《民法典》还强调了格式条款具有使合同无效或合同的免责条款无效的情形，或者免除格式条款的一方当事人主要义务、排除对方当事人主要权利的情形的，该格式条款无效，以此来确保当事人双方不因订立合同而遭受损失，维护合同的正义。

>> **本章小结**

商务谈判结束的方式主要有三种：成交、中止和破裂。
谈判结束的原则有：彻底性原则、不二性原则、条法原则、情理兼备性原则。

商务谈判终结策略有：最后通牒策略、折中调和策略、好坏搭配（一揽子交易）策略、冷冻策略、其他策略（包括临阵反悔策略，取舍由之策略，得寸进尺策略）。

思考题

1. 成功结束谈判需要具备哪些条件？
2. 谈判记录是否必要？为什么？
3. 谈判终止和谈判破裂的区别是什么？

案例分析讨论

煤、电双方谈判破裂

2008年12月27日，在福州"2009年煤炭订货会"上，煤、电双方谈判"破裂"。

往年的煤炭订货会上，各大煤炭公司攻关的主要对象就是华能，只要一拿下这家国内最大的发电企业，五大电力公司达成的"煤炭价格同盟"自然土崩瓦解。煤炭订货会往往都能以双方比较认同的价格签下合同。

2002年国家电力改革时，华能分到的资产较好，截至2008年其装机容量超过8000万kW，是五大电力公司中实力最强的公司。早在2005年，时任总经理就为每年的燃料成本上涨提出了一些建议和决定；在2006年4月4日的业绩说明会上，总经理甚至表示，该年度的煤炭成本涨幅控制在5%以内。

"但实际上只要每年不超过10%，华能一般还是可以接受的，华能每年的合同煤大约在6000万t，但其本身的自产煤就已经很多，所以成本肯定会降下来。"一位电力行业的资深人士透露。

2005年，华能集团提出的"十一五"发展目标是：确保到2010年，公司可控装机容量超过1亿kW，煤炭产能超过6000万t/年，在中国发电企业中率先进入世界企业500强。在2006年的时候，华能所需煤量约6600万t，那一年的合约煤炭价格涨幅为2%~10%，华能当时的解释是，会通过不同措施包括煤炭调运及提高库存等方法控制成本，故有信心将全年燃料成本控制在5%涨幅以内。

但2008年6月原总经理调离华能，由华电总经理出任华能集团总经理，这让此次煤炭订货会出现了"惊人"转折。

"新任总经理的压力不小，一是华能2008年出现了历史上的首次亏损，二是前任的业绩让新任总经理有压力。"一位电力企业的高层称。

华能国际的三季报显示，2008年一至三季度亏损26亿元，超过市场预期，主要是由2008年单位燃料成本上涨50%左右所致。

也正因此，此次五大电力公司的"煤炭价格同盟"非常坚定。每天下午4点，他们固定在此次煤炭订货会的会场之一的外贸中心酒店碰头，主题无一例外，在2008年年初的合同价上再降 50 元 /t，当时发热量 5500 卡¹ 的电煤坑口价格是 247 元 /t，降价后意味着将到 200 元 /t 以下。

还有一个有利于电力公司的原因是，各电厂都吸取了上一年缺煤的教训，在冬储煤时提前下手，大部分电厂的存煤周期都已超过 20 天，有些甚至达到了一个月，这些正是与煤炭企业谈判的"筹码"。

但是，"在 2008 年年初的合同价上再降 50 元 /t"这一结果是煤炭公司无论如何也没有想到的。

就在这一价格出台后，围绕在煤炭订货会主会场福州大酒店和香格里拉大酒店以及电力分会场外贸中心酒店的"争论"随即进入了白热化。

25 日上午，太原铁路局召开山西煤炭企业产供需衔接会议。在会上，山西焦煤的代表情绪激动，称山西焦煤每年产电煤 3000 万 t，其中一半是供给五大电力公司的，尽管当时该代表表示已签了 1000 多万吨，但签的这些电厂很多还是要看五大电力公司的"眼色"行事。

包括神华集团在内，各大煤企无奈地表示，五大电力公司提出减量、减价，而且电力公司已准备把"合同背回家"。

根据国家发改委的文件，此次订货会电煤合同汇总总量 6 亿余吨，五大电力集团订货量 3 亿余吨，占 50% 以上。五大电力公司不松口，就意味着本次煤炭订货会的"破裂"。

25 日之后，谈判继续无果，五大电力公司的很多代表都返回北京，尽管 26 日下午发改委组织召开了煤电双方协调会，但终因双方价格差距太大，未达成任何协议。

问题：

1. 煤、电双方谈判的焦点是什么？
2. 煤、电双方谈判为什么会"破裂"？
3. 按照谈判学的分类，煤、电双方谈判终止应该属于什么类型？为什么？

---

　　1 卡（cal）=4.1868J。

第九章

商务谈判的技巧

本章要点

1. 了解商务谈判语言技巧的类型。
2. 掌握在优势情况下应采用哪些技巧，以及这些技巧如何应用和破解。
3. 掌握在劣势情况下应采用哪些技巧，以及这些技巧如何应用和破解。
4. 掌握在均势情况下如何应用谈判技巧。
5. 掌握商务谈判中沟通技巧的理论知识。

▶ **导入案例**

周恩来总理的谈判艺术

1971 年 7 月 9 日，基辛格率代表团秘密访华。周恩来总理在钓鱼台国宾馆会见他们时，微笑着握住基辛格的手，友好地说："这是中美两国高级官员 20 年来第一次握手。"当基辛格把自己的随行人员一一介绍给周总理时，周总理说出的话更是出乎他们的意料。周总理在握住霍尔得里奇的手时："我知道，你会讲北京话，还会讲广东话。广东话连我都讲不好，你在香港学的吧！"他握着斯迈泽的手时说："我读过你在《外交季刊》上发表的关于日本的论文，希望你也写一篇关于中国的。"周总理握着洛德的手摇晃："小伙子，好年轻，我们该是半个亲戚，我知道你的妻子是中国人，在写小说。我愿意读她的书，欢迎她回来访问。"

周总理为了消除基辛格一行的紧张心理，几句欢迎词蕴含着高超的语言技巧。他淡化其政治角色，抓住其生活、工作中的一些细节，如对语言才能、论文、家庭成员进行赞美，既亲切、自然，又大方、得体。表面上看来这是与外交使命无关的细节，却通过赞美一些琐碎之事，缩短了双方的心理距离，为下一步谈判奠定了良好的基础。

第一节　商务谈判的语言技巧

商务谈判的过程是谈判双方运用各种语言进行洽谈的过程。在这个过程中，商务谈判对抗的基本特征，如行动导致反行动、双方策略的互含性等，都通过谈判语言集中反映出来。因此，语言技巧的运用往往决定着双方的关系状态，乃至谈判的成功。在商务谈判中恰如其分地运用语言技巧，以谋求谈判的成功，是商务谈判人员必须考虑的问题。

一、商务谈判语言的类别

商务谈判语言包括有声语言和无声语言。

有声语言是通过人的发音器官来表达的语言，一般理解为口头语言。这种语言借助于人的听觉交流思想、传递信息。无声语言是通过人的形体、姿势等非发音器官来表达的语言，一般解释为行为语言。这种语言借助于人的视觉传递信息，表达态度。在商务谈判过程中巧妙地运用这两种语言，可以产生珠联璧合、相辅相成的效果。

阅读案例 9-1：农民销售玉米的语言技巧

一个农民在集市上卖玉米。因为他的玉米特别大，所以吸引了很多买主，其中一个买主拿着挑选好的一大堆玉米来讲价，他拿着一个带虫子的玉米，故意大惊小怪地对卖主说："伙计，你的玉米是不小，可是虫子太多了，你要是不赶紧卖出去，就只能挑回家自己处理了，你要知道大家想吃的是玉米，没有人爱吃虫子呀！"

买主一边说着，一边做着夸张而滑稽的动作。许多别的买主听了这话都停下选玉米的手。农民见状，一把从他手中夺过玉米，面带微笑却一本正经地说："朋友，我说你是从来没吃过玉米吗？我看你连玉米的好坏都分不清，玉米上有虫子，说明我在种植时没有施加化肥和农药，这是天然绿色食品，连虫子都爱吃我的玉米，可见你这个人不识货！"接着，他又转向其他人说："各位都是有见识的人，你们评评这个理，连虫子都不爱吃的玉米能是好玉米吗？请你们再仔细瞧瞧玉米上的虫子，都很懂道理，只是在玉米的尾巴上打了个小洞而已，玉米可还是好玉米呀！我可从来没见过这么通情达理的虫子呢。那些比这小的玉米，或比这价格高的玉米真的比我的玉米更讨人喜欢吗？"

他说完了这么一番话，又把嘴凑在那位故意习难的买主耳边，故作神秘地说，"这么大，这么好吃的玉米，我还真有点儿舍不得以这么便宜的价格卖了呢？"

农民的一席话，巧妙地驳回了买主的发难，并乘此机会把他的玉米个儿大、好吃、虽然有虫子但销售价格低这些特点统统地表达出来。大家都被他说得心服口服，纷纷抢着买，不一会儿，农民的玉米就销售一空了。

资料来源：周忠兴.商务谈判原理与技巧［M］.南京：东南大学出版社，2004.

二、有声语言的技巧

（一）陈述技巧

陈述就是叙述自己的观点或问题的过程。在商务谈判的各个阶段都离不开陈述，陈述的好坏关系到谈判是否能够顺利进行。所以陈述的词语、语意、语态的表述一定要准确，而且尽量讲述事实，不要掺杂太多的情感因素，尽量做到客观，有理有据。同时，陈述要有目的性，要清晰明了地表明自己的观点。

1. 入题技巧

谈判双方在刚进入谈判场所时，难免会感到拘谨，在重要的谈判中，往往会忐忑不安。因此，必须讲究入题的技巧，采用恰当的入题方法，使对方能以轻松愉快的心情乐意与你展开交流。

（1）开门见山法。例如围绕正题介绍己方的有关情况，先一般后具体，即先泛泛地从大面上谈起，逐渐进入重点问题；或先具体后一般，即先谈细节，再定协议原则。由于有的谈判涉及的事情多，问题复杂，往往需要进行多轮次的谈判，通常采用此方法入题。

（2）触景生情法。这种方法是通过中性话题来入题。通常，可以将有关气候和季节的话题、有关新闻娱乐的话题或热门话题作为入门话题，还可以从介绍己方的生产、技术、经营、财务状况等入题。多使用一些赞誉、鼓励、欣赏、善意的惊讶、关心、寒暄和谦虚等方面的说辞，为谈判创造条件。

2. 阐述技巧

阐述是陈述的重要组成部分，是重心所在，能否阐得明，述得清，关键在于语言技巧。阐述的语言应该是中性的、客观的、礼貌的，而且要简洁明了，紧扣主题，主次分明，层次清楚。阐述中的每一句话，每一件事，每列举的一个数字乃至每一个承诺，都代表着己方的观点，都必须一丝不苟地对待，要经得起调查和推敲。

（1）陈述用语要紧扣主题。陈述阶段不能出现与谈判主题无关的问题，陈述用语要紧扣主题，如果把与本次谈判无关的问题牵扯到谈判桌上，就会浪费双方的时间，而且消磨了对方的兴趣。

（2）陈述时要考虑对方的感受。陈述时应该换位思考，站在对方的立场上考虑问题。比如，应该怎么陈述对方才能肯定己方；如何说才能使对方情绪放松；哪个方面应该是陈述的重点，应该放在前面陈述还是放在最后陈述。只有把这些问题考虑清楚之后，才能使自己的陈述引人入胜，不会在谈判的开始就制造出敌对气氛。

（3）陈述时要尽量使用愉快用语。陈述己方观点的目的是与对方共同找到解决问题的答案，一定要尽量使用愉快的语言。例如，"我们非常感谢贵方的努力工作，如果我讲错的话，请给予指正。"这样富有弹性的语言可以给对方留下良好的印象，而且也给己方留下一个语言空间。

（4）陈述用语要简明扼要、准确且有条理。开场陈述阶段，是对方能否对己方的问题感兴趣的重要阶段，不适合长篇大论。第一次陈述问题一定要说准确，因为开始就说错误的话只会把自己陷入不利的境地。陈述阶段问题的先后顺序要考虑清楚，人们的注意力在问题开始时会比较集中，那么争议最大的问题最好不要放到前面来说，先找些容易解决而且双方易于接受的问题来说。条理性是非常重要的，只有条理清楚，对方才能够听清楚你的立场与意愿。

（5）让对方先谈。在商务谈判中，当你对市场态势和产品定价的新情况不很了解，或者当你尚未确定购买何种产品，或者你无权直接决定购买与否的时候，你一定要坚持让对方首先说明可提供何种产品，产品的性能如何，产品的价格如何等，然后，你再审慎地表达意见。有时即使你对市场态势和产品定价比较了解，心中有明确的购买意图，而且能够直接决定购买与否，也不妨先让对方阐述利益要求、报价和介绍产品，然后，你再在此基础上提出自己的要求。这种先发制人的方式，常能收到奇效。

（6）坦诚相见。谈判中应当提倡坦诚相见，不但将对方想知道的情况坦诚相告，而且可以适当透露己方的某些动机和想法。坦诚相见是获得对方同情和信赖的好方法，人们往往对坦率诚恳的人有好感。不过，应当注意，与对方坦诚相见，难免要冒风险。对方可能利用你的坦诚，逼你让步，你可能因为坦诚而处于被动地位。因此，坦诚相见是有限度的，并不是将一切和盘托出，应以既赢得对方信赖，又不使自己陷于被动、丧失利益为度。

总而言之，陈述阶段需要做的工作就是表明己方的立场、原则，让对方明白己方此次谈判的意图。

阅读案例 9-2：艾柯卡的陈述艺术

美国汽车工业"三驾马车之一"的克莱斯勒汽车公司，是美国第十大制造企业，但在 20 世纪 70 年代，9 年内竟有 7 年亏损，其中 1978 年亏损 2.04 亿美元。在此危难之际，艾柯卡出任总经理。为了维持公司最低限度的生产活动，艾柯卡请求政府给予紧急经济援助，提供贷款担保。国会为此而举行了听证会。

参议员、银行业务委员会主任质问艾柯卡，"如果保证贷款案获得通过的话，那么政府对克莱斯勒将介入更深，这与你长久以来鼓吹的自由企业竞争不是相矛盾吗？"

艾柯卡说，"不错，我一直都是自由企业的拥护者，我极不情愿来到这里，但我们目前的处境确实很艰难，除非能获得联邦政府的保证贷款，否则我没有办法去拯救这个企业。"

他接着说："我这不是在说谎，在座的参议员先生比我更清楚，请求贷款案并不是没有先例的。事实上，目前你们的账册上已有了 4000 亿美元的保证贷款，因此，恳求你们通融一下，为克莱斯勒公司争取 4100 万美元的贷款吧。因为克莱斯勒公司是美国的第十大制造企业，它关系到 60 万人的就业机会。"

艾柯卡随后指出，日本企业正乘虚而入，如果克莱斯勒倒闭了，它的几十万职员就得成为日本企业的员工；如果克莱斯勒倒闭的话，国家在第一年里就得为所有失业人口花费 27 亿美元的失业金和福利保险。他说："各位愿意现在就付出 27 亿美元还是将它的一小部分作为保证贷款，并可在日后全数收回？"

持反对意见的国会议员无言以对，贷款终获通过，挽救了克莱斯勒公司。

（二）提问技巧

提问是商务谈判中经常运用的语言技巧，通过巧妙而适当的提问可以摸清对方的需要，把握对方的心理状态，并能准确表达己方的思想。提问的目的是了解情况、开启话题、以利沟通。不同的目的，提出不同的问题；同一问题，也可以用不同的方法、从不同的角度发问。

1. 提问的类型

（1）封闭式提问，是指在一定范围内引出肯定或否定答复的发问。例如："您是否认为售后服务没有改进的可能？"

（2）开放式发问，是指在广泛的领域内引出广泛答复的发问。这类发问通常无法以"是"或"否"等简单字句答复。

（3）婉转式发问，是指在没有摸清对方虚实的情况下，采用婉转的语气或方法，在适宜的场所或时机向对方发问。

（4）澄清式发问，是指针对对方的答复重新措辞，使对方证实或补充原先答复的一种发问。

（5）探索式发问，是指针对谈判对手的答复要求引申举例说明，以便探索新问题、找出新方法的一种发问。

（6）借助式发问，是指借助权威人士的观点、意见影响谈判对手的一种发问方式。

（7）强迫选择式发问，是一种把自己的意志强加给对方，并迫使对方在狭小范围内进行选择的发问。

（8）引导式发问，是指具有强烈的暗示性或诱导性的发问。这类发问几乎使对方毫无选择余地地按发问者所设计的发问作答。

（9）协商式发问，是指为使对方同意自己的观点，采用商量的口吻向对方发问。

2. 注意提问四要素

在谈判中适当地发问，是发现需要的一种手段。一般应该考虑四个主要因素：提出什么问题，如何表述问题，何时发问，对方将会产生什么反应。

具体的注意事项如下：

（1）注意发问时机。应该选择对方最适宜答复问题的时候发问。

（2）按平常的语速发问。太急速的发问，容易使对方认为你是不耐烦或持审问的态度；太缓慢的发问，容易使对方感到沉闷。

（3）事先应拟订发问的腹稿，以便提高发问的效能。

（4）对初次见面的谈判对手，在谈判刚开始时，应该先取得同意再发问，这是一种礼节。

（5）由广泛的问题入手再移向专门性的问题，将有助于缩短沟通的时间。这样，可以在对方回答广泛问题的时候，注意其所提供的有关专门性问题的答案。

（6）所有的问询都必须围绕一个中心议题，并且尽量根据前一个问题的答复构造下一个问题。

（7）提出敏感性问题时，应该说明一下发问的理由，以示对人的尊重。

（8）杜绝使用威胁性的发问和讽刺性的发问，也应该避免盘问式的发问和审问式的发问。

（三）应答技巧

商务谈判中，需要巧问，更需要巧答。谈判由一系列的问答所构成，巧妙而得体的回答与善于发问同样重要。掌握应答的基本技巧与原则，是谈判者语言运用的重要内容。

1. 回答的方式

（1）含糊式回答。这样既可以避免把自己的真实意图暴露给对方，又可以给对方造成判断上的混乱和困难。这种回答由于没有做出准确的说明，因而可以做多种解释，从而为以后的谈判留下回旋余地。

（2）针对式回答。即针对提问人心理假设的答案回答问题。这种回答方式的前提是要弄清对方提问的真实意图，否则回答的答案不但很难满足对方的要求，而且还可能泄露自己的秘密。

（3）局限式回答。即将对方提问的范围缩小后再回答。在商务谈判中，并不是所有问题的回答都对自己有利，因而在回答时必须有所限制，选择有利的内容回答对方。

（4）转换式回答。即在回答对方的问题时，把商务谈判的话题引到其他方向去。这种方式也就是人们常说的"答非所问"。但这种"答非所问"必须是在前一问题的基础上自然转来的，不要有什么雕琢的痕迹。

（5）反问式回答。即用提问对方其他问题来回答对方的提问。这是一种以问代答的方式，这种方式为自己以后回答问题留下了喘息的机会。对于一些不便回答的问题，也可以用这一方法解围。

2. 回答应遵循的原则

在谈判的整个问答过程中，往往会使谈判的各方或多或少地感到一股非及时答复不可的压力。在这股压力下，谈判者应针对问题快速反应，做出有意义、有说服力的应答。应答的技巧不在于回答对方的"对"或"错"，而在于应该说什么、不应该说什么和如何说，这样才能产生最佳效应。具体应遵循以下原则：

（1）谈判之前应做好充分准备，预先估计对方可能提出的问题，回答前应给己方留有充分的思考时间，特别要多假设一些难度较大的棘手问题来思考，并准备好应答策略。

（2）对没有清楚了解真正含义的问题，千万不要随意回答，贸然作答是不明智的。

（3）对一些不值得回答的问题，或一些不便回答的问题，绝不和盘托出。

（四）商务谈判中倾听的技巧

1. 倾听的重要性

在谈判中，听和说到底哪个更重要？有这样一个回答：在谈判中，听比说更重要，不然人为什么只有一张嘴，却有两只耳朵？这里姑且不去评论这个答案是否正确，但必须承认，善于倾听是谈判成功的必要条件。试想，一个连对方需求都没有听清楚的谈判者，怎么可以去满足对方的需求呢？何况"言多必失"，真正的谈判高手在谈判中说得会很少，他们都很善于倾听，从而找出对手的漏洞和弱点，掌握谈判的主动权。所以，有这样一句谚语："用十秒钟时间讲，用十分钟时间听"，突出了听在谈判中的重要地位。

（1）倾听是了解和把握对方观点的主要途径和手段。美国科学家富兰克林（Franklin）曾经说过："与人交谈取得成功的重要秘诀就是多听，永远不要不懂装懂。"倾听可以真实地了解对方的立场、观点、态度，明白对方的意图和需要，甚至探测到对方小组成员之间的意见分歧等，从而决定应该向对方说什么，谈判也就更主动了。

（2）倾听既是对谈判对手的尊重，也是谈判者自身素养的体现。倾听不但是对说话者尊重的表现，可以提高说话者的兴致，倾听的良好表情动作也会博得对方好感，从而取得更多的信任和利益。根据人性理论，人往往喜欢表现自己，更喜欢别人倾听。一旦有人倾听，说者将更热情、更起劲，而倾听者将得到更详尽的信息。美国学者卡耐基就曾经说过，专心听别人讲话的态度，是我们所能给予别人的最大赞美；倾听他人讲话的好处是，别人将以热情和感激来回报你的真诚。这应该成为商务谈判者的座右铭。

（3）积极的倾听是谈判成功的关键。倾听不是一个单纯的信息输入的过程，更是通过大脑对接收的信息进行加工的过程，经过认真的分析，辨明事情的真与伪、观点的主与次、道理的是与非，做出肯定与否定的反馈，从而才能更有效地制定下一步的谈判策略。

2. 倾听的技巧

（1）尊重对方的发言。尊重对方，就是要给对方创造发言的机会。有的人误以为谈判中滔滔不绝者口才高超，其实这是错误的看法。如果谈判中有一方"滔滔不绝"，垄断了全部时间，那还有什么谈判可言？所以，善谈者绝不喜欢长篇大论，而是注意多给对方说话的机会。给对方说话的机会就是给自己聆听的机会，就可能找到对方的需求、偏好的弱点。在具体操作上，可以在简明地表述自己的意思后，说一句"您的意思呢"或"我很想听听您的意见"。倾听对方发言时，可使用目光接触或赞许性的点头，配合适当的面部表情，表示自己的专注。切忌心不在焉地玩弄手机或翻阅文件资料，甚至拿着笔乱写乱画等，这会使对方感觉到我们心不在焉、毫无诚意，同时我们也因为未集中精力而会遗漏一些对方想传递的重要信息。

（2）专心致志，耐心倾听。倾听的关键在于精力集中，而精力集中除了受身体状况的影响之外，在很大程度上取决于倾听者积极的倾听态度。据谈判专家统计，人说话的速度是每分钟120 ~ 180个字，而大脑的思维速度却是它的4 ~ 5倍，所以对方可能还没有讲完，听话者已经领悟了大部分的含义。有时候，对方的发言可能不太合理，甚至难以让人接受，但作为一名谈判人员应有耐心听下去的涵养，不要动辄表露出反感和厌恶，甚至故意不听，要站在对方的立场上全面、透彻、耐心地听，不要急于反驳，因为这样做对谈判不利。

（3）做记录。在谈判过程中，人的大脑高速运转，需要处理大量的信息，在高度紧张的谈判氛围中，谈判人员若想做到过耳不忘是很困难的，这就需要记笔记。一方面，有了笔记不仅可以帮助记忆，而且有助于在对方发言完毕之后就某些问题向对方提出质询，同时自己也有时间做充分的分析。另一方面，听者记笔记或者停笔抬头来看看发言者，会对发言者产生一定的鼓励作用，有利于营造一种积极互动的谈判氛围。

（4）适时复述与提问。把握商务谈判的技巧是多听少说，避免中间打断说话者。然而，这不等于光是听着就不说，相反，恰如其分地说，包括复述与提问，都是积极倾听的具体要求。这样一来可强制自己倾听而不走神，二来可使说话者知道你在倾听，三来可以检验自己理解的准确性。

3. 影响倾听的因素

倾听如此重要，为什么人们又不能很好地倾听，以致常会出现"偏听""少听""漏听""误听"等现象呢？分析其原因，主要有以下六个方面：

（1）大部分谈判人员认为只有说话才是自己表白、说服对方的唯一有效方式。若要掌握主动，便只有说。

（2）谈判人员在对方讲话时，只注意与自己有关的内容，或只顾考虑自己头脑中的问题，而无意去听。

（3）谈判人员精力不集中或者思路跟不上对方，或在某些观点上与对方的看法不一致时，不愿意听。

（4）谈判人员受知识水平、语言能力的限制，特别是专业知识与外语水平的限制而听不懂、听不明白等。

（5）思维定式常常妨碍人们去很好地倾听。因为无论别人讲什么，人们总会自觉不自觉地与自己的经验套在一起，用自己的方式去思考和理解。

（6）由于商务日程安排紧张或长时间磋商，谈判人员得不到充分休息，导致精神不佳、注意力下降，进而影响倾听的效果等。

总之，倾听是商务谈判沟通的重要组成部分。要掌握谈判的技巧，就必须学会倾听，善于倾听。这是对一个优秀谈判人员的基本要求。

三、无声语言的技巧

世界著名非语言传播专家伯德维斯泰尔（Birdwhistell）指出，两个人之间一次普通的交谈，语言传播部分还不到35%，而非语言成分则传递了65%以上的信息。在商务谈判过程中，无声语言起着代替、补充、暗示、调节的重要作用。作为一名商务谈判人员，具有丰富的无声语言知识，掌握无声语言技巧，对于洞察对方的心理状态、捕捉其内心活动，进而促使谈判朝着有利于己方的方向发展具有重要意义。

（一）无声语言的媒介

表达无声语言的媒介有两大部分：一是人体语言；二是物体语言。前者是通过人体各部位变化所表现出的种种表情、态势传递信息；后者则是通过人对物品位置的不同处理来传递不同信息。

1. 人体语言技巧

人体语言技巧主要通过眼睛、面部表情、声调、手势和姿态等来表现。

（1）眼睛语言。"眼睛是心灵的窗户"这句话道出了眼睛具有反映内心世界的功能，眼睛能够明确地表达人的情感世界。通过眼神的方向、方位不同，产生不同的神态，传递和表达不同的信息。

（2）面部表情语言。面部表情在商务谈判的信息传达方面起着重要的作用，特别是在谈判的情感交流中，表情的作用占了很大的比例。例如，发怒、生气或气愤时，通常会眼睛睁大、眉毛倒竖、嘴角向两边拉开；心情愉快、高兴时，则会瞳孔放大、嘴张开、眉毛上扬。

阅读案例9-3：笑中有度

笑是最重要的面部语言，在许多国家都是友好的表示，可在一些国家有时也表示尴尬。一位美国女商人在中国某宾馆谈判时，不小心用袖子碰翻了咖啡杯，咖啡洒满了桌子，女服务员微笑着收拾洒落的咖啡，谈判桌边的其他人则哈哈大笑。这位美国女商人涨得满脸通红，明显表示出不满，并开始低着头向外走。气氛一下子紧张了起来，这时她的经理叫住了她，并向她解释了中国人刚才笑的意思：笑在中国有一种特殊的功能——人们常用笑来缓和紧张的气氛、尴尬的场面。接着这位经常来中国的美国经理向中国人解释说：刚才这种场合的笑，对美国人来说，明显带有讥笑、侮辱的性质。中国人恍然大悟，忙向这位女商人道歉。幸好碰到一位跨文化专家，避免了一场误会，谈判才得以在和谐的气氛中进行下去。

资料来源：刘白玉.身势语与国际商务谈判关系研究［J］.商场现代化，2006（1）.

（3）声调语言。通过说话的声调可以判断对方的身份、阅历、心情。例如，对方说话时吐字清晰，声调柔和且高低起伏不大，语气变化的情绪色彩较淡，这种人大多是富有谈判经验的业务员；如果说话时声调忽高忽低、语速较快、语气变化中情绪色彩很浓，这种人大多是刚刚出道的年轻新手，缺乏经验和耐心，不擅长打"持久战"。

（4）手势语言。手势是人们在交谈中用得最多的一种行为语言，在商务谈判中手势会透漏出谈判者的性格和心情。例如，说话时掌心向上的手势，表示谦虚、诚实、屈从、不带有任何威胁性；挠头，说明对方犹豫不决，感到为难。

（5）姿态语言。例如，一般性的交叉跷腿的坐姿（俗称"二郎腿"），伴之以消极的手势，表示紧张、缄默和防御态度；双膝分开上身后仰者，表示他是充满自信、愿意合作、自我感觉交易地位优越的人。

2. 物体语言技巧

物体语言是指在摆弄、佩戴、选用某种物体时传递的某种信息，实际也是通过人的姿势传递信息。在商务谈判中随身出现的物品可能有笔、本、眼镜、提包、帽子、香烟、打火机、烟斗、茶杯以及服装、衣饰等。这些物品拿在手中，戴在身上，呈现的不同姿势，反映了不同的内容与含义。

（1）手中玩笔，表示漫不经心，对所谈问题不感兴趣或不在乎。

（2）慢慢打开笔记本，表示关注对方讲话；快速打开笔记本，说明发现了重要问题。

（3）猛推一下眼镜，则说明对方因某事而气愤。

（4）摘下眼镜，轻轻揉眼或擦镜片，说明对方精神疲倦，对争论不休的问题厌倦和正在积蓄力量准备再战。

（5）如果轻轻拿起桌上的帽子，或轻轻戴帽，则可能表示要结束这轮谈判，或暗示告辞。

（6）打开包可能想再谈新的问题，关上包则表示到此为止，夹起包则可能无法挽留。

（二）无声语言表现规律

在商务谈判过程中，谈判双方表达自己的立场和观点时，常常不是孤立地运用人体语言和物体语言，如果不注意它们之间的内在联系，就无法取得良好的效果，更不能准确判断对方的心理状态。因此，把无声语言传递的信息分类，把能说明和反映各类信息的各种无声语言综合起来，进而探讨无声语言表现的规律就很有必要。

1. 表示思考状态的无声语言

（1）一手托腮、手掌撑住下巴，手指沿面颊伸直，身体向前微倾，表示正在做决断性思考。

（2）不时用手敲自己的脑袋，或者用手摸摸头顶，表示正在思考。

（3）视线左右活动频繁，而且很有规律，表示正在积极思考。

（4）摸着头顶的手若弹抖快，则表示专注于思考。

（5）在谈话中，忽然将视线垂下，表示所谈的某件事情引起了他的思考。

（6）将眼镜摘下，表示想用点时间思考。

2. 表示情绪不稳定的无声语言

（1）握手时，掌心冒汗者，多为情绪激动、内心失去平衡者。

（2）四处张望、视线变化频繁，说明心里不安和有警戒意识。

（3）不断变换站、坐等姿态，身体不断摇晃，说明焦躁和情绪不稳。

（4）双脚不断地做交叉、分开的动作，表示情绪不安。

（5）说话无故停顿、时常清嗓子、声音时大时小、说话内容前后矛盾，表示对方情绪不稳。

（6）扭绞双手，身体不自觉地颤动，表示焦虑，情绪紧张。

（7）猛拉裤管，不时轻敲桌面，表示对方左右为难、犹豫不决。

3. 表示性格的无声语言

（1）不敢抬头仰视对方的谈判者，或被人注视时将视线避开的谈判者，多具有自卑感。

（2）谈判强调以"我"为中心，说话时抑扬顿挫明显、频繁提出自己的主张和使劲与人握手的谈判者，多具有主动、自傲的性格。

4. 表示不满情绪的无声语言

（1）稍带醉意，就立即想吐露自己的事情，可能对环境不满。

（2）谈话中不断把视线转向别处或拨弄手指的人，表示他已厌烦谈话。

（3）借开玩笑的机会，破口大骂或指桑骂槐的人，说明在发泄内心不满。

（三）运用无声语言技巧应注意的问题

（1）无声语言不是对人的行为状态、心理活动的精确描述，其含义既广又深、可变性强，有时无声语言所表达的并非一定和内在的本质相一致，况且在商务谈判中有意制造假象也是屡见不鲜的。谈判者应根据实际情况谨慎、机智地识别和应付各种问题。

（2）弄清无声语言运用的场合、时间和背景。场合是指谈判地点，包括谈判桌上、宴会上和居所等；时间是指谈判所处的阶段（初期、中期、末期）；背景是指客观条件（个性、能力、关系状况等）。只有当上述条件都有利时，无声语言才能取得最佳效果。

（3）善于观察。由于无声语言直接作用于人的视觉，一切尽在无声之中，这就要求在倾听对方说话的同时，悉心观察对方，体会对方所给予的各种暗示信息，并采取相应的方式，与对方交换信息，适时做出较为准确的判断，促进谈判向有利于己方的方向发展。

第二节　优势谈判技巧

在商务谈判过程中，由于谈判人员在素质、经济实力、拥有的信息量、准备的情况

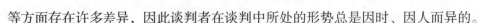

等方面存在许多差异，因此谈判者在谈判中所处的形势总是因时、因人而异的。

谈判者在谈判中处于何种形势、何种地位，归根结底是由其谈判能力决定的。谈判能力在商务谈判中起着重要作用，双方谈判能力的强弱差异决定了谈判结果的差别。对于谈判中的每一方来说，谈判能力都来源于八个方面，就是"NOTRICKS"，每个字母代表一个单词：Need（需求）、Option（选择）、Time（时间）、Relationship（关系）、Investment（投资）、Credibility（可信性）、Knowledge（知识）、Skill（技能）。

在商务谈判中，谈判者总是处于下述三种情况之一：处于优势地位、处于劣势地位或处于均势地位。当谈判人员所处的地位不同时，就应选择不同的谈判技巧来实现自己的谈判目标。

下面将讨论在己方占有优势的情况下可以运用的技巧。

一、价格陷阱技巧

（一）价格陷阱技巧的原理

商务谈判中的价格陷阱技巧，表现为卖方利用传递商品价格上涨信息和人们对涨价持有的不安情绪为诱饵，诱使买方的注意力集中于价格上而忽略了其他条款。

价格陷阱技巧之所以行之有效，是充分利用了人们的心理因素。一是利用了人们买涨不买落的求购心理——市场上商品价格下跌时，人们一般不愿购买，期盼价格进一步下降；反之，市场上商品价格上涨时，人们唯恐价格继续上涨，积极进行买进，这种心理正好被价格陷阱技巧所利用。二是利用了人们"价格中心"的心理定式。谈判者一般都将交易价格作为商务谈判中最重要的条款，因为它是涉及双方利益的关键问题。价格在交易中的这种重要性往往使人产生一种"价格中心"的心理定式，认为只要在价格上取得了优惠，就等于整个谈判大功告成。虽然有些谈判的确是这样，但也有一些谈判，如一些大型的复杂的商务谈判，牵涉面广、内容多，价格并不一定就是商务谈判中的主要问题。而价格陷阱技巧正是利用了人们"价格中心"的心理定式，使买方仅从价格上得到一些优惠，而失去了比单纯价格优势更为重要的东西，从而损失了实际利益。

（二）价格陷阱技巧的运用及其破解

价格陷阱技巧又称价格诱惑技巧，其运用旨在诱使对方跳入价格陷阱。为增加该种技巧成功的可能性，谈判者可与规定时限技巧结合起来加以运用。

谈判中面对别人的价格陷阱技巧，其破解方法有以下三种可供采纳：

（1）不要轻信对方的宣传，应在冷静、全面考虑之后再采取行动，不要轻易被对方价格上的优惠所迷惑。

（2）不要轻易改变自己确定的谈判目标、计划和具体步骤，要相信自己的判断力，排除外界环境的干扰，该讨价还价就讨价还价，该反击就果断反击，决不手软。

（3）不要在时间上受对方所提期限的约束而匆忙地做出决定。良好的心理素质、有耐心、遇事从容不迫，对谈判者来讲是十分重要的。一般而言，买方在谈判中能够抵御卖方各种招数坚持得越久，最终得到的实惠和好处也就越多；相反，如果买方招架不住卖方的各种手法和招数，急于订购其商品，必然给自己带来损失。

二、先苦后甜技巧

（一）先苦后甜技巧的原理

先苦后甜技巧是一种先用苛刻的虚假条件使对方产生疑虑、压抑、无望等心态，以大幅度降低其期望值，然后在实际谈判中逐步给予优惠或让步，使对方满意地签订合同，从而使己方从中获取较大利益的技巧。生活中的"漫天要价，就地还钱""减价要狠"等均属于此类手法。

先苦后甜技巧在商务谈判中发挥作用的原因在于：人们对来自外界的刺激信号，总以先入之见作为标准来衡量后入的其他信号。若先入信号为甜，再加一点苦，则感到更苦；若先入信号为苦，稍加一点甜，则感到很甜。在谈判中，人们一经接触便提出许多苛刻条件的做法，恰似先给对方一个苦的信号，后来的优惠或让步，有时尽管只有一点点，也会使人感到已经占了很大便宜，从而欣然在对方要求的条件下做出较大让步。

（二）先苦后甜技巧的应用及其破解

与其他谈判技巧的运用一样，先苦后甜技巧的有效性也是有限度的。在决定采用这一技巧时应该记住"过犹不及"的格言。一般而言，开始向对方所提的要求，不能过于苛刻，"苦"海无边，"苦"要苦得有分寸，不能与通行的惯例和做法相距甚远。否则，对方会觉得缺乏诚意，以致中止谈判。在实际操作中，为了较好地发挥这一技巧的效力，最好将谈判组的成员进行分工。比如，可以让第一个人先出场，提出较为苛刻的条件和要求，给对方酿些"苦酒"，并且表现出立场坚定、毫不妥协的态度，扮演一个十足的"鹰派"角色，唱"白脸"。然后，随着谈判活动的展开深入，在"鹰派"与对方相持不下、争得不可开交的时候，谈判组的第二个人便可登场了。他和颜悦色，举止谦恭，给人一个和事佬的形象，扮演一个温和恭顺的"鸽派"角色，唱"红脸"。他显得通情达理，愿意体谅对方的难处。虽然其面有难色，但表示愿意通过做"鹰派"角色的工作，改变一些条件和要求。实际上，最终所剩下的那些条件和要求，正是他们所要达到的目标。

在谈判对手运用先苦后甜技巧时，最有效的破解是及时予以识破。为此，有以下两种对策可供采纳：

（1）了解对手的真正需要。运用先苦后甜技巧，总是先提出一些苛刻的要求，以向对方施加压力，降低其期望水平并动摇其信心。因此，面对对手提出的一大堆苛刻要求，谈判者应善于通过调查研究，分辨出哪些是对方的真正需求，哪些是对方故意提出的虚假条件，把谈判重点放在对方真正关心的需要上。如果对方关心的真正需要与己方的利益并不矛盾，则应尽量予以满足；如果有利害冲突，就应在坚持原则的前提下，本着互惠互利的原则协调解决。

（2）针锋相对，退出或拒绝谈判。当对方提出许多苛刻条件时，如能针锋相对，表示退出或拒绝谈判，那么，对方会有弄巧成拙的感觉。当然这种选择需三思而后行，往往在不得已的情况下才实施。

三、规定期限技巧

（一）规定期限技巧的原理

规定期限技巧表现为谈判一方向对方提出达成协议的时间期限，超过这一期限，将

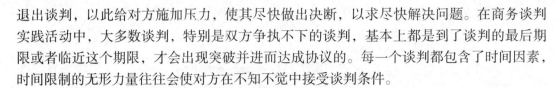

退出谈判，以此给对方施加压力，使其尽快做出决断，以求尽快解决问题。在商务谈判实践活动中，大多数谈判，特别是双方争执不下的谈判，基本上都是到了谈判的最后期限或者临近这个期限，才会出现突破并进而达成协议的。每一个谈判都包含了时间因素，时间限制的无形力量往往会使对方在不知不觉中接受谈判条件。

（二）规定期限技巧的运用及其破解

规定期限技巧的运用必须把握好时机。当谈判中出现下述情况时，可以选择运用这一谈判技巧：当对方急于求成时；对方存在众多竞争者，且竞争达到一定的激烈程度时；己方不存在众多竞争者，竞争不激烈时；己方最能满足对方某一特别重要的交易条件时；对方谈判小组成员存在意见分歧时；发现与对方因交易条件分歧悬殊，达成协议的可能性不大时。

选用规定期限技巧的目的在于促使对方尽快达成协议，而不是使谈判破裂，所以在运用过程中，所规定的最后期限既要能给对方可接受的余地，同时又要做到所规定的最后期限必须是严肃的，表明执行最后期限的态度是坚决的。另外，在运用规定期限的同时也可辅之以心理攻势，以一些小的让步作配合，给对方造成机不可失、时不再来的感觉，以此使对方接受己方提出的条件和要求。

对于对方所提出的最后期限，可持以下态度加以破解：

（1）要重视对方所提出的最后期限。不管是真是假，不能把这个最后期限认为是可有可无之事，因为对方提出这一最后期限，必然事出有因，应认真对待。

（2）要有耐心，不可轻易让步。应该相信，所谓最后期限绝不是机不可失，时不再来。更为重要的是，在规定的最后期限内所进行的谈判应尽力达到己方通过努力可以争取的结果，绝不可放弃原则，在最后通牒下草率达成协议。

（3）想方设法越过对方直接谈判人员，通过与其同行、上级的交往，摸清最后期限是真是假，进而采取相应对策。

四、最后出价技巧

（一）最后出价技巧的原理

最后出价技巧是指谈判一方给出了一个最低的价格，告诉对方不准备再进行讨价还价了，要么在这个价格上成交，要么谈判破裂。西方谈判界把最后出价形象地描述为"要么干，要么算"。最后出价与最后时限是不可分割的两个方面，在谈判过程中，这两种技巧往往合二为一混合使用，只是在使用中的侧重点不同而已。

（二）最后出价技巧的应用及其破解

最后出价很容易把谈判双方逼到"不成功，则成仁"的境地，容易造成双方的对抗，进而导致谈判的破裂。一般说来，商务谈判中谈判者往往不愿意中断谈判。谈判者明白，市场竞争是何等激烈，一旦自己退出谈判，很可能有许多在旁的竞争者会乘虚而入，取代自己的位置。所以，在商务谈判中使用最后出价战术，往往慎之又慎。

当谈判中出现以下情况时，可以考虑选择这一谈判技巧来达到自己的目标：

（1）谈判的一方处于极为有利的谈判地位，"皇帝的女儿不愁嫁"，对手只能找自己谈判，任何人都不能取代自己的位置。

（2）讨价还价到最后，所有的谈判技巧都已经使用过，均无法使对方改变立场，做出自己所希望的让步。

（3）讨价还价到这样的地步，自己的让步已经到了极限，再做任何让步都将带来巨大的损失，而对方还在无限制地提出要求。

在运用这一技巧时，切记最好由谈判队伍中身份最高的人来表达，态度要强硬，语言要明确，同时讲清正反两方面的利害。

对于对方所提出的最后出价，可持以下态度加以破解：

（1）不管是真是假，应重视对方所提出的最后出价。在未掌握确切消息前，不可轻视对方，应认真对待。

（2）要沉着冷静，不可轻易让步。面对对方的最后出价，不可草率行事，可从对方的蛛丝马迹（如神态、动作）中寻找信息。此外，利用一切可能的机会摸清对方给出最后出价的原因，并考证此价是否符合行情，它与此行谈判目标的差距是否可以接受等。只有充分掌握了信息，才能保证在谈判中的主动权。

五、故布疑阵技巧

（一）故布疑阵技巧的原理

故布疑阵技巧通常的做法有：提出某个含糊不清而又不太重要的问题加以讨论；将一个本来很简单的问题复杂化，把水搅浑；提供一些详细琐碎的资料，使之成为对方的负担；节外生枝，另辟战场，以此来分散对方的精力；改变计划，突然提出一项新建议，使每件事情又得重新做起；问东问西，答非所问，故意装糊涂；借口资料丢失，必须凭记忆把它们汇集起来。这样做的目的都在于干扰对方，打乱对方的阵脚，以便乘虚而入，达到目的。

（二）故布疑阵技巧的应用及其破解

有经验的谈判者在谈判中常常采取故布疑阵技巧，有意向对方传递导致其判断错误的信息，施放一些烟雾来干扰对方，使对方的计划被打乱或被误导，从而使谈判对己方有利。

当然，要实现故布疑阵的目标，最重要的一点是一切都要做得合乎情理。否则，被对方识破真相，就会落个聪明反被聪明误的结果。能够使对方对你提供的资料深信不疑的最佳办法，便是故意把机密泄露给他。所谓的机密，对于己方只不过是一些无足轻重的、虚假的诸如备忘录、便条、文件等信息；你可以把这些东西遗忘在走廊里，或者把它们放在对方容易发现的废纸堆里。不过要注意，运用这种技巧需要两个条件：一是为对方创造获取机密的有利条件；二是使对方相信并惊喜，因为无意中得到的情报对他们太重要了。

故布疑阵技巧尽管巧妙，但也可能存有破绽，因而可以对其进行破解。破解的方法如下：

（1）谈判者应具备高超的观察力和应变力，在关注对方一举一动的同时，洞察其举动的真实意图，并据此制定灵活有效的应对策略。

（2）要用心收集和准备充足的谈判资料，以便在对方故布疑阵时，以不变应万变的态度对待，以免落入对方设下的圈套。

（3）若对方急切与己方达成协议，且己方已胜券在握，可间接揭露对方此技巧的真实目的，指出在谈判中故意出差错是非常不道德的，不利于双方今后的合作。

第三节　劣势谈判技巧

在瞬息万变的现代市场环境下，任何企业都不可能永远处于优势。当企业一时处于极不利的情况下进行商务谈判时，其主要的谈判技巧应以尽可能减少损失为前提，或者变劣势中的被动为主动来争取谈判的成功。

一、吹毛求疵技巧

（一）吹毛求疵技巧的原理

吹毛求疵的谈判技巧，是指处于谈判弱势的一方，对在谈判中处于有利的一方炫耀自己的实力、大谈特谈其优势时，采取回避态度，或者避开这些实力，而寻找对方的弱点，伺机打击对方的士气。

这种吹毛求疵的技巧，是通过再三挑剔，提出一大堆问题和要求来运用的，尽管有的是真实的，有的是虚张声势的，但都可以成为讨价还价的理由，达到以攻为守的目的。同时，从心理学角度分析，买方运用这种技巧讨价还价，可使买方精明强干的行为得到体现，促成卖方重视买方，从而提高买方的谈判效果。

（二）吹毛求疵技巧的运用

吹毛求疵技巧能使谈判一方充分争取到讨价还价的余地，如果能善于运用，无疑会使一方大受其益。而买方恰到好处地提出挑剔性问题，是运用吹毛求疵技巧的关键所在。只有掌握了产品的有关技术知识，才有助于对产品进行正确的估价，才能将毛病挑到点子上，使对方泄气。一般来说，买方的挑剔范围集中在产品的质量性能等使用价值和成本价格、运输等方面。如果你在吹毛求疵时面面俱到而抓不住重点，击不中要害，不但不足以说明问题，还会引起对方的怀疑，以为你在故意刁难他，这样，谈判就很难进行下去。吹毛求疵技巧常常采用对比法，即将产品及其交易条件与其他产品和交易条件相比较，使卖方不得不承认自己的弱点和不足，伺机予以攻击，实现自己的谈判意图。另外，对一些优质产品、名牌产品，不能一味贬低，对某些产品的贬低如果过火，可能会激怒对方。

（三）吹毛求疵技巧的破解

吹毛求疵技巧在商场中已证明是行得通的，但从相互立场来说，在商谈实战中，面对别人采用吹毛求疵的技巧时，又该如何展开对抗呢？

（1）必须要有耐心，那些虚张声势的问题及要求，自然会渐渐地露出马脚，并失去影响力。

（2）遇到了实际问题，要能直攻腹地、开门见山地和买主私人商谈。

（3）对于某些问题和要求，要能避重就轻或视若无睹地一笔带过。

（4）当对方在浪费时间、节外生枝，或做无谓的挑剔或提出无理的要求时，必须及时提出抗议。

（5）向买主建议一个具体且彻底的解决方法，而不去讨论那些没有关联的问题。不过，千万不要轻易让步，以免对方不劳而获。对方的某些要求很可能只是虚张声势，因此卖主应该尽量削弱买主的声势，不要让他轻易得逞。同时，卖主也可以提出某些虚张声势的问题来加强自己的议价能力。

吹毛求疵技巧能使你在交易中充分地争取到讨价还价的余地，如果你能够巧妙地运用它，必然会带来无穷的益处。

阅读案例 9-4：挑剔的顾客

有位顾客到"不讲价"的"一言堂"百货商店去，想买一台冰箱。明明看中了，而且非常满意。但为了攻破价格堡垒，便"鸡蛋里面挑骨头"，有意提出一个个他"不满意"的"缺陷"。一会儿是颜色不如意，一会儿是别的什么。最后顾客说："尽管这台冰箱有些不合我意的地方，但我喜欢这样式，你们是否能便宜些？并且不劳送货。"对于这位纠缠了半天，却又温和的顾客，经理无计可施，最后同意以优惠 7.5% 的价格将冰箱卖给他。

资料来源：王德新. 商务谈判［M］. 北京：中国商业出版社，2000.

二、先斩后奏技巧

（一）先斩后奏技巧的原理

先斩后奏技巧也称"人质策略"，是指在商务谈判中实力较弱的一方，通过一些巧妙的办法"先成交，后谈判"，从而迫使对方让步的技巧。其实质是让对方先付出代价，并以这些代价作为"人质"，让对方衡量所付出的代价和中止成交所受的损失，被动接受既成交易的事实，从而扭转己方在谈判中的被动局面。

（二）先斩后奏技巧的应用

生意场上，谈判中的买卖双方采用先斩后奏技巧的具体方式主要有以下几种：

（1）买方先获得了卖方的产品，然后以各种理由要求降低产品价格或推迟交款时间。

（2）买方先让卖方根据自己的需要组织货源，而当卖方将货源组织上来以后又提出了苛刻条件，让卖方处于被动状态。

（3）买方让卖方根据自己提供的样品和产品数量开工生产，然后减少订货，造成对方产品生产出来后积压卖不出去。

（4）买方先赊购卖方产品，到期后又借口自己资金不足，无力偿付，要求分期付清货款，使得卖方处于被动地位。

（5）买方让卖方的产品装车、装船后，再要求赊购、延迟付款、降价等。

（6）卖方先获得买方的预付款，然后寻找理由提价或延期交货。

（7）卖方先提供一部分买方急需的产品，然后借故停止供应，使买方因不能继续获得这种产品而造成生产、销售不能顺利进行，从而向买方提出抬高价格等新的要求。

（8）卖方收取甲级产品的货款，交付的却是乙级产品的货物。

上述各种手段如果没有正当理由，都是缺乏市场经济商业道德的表现，不宜采用。不过，作为商务谈判者很有必要认识其各种表现形式，懂得运用和反运用的有关知识和技巧。

（三）先斩后奏技巧的破解

谈判中遇上对手采取先斩后奏技巧，如果不积极主动地加以反击，就会使自己陷入"生米煮成熟饭"的无可奈何的境地；相反，如果及时地采取对付这种手段的举措就会扭转被动局面。

（1）不给对方先斩后奏的机会。先斩后奏技巧能被交易一方所采用并且有成效，原因之一就是双方所签订合同的内容中有疏漏之处，给了其中一方钻空子的机会。要预防对方违约、毁约，就一定要使合同内容尽可能地完备，使对方无机可乘，让对方没有"先斩"的机会，并以严厉的处罚条款来制约对方的违约行为。

（2）采取法律行动。面对别人的先斩后奏，谈判经验和法律知识贫乏的人往往以"私了"了事，殊不知这样做更加助长了对方的侥幸心理，甚至还会使其得寸进尺。正确的做法应该是拿起法律武器，通过诉讼裁决加以解决。法律裁决是依据合同契约的，尽管整个审判过程费时费力，但是最终结果总是于己有利的。

（3）以牙还牙，针锋相对。当对方故意制造既成事实威逼己方就范时，己方也可以采取同样的手段来对付他，"以其人之道，还治其人之身"，尽可能相应地掌握对方的"人质"。目的是使对方占不到便宜，不得不按原合同协议办事或重新进行公平的谈判。

（4）做好资信调查。一个有经验且老练的谈判者不应轻信他人的承诺，即使交易中必须先付定金或押金时，也必须做好资信调查，签署多种情况下的退款保证。

三、攻心技巧

（一）攻心技巧的具体实施方式

在战争中，兵家认为攻心为上；商战中，谈判过程中攻心战的运用也很多。攻心技巧是一种心理战术，即谈判一方采取让对手心理上不舒服或感情上软化，从而使对手妥协退让的技巧。在商务谈判中人们经常使用的具体计策主要有以下几种：

1. 满意感

满意感是一种使对方在精神上感到满足的技巧。为此，要做到礼貌、文雅，并同时关注他提出的各种问题，并尽力给予解答。解答内容以有利于对方理解己方的条件为准，哪怕他重复提问，也应耐心重复同样的解答，并争取做些证明，使你的解答更令人信服。此外，还要接待周到，使他有被尊重的感觉，必要时可请高层领导出面接见，以给其"面子"。谈话最好是叙述双方的友谊，分析对方做成该笔交易的意义，也可宏观评述双方立场的困难程度，最后表示愿意随时给予帮助的态度即可。莎士比亚曾经说过："人们满意时，就会付出高价。"所以，制造对方的满意感，运用满意感技巧可以软化对方的进攻，加强己方的谈判力度。

2. 头碰头

头碰头是一种在大会谈判之外，双方采取小圈子会谈以解决棘手问题的做法。其形

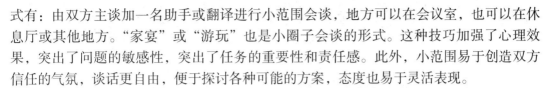

式有：由双方主谈加一名助手或翻译进行小范围会谈，地方可以在会议室，也可以在休息厅或其他地方。"家宴"或"游玩"也是小圈子会谈的形式。这种技巧加强了心理效果，突出了问题的敏感性，突出了任务的重要性和责任感。此外，小范围易于创造双方信任的气氛，谈话更自由，便于探讨各种可能的方案，态度也易于灵活表现。

3. "鸿门宴"

在商业谈判中，"鸿门宴"主要是指做某件事表面是一回事，而本质却另有所图。鸿门宴之策，其形可用，其意也可参考，只是意不在杀人，而在促其前进，尽快达成协议。酒席之间，容易缓解气氛，减少心理上的戒备和双方情绪的对立，遇到贪杯之徒，更可在交杯之中融为"兄弟"，以瓦解其谈判立场。

4. 恻隐术

恻隐术是一种通过装扮可怜相，唤起对方同情心，从而阻止对方进攻的做法。常用的表现形式有：①说可怜话，诸如："这样决定下来，回去要被批评。""我已经退到悬崖边，要掉下去了。""请您高抬贵手！"等等。②扮可怜相，诸如：在谈判桌上请求条件，或精心化装，表现其痛苦。当然，恻隐术的运用要注意人格，同时在用词与扮相上不宜太过分。此外还应看对象，要知道，毫无同情心的对手是不吃软招的，非但不吃，反会讥笑这种行为。

5. 奉送选择权

奉送选择权是一种故意摆出让对手任意挑选己方可以接受的两个以上的解决方案中的某一个，而己方并不反悔，以使对手感到一种大度和真诚，从而放弃原来的想法，转而按照己方的方案思考的做法。具体做法为：谈判者就某一议题，例如技术服务费，提出几种方案由对方选择；或就几个议题同时提出解决方案，由对方去选择；或者互为选择条件，即若取设备价为 A，则取服务费为 B，由对方取其中一项，简单地说就是，你取我的技术费的方案，我取你的设备费的建议等。

使用该技巧时应注意以下两点：①各种方案的分量。首先，应在自己成交或接受的范围内留有一定余地；其次，每个方案的实际分量尽量相当（表现形式可以有别），即便有差距也不要太大，主要在"物与钱"或"简与繁"的差别上做方案。②抛出选择方案的时机。一般在双方经过激战之后，或谈判相持较长时间之后，或在谈判结束前夕，效果最佳。否则，对手不但不会领情，反而认为你软弱可欺或余地很大。

（二）攻心技巧的破解

在商务谈判中，攻心技巧有时的确有助于实现自己的谈判目标，如果对方采用此种技巧，己方可采取下列对策加以破解：

（1）保持冷静、清醒的头脑。在对方发起"攻心"战时，千万别让自己的心理失去平衡。当出现情绪不安、心情烦躁时，可采取休息，甚至中止谈判等办法，让自己的心情得以平静，保持头脑清醒，而不能盲动。特别是当对方初次与自己合作时，只谈事实，不涉及个人感受。要时刻提醒自己，凭感情或者情绪化地处理谈判中的一切重要问题往往事与愿违。

（2）弄清对方恭维的真正目的，坚持任何情况下都不卑不亢，不为所动。要学会区

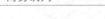

别对方是发自内心，还是口是心非地出于某种需要的目的，言不由衷。

（3）对谈判对手充满感情的话语，要进行归纳和重新认识，弄清楚哪些是其情绪化的表白。同时，也应表明自己所持的态度和立场。

阅读案例 9-5：大批发商的攻心技巧

有一个做粮油贸易的大批发商，经常从北方购进玉米，卖到南方小规模的饲料加工厂。每当他以较低的价格买进后，便分别拜访那些饲料加工厂的负责人，并且开出价格单给对方。他拜访的时间多选择在中午，并且很自然地或请对方吃饭，或被对方请。按习惯，吃饭时喝一点儿酒是正常的，而他是有酒必喝，喝酒必醉。醉后失态，神志不清，结果把其他人给他的还价单也忘在饭桌上的公文包内，恍惚而返。到了晚上才打电话给对方，索要他的文件包，同时提及成交价格。通常，那些饲料加工厂的负责人以为他真的醉了，常常会以大大高于他的成交底价的价格与他达成最终协议。

四、疲惫技巧

（一）疲惫技巧的原理

在商务谈判中，实力较强一方的谈判者常常咄咄逼人，锋芒毕露，表现出居高临下、先声夺人的气势。应对这种谈判者，疲惫技巧是一个十分有效的应对技巧。其目的在于通过多回合的疲劳战，使趾高气扬的谈判者的锐气逐步地消磨，同时使己方的谈判地位从不利和被动的局面中扭转过来。到了对方精疲力竭、头昏脑涨之时，己方则可乘此良机，反守为攻，抱着以理服人的态度，摆出己方的观点，力促对方做出让步。所谓疲惫技巧，就是通过软磨硬泡，干扰对方的注意力，瓦解其意志，从而在对方精疲力竭之时，己方反守为攻，促成对方接受己方条件，达成协议的做法。

心理学研究表明，人的心理特点及其素质有很大的差别，如在性格、气质方面，人人不同。而人们个性上的差异，又使人们的行为染上其独特的色彩。一般而言，性格急躁、外露，富于挑战特点的人，往往缺乏耐心和忍耐力，一旦其气势被压住，自信心就会丧失殆尽，很快败下阵来。而遏制其气势的最好办法就是采取"马拉松式"的战术，攻其弱点，避其锋芒，在回避与周旋中消磨其锐气，以柔克刚。

（二）疲惫技巧的运用

疲惫技巧可以从以下几个方面加以运用：

（1）连续紧张地举行长时间的无效谈判，拖延谈判和达成协议的时间。

（2）在谈判中使问题复杂化，并不断提出新问题进行纠缠。

（3）在谈判中制造矛盾，采取强硬立场，或将已谈好的问题推翻重来，反复讨论。

（4）在谈判间隙，举行投对方所好的活动，使对方对此保持浓厚的兴趣，消耗对方的精神和体力直至疲劳。

阅读案例 9-6：疲惫技巧的运用

某项目谈判，双方谈判安排的内容很多，早、中、晚均工作，一口气十多个小时，直至次日凌晨 4 点钟达成协议。一方只顾高兴，且因疲劳未做成交后双方具体交易内容的认定工作，另一方却仔细检查了成交时己方的得失。直到签约后，当时未做检查的一方才通知另一方，在货单中有 3 台设备的价格未计入交易总价中。另一方则认为："成交时是双方让步的结果，既然未从货单中抹去，或未将其价计入总价之中，应认为是降价条件，是成交的前提。"同时强调："已达成协议并签约，此内容已通报有关各方，不宜改动，否则将引起误会，于信誉不利。"经过双方坦诚、反复磋商，最后仅计入漏掉货物价格的一半，另一半作为"学费"。

上面这个例子是成功运用疲惫技巧的案例。在运用中还要注意，要求己方事先有足够的思想准备和人力准备。在谈判刚刚开始时，对于对方所提出的种种盛气凌人的要求采取回避、周旋的方法，暗中摸清对方的真实情况，寻找其弱点，采取柔中有刚的态度。另外，即使己方在谈判局面中变得有利起来，占了上风，也不能盛气凌人，不可一世。采取这一技巧最忌讳的就是硬碰硬，应防止激起对方的对立情绪，导致谈判夭折。运用疲劳战时，需征得对方同意你欲采用的日程表，不能强迫加班，强加于人，否则也无效果。另外，运用疲惫技巧也是一种"拼命"行为，己方人员，尤其是主谈人身体条件应能适应。这种技巧运用之后，必定有复核的工作，决不能图省事，再疲劳也必须坚持复核。

五、对付"阴谋型"谈判作风的态度和技巧

（一）对付"阴谋型"谈判作风的态度

在谈判过程中，正规的谈判就应光明正大，公平协议。但是，一些谈判对手并不仅仅使用符合道德规范的策略方法，有的人为了满足自己的利益和欲望，不择手段，甚至使用各种阴谋诡计来诱惑对方达成不公平的协议。例如，制造虚假信息，进行人身攻击，施加压力等。在多种伎俩中，有的是非法的，有的是缺乏道德的，也有的仅仅是令人不愉快的。其作用是帮助使用者在谈判中取得主动，获得成功。坚持商业道德立场，我们不提倡靠搞阴谋诡计去实现自己谈判的目标。但必须对其有所认识，有所防范，有所反击，以正确的态度和姿态去对付它。在面对别人使用各种诡计时，除了给予揭露外，可以忍耐，也可以针锋相对。通过忍耐可以避免对方利用你的气愤取得好处；也可以通过某种途径"感动"对方，争取好的结果；通过针锋相对，对他人的诡计也可以如法炮制，打击对方的嚣张气焰。

（二）应付"阴谋型"谈判的技巧

1. 对付故意欺骗的技巧

故意欺骗是一方在陈述客观情况时，故意隐瞒真实情况，编造一些虚假的事实，以欺骗对方的一种卑鄙手段。比如，谈判一方讲："这种产品是我们引进国际最先进的设备生产的，质量性能是一流的。"而实际上，生产设备是某家企业淘汰下来的。具体来说，欺骗的手段主要有下列几种情形：

（1）借与你谈判之机，诱使你披露全部或部分信息，而他却并不一定想与你做交易。许多情况下，别有用心的对手采用这种伎俩是想让你抛出建议，然后再用这些建议向其他有目标的客户压价或抬价，从而寻找他认为最理想的客户进行交易。

（2）提供一大堆有名无实的资料，让你在其中寻找。虽然从中也可以发现星星点点

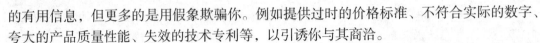

的有用信息，但更多的是用假象欺骗你。例如提供过时的价格标准、不符合实际的数字、夸大的产品质量性能、失效的技术专利等，以引诱你与其商洽。

（3）派遣没有实权的人与你洽谈，以试探你的立场、态度，或故意透露给你错误的信息，诱骗你上当。

（4）在个别情况下，还会出现谈判一方擅自改动协议的内容，即单方毁约的行为。因此，必须仔细审查协议书的内容，看责任条件是否清楚，措辞是否严谨，避免可能出现的漏洞与疏漏。

面对阴谋诡计，要警惕对方在谈判中故意使用的各种手段，必须对商谈的内容一丝不苟，严肃认真。编假话欺骗对方，常常会出现前言不搭后语，甚至自相矛盾的情况，所以仔细观察，你就会发现这些破绽。尤其是当对方向你介绍一些比较重要的情况，或回答你提出的关键问题时，最好不要只听一面之词就匆忙做出决定，一定要经过反复调查核实，寻找一切机会验证对方所讲话的真实性，以减少上当受骗的可能性。

2. 反车轮战的技巧

车轮战即以多个助手针对某个论题或几个论题，轮番上台，与对手辩论，在会场上造成一种紧张、强硬的气氛，给对手精神上造成沉重压力，迫使其在疲于应战中主动退却的技巧。一般说来，这种技巧有利于新换上来的谈判者。因为这使他有机会抹杀以前所做的让步，重新开始讨论，延缓合同的签订，或者更换讨论的话题，而对方却仍在努力使新谈判者熟悉过去所争论和协定的内容。

对付车轮战的手段有：

（1）你不必重复已做过的争论，这只会使你精疲力竭。

（2）如果新对手一口否认过去的协定，你要耐心等待，他可能会回心转意。

（3）你可以用很好的借口使谈判搁浅，直到原先的对手再换回来。

（4）不论对方是否更换谈判人员，你最好有心理准备。

（5）如果新对手否认过去的协定，你也可以借此理由否认你所许过的诺言。

（6）有时候改变可能对己方反而有利，因为对方可能会提出新的建议。

（7）和新对手私下好好谈谈。

3. 反人身攻击的技巧

进行人身攻击，具体表现在：①一方谩骂另一方，甚至拍桌子、踢凳子，高声喊叫，其目的是企图用激烈的对抗方式向对方施加各种压力，迫使对方屈服。②利用讽刺挖苦的语言嘲笑对方，羞辱对方，使对方陷入尴尬难堪的境地，借以出心头之气，迫使对方让步。③采用或明或暗的方式，使对方产生身体上和心理上的不适感，对方为了消除这种不适而屈服。比如，他可能暗示你没有知识，拒绝让你说话，或故意让你重复说过的话，他们还可能不用眼睛看你讲述一些问题，甚至故意给你造成不舒服的环境，像别扭的座位、过亮过暗的光线、持续不断的会谈等，都会给你造成极不愉快的心理。

应对这种伎俩的策略是：首先，要保持情绪上的镇静，保持清醒、冷静的头脑。事实上，当对方向你大喊大叫、挥拳击掌时，就是希望看到你心慌意乱、不知所措的样子。只要你能顶住压力，处变不惊，以局外人的身份观看他的"表演"，最先泄气的一定是对方。其次，对于一些人的讽刺挖苦，有时可持不理会的忍耐态度，有时要义正词严地指

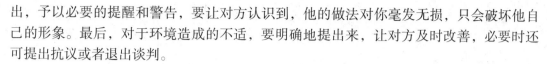

出，予以必要的提醒和警告，要让对方认识到，他的做法对你毫发无损，只会破坏他自己的形象。最后，对于环境造成的不适，要明确地提出来，让对方及时改善，必要时还可提出抗议或者退出谈判。

4. 对付强硬措施的技巧

有些权力欲很强的谈判者，喜欢坚持强硬的毫无妥协的立场，声称某些条款没有任何考虑、通融的余地。他们往往是"要么干，要么算"。谈判中使用强硬的手段，在某些方面，他们常常固执得不近情理，企图将强硬当作一种赌博，先向对方摊牌，然后迫使其让步。

对付强硬措施的办法就是灵活。如果对方强硬，你也强硬，甚至比他更强硬，双方的僵局就不可避免；而如果对方强硬，你软弱妥协，很可能你会被剥夺得一干二净。强硬的显著特征就是死抓住某一点不放，这样，要说服对方放弃强硬立场，灵活性是绝不可少的。有时可以打断对方的谈话来对付他，也可以提出一些问题，要对方解释他为什么不能改变立场。

5. 反威胁的技巧

威胁是谈判中用得较多的伎俩。但是，谈判专家对一些典型案件的研究表明，威胁并不能达到使用者的目的，它往往会损害双方的关系，导致谈判破裂。优秀的谈判者不仅不赞成使用威胁手段，而且尽量避免使用威胁的字眼。表达同样的意思有各种方式，如果有必要指出对方行为的后果，就指出那些你意料之外的事，陈述客观上可能发生的情况，而不提出你能控制发生的事。从这个意义上讲，警告就比威胁好得多，也不会引起反威胁。

面对威胁，有效的应对方法是无视威胁，对其不予理睬，你可以把它看作与己无关的废话，或是对方感情冲动的表现。事实上，使用威胁看起来很强硬，但实际上却是虚弱的表现。当然，有时也可一针见血地指出威胁可能产生的后果。

6. 反虚假出价的技巧

虚假出价在商场上表现为使用者一方利用虚假报价的手段，排除同行的竞争以获得谈判的机会，可一旦进入实质性的谈判阶段，就会改变原先的报价，提出新的苛刻要求。此时，另一方很可能已经放弃了考虑其他谈判对手，不得已而同意其新的要求和条件。

阅读案例 9-7

有一个人想以 30 万元的价格卖掉一辆高级轿车，便在报纸上登了广告，没过几天，几个有兴趣的买主来看货，其中一位愿意出价 28.5 万元，并且预付了 1 万元的定金，卖方也接受了，于是他一一拒绝了其他买主，只等对方交钱，交易正式完成。可是一连等了几天，却丝毫不见动静。电话铃终于响了，对方很遗憾地说，"由于合伙人与妻子不同意，实在无法继续完成交易。同时，他还提到他已经调查并比较过相同类型的车价，这辆车的实际价值只有 25 万元，何况……"卖方当然非常生气，因为他已经回绝了其他买主。可是，他接着开始怀疑，也许市面上的价格正如对方所讲的，同时他不愿意一切从头开始——再去登广告找买主，再和买主接洽以及再做那些琐碎的事情。结果以少于 28.5 万元的价格成交。

虚假出价与抬价策略大同小异，其差别主要是：前者的目的在于消除竞争价，排除其他竞争对手，使自己成为唯一的交易对象。也正因为如此，虚假出价才被称为一种诡计，具有欺骗性。

对付这种欺骗的手段很多：一是要求对方预付大量的定金，使其不敢轻易反悔；二是要注意随时保持两三个其他交易对象，以便在出问题时进退主动，避免"在一棵树上吊死"；三是在必要时提出一个截止日期，如到期还不能与对方就主要条款达成协议，则中止谈判；四是如果对方提出的交易条件十分优厚，你就应考虑对方是否在使用这一伎俩，可在几个关键问题上试探对方，摸清其底细。

第四节　均势谈判技巧

当谈判双方势均力敌，均无明显优势的时候，往往会出现"拉锯战"的情况。此时，谈判者应有所作为，审时度势，打破"相持不下"的局面，争取谈判桌上的主动。迂回绕道、旁敲侧击、为人置梯、激将、休会、开放等，就是在这种情况下使用频率较高的技巧。

一、迂回绕道技巧

（一）迂回绕道技巧的原理

《孙子兵法》中有以迂为直的谋略。英国军事理论家哈利（Harry）也曾说："在战略上，那漫长的迂回道路，常常是达到目的的最短途径。"在谈判中，如果与对方直接进行谈判的希望不大，迂回谈判就成为一种重要的技巧，可以收到单刀直入无法收到的效果。

所谓迂回绕道技巧，就是通过其他途径接近对方，建立了感情后再进行谈判。这种方法往往奏效，因为任何人的生活总是丰富多彩的，除了工作以外还会有许多业余活动，而这些业余活动往往是他最感兴趣的事情。如果在这方面你能成为他的伙伴或支持者，感情就很容易沟通，从而很容易换来经济上的合作。

（二）迂回绕道技巧的运用

美国杜维诺公司向一家饭店推销面包，杜维诺派销售人员和部门经理亲自上门推销，并向这家饭店做出价格优惠、服务上门、保证供应、保证质量的承诺，还表示了愿意建立长期合作关系的愿望，但饭店经理就是不买他的面包。后来杜维诺采用了迂回战术。杜维诺了解到，该饭店的经理是一个名叫"美国旅馆招待者"组织中的一员，他十分热衷于这一活动，被选为该组织的主席，不论该组织的会议在什么地方召开，他都不辞辛苦地参加。了解到这些情况后，杜维诺再见到他时，绝口不谈面包一事，而是谈论那个组织，饭店经理十分高兴，跟他谈了半个小时，显得十分兴奋，并建议杜维诺加入这一组织。几天之后，杜维诺便接到了这家饭店购买面包的订单。

有的时候，如果针对对方的疑虑或拒绝直接说过去，可能会越说越僵。这时应微笑着将对方的拒绝暂时搁置起来，转换成其他话题，以分散对方的注意力，瓦解对方内心所筑起的"心理长城"，等到时机成熟，再言归正传。这时，往往会出现"山重水复疑无路，柳暗花明又一村"的新天地。

迁回绕道技巧在运用时要注意以下三点：

（1）要心中有数，不可信口开河，怎么迁回，都离不开讨论的主题。

（2）迁回要持之有据，言之成理。迁回中所提及的各种理由，估计对方没有考虑过，或至少考虑得不周全。这样说出来的话才有"信息量"，才会引起对方的注意。

（3）说话要自信。谁说话更自信，更有技巧，谁就会取得胜利。

二、旁敲侧击技巧

每个商务谈判都有两种交换意见的方式：一种是在谈判时直接提出来讨论，另外一种则是在场外以间接的方法与对方互通消息。

间接交流的存在是因为有实际的需要。一个谈判者可能一方面必须装出很不妥协的姿态给己方的人看，而另一方面又必须在对方认为合理的情况下和对方交易，以达成协议。不管是买主或者卖主都会有这种双重压力的困扰。这也是谈判双方会建立起间接谈判关系的原因。

并不一定每一件事情都要在会议桌上提出来，彼此建立起来的间接关系，能使消息在最少摩擦的情况下传达给对方。假如对方拒绝这个非正式提出的条件，双方都不会有失掉面子的忧虑；而倘若这个条件在谈判时被正式拒绝了，则很可能会引起对方的指责，甚至导致双方感情的破裂，造成不良的影响。所以，间接的沟通方式可以帮助谈判者和企业在不妨碍情面的前提下，悄悄地调整原先的目标，而某些偏差了的目标也可以借由半正式或非正式的沟通方式加以修正。以下所列的方式，可以用来弥补正式会谈的不足：

（1）有礼貌地结束每一次谈话。

（2）在正式谈判之外，另外再秘密地讨论。

（3）以跌价来探测对方的意见，或者故意放出谣言。

（4）故意遗失备忘录、便条和有关文件，让对方拾取而加以研究。

（5）请第三方做中间人。

（6）组成委员会来研究、分析。

（7）通过报纸、刊物或广播等媒介传播信息。

旁敲引导和暗示是旁敲侧击技巧最常见的运用，是指在谈判中使用"先言他物，以引起所咏之词"的战术。对于神经敏感的谈判对手来说，使用暗示引导的方法是很容易奏效的。如同高明的医师用暗示的手法治好了由心理疾病造成的生理疾患一样，聪明的广告制作者用暗示的手段诱导消费者，暗示是旁敲侧击的具体手段。但是，使用这种技巧一定要隐蔽，要让对手在毫不觉察的情况下接受己方的建议，才能达到预期的效果。

三、为人置梯技巧

（一）为人置梯技巧的原理

所谓为人置梯技巧，通俗地说，就是如何"给人台阶下"的技巧。这种技巧就是当对方已经做出一定的许诺，或表明一种坚定的态度，而自己又不能改变自己的立场时，你要改变对方的观点，首先要顾全他的面子，给他一个能被他接受的合理的理由来改变观点，也就是给他一个"台阶"下。

从心理学、社会学角度来研究人，有这样的结论：一般人总是没有正视自己错误的勇气。谈判中，让对方放弃自己的立场和主见，也就等于让对方承认自己是错误的，他的自尊心让他难以接受；谈判双方的地位是平等的，任何一方的批评和指责，另一方都可以不予理睬，甚至针锋相对。一个精明的谈判者应该知道怎样给人面子，使对方不至于出尔反尔、下不了台，消除对方接受己方条件的心理障碍。

（二）为人置梯技巧的运用

在商务谈判中，为人置梯是经常使用的一种技巧。使用这个技巧时要注意：

（1）为什么样的对手"置梯"。需要"置梯"的是那种特别爱面子又很聪明的谈判对手，"爱面子"决定了他需要"台阶"下；"聪明"决定了他会"借坡下驴，顺水推舟"。

（2）在什么条件下"置梯"。"置梯"的时机应是在谈判对手已经意识到了自己的错误，但因碍于情面或不愿放弃既得利益而没有自己承认错误时。

（3）为对手置什么样的"梯"。通常的做法是强调客观原因。例如把对方的错误解释为"掌握的资料有限""财务、技术人员提供的数字有误"等。

（4）为人置梯技巧的使用并不排除在有些情况下需要正面严肃地指出对方的错误。当谈判的形势或问题需要谈判者直接指出对方错误时，不能优柔寡断，但态度要诚恳，不要得理不饶人。

四、激将技巧

（一）激将技巧的原理

以语言刺激对方的主谈人或其重要助手，使其感到坚持自己的观点和立场已直接损害自己的形象与自尊心、荣誉，从而动摇或改变其所持的态度，这种技巧称为"激将技巧"。

激将技巧可以直接刺激对方主谈人。例如，某方说："贵方谁是主谈人，我要求能与有签约决定权的人谈判。"此话贬低了面前主谈人的权力，反过来激起对方（尤其是年轻、资历浅的业务员）急于表现自己的决定权或去争取决定权的欲望，使刺激的一方的谈判更方便，且可寻机得利。也有以此"将军"的做法："既然你有决定权，为什么不马上回答我方明确合理的要求？你还要向上级请示吗？"迫使对方主谈人要正视刺激方的条件。此外，还有间接刺激对方主谈的做法，即通过主谈的主要助手来刺激主谈人。例如，在一项谈判中，卖方主谈不吃激将技巧，买方反过来对其聘用的律师讲："你是律师，知道买卖应公道。公道的价，不怕讲。贵方不告诉我方技术费的计算依据，我怎么能接受呢？"同是该论题、该理由，从律师的角度，无言以辩，只能接受。此时，主谈人再被激时，就难以抗拒了。

（二）激将技巧的运用

在商务谈判中使用激将技巧的目的是最终达成协议。需要强调的是，激将技巧使用的是一种逆向说服对方的方法，需要较高的技巧，运用时需要注意以下几个方面：

（1）激将的对象一定要有所选择。一般来说，商务谈判中可以对其采用激将技巧的对象有两种：第一种是不够成熟、缺乏谈判经验的谈判对手。这样的对手往往有自我实现的强烈愿望，总想在众人面前证明自己，容易为言语所动，而这些恰恰是使用激将技巧的理想突破口。第二种是个性特征非常鲜明的谈判对手。对自尊心强、虚荣心强、好面子、爱拿主意的谈判对手都可使用激将技巧，鲜明的个性特征就是说服对手的突破口。

（2）使用激将法应在尊重对手人格尊严的前提下，切忌以隐私、生理缺陷等为内容贬低谈判对手。商务谈判中选择"能力大小""权力高低""信誉好坏"等激将对手，往往能取得较理想的效果。

（3）使用激将技巧要掌握一个度。没有一定的度，激将技巧收不到应有的效果；超过限度，不仅不能使谈判朝预期的方向发展，还可能产生消极后果，使谈判双方产生隔阂和误会。比如，在诸葛亮智激黄忠时，如果在黄忠当众立下军令状后，诸葛亮仍然以语相激，对黄忠的实力表示不信任，则很可能会使黄忠认为诸葛亮根本看不起他，两人很可能会由此产生误会。

（4）激而无形、不露声色往往能使对方不知不觉地朝自己的预期方向发展。如果激将技巧使用得太露骨，被谈判对手识破，不仅达不到预期的效果，使己方处于被动地位，而且可能被高明的谈判对手所利用，反中对方圈套。

（5）激将是用语言，而不是态度。用语要切合对方特点，切合追求目标，态度要和气友善，态度蛮横不能达到激将的目的，只能激怒对方。

当然，作为一个优秀的谈判人员，不但要善于使用激将技巧，而且要善于识破激将技巧，在商务谈判中沉着应付，不为对手所激。

五、休会技巧

（一）休会技巧的原理

休会技巧，即暂停谈判的技巧。当谈判进行到一定阶段或遇到某种障碍时，由谈判一方或双方提出中断会谈，以使双方谈判人员都有机会重新研究、调整对策和恢复体力。从表面上看，休会是为了使谈判人员恢复体力和精力，但实际上，休会的作用已远远超出这一含义，已成为谈判人员调节、控制谈判过程，缓和谈判气氛，融洽双方关系的一种策略和技巧。

（二）休会技巧的应用时机

（1）回顾成绩，展望未来。在会谈某一阶段接近尾声时休会，使双方人员借休息之便分析讨论这一阶段的进展情况，预测下一阶段谈判的发展，提出新的对策。

（2）打破低潮，扭转趋势。精力充沛是进行高效率谈判的保证。如果谈判时间拖得过长，谈判人员会出现体力不支、头脑不清、注意力分散的情况，应休息一下，再继续谈判。

（3）避免僵局，保持气氛。随着谈判的不断深入，双方观点出现分歧是常有的事，如果各持己见、互不妥协，会谈难免会陷入僵局。这时，继续谈判是徒劳无益的，有时甚至适得其反，使以前的成果付诸东流。此时休会可以使双方冷静下来，客观地分析形势，采取相应对策，避免谈判陷入僵局。如果谈判已经陷入僵局，要及时休会，双方重新评估形势，改变策略，争取会谈走出困境。

（4）消除对抗，争取一致。谈判一方对谈判内容、程序、进度等方面出现不满意的

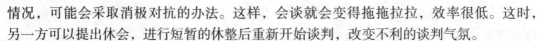

情况，可能会采取消极对抗的办法。这样，会谈就会变得拖拖拉拉，效率很低。这时，另一方可以提出休会，进行短暂的休整后重新开始谈判，改变不利的谈判气氛。

（5）重新思考，探求新路。在谈判中，由于是双方的交涉，新情况、新问题会层出不穷。如果出现意外情况，会谈难以继续进行，双方可提出休会，各自讨论协商，提出处理办法。

（三）休会技巧应用中应注意的问题

（1）提出休会的一方要说明休会的必要性并经对方同意。如果提出者在对方同意之前擅自离开谈判桌，就会影响双方关系，甚至使谈判破裂。

（2）要确定休会的时间，即恢复谈判的时间。时间长短要视双方冲突的程度、谈判人员的精力状况以及解决问题所需的时间而定。

（3）休会之前要简要总结一下前面谈判的进展情况。

（4）提出休会和讨论休会时，要避免谈过多的新问题或对方非常敏感的问题，以便创造缓解紧张气氛的时机。

（5）休会期间谈判人员应归纳一下前一阶段讨论的问题，检查己方的谈判情况和成效，研究谈判对方的情况，明确双方的分歧，并对下一步谈判提出新的设想，决定是否向上级或本部报告，如何做好开场陈述。

（四）休会技巧破解的方法

如果谈判的一方遇到对方采用休会策略，而自己一方不想休会时，破解的方法如下：

（1）当对方因谈判时间拖得过长、精力不济要求休会时，应设法留住对方或劝对方再多谈一会儿，或再讨论一个问题。因为对手精力不济就容易出差错，意志薄弱者容易妥协，所以延长时间就是胜利。

（2）当己方提出关键性问题，对方措手不及、不知如何应付、情绪紧张时，应拖着其继续谈下去，对其有关休会的暗示、提示佯作不知。

（3）当己方处于强有力的地位，使用情绪化的手段去激怒对手，摧毁其抵抗力，而对手已显得难以承受时，对对手的休会提议可佯装不知、故意不理，直至对方让步，同意己方要求。

阅读案例 9-8：松下幸之助的成功谈判

日本松下公司的前任总裁松下幸之助是个极具智慧的商人。在他的领导下，松下公司日渐强大，成为世界上著名的电器生产企业。一次，松下幸之助去欧洲与当地一家公司谈判。由于对方是当地一家非常有名的企业，不免有些傲慢。双方为了维护各自的利益，谁都不肯做出让步，以至于谈到激烈处，双方大声争吵，甚至拍案跺脚，气氛异常紧张，尤其是对方，更是毫不客气。松下幸之助无奈，只好提出暂时中止谈判，等吃完午饭后再进行协商。

经过一中午的休整，松下幸之助仔细思考了上午双方的对决，认为这样硬碰硬地与对方干，自己并不一定能"得到好果子吃"，相反可能谈不成这笔买卖。于是开始考虑换一种谈判方式。对方仗着自己具有"天时、地利、人和"的优势，丝毫不愿做出让步，打定主意要狠狠地杀一下松下幸之助的威风。

谈判重新开始，松下首先发言，而对方谈判者表情严肃，一副志在必得的样子。松下并没有谈买卖上的事，而是说起了科学与人类的关系。他说："刚才我利用中午休息的时间，去了一趟科技馆，人类的钻研精神真是值得赞叹。目前人类已经有了许多了不起的科研成果，据说阿波罗 11 号火箭又要飞向月球了。科学事业能够发展到这样的水平，实在应该归功于伟大的人类。"对方以为松下是在闲聊天，偏离了谈判的主题，也就慢慢缓和了紧张的面部表情。松下继续说："然而人与人之间的关系并没有如科学事业那样取得长足的进步。人们之间总是怀着一种不信任感，他们在相互憎恨、吵架。在世界各地，类似战争和暴乱那样的恶性事件频繁地发生在大街上。"他稍微停了一会儿，对方越来越多的人被他的话吸引，开始集中精力听他谈话。他接着说："那么，人与人之间的关系为什么不能发展得更文明一些，更进步一些呢？我认为人们之间应该具有一种信任感，不应一味地指责别人的缺点和过失，而应持一种相互谅解的态度，一定要携起手来，为人类的共同事业而奋斗。科学事业的飞速发展与人类精神文明的落后，很可能导致更大的不幸事件的发生。人们也许用自己制造的原子弹相互残杀。日本在第二次世界大战期间已经蒙受了原子弹所造成的巨大灾难。"

此时，人们的注意力已经完全被松下所吸引，会场一片沉默，人们都陷入了深深的思索之中。随后，松下逐渐将话题转到谈判的主题上，谈判气氛与上午完全不同，谈判双方成了为人类的共同事业而合作的亲密伙伴。最终欧洲的这家公司接受了松下公司的条件，双方很快就达成了协议。

六、开放技巧

（一）开放技巧的原理

开放技巧是指谈判人员在谈判过程中以开诚布公的态度，向对方袒露自己的真实思想和基本要求，促使对方通力合作，使双方在诚恳、坦率的气氛中完成各自使命的技巧。

开放技巧的心理依据是，任何人都希望别人信任自己、尊重自己，也希望自己的建议或意见能够被别人采纳接受。而要想取得别人的信任，自己首先就应当开诚布公，相信对方。

（二）运用开放技巧应注意的问题

是否运用开放技巧，应根据调查和了解到的谈判对手的资信与作风情况来确定。如果谈判对手属于见利忘义之徒，对其采取开放技巧于己不利，而且很可能被他利用或钻空子。技巧终究是技巧，不管哪些方面的开放，绝不可像"竹筒倒豆子"一样倾倒无遗，而应根据对手的实际表现和谈判进展情况确定和调整开放度。

第五节　商务谈判中的沟通技巧

谈判过程是信息交流的过程，有意透露信息可以加强谈判者对局面的把握，而意外泄露信息则会削弱这种把握。

谈判过程包括信息的交流。信息交流可能是有目的的，也可能是无意的。由于信息交流不完善可能影响最终的谈判结果，每一个谈判者都试图通过对交谈过程的控制来寻求操纵对手的机会。有些研究报告提出，最终能达成协议的谈判，通常要经历三个交流阶段：①所持立场和观点的先期陈述与辩护，目的是为提出既强有力又具说服力的论点，同时也为表明某种实力；②根据第一阶段确认的各种因素及限制，来寻求解决方案；③谈判对手之间相互辩论，以期找到双方都满意的协议条件。

有效谈判的技巧对谈判者来说非常重要。交谈过程是谈判的一个重要组成部分，也是一个中介环节，通过它双方才可决定是否能取得一致意见。谈判中信息的传送与接收都要讲究技巧，送出需辨别和分析的所有文字和非文字信息。最后，交谈还要注意其各种不同的方式。下面这些谈话技巧和原则适用于所有的谈判，而不论谈判的具体目标、战略或战术是什么。

一、礼貌交谈与实力较量

礼貌客气的谈话方式易使对方积极透露信息，促使对方倾听，也有助于减少摩擦。

（一）礼貌谈判

谈判中，大部分过程应该是礼貌交谈的过程，在客客气气的交谈中，双方避免相互威胁，认真听取别人发言、始终关注谈话要点和提示。各方还会给予对方说话的机会，有的时候为了获得更多信息更会鼓励对方发言。在谈判中，友好与自信的程度可以有所变化，说出的话可以很强硬，甚至有点粗鲁，因为礼貌交谈并不意味着必须顺从别人，但是整个过程还是应当基本上亲切真诚。一场礼貌交谈对于谈判者至少有三大好处：

1. 易使对方透露信息

礼貌交谈的过程使对方有机会透露信息。信息得以透露，就能产生人们所希望的最大限度的情况交流。这种交流首先来自谈判者的判断力，来自谈判者是否认为应该透露信息。讲究礼貌有助于对方畅所欲言，避免打断对方正愿意披露的有价值信息的谈话。透露的信息越有用，听者心中越有底，对己方确定战略、战术和立场也就越有利。

2. 促使对方倾听

讲究礼貌也使对方能够倾听自己的发言。大家轮流发言，每一位都能集中精力倾听对方讲话，而不必想着打断别人或抢着发言。倾听非常重要，只有这样，才能真正有意识地把握和分辨对方透露的所有信息。

3. 避免不必要的实力较量

交谈时客气礼貌能够使对方避免不必要的、以实力较量为形式的冲突。较量实力只会浪费时间，产生敌意，甚至导致谈判中断，而礼貌交谈则能避免这种使人失望的后果。

（二）实力较量

所谓实力较量，是指双方都力争占据谈判中的支配地位，其表现包括长篇发言、打断别人，或其他一些力图控制对方的类似行为。这种较量常会使较量本身变成一种目标，而将谈判置于第二位，因此一般应该避免实力较量。礼貌交谈比实力较量更可取，这是普遍性原则。当然，也有例外情况。下列情况发生时，进行实力较量也未尝不可：

1. 占据谈判优势，以期控制结局

要是在谈判中占据优势因而能够控制实际结局，那就应当考虑这样做。然而，假如造成对方因此不能以其他方式交谈而生气或失望，并且变得态度强硬，那么占据优势的做法也是不合适的。占据优势作为一种战术使用时必须考虑其近期和远期效果。首先，分析占据谈判优势是否有可能；其次，这样做对于谈判的最终结局是否有积极或消极作用；最后，还需特别考虑对方谈判人员的个性。有的人争强好胜，想要占据谈判优势，但却因此而得罪对方。

2. 控制谈判，受制于人

除一些例外情况（下面将要讨论），谈判者应避免受制于人；如果对方要想控制谈判局面，就有必要维护自己的权利。办法之一可以用归纳法和谈要点法来防止对方过分重复。当然，这些办法若是不灵，就可能不得不用插话、提高嗓门，或刺耳的语气，或者措辞生硬等方式。

3. 避开对方说话过分重复的情形

没有人应当顺从地听人一遍又一遍地谈论同一话题，尤其是听人啰唆不堪的谈话。如果对方滔滔不绝，却又没有任何实质性内容，这种过分重复就没有必要忍受。然而在这种情形下，打破礼貌谈判模式通常不是首选的办法。可以试试把对方已提到过的内容归纳一下，也可以采用谈要点的办法。

4. 利用他人的饶舌

要是对方想控制谈判，不妨考虑允许他这么想，至少让给他一点时间。对方的这种欲望有时可以利用，以争取一个更积极的结局。这种"心理柔术"可在对方有如下表现时采用：

（1）交谈过程中有支配欲望。谈判中，对方为占优势会说个不停而泄露信息。这种健谈是出于多种自我需要：让人知道自己见多识广，吸引异性，防御自卑感，防止冷场，诸如此类。

（2）自我讨价还价。这是指对方在想控制谈判局面过程中因为说得太多而没有要求对方做出反应。他可能在提出一项原有观点后，实际上并未曾听取对方明确的反驳，就接着再提出一项从原来观点后退了的意见。这样，他以一种不断的自我让步来"赢得"谈判优势。

（3）自我陶醉。对方可能非常热衷对表面优势的满足，以致放弃实质性问题的讨论。这种情形并非由反应匮乏造成，而是因说话人顾此失彼，忽略了讨论之中的让步与交换。

二、送出信息

商务谈判中，要有目的、有选择地做文字和非文字的信息披露，以推动谈判进程。信息交流的过程要求送出的信息清楚确切，以免混淆和误解。当然，这并不是在要求谈判者必须透露所有信息，而是说在决定送出信息之时要想到能被对方完全理解。

此外，商务谈判中还要保证信息的透露有选择和有目的。为了谈判成功，有些信息必须透露，至少双方的观点必须透露。还应透露的信息包括事实、需要、主要兴趣等。

这样，如果要达成一项协议，对方就明白谈判中将会遇到什么问题。有选择的信息透露是必要的，是使谈判进展顺利而进行的信息传送。有的时候，人们必须在下列两者之间划上一条细细的分界线：相信对方会透露足够的信息以达成协议；不相信对方，因为他为了控制谈判似乎隐瞒了什么信息。透露信息时，关键要考虑好这样做的后果。应当想一下，在透露信息一方看来和在他的谈判对手看来，信息的透露会如何推动谈判？如果不会推动谈判，那就不应做此透露，必须掂量这样做的益处是否会被引起麻烦或暴露弱点的风险所抵消。

要选择透露什么信息为妥，可能很不容易；而要涉及非文字信息透露，常常会更困难。永远要控制非文字信息透露，这一点很重要，因为下意识做出的反应和举动可能泄露了一个人的内心的思想和观念。做有限信息透露时必须对自己的文字和非文字信息表现有高度的意识控制。

（一）让对方只持最低限度的期望

毫无必要或错误地提高对方的期望值，这是一种不正确的做法。假定有人不想造成一个可以让步的印象，考虑下这种说法："那事我们当然可以谈谈。"

这句话会引起或提高对方认为你会让步的期望：就算可能做出让步，将这种可能性不经意地泄露只表明谈判技术糟糕，也许还会导致达成的协议不够有利。更糟的是，如果真的不可能让步，对方已持有的期望不能得到满足，他就会由此产生受骗的感觉。在这样的情形下，对方所提的其他要求会变得更强硬，谈判也容易破裂。

透露信息的时机选择非常关键。为了能推动谈判达成理想协议，一定要选择好信息透露的时机。适时地透露己方的需求、谈判目标、谈判重点、交易价值等信息能使双方找到意见一致之处，知道该如何拟定交换条件。

（二）具有说服力

说服另一方接受你的观点、想法、条件，方法有许多种。只要引导对方相信你的诚实和真心，就能增强你的说服力。一般说来，一个谈判者应当记住对方对于目标和相关问题的看法，这样就表明自己有责任心，会使双方达成都乐意接受的协议。下面介绍一些方法，帮助你在交谈中更有说服力。

1. 论理

除非对方信服你，不然交谈就很费时间，因此，与人交谈有说服力很重要。有说服力的交谈方法之一是论理。所谓论理，就是为某个观点的成立而提出的理由。这个理由使对方觉得你的观点是公平的、合理的，或者至少是个真实观点，而非欺人之谈，目的是让他接受这个可信的合理的观点，或者让他做出点妥协以便加以修改。这当然取决于所用的战略或战术。人们比较愿意接受公平合理而不是失之公正且有悖于常理的观点的。然而有时候，要是这样做于其有利的话，一个合乎情理的观点也可以用来掩盖一方的真实理由。

以论理来提高可信程度是个总原则，但有三种情况例外：

（1）这个理由在特定谈判背景下有其内在明确性。在某一谈判的前后关联中，有些观点将会不言而喻，那就没必要再提。

（2）不存在应当提示的所谓理由。有时候，真实的理由必须保密。例如，要是真实理由来源于某个要求匿名的渠道送来的消息，那就得找个其他的所谓理由来说服对方。有的时候，一个观点可能就没有什么令人信服的理由可找。凭直觉看问题，即为一例。

（3）唯一可谈的所谓理由中包含实质误导即事关重大的误导，可能会形成欺诈。这样做不仅不道德或不合法，如果被对方觉察，还有使谈判破裂的风险。

2. 表明自己的想法是如何满足对方的要求和利益的

成功劝说要投对方需要和利益之所好。站在对方的立场，而不是站在自身的立场出发，所提出的论点及其他形式的信息透露常常颇具说服力。

3. 建立和睦关系

在双方谈判者之间建立起一种和睦关系可以加强自身说服力。办法之一，是将注意力集中于双方意见一致的方面，由此成为达成协议的契机。具体技巧是：首先，回答对方陈述中的某个双方有共同意愿的部分，然后再提出对其余部分的反对意见。其次，自己发言时要用解释的口气讲话，这要比用下断言的口气讲话有说服力；解释性的发言和使听者不必在盲目相信你的话和即刻加以反对之间做两难选择。有时，拐弯抹角要比直截了当能更好地引导听者自己得出你所期望的结论，结论常常应当留待听者自己做出。当一个人确信某项意见、观点是自己思考的结果而并非别人的建议时，他常有可能坚持这个观点。谈主题、类比、讲故事等方法都可以用来达到此目的。

4. 陈述结论时把听者的观点放在心上

以上谈了如何向对方表明自己的设想是满足对方需要的。与此相关的还需要考虑对方的反应。应从对方的谈判立场来看问题，设想对方是怎样理解和评价自己意见的。用对方的立场看问题能够预计对方可能会提出的问题与论点，并能准备好合适的答案。当你表示要以他们的观点来看问题时，其他的人会对你产生好印象，你的话就更有说服力。在合作性谈判中，以上方法特别有用。

5. 发言令人信服

在陈述自己的观点和理由时，要让人感到你的可信。自信的举止和专业、热情可以使发言增添感染力。讲话声音可高可低，语气可以强调、可以平淡，重要的是说话的人要显得真诚。如果他发言时看上去心不在焉，听者当然不会被其说服。

6. 用不寻常或意想不到的手法强调发言内容

通常，谈判者发言如果伴之以更大音量或强度则会更有效。采用能鲜明地表达或强调发言内容的视觉手段（图像、曲线、录像等）也被证明是非常有利的。顺序也很重要：先陈述的内容具有主动新颖的优势；最终所述常具有严肃性，显得俨然是上面整个发言的逻辑结论。最后发言内容可以重复，以确保对方听得明白，但不要反复提醒那会使人生厌，或者冒犯听者。唯一的例外是，如果你想与对方打疲劳战，其目的是迫使对方让步。

7. 附加让步条件

这是在谈判中说服人的另一技巧。有的谈判者觉得，对方的最初提议不带附加让重要条件是令人难以相信，或不可相信的。这类人总是期待别人让步，直至获得让步才

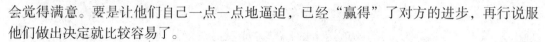

会觉得满意。要是让他们自己一点一点地逼迫，已经"赢得"了对方的进步，再行说服他们做出决定就比较容易了。

8. 向对方提问

除用来获取信息之外，提问也常用以发出信息或引致对方思考。向对方提问可以迫使其面对自己的薄弱环节，但通常不应提带有敌对之意的问题。然而，在下列罕见情形下，提问苛刻也许管用：

（1）当采取使对方反感的方法会激起他做出冲动而欠克制的反应，而这又可以加以利用之时。

（2）想要威慑对方或对方谈判者之时。

（3）要反击对方带有质疑的非难之时。

（4）要使用故意为难对方的办法来说服对方之时（这样做相当困难，且有激怒对方致使其以牙还牙的危险）。

9. 不要评判对方谈判者

要按照自己的而不是对方谈判者的感觉与思路来发言。不去评判对方的观点，就能减少或避免对方自卫反应。例外的情况是，当批评能使对方醒悟他（她）的行为是不公正或是被误导了的时候。任何批评应当仅限于具体问题，而不要针对发言者个人。

10. 对需解决的问题加以描述

在提出见解之前，把所需解决的问题陈述一遍，可以引起对方仔细倾听。只有当你对问题的描述让对方听来顺耳，或者当你的描述能换得一个有用的反应之时，这一方法才有效。

11. 选择时机

劝服也包含时机的选择。有些提议，尤其是新的或不寻常的提议，是不可能马上被人接受的；不过，要是对方有充分时间来考虑和熟悉这些提议，就有可能被接受。因此，这样的提议应当尽早在双方达成协议的截止日期之前就在谈判中提出。

12. 参考意见与先前经历

一个谈判者的名声也许来自对方熟悉的提供参考意见的人，或者来自谈判者先前可信或真实的经历。这些参考与先例可以进一步证实其威信、能力及诚实。当他随意地、聊天似地，或只是隐晦地提及以前的相似情况时，可以含有一种威慑，会引起对方的反感。

13. 使用统计数字或其他客观标准

任何时候，只要可能，就应当引用鉴定结果、统计数字、测试结果等客观标准来加强说服力。有些谈判者受到的教育启蒙是，谈判结果应当严格基于客观标准。因此，为了达到说服目的，并满足也是应付那些"基于客观"者的期待，在陈述理由时应当尽可能引用客观标准。对付这种方法的一个重要对策则是，引用与之不同的、于你的观点有利的客观标准。其他对付方法有：细究那些所谓的客观标准，谓其失之偏颇、方法有缺陷，或对其普遍适用性表示怀疑，以此来抵制未体现自身需要、利益和最终目的等主观价值的提议。

三、送出清晰信号

（一）交谈的信息要清晰

谈判者在谈判中所陈述的关于自己立场的理由要具说服力。交谈者一般都下意识地加工或"脑中过滤"所听到的消息，因而交谈中信号清晰，且无自相矛盾和一语多义，就会增强说服力。

上面已经重点陈述了送出信息者要注意如何故意透露和具有说服性这两个方面，两者的目的都是让听者如你所愿地相信这些信息。然而，要是信息本身不清不楚，那么经过精选的最有说服力的信息也会被人错过或使人糊涂，这就需要有清晰、准确的语音信号。混淆的信息是指内容前后不一致或互相矛盾的信息，应当避免。同样，含有多种意思的信息（即可以有几种理解的信息）也要避免。如果一语多义，说话者便不能把握听者会选取哪种意思。

为了能清楚无误地传送信息，谈判者要了解对方或对方谈判者的心理需要。这些需要对方有可能不会挑明，或者他自己也未察觉，但都会影响他接受信息。由于这种心理因素很微妙、很隐晦，不宜直接提及，谈判者不得不默认其存在，并要设法避开可能由其造成的谈判障碍。心理因素的障碍会导致误解，其表现形式如下：

（1）囿于人口和社会资料统计的成见。

（2）依据某属性而对另一属性下断语。

（3）不接受与前人之见相对立的信息。

（4）以己之心度人之腹。

（5）筛除与自我形象或某人形象相矛盾的信息。

这类不正常表现会妨碍、阻止交流的进行，其结果往往也会违背谈判者的初衷。如果识别出了对方心理上、感觉上的障碍，就应修改透露信息的方式，使之更有可能被对方接受和了解。反之，谈判者对于自身心理造成的错觉应该保持警惕。

（二）谈判信息能送至对方

为保证信息能清楚、直接地传达给对方决策人，必要时应绕开或回避对方谈判者。在有些谈判中，你也许会感到对方谈判者在阻止或歪曲你正要向对方或决策人传达的信息。这个情况也许是故意的，也许是无意的，通常源于以下原因：①个人兴趣；②害怕；③无能；④向中间人汇报。

首先，对方谈判者的个人兴趣可能会影响他向决策人做公正、准确的报告。其次，有些信息可能不于对方谈判者不利，如他害怕己方决策人会对此信息做出反应，就不会准确地向他们传达。缺乏能力可以是另一种解释。对方谈判者缺乏与人交谈能力也会使必要的信息传达不到对方决策人。最后，也许是由于对方谈判者必须向某个中间人汇报情况，而中间人向决策人转达时歪曲了有关信息，其原因与谈判者自己歪曲信息时一样：个人兴趣、害怕或无能。

每当你相信对方谈判者或中间人在阻止或未能准确向决策人传送信息时，通常应采取行动予以纠正。只有在如下两种情况下例外：

（1）信息就是针对对方谈判者的，也从未准备送至谈判对方。

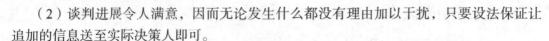

（2）谈判进展令人满意，因而无论发生什么都没有理由加以干扰，只要设法保证让追加的信息送至实际决策人即可。

在谈判向实际决策者传递某些信息是否可能会使谈判更好地进行，就必须考虑下列因素：

（1）此项谈判的来龙去脉，或以前的有关谈判史，包括任何适用的先例。

（2）谈判对方的关键利益所在，以及有何形势、压力或制约。

（3）决策人的性格。

如果你决定与决策人直接交谈，可以试试下列办法中的任何一种：

（1）做一次适当的询问。在此情形下的询问是指问对方谈判者的一些问题，目的是确定他是否已将信息送至决策人本人。要是还没有送到，接着的问题是商讨什么时候（而非是否）决策人会得到报告，以使谈判能够继续。

（2）提一个恰当的请求。这包括，请求将信息送至决策人，并转告其反应。需再次提醒，你必须估计对方谈判者的诚实性。另外，还应当考虑对方是否会拒绝你的请求，因为他会认为这违反了谈判礼仪。对于他的担忧，可以做出解释加以缓和，或者纠正一下他对于请求的性质和理由所持的错觉。

（3）要求对方当事人或决策人出场。要是向对方谈判者询问和请求均不奏效，随即可以要求如有必要可以坚持对方决策人出席下一轮谈判。这么做之前，应考虑一下后果，即一方或双方决策人出场可能产生的积极与消极作用。

（4）运用书信交流，这是另一种选择。一封信或拟订的文件可以包括所有你想要送至对方决策人的材料。采用书信交流，唯一的问题是对方谈判者是否真会将其送交决策人。可以有两种处理办法：

1）在某种背景下，征得对方谈判者的同意，将谈判的书面记录送一份给对方决策人。

2）可在书面记录中包括一项要求，即谈判记录一定要送至对方决策人。这种方法给对方谈判者施以巨大压力，要他妥善送达谈判记录，尤其当记录是一份解决提案或协议草案时。

（5）请来同盟者以避开对方谈判者。最后一个办法是可以利用同盟者绕开对方谈判者，将信息直接送至对方决策人。

四、接收信息

谈判中，有效地接收信息也至关重要。在谈判中人们也许从其他渠道得不到信息而只好从对方获取，或者有信息需要对方证实。这里我们专门讨论一下，怎样有效地接收信息，准确领会其意，并在谈判中适当利用。

信息在为人接收之前首先需要由对方传达出来。显出倾听的表情，不插嘴，不争论或反击，可以鼓励对方做进一步透露。相反，说话人一旦觉察听者缺乏兴趣就会缄口。此外，运用提问、讨论（如激起对方为一个观点辩护），以及在介绍情况时讨价还价等方法可以打破对方的缄默。

谈判中的信息接收必须贯穿整个过程，包括两个步骤：倾听、研究分析。

1. 倾听

倾听是一项重要的谈判技巧。很多人认为谈判是一件很容易的事情，自己能够做好。实际上，这并不容易，也常常不能做得很好。倾听需要精力集中，对大部分人来说还需要花力气练习。倾听，就是自觉地、准确地领会交谈中所谈到的每一件事，不间断（漏听部分）、不错听，不受假设的干扰。

阅读案例 9-9：失去了求职的机会

赵渊和朱彬是两个即将毕业、正在寻求工作的大学生，过去他们俩吵过架，这一次在校园楼舍附近的走道上相遇了。赵渊一走上这条道就发现远处朱彬正在向自己走来，很想避开他，一边走一边后悔刚才没有走向另一条道，来不及了，朱彬已经看到她并向她打招呼，她只好勉强回应了一声。自从吵架以后，她不喜欢碰上朱彬，她想三言两语应付一下就过去。只听到朱彬说："嗨，赵渊，你找到了工作单位没有？""嗨！还没有。"赵渊立刻打断。她并不想和朱彬继续说下去，她一闪身擦肩而过。"再见！"朱彬没趣地说。

本来朱彬想告诉赵渊自己已经找到一份很好的工作，并且还想介绍赵渊去那个单位试试，因为他有办法进行疏通。但是注意到赵渊根本没听自己讲话，甚至也没有停下来，就没有了再讲下去的勇气，心里觉得很不是滋味，暗自决定，下次若是再遇到赵渊，一定装着没看到，一走了之。这里，赵渊由于没有耐心去听朱彬讲话，而错失了一次好的求职机会。

倾听的第一步是放开思想接受彼此信息。这是指避免那些影响准确感觉的易犯的错误，同时又要将注意力集中于对方所透露的消息上。要让对方谈判者有开口的机会，有时还需要（微妙地或者明显地）鼓励他说下去。比如：

"那样的话我就理解你的顾虑了。在处理这类事务上你是否有过不愉快的经历？""对这宗交易的成功你会怎么看？"

"是什么使你不愿意赞同这项提议呢？"

听得准确与否还需关注文字和非文字两方面的信息，并且也要做出文字和非文字形式的反应，以表明自己能够理解，能够以对方的立场来思考当前的局面。要关注当前情况，而不是想过去的事或者接下来应该或将会发生的事。要集中精力，就必须克服疲劳、其他事情引起的消极情绪、谈判双方目前的相互影响、其他任务或责任的牵挂或时间紧迫感。如果你听着听着开始走神，不能集中精力了，讨论就应该中止。谈判中异乎寻常的方式或戏剧性的非文字意见交流可能是个计策，以使对方惊讶、畏惧或迷惑。若是面对这样的举动，在吃不准对方此举是真还是计谋之前，应当要么不做任何反应，要么给予强有力的回答，其间镇定自若是很重要的。

谈判者要避免因反感谈判对方、其谈判者，或他们的策略手段而无意识地歪曲信息。没有自觉的意识，谈判者自身的举动可能会不明智。过分顾虑和发怒是谈判人员中最常见的两种情绪。任何人都可能受制于这些情绪，因而谈判者必须对此有所心理戒备。有了戒备，即使情绪上来，也常能有助于注意力集中。深呼吸，伸缩肌肉，可以驱除不良情绪的影响。有的时候，在谈判中休息一会儿也可能很有必要。

2. 检查你的听话假设

大家都必须警惕，不要让假设、先入之见或对某些情况的预见来代替信息接收，否则会遗漏重要信息。听取自己期望听到的信息本是人之常情，但也是弱点。例如，假定有人告诉你：

"弗雷德从波士顿驾车去纽约，有卡罗琳随行。"

对这一情景，很可能你已做了一些假设：①那是驾驶小汽车旅行；②是弗雷德开车；③卡罗琳与弗雷德同车。然而以上假设未必全真。弗雷德可能坐汽车、卡车、摩托，甚至是乘带篷马车去的；倘若真的驾驶小汽车，弗雷德不一定是开车的人；卡罗琳也可能会用另一交通工具跟随或先于弗雷德出发。

有时，根据听到的信息做出假设也是比较安全和妥当的。时时处处去检验每个细节，既不实际也没必要。但是倾听时要能分辨：①对方说的话和自己做的推理。这样，推理的内容就能被有意识地归入假设加以验证。②能作为依据的安全假设和不通过查实便不能作为依据的危险假设。谈判中一定要特别当心，不要将自己的假设误以为是事实，或者误以为是提议、观点中的某一部分。检验自己的领会是否正确，可以用复述和重提的办法。下列说法可用来检查假设是否妥当：

"请允许我核实一下自己确切记下了你方提议的主要内容。你方提议……好，我是不是讲错或遗漏了什么？"

3. 处理技术性信息的技巧

谈判者在获取信息，尤其是技术性资料的信息时，可以放慢交谈速度，确保自己听懂这些信息，也可以用追问来探究或弄清信息。下列说法比较恰当：

"倘若我们也想要……要加价多少？"

"其他分支项目或某些层次是否含有贴现？"

"生产过程是否能满足这些规格要求？如果能够满足，允许误差是多少？"

倾听者通过复述和归纳对话内容可以确定自己已经听懂。

"请允许我用自己的话重复一遍，看看是否已经互相理解、听懂了。"

重复和归纳技巧也有助于增进和睦关系。对方发表意见之后用这种方法作答，常会被视为对对方的观点、需要和利益的一种敏感性表示。

听取数字或计算结果时要仔细，与数字打交道应该格外谨慎。计算结果一定要经过验证，避免差错。对于钱的问题，应该将专用表达转成实际价值结果。如：

"我们来计算一下，每件让利 5 元，那就是 30000 元。"

4. 辨别对方所说是事实还是其解释和耳闻

谈判者要辨别说话的人所说的是知晓的事实，还是他的诠释、假设或道听途说。以下说法帮助你如何辨别：

"我方有充足的资金支持，我不懂为什么你认为不是。我们只是耽搁了一会儿，你不该就此以为我们得不到贷款。请转告你方当事人，这笔交易应当按计划继续进行。"这时，听者就不得不进行辩白，说明有关信息中的假设、个人意见、传闻，或者是不容置疑的事实。这时还需要进一步质疑和探究，以防止对方因粗心而使得信息可能有疏漏而不准确。

5. 防止遗忘

当谈判进行一段时间后，要注意重述有关提议、观点和要求。若不是因为抓不住主

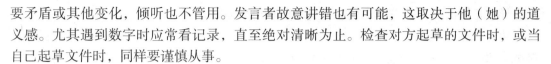

要矛盾或其他变化，倾听也不管用。发言者故意讲错也有可能，这取决于他（她）的道义感。尤其遇到数字时应常看记录，直至绝对清晰为止。检查对方起草的文件时，或当自己起草文件时，同样要谨慎从事。

6. 迹象分析

在大多数谈判中，总会遇到一些因涉及对方或对方谈判者利益而不肯向己方透露的信息，另外，还有些信息不确切、不一致，就需要利用迹象分析补充缺漏的信息。迹象是指能说明谈判或对方谈判者真实动机、兴趣、价值、战略、计谋等的征兆。谈判者必须分辨对方言谈中虚假的词语和真实的意思。迹象分析有助于谈判者从谬误、不确切中诠释出真实意思。

7. 比较对方提议的表面观点与底线

迹象分析之一，就是区别对方的表面观点与底线。比如，对方的最初提议或原先观点也许是在表明其雄心壮志，分析底线时就要考虑对方为人知晓的或令人生疑的需要、利益和目标。

8. 看清让步范围

任何明显的让步都能暴露对方是如何真正地评价协议细则或设想其结局的。此外，随着谈判内容接近其能力所限，谈判者通常会缩小妥协范围。这样，越缩越小的让步范围也许意味着谈判已渐趋对方底线。然而要小心，因为对方谈判者可能在传送错误迹象，故意让人产生错误印象。

9. 观察非文字迹象

大量的信息来源于非文字方式。除了实际上说的或写的谈判观点或谈判目的，人们常常无意识地以非文字方式传达自己真正的思想或情感。非文字迹象，即不用文字（或不准备用文字）而流露的迹象，它能够证实、否决或反驳文字信息。因此，通过确认或反驳文字信息来观察非文字迹象，可以增加自己对谈判的了解。

许多谈判者不留心他人的非文字迹象，甚至也不留意自己传出的非文字迹象。前者的主要原因是精神不集中，缺乏敏锐观察能力，过分关注（或信赖）文字交流。后者是由于缺乏自我观察能力，无意中说漏嘴，以及过分激动所致。以下是非文字迹象两则：

"我方的最后开价是 85000 元……我是说 80000 元。"

"史密斯喊出他的最后开价时，他的身体实际上在发抖，我想他是否能够拿出这笔钱来撑面子。"

当然，不是每个身体动作都应该被看作一种重要的非文字迹象。眨眼睛也许只是因为眼里进了一粒尘土或者新戴了隐形镜片，而并非在回答什么人说的话。相反，听了某项提议马上如过年般喜气洋洋，他（她）对于提议的这种反应可能就是个重要迹象。细心的观察者很容易捕捉到含有信息的非文字迹象。

要观察非文字迹象，记笔记可能就成了问题。很多人在谈判中时不时地低头记录而不看对方。常做笔记，谈判者俯首看笔记也许有帮助或很要紧，一般说来，出于习惯而大量地做记录是没有必要的。多记笔记弊大于利，因为这会使谈判者漏掉重要的非文字迹象。

倾听或发言时掉开头去可能是出于习惯，或由于盯着别人不舒服，不论什么原因，都会导致相同的不良后果，将观察不到许多非文字迹象。

掉开头去不仅失去了观察对方的机会，其动作本身也含有不必要的暗示。眼睛不敢接触人很可能被认为是软弱、犹豫、内疚和诡秘。反之，眼睛适当地与人接触可以被视作威严、诚实、坦率、挑战，或使对方保持注意力。

在谈判中总是担心下一步该怎么走，也会错过许多非文字迹象。超前思考，关注未来的行动或只想自己接着该谈什么，都会造成无法充分注意谈判中存在的非文字迹象。

本章小结

商务谈判语言包括有声语言和无声语言。有声语言是通过人的发音器官来表达的语言，一般理解为口头语言。这种语言借助于人的听觉交流思想、传递信息。无声语言是通过人的形体、姿势等非发音器官来表达的语言，一般解释为行为语言。这种语言借助于人的视觉传递信息、表达态度。在商务谈判过程中巧妙地运用这两种语言，可以产生珠联璧合、相辅相成的效果。

在商务谈判中，谈判者总是处于优势地位、劣势地位和均势地位三种情况之一，当谈判人员所处的地位不同时，就应选择不同的谈判技巧来实现自己的谈判目标。

处于优势地位时的谈判技巧有：价格陷阱技巧、先苦后甜技巧、规定期限技巧、最后出价技巧、故布疑阵技巧。

处于劣势地位时的谈判技巧有：吹毛求疵技巧、先斩后奏技巧、攻心技巧、疲惫技巧和对付"阴谋型"谈判作风的技巧。

处于势均地位时的谈判技巧有：迂回绕道技巧、旁敲侧击技巧、为人置梯技巧、激将技巧、休会技巧。

商务谈判中的沟通技巧包括：礼貌交谈与实力较量、送出信息、送出清晰信号和接受信息。

思考题

1. 有声语言技巧有哪些?
2. 处于优势地位时的谈判技巧有哪些?
3. 处于劣势地位时的谈判技巧有哪些?
4. 处于均势地位时的谈判技巧有哪些?

案例分析讨论

谈判专家关于建游泳池的谈判

美国有个谈判专家想在家中建个游泳池，建筑设计的要求非常简单：长9m，宽4.5m，有水过滤设备，并且在一定时限内做好。谈判专家对游泳池的造价及建筑质量方面是个外行，但这难不倒他。在极短的时间内，他不仅使自己从外行变成了内行，而且还找到了质量好且价钱便宜的承包商。

谈判专家先在报纸上登了个想要建造游泳池的广告，具体写明了建造要求。结果有甲、乙、丙三位承包商来投标，他们交给他的承包标单，所提供的温水设备、过滤网、抽水设备和付款条件都不一样，总费用也不一样。

接下来的事情是约这三位承包商来他家商谈，第一位约在早上9点钟，第二位约在9点15分，第三位则约在9点30分。第二天，三位承包商如约而至，他们都没有得到主人的马上接见，只得坐在客厅里彼此交谈着等候。

10点钟的时候，主人出来请第一位承包商甲进到书房商谈。甲一进门就宣称他的游泳池一向是造得最好的，好的游泳池的设计标准和建造要求他都符合，顺便还告诉谈判专家承包商乙通常使用陈旧的过滤网，而承包商丙曾经丢下许多未完的工程，并且丙现在正处于破产的边缘。接着同承包商乙进行谈话，从他那里了解到其他人所提供的水管都是塑胶管，他所提供的才是真正的铜管。承包商丙告诉谈判专家的是，其他人所使用的过滤网都是品质低劣的，并且往往不能彻底做完，而他绝对可以做到保质保量。

谈判专家通过静静的倾听和旁敲侧击的提问，基本上弄清楚了游泳池的建筑设计要求及三位承包商的基本情况，发现承包商丙的价格最低，而乙的建筑设计质量最好。最后他选中了乙来建造游泳池，而只给丙所提供的价钱。经过一番讨价还价之后，谈判终于达成一致。

问题：

1. 谈判专家在谈判过程中运用了哪种谈判技巧？
2. 试结合案例，分析运用这种谈判技巧应注意的问题。

第十章

商务谈判的礼仪

本章要点

1. 掌握商务谈判礼仪的含义、功能与原则。
2. 熟悉商务谈判个人礼仪的内容。
3. 掌握见面礼仪、交谈礼仪和签约礼仪的内容。
4. 了解常用礼仪的特点与要求。

导入案例

守时重诺赢来大生意

一家大公司的老总在几个月之前与一家小设计公司的总经理刘桐约定，要刘桐在某月某日到这家大公司去，签订一笔合同。两家公司相距800多公里，刘桐与这位老总虽然认识的时间不算短，但在生意上还没有合作过。这位老总是一位很有个性的人，说话做事说一不二，在商界具有很高的威信。刘桐非常想做成这笔前途无量的"开张业务"，牢牢记住了他约定的时间。

到了那一天，刘桐打点行装，准备出发。有人劝刘桐打一个电话，试探性地问一问这位老总到时是不是在公司，是否出差了，业务情况有没有变化，免得白跑一趟。刘桐坚持不打这个电话。理由是：这位老总在商界口碑那么好，如果打电话过去就隐含着对他的不信任，他就有可能用"再等一等""情况有变化"等话搪塞，甚至拒绝，业务就可能落空。如果刘桐没有打电话过去，跋涉800多公里，风尘仆仆地准时到达，看来有点冒失，实际上是对他的高度信任，只要他人在公司，就一定能签到合同。如果他不在公司，对于刘桐这样守时重诺、讲究信誉的商业伙伴，即使这次没有签到合同，他也会另眼相看，下次必然会予以关照。果然，刘桐的准时到达使这位老总非常高兴，爽快地履行了他的诺言，签下了合同。

第一节　商务谈判礼仪概述

一、礼仪的含义

礼仪是人们在社会交往活动中为了相互尊重而形成的行为规范和准则，是人们为维系社会正常生活而共同遵守的最起码的道德规范。遵守礼仪就必须在思想上对交往的对方有尊敬之意，在谈吐举止上懂得礼仪规矩，在外表上注重仪容、仪态、风度，并遵守一定的典礼程序等。礼仪体现了人类文明和社会进步，它是人们交往中约定俗成的行为准则与程序，有着丰富的内涵。

二、商务谈判礼仪的含义

礼仪是人类文明的重要标志，在人们的日常生活中，几乎一切行为都可以同它相联系。在市场经济的大潮中，商务礼仪越来越受到人们的重视。商务礼仪是我国悠久灿烂文化的重要组成部分，在全球化的大背景下，作为现在或未来的商务工作者，要在变幻莫测的市场中应付自如，在激烈的竞争中取得成功，就必须深入全面地了解、熟悉商务礼仪。商务谈判礼仪作为商务礼仪的基本组成部分，对其进行深入研究具有重要意义。

商务谈判礼仪是指在商务谈判活动中，商务人士应遵循的行为规范和准则。

商务谈判礼仪可归纳为以下两个方面的具体内容：

（1）律己之规。它主要包括对商务谈判人员自身的言谈话语、行为举止、仪容仪表、穿着打扮等方面的规范。它也称形象设计。主要要求商务谈判人员严于律己、维护自尊，并且时时守规矩、处处讲规矩、事事有规矩。

（2）敬人之道。它主要包括商务谈判人员在其面对谈判对手时进行交际与应酬的基本技巧，主要体现为对谈判对手的尊重，具体涉及商务谈判人员在谈判时的各个方面。

三、商务谈判礼仪的功能

恰到好处的谈判礼仪不仅可以体现自身的教养与素质，而且还会对谈判对手的思想、情感产生一定程度的影响，可以弥补纯粹的谈判艺术的不足，从而获得意想不到的商业价值。具体而言，商务谈判礼仪的功能体现在以下三个方面：

（一）营造良好氛围，拉近彼此距离

作为企业的谈判者，如果能够热情周到、大方得体地接待客户，想对方之所想，帮助对方解决困难，解决疑问，尊重对方，就会使客户感到谈判者是有诚意的，乐意同谈判者打交道。在一个宽松和谐的氛围中谈判，就会自然地缩短双方的距离，容易找到一个双方均能接受、彼此都可受益的结合点。

（二）塑造良好形象，推动交易成功

在商务谈判中，交易双方可能互不了解，而个人形象往往是企业形象的代表。在商务活动中，一方往往通过对方的仪容仪表、言谈举止来判断对方，并通过对方来分析他（她）所代表的企业的可信程度，进而影响与其交往的程度。由此可见，在商务谈判活动中，双方人员高尚的道德情操、彬彬有礼的言谈举止、渊博的知识、得体的礼仪，都会给对方留

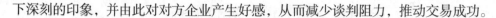

下深刻的印象，并由此对对方企业产生好感，从而减少谈判阻力，推动交易成功。

（三）加深理解，促进友谊

在商务谈判中，双方都要维护各自的经济利益，难免会发生一些冲突。企业与企业、人与人之间因商务活动而产生的冲突，不是对抗，更不可把交易中的矛盾变为对某个企业或个人的攻击，而要把人和事区分开来。在商务谈判双方相持不下的时候，也要注意礼仪规范，通过理解和沟通，找出双方都能接受的方案，通过交易，双方建立友谊，成为长期的合作伙伴。即使这次交易不成，由于待人真诚、礼仪有加，双方也会沟通感情，建立友谊，日后会寻找其他的合作途径。

商务谈判是在人与人之间进行的，因此，谈判的过程又是一个人际交往的过程。人际关系在谈判中往往起着十分微妙的作用。道德水平低、礼仪修养差的人和企业，是无信誉可言的，在商场上很难取得成功。而如果能够以诚相待、尊重对方、礼仪有加、感情融洽，谈判就可能取得理想的效果。因此，在谈判过程的每一个环节都应注重礼仪。

总之，对于商务谈判人员来说，商务谈判礼仪是其思想水平、文化修养、交际能力的外在表现；对于企业来说，商务谈判礼仪是企业价值观念、道德观念、员工素质的综合体现。因此，商务谈判礼仪在展示个人和企业形象、沟通感情、协调关系、推动交易达成方面发挥着重要作用。

四、商务谈判礼仪的基本原则

谈判的基本原则是指在谈判过程中，谈判各方所必须遵守的思想和行为准则。商务谈判原则是谈判内在的、固有的规范，任何谈判者在商务谈判过程中都必须遵守。由于谈判礼仪是建立在业缘基础上的现代礼仪，因而除了人类共同应有的交往原则以外，还应注意以下几方面的原则：

（一）系统整体原则

礼仪是一个完整体系，因而在对外交往和谈判交往中，一定不能忽视它的整体性，并注意采集信息应完整。因为合作对象的性别、年龄、国籍、民族、宗教、信仰、职业，都决定了其适应并喜好什么样的礼仪接待，搞错其中任何一个环节都可能带来负面效果。

（二）公平对等原则

谈判中每个人都希望得到尊重，体现自我价值。如果有亲有疏，表现出傲慢、冷漠或曲意逢迎，都会被视为不礼貌，因此，谈判交流时应公平大方，不卑不亢，主动友好，热情而有节制。

（三）遵时守约原则

现代社会节奏加快，遵时守约更为重要。无论什么理由，不遵时守约都是不礼貌的，再正当的理由失约后也应道歉。一般的谈判交流应提前 5～10min 到场。

（四）尊重习俗原则与风俗禁忌原则

商务谈判过程要尊重各地的风俗与禁忌。特别是在对外谈判时，不懂外国禁忌，不懂其民族禁忌，可能会造成不愉快的后果。

（五）和谐适应原则

不分场合、亲疏，乱用礼仪，表现得不懂教养，不仅令人难以相处，甚至会弄巧成拙。因此使用礼仪一定要具体情况具体分析，因人、因事、因时、因地恰当处理。

（六）外事礼宾顺序原则

外事礼宾顺序原则是指在对外谈判活动中，根据对方需要列出的排名顺序规范。这一原则几乎渗透到一切外事交往中，迎来送往，衣食住行，谁先谁后，都要符合礼仪规范，稍有差错就会被认为是对一个国家的不尊重。在国际上，《维也纳外交关系公约》也对此做出了明文规定，所有涉外谈判的工作人员都应掌握这一原则。

（七）女士优先原则

女士优先是西方体现教养水平的重要标志之一。中国人讲究"扶老携幼"，而对于外国人，"扶老"时人家可能不接受，但为女士开门、让座、引路，行走时让出安全的一边等，则都体现出礼貌、绅士风度。

（八）差异性原则

由于历史、文化、经济、政治等方面的差异，在与外国人交往时，不仅语言不同，而且在意识形态的许多方面都存在差异，因此，我们必须有充分的心理准备和技术准备。这些差异主要包括：自我意识不同，价值观不同，行为准则不同，崇拜方式不同，生活方式不同，招待方式不同，送礼、收礼方式不同，民族心态、习惯不同，忌讳不同，审美情趣与标准不同。

五、商务谈判礼仪方面的修养

在商务谈判过程中，除了遵守基本的礼仪原则外，商务谈判人员还应该关注仪表、礼貌、机智等礼仪方面的修养。

（一）仪表

仪表是一种外在美、行为美，表露出个人的内在修养、文化程度、自信与自尊。自然得体的体态、高雅大方的谈吐举止、协调和谐的服饰，是美的仪表的主要构成部分。塑造仪表美，首先要求穿着得体，服装整洁，并与自己的身份、地位、年龄、环境、场合相符。其次，还要求举止优雅。举止是无声的语言，它反映一个人的素质、受教育程度以及能够被人信任的程度。培根说："相貌的美高于色泽的美，而优雅合适动作的美又高于相貌的美，这是美的精华。"举止包括人的站姿、坐姿、行姿、表情以及身体展示的动作。大方得体的举止，不仅可以塑造自身美好的形象，而且还可以把各种礼仪表现得更充分、更完美。最后，还要保持积极的情感。对谈判者来说，积极的情感比涂脂抹粉更重要。商务谈判人员只有注重自身的仪表，才能展示个人良好的形象，获取对方的好感与信任。

（二）礼貌

在商务谈判中，礼貌可以向对方表明谈判者是否可靠，行事是否正确、公正。如果对方认为谈判者粗鲁、自私、散漫，言行带有歧视之意，则谈判不可能进行下去。在商务谈判过程中，必须尊重对方，礼貌待人，注重言谈举止。

（三）机智

在商务谈判过程中，要求谈判者头脑清醒、机智灵活。在面对某些挑衅时，沉着冷静，以防言行草率，一时冲动，悔之不已。机智不仅仅用来适当地处理令人不快的事情，它也要求仔细考虑对方的利益，然后再选择最合适的表达方式。

第二节　商务谈判的准备礼仪

在进行商务谈判前，必须有充分的准备，商战也必须是"不打无准备之仗，不打无把握之仗"。谈判前的充分准备是保证谈判成功的关键。在准备过程中，谈判的目标、策略固然重要，但礼仪方面的准备也不可忽视。

一、商务谈判人员的个人礼仪

个人礼仪是一切礼仪的起点，良好的个人礼仪是由许多小的细节构成的。体态有语言，服饰会说话，个性与教养等均可以产生独特的个人魅力。良好的个人礼仪会使你在谈判中受到欢迎。

（一）重视仪容

参加谈判时，商务人员一定要注意自己的穿着打扮，重视仪容。此举并不是为了招摇过市，而是为了表示自己对谈判的高度重视，同时也反映出谈判人员的管理、控制和时间支配能力等。要想获得理想的谈判结果，必须重视谈判细节。

1. 修饰仪表

参加谈判前，应认真修饰个人仪表，尤其要选择端庄、雅致的发型。一般不宜染彩色头发。男士通常还应当剃须。

2. 精心化妆

出席正式谈判时，女士通常应当认真化妆。谈判时的化妆应当淡雅清新，自然大方，不可浓妆艳抹。

3. 规范着装

商务人员在参加正式谈判时的着装，一定要简约、庄重，切不可"摩登前卫"、标新立异。一般而言，选择深色套装、套裙，白色衬衫，并配以黑色皮鞋，才是最正规的。

4. 保持良好的精神面貌

商务人员应以良好的精神面貌出席谈判，切不可萎靡不振，谈判前要注意充分休息。

阅读案例 10-1：首相的领带

1988 年，美国流行一种新式样的领带，一些政治家和经济学家都系这种领带。该年9 月，日本首相竹下登访问美国，有人送给他一条这样的领带。后来，他在与美国总统的经济顾问谈判时，就系上了这条领带，因此颇得美国方面的好感。美国总统的经济顾问

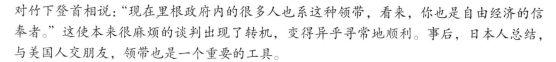

对竹下登首相说："现在里根政府内的很多人也系这种领带，看来，你也是自由经济的信奉者。"这使本来很麻烦的谈判出现了转机，变得异乎寻常地顺利。事后，日本人总结，与美国人交朋友，领带也是一个重要的工具。

（二）保持风度

在整个谈判进行期间，每一位谈判者都应当自觉地保持风度。谈判者的风度蕴含于谈吐举止之中。

1. 交谈礼仪

交谈是商务谈判活动的中心。在一定意义上，商务谈判过程即是交谈过程。恰当的交谈，不仅能增进谈判双方之间的了解、信任和友谊，而且还能促使谈判更加顺利地进行。因此，在交谈活动中，必须讲究和遵守交谈的礼仪。

在交谈中，应目视对方，表情自然，态度和气；对方发言时，不应左顾右盼、心不在焉或注视别处，显出不耐烦的样子；说话时可以做适当手势，但不要过大，更不要手舞足蹈；自己发言时要注意给别人发表意见的机会；别人讲话时也应寻找机会适时地发表自己的看法，要善于聆听对方的谈话，不要轻易打断别人的发言；避免过多纠缠，高声辩论，即使有争吵，也不要斥责、讥讽、辱骂对方。

2. 行为举止礼仪

谈判者的行为举止是指谈判者在谈判过程中坐、站、行所持的姿态。在商务谈判中，对行为举止的要求是适度。

（1）坐姿。从椅子的左边入座，坐下后，身体应尽量保持端正，并把两腿平行放好。坐在椅子上转动或将腿向前伸或向后靠，都是违反正常礼仪的行为。谈判中，不同的坐姿传递着不同的信息：挺腰笔直的坐姿，表示对对方或对谈话有兴趣，同时也是一种对人尊敬的表示；弯腰曲背的坐姿，是对谈话不感兴趣或感到厌烦的表示；斜着身体坐，表示心情愉快或自感优越；双手放在翘起的腿上，是一种等待、试探的表示；一边坐着一边双手摆弄手中的东西，表示一种漫不经心的心理状态。

（2）站姿。正确的站姿应该是两脚脚跟着地，两脚呈45°，腰背挺直，自然挺胸，两臂自然下垂。在谈判中，不同的站姿会给人不同的感觉：背脊笔直给人充满自信、乐观豁达、积极向上的感觉；弯腰曲背给人缺乏自信、消极悲观、甘居下游的感觉。

（3）行姿。行走的姿态对男女有不同的要求。男性走路的姿态应当是：昂首、闭口、双眼平视前方，挺胸、收腹、直腰；行走间上身不动、两肩不摇、步态稳健，以显示出刚强、雄健、英武、豪迈的男子汉风度。女性走路的姿态应当是：头部端正，但不宜抬得过高，目光平和，直视前方；行走间上身自然挺直、收腹，两手前后摆动幅度要小，两腿并拢，小步前进，走成直线，步态要自如、匀称、轻柔，以显示出端庄、文静、温柔、典雅的女子窈窕美。

（三）尊重对方

尊重对方就是在商务谈判的整个过程中，要对对方真诚、礼貌、尊重。在谈判过程中，不管发生什么事情，都始终坚持尊重对方，无疑能给对方留下良好的印象，而且还能在今后进一步的商务交往中发挥潜移默化的功效，换得对方与己方的真诚合作。

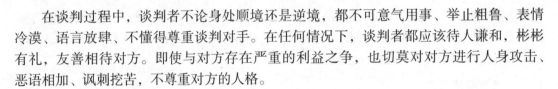

在谈判过程中，谈判者不论身处顺境还是逆境，都不可意气用事、举止粗鲁、表情冷漠、语言放肆、不懂得尊重谈判对手。在任何情况下，谈判者都应该待人谦和，彬彬有礼，友善相待对方。即使与对方存在严重的利益之争，也切莫对对方进行人身攻击、恶语相加、讽刺挖苦，不尊重对方的人格。

（四）遵守时间

商务谈判人员要遵守谈判时间，既不要提前很长时间等候，这样容易给自己造成心理压力，也不要迟到，给对手以时间观念差的印象。比较好的做法是适当提前 5 ~ 10min 到达谈判地点，尽快适应环境。

二、谈判地点的选择

在正式谈判中，具体谈判地点的确定很有讲究。它不仅关系到谈判的最终结果，而且还直接涉及礼仪方面的问题。具体而言，它又与谈判地点的分类、操作细则两个问题有关。

（一）谈判地点分类

按照谈判地点的不同来进行划分，谈判可分为以下四类：

（1）主座谈判。所谓主座谈判，是指在东道主单位所在地举行的谈判。通常认为，这种谈判往往使东道主一方拥有较大的主动性。

（2）客座谈判。所谓客座谈判，是指在谈判对象单位所在地举行的谈判。一般来说，这种谈判会使谈判对象占尽地主之利。

（3）主客座谈判。所谓主客座谈判，是指在谈判双方单位所在地轮流举行的谈判。这种谈判对谈判双方都比较公正。

（4）第三地谈判。所谓第三地谈判，是指谈判在不属于谈判双方单位所在地之外的第三地点进行的谈判。这种谈判比主座谈判和客座谈判更为公平，更少干扰。

显而易见，四类谈判中双方的利与弊往往不尽相同，因此各方均会主动争取有利于己方的谈判地点。

（二）操作细则

对参加谈判的每一方来说，确定谈判的具体地点事关重大。从礼仪上来讲，具体确定谈判地点时，有两个方面的问题必须被有关各方所重视：一是商定谈判地点。在谈论、选择谈判地点时，既不应该对对方听之任之，也不应当固执己见。正确的做法是先由各方各抒己见，然后再由大家协商确定。二是做好现场布置。担任东道主的一方出面安排谈判，一定要在各方面注意做好礼仪工作。在谈判的台前幕后，恰如其分地运用礼仪迎送、款待、照顾对方，可以赢得信赖，获得理解与尊重。

三、商务谈判接待工作的礼仪

在商务交往中，经常对客人迎来送往。要安排好迎送接待工作，首先要摸清底细，弄清来宾的基本情况，在此基础上，从确定迎送规格、制订接待计划、陪车、安排食宿等几方面着手，做好迎送工作。

（一）确定迎送规格

确定迎送规格主要依据三方面的情况：即前来谈判的人员、每个人员的身份和目的；己方与被迎送者之间的关系；国际惯例。在礼仪的安排上，既尊重国际惯例，又要有己方独特的做法。确定迎送规格，主要是确定哪一级人员出面迎送。根据国际惯例，主要迎送人通常都与来宾的身份相当，以便综合平衡。另外，可以结合前来谈判人员的目的以及己方与被迎送者之间的关系提高迎送规格，以示己方对本次谈判活动的重视。

（二）制订接待计划

迎送工作繁杂琐屑，为了做到万无一失，制订迎送计划必不可少。迎送计划应包括确定迎送人员名单、安排交通工具、迎送场地布置、照相、摄像、陪车、安排住宿、确定迎送时间等内容。上述事项必须提前安排好，以避免临时抱佛脚。

（三）陪车

在迎送工作中还应注意陪车的礼仪。迎送车辆都应事先安排好，不可临阵调遣，给人以仓促之感。迎接客人抵达、欢送客人以及外事访问时，一般应当安排人员陪车，起到接待和引路的作用。在陪车时，商务人员应主要注意上下车的顺序和坐车时的位置安排。

在上下车的顺序上，掌握"后上先下"的原则。"后上先下"的礼节体现了主客有序的礼节，客人为重，客人为尊。

在坐车的位置上，应掌握"以右为尊"的原则。按西方的礼俗，右为大，左为小。两人同行，右者为尊；三人同行，中者为尊。在陪车时，应请客人从右侧门上车，坐于右座，主人或公关人员从左侧门上车，坐于左侧，翻译坐在驾驶员旁边的座位上。如果车中的后排乘坐三人，则顺序是中间为大，右边为次，左边为再次，前排为最小。

（四）安排食宿

根据事先掌握的来访者的生活习惯、饮食爱好和禁忌，提前安排好客人的食宿。如果事先了解得不太详细，可以结合宾客所在地的流行饮食和东道主所在地的特色饮食进行准备。在安排食宿的过程中，应根据来宾的级别安排相应的食宿条件，并充分考虑客人的喜好，既让对方感到舒服、满意，又不显得奢侈。

总之，从来宾角度出发，多为宾客着想，"以客为尊"是进行招待的核心思想。在这种思想的指导下进行工作，一定可以使来宾满意，达到最佳效果。

第三节　商务谈判过程中的礼仪

商务谈判从正式开局到达成协议，要经过开局、报价、磋商、成交和签约五个阶段。良好的谈判氛围，对谈判成功与否有重要的影响。相互尊重，平等协商，消除误会，促进共识，真诚合作，共同发展，这是双方追求的一致目标。营造良好的谈判气氛，有利于达到这样的目标。为了取得谈判的成功，在商务谈判过程的各个阶段都要注重礼仪。

一、见面礼仪

谈判之初，谈判双方留给对方的第一印象非常重要，所以双方的言谈举止要尽可能创造出友好、轻松的谈判气氛。因此，双方人员应以友好的态度出现在对方面前，特别是作为东道主的一方更应礼貌待客。通常，双方人员见面都要互相介绍、握手、交换名片。

（一）介绍

谈判工作要同各种人打交道，见面介绍是留下良好印象的首要环节，也是谈判活动中相互了解的基本方式。一般可分为自我介绍、被他人介绍和介绍他人。

1. 自我介绍

与不相识的对方见面，应起立，向对方问好致意，介绍自己的姓名、身份、部门或单位（如姓氏易混或较特殊，有同音字的，应加以说明），表示愿意结识对方，并适时递上事先准备好的名片。进行业务洽谈时，应先请对方坐下，并奉上茶水，然后再交谈。切不可不报"家门"就先将对方"审"一通。

2. 被他人介绍

被介绍时要落落大方，起立微笑示意，可以礼貌地说声"幸会""请多关照"之类。如果你是主人或身份高者，应在介绍后，立即与对方握手，表示欢迎，愿意结识对方。如果自己是客人、身份低，就根据对方态度做出相应反应。对方伸手握手，应积极伸手；对方愿意交谈，应积极响应。

3. 介绍他人

为他人做介绍时应先准确了解被介绍双方的身份、地位、姓氏，最好还应介绍一些被介绍人与众不同的优势与特长。介绍的程序与握手相似，应先向女士、身份高者、年长者、主人介绍男士、身份低者、年轻者、客人、后到者。社交场合应突出女士优先和长者优先；在本单位、本系统内，应以身份、职务为尊。介绍前可说"请允许我为您（大家）介绍……"等礼貌用语。

（二）握手

介绍完毕要互相握手致礼。握手时应先打招呼或点头示意，然后握手致意。握手的要求是：在双方相距一步远的距离上，身体立正，上身稍前倾，伸出右手，大臂与身体成45°，小臂成水平，握持对方右手，可上下轻摇两下然后放开。双目注视对方，微笑致意。握手时不要看着第三者或四处张望，不要与第三者讲话。握手时应先脱下手套、帽子，女士如着套装则可不摘手套、帽子。对方伸出手，不论程序对否千万不要拒绝，以免造成尴尬局面。多人握手，不要交叉握，应有顺序地待他人握手完毕后再伸手。另外与女士初次见面，只需握一下手指部分即可。握手的礼仪程序是：先尊者、后响应者；一般是女士、年长者、身份高者、主人、先到者先伸手，男士、年轻者、身份低者、客人、后到者响应；如是多重身份者，一般社交场合按女士优先原则，单位内以身份高低为序。这也是乘车、入座、介绍和上楼等一些场合应遵守的顺序。

（三）名片的使用

谈判交往中，双方交换名片时，最好是双手递、双手接，除非有"左手忌"的国家。

名片正面应朝对方，如是接待外国客人，外文一面应朝上，字母正对客方。递名片时要恭敬有礼。

接过名片后应点头致谢，并认真地看一遍。最好能将对方的主要职务、身份轻声读出来，以示尊重，遇到不大清楚的地方可马上请教。切忌接过名片一眼不看就收起来；也不要随手摆弄，这样不礼貌；而应认真收好，让对方感到受重视、受尊重。名片放在桌上时，上面不要放置任何东西。事后，如有必要，可在名片上注明结识的时间、地点、缘由，避免以后有名片却对不上人和事。

二、交谈礼仪

交谈是商务谈判的中心活动。在谈判中，遵守交谈礼仪有十分重要的意义。在商务谈判中，遵守了交谈礼仪未必一定会使谈判成功；但违背了交谈礼仪，必定会造成许多不必要的麻烦，甚至造成谈判破裂。因此，在商务谈判活动中必须遵守交谈礼仪。

（1）尊重对方，谅解对方。在交谈中只有尊重对方，理解对方，才能赢得对方的尊重和信任。因此，谈判人员在交谈之前应当调查研究对方的心理状态，选择对方容易接受的交谈方法和态度，分析对方讲话的语言习惯、文化程度、生活阅历等，做多手准备，做到有的放矢。千万不可信口开河，更不可咄咄逼人。当发现对方失言或有语病时，不要立即加以纠正，更不要当场表示惊讶，的确有必要告诉对方时也应当委婉些；交谈中，当自己出现失言或失态时，应当立即向对方道歉，而不要自我辩解。

（2）态度和气，言语得体。交谈内容一般不要涉及病亡等不愉快的事，不要直接询问对方履历、工资收入、家庭财产、衣物价格等个人生活问题。与西方谈判者谈判时，不要询问妇女年龄、婚姻、体重等；对方不愿意回答的问题不要追问，一旦涉及对方反感的问题要表示歉意；不要批评长者、身份高的人，不要讥讽别人，不要随便议论宗教问题，不要议论他国内政；争论问题要有节制，不可进行人身攻击；交谈词语选择得体，要能准确表达自己的意思。

（3）及时肯定对方。当双方的观点出现类似或基本一致时，谈判者应当迅速抓住时机，用溢美的言辞，肯定共同点。如有可能，还要想办法及时补充、发展双方一致的论点，引导、鼓励对方畅所欲言，将交谈推向高潮。

（4）注意语速、语调和音量。交谈中陈述意见时要尽量做到平稳中速，因为说话太快，对方难以正确领会和把握你的实际意图，有时还会给对方留下敷衍了事、只为完成任务的印象，认为不必要做出什么反应，导致双方交谈不畅；如果说话太慢，节奏不当，吞吞吐吐，欲言又止，容易被对方认为不可信任。当然，在特定情况下，可以通过改变语速来引起对方的注意，加强表达的效果。在交谈中要保持适当的音量，切忌出现失控，以免损害自己的形象。

三、签约礼仪

谈判过程的最后阶段是签约，签约也需要遵循一定的礼仪和规范。

（一）签约的方式

签约表示谈判过程的完成。签约的方式主要有以下几种：

（1）直接签约。即双方法人代表针对洽谈达成的协议直接签订合同的方式。大部分交易都采用直接签约的方式。

（2）指定签约。即第三人在取得一方代表就某项交易的委托证明后，按照委托书的授权范围签订合同的方式。

（3）会议签约。即双方法人代表或法人委托人就某项在交易会洽谈并达成协议的事项签订合同，有时主管部门征得所属企业的同意，也可在会议上代其签订协议。

（二）签约的规范

签约仪式是谈判双方或多方就达成的交易签订协议的一种仪式，往往比较正式、隆重，礼仪规范比较严格。

（1）签约的准备。在签约仪式前，应做好各项准备工作，包括定稿、翻译、校对、印刷、装订以及准备签字笔、吸墨器等物品，指派助签人员，安排洽谈仪式程序和其他有关细节。参加正式签约仪式的一般是各方参与谈判的全体人员，有时还邀请各方的高层人士出席仪式，以示正式和庄重。签约仪式的场所布置应有所考究，符合一定的礼仪规范。悬挂、摆放双方国旗时，右挂客方国旗，左挂本国国旗。

（2）签约过程。签约仪式开始，各方参加人员应按礼宾次序进入签字厅；主签人员入座时，各方人员按身份顺序入位排列，助签人员分别站立于己方签约人员的外后侧，协助翻揭文本，指明签字处；必要时代双方主签人交换文本，相互握手；此时，一般还要安排礼仪小姐或礼仪先生分别为主客方的主签人或全体人员每人呈上一杯香槟酒，双方干杯、祝贺、道谢；最后，一般还要在签字厅合影留念。

（三）签字厅的布置

可将会议室、洽谈室、会客厅临时用作签字厅。签字厅的布置应该整洁庄重。将长方形签字桌（或会议桌）横放在签字厅内，台面摆设绿色台布。座椅应该根据签字方的情况来摆放。签署双边合同，在正面对门的一边就座。除桌椅外，其他家具陈设则可免去。

（四）签约的禁忌

签约是谈判的最后一个环节，如果把握不好，就可能使洽谈前功尽弃。因此，要特别注意签约的禁忌。签约的禁忌有以下六个方面：

（1）协议不完整，存在矛盾、漏洞或有含糊之处。

（2）文本有错漏，翻译不准确，印刷、装订不好，正本数量不够。

（3）签约的助签人员没有做好准备，文具、物品准备不充分。

（4）双方参加签约仪式的人员，尤其是主签人不对等。

（5）签约仪式的场所布置不庄重，准备仓促，座次安排不规范。

（6）签约的顺序颠倒、程序错漏等。国旗倒置或悬挂不同比例的国旗。

阅读案例 10-2：小李的谈判失误

小李大学毕业后在南方某家公司工作。由于其踏实肯干、业务成绩突出，即将被提升为业务经理。最近小李主持与美国一家跨国公司谈妥一笔大生意，双方在达成合同之后，决定为此举行一次正式签约仪式。看到成功在望，小李就派工作人员准备签约仪式。

工作人员准备了签字桌、双方国旗等，并按照中国"以左为上"的做法把美方的国旗放在签字桌的左侧，将中方国旗摆到签字桌的右侧。美方代表团来到签约场地，看到这样的场景后立即拂袖而去，一场即将达成的生意临场失败。总经理很生气，小李的提升计划也被搁浅。

第四节　其他商务谈判相关活动的礼仪

一、宴请的礼仪

（一）宴请的种类

宴请根据内容可分为宴会、招待会、工作餐等几种类型。

1. 宴会

（1）正式宴会。出席人员规格不同，需排座次，席间核心人员要致辞或祝酒。

（2）便宴。即非正式宴会，较随便、亲切，宜用于日常友好交往。便宴可分为早宴、午宴、晚宴，可以不排座次，不做正式讲话。

（3）家宴。即在家中设的便宴，往往由主妇亲自下厨烹调，家人共同招待，表现合作的意向。

2. 招待会

招待会是指各种不备正餐、较为灵活的宴请形式，备有食品、酒水饮料，一般不排座位，可自由活动。常见的招待会有以下三种：

（1）冷餐会（自助餐）。规格隆重程度可高可低，常用于官方正式活动，以宴请众多的宾客。一般在中午12时至下午2时、下午5时至7时举办。菜肴以冷为主，也可用热菜，连同餐具陈设在桌上。客人不排席位，可多次取食。酒水可放在桌上，也可由招待员端送。冷餐会可不设桌椅，站立就餐，也可设桌椅自由入座；可设在室内，也可设在室外、花园里。

（2）酒会。酒会规格可高可低，适用于各种节日、庆典、欢迎及招待演出前后。其形式活泼，便于广泛交流。酒会不设座椅，仅置小桌，以便客人随意走动。酒会以酒水为主，但不一定都是鸡尾酒，佐以各种小吃、果汁，不用或少用烈性酒。酒会中午、下午、晚上均可举行，请柬上往往注明整个活动延续的时间，客人可在其间任何时候到达和退席，来去自由，不受约束。

（3）茶会。茶会是一种简便的招待形式，请客人品茶交谈，一般在下午4时左右（也可在上午10时左右）举行。茶会通常设在客厅，内设茶几、座椅，不排席位；如为贵宾举行，则应与主人安排在一起，其他人随意。茶叶、茶具讲究有特色，外国人一般用红茶（也可用咖啡），略备点心和地方小吃。

3. 工作餐

工作餐是现代商务交际中经常采用的一种非正式宴请形式。往往因日程紧张而利用进餐时间，边吃边谈。工作餐可分为工作早餐、工作午餐、工作晚餐，只请与工作有关的人员。双方工作进餐往往排席位，为便于谈话，常用长桌。

（二）宴请的组织

成功的宴请有赖于成功的组织。一般来说，宴请的组织工作主要包括：确定宴请的目的、名义、对象、范围与形式；确定宴请的时间、地点；发出邀请及请柬格式；订菜；席位安排；现场布置；餐具的准备；宴请程序及现场工作。

举行宴请活动，邀请来宾的范围应根据宴请的目的、当地习惯和双方关系研究确定。宴会时间的选定，应以主客双方方便为宜。一般应避开双方重大的节日、假日、有重要活动的日子以及有禁忌的日子。

确定宴请的时间、地点后应发出邀请。正式宴会要制作请柬，请柬一般提前一至两周发出。已经口头约妥的活动，仍应补送请柬，在请柬右上方或下方注上"To remind"（备忘）字样。需安排席位的宴请活动，应要求被邀请者答复能否出席，请柬上一般注上R.S.V.P.（请答复的法文缩写）字样，并注明联系电话。也可用电话询问能否出席。

宴会上的菜肴、酒水，应当注重质量，精心调配。例如对于某些常来中国的外宾，可以安排各色不同的地方风味，使其每次都感到有些新意。不要一味地追求"洋"味，因为有些"洋"味，如"人头马"、鸡尾酒等，对外国人来讲并不稀罕。

正式宴会，一般都事先排好座次；非正式的小型便宴，有时也可以不排座次。安排席位时应考虑以下几点：

（1）以主人的座位为中心。如有女主人参加时，则以主人和女主人为基准，以靠近者为上，依次排列。

（2）要把主宾和夫人安排在最尊贵显要的位置上。通常以右为上，即主座的右手边是最主要的位置；其余主客人员，按礼宾次序就座。

（3）在尊重主人和来宾次序的前提下，尽可能使相邻就座者便于交谈。

（4）主人方面的陪客，应尽可能插在客人之间就座。

（5）夫妇一般不相邻而坐。西方习惯女主人坐在男主人对面，男女依次相间而坐。女主人面向上菜的门。

（6）翻译员可安排在主宾的右侧，以便于翻译。有些国家习惯不给翻译员安排座次，翻译员坐在主人和主宾背后工作，另行安排用餐。

（7）座次排定后，一般在餐桌杯盘前放置写有主客姓名的座位卡，以便按座次就座。

西餐的上菜顺序是冷盘、汤、热菜，然后是甜食和水果；中餐一般是最后喝汤。不论中餐、西餐，均应按菜单顺序依次上菜。如双方在宴会上有致辞，西方习惯一般是安排在热菜之后，甜食之前；我国做法则是入席后先讲话，后用餐。冷餐、酒会，讲话时间可灵活掌握。讲稿可事先交换，由主方先提供。

最后，一个好的宴会主人，应当努力营造一种良好的气氛，使每一位来宾都感受到主人对自己的盛情友好之意。要争取与所有来宾见面握手致意，努力使客人之间有机会相互认识和交谈，使席间的谈话活泼有趣、气氛融洽。如果有人谈及不恰当的话题，主人应立即巧妙地设法转移话题。客人告辞时，应热情送别，感谢客人光临。

（三）进餐中的礼仪

入座后，主人招呼，即开始进餐。取菜时，不要盛得过多；盘中食物吃完后，如不够，可以再取；如由招待员分菜，需增添时，待招待员送上时再取。如有本人不能吃或

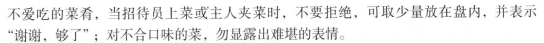

不爱吃的菜肴，当招待员上菜或主人夹菜时，不要拒绝，可取少量放在盘内，并表示"谢谢，够了"；对不合口味的菜，勿显露出难堪的表情。

（1）交谈。无论是做主人、陪客或宾客，都应与同桌的人交谈，特别是与左右邻座，不要只同几个熟人或只同一两人说话。邻座如不相识，可先自我介绍。

（2）宽衣。在社交场合，无论天气如何炎热，不能当众解开纽扣脱下衣服。小型便宴，如主人请客人宽衣，男宾可脱下外衣搭在椅背上。

（3）喝茶（或咖啡）。喝茶（或咖啡），如愿加牛奶、白糖，可自取加入杯中，用小茶匙搅拌后，茶匙仍放回小碟内。通常牛奶、白糖均用单独器皿盛放。喝时右手拿杯把，左手端小碟。

（4）吃水果。吃梨、苹果，不要整个拿着咬，应先用水果刀切成四、六瓣，再用刀去皮、核，然后用手拿着吃。削皮时刀口朝内，从外往里削。香蕉先剥皮，用刀切成小块吃；橙子用刀切成块吃；橘子、荔枝、龙眼等则可剥了皮吃；其余如西瓜、菠萝等，通常都去皮切块，吃时可用水果刀切成小块，用叉取食。

（5）水盂。在宴席上，上鸡、龙虾、水果时，有时送上一小水盂（铜盆、瓷碗或水晶玻璃缸），水上漂有玫瑰花瓣或柠檬片，供洗手用。洗时两手轮流沾湿指头，轻轻刷洗，然后用餐巾或小毛巾擦干。

（6）纪念物品。有的主人为每位出席者备有小纪念品或一朵鲜花，宴会结束时，主人招呼客人带上。遇此，可说一两句赞扬这小礼品的话，但不必郑重表示感谢。有时，外国访问者往往把宴会菜单作为纪念品带走，有时还请同席者在菜单上签名留念。除主人特别示意作为纪念品的东西外，各种招待用品，包括糖果、水果、香烟等，都不要拿走。

（7）冷餐会、酒会取菜。冷餐会、酒会，招待员上菜时，不要抢着去取，待送至本人面前再拿。周围的人未拿到第一份时，自己不要急于去取第二份。勿围在菜桌旁边，取完即退开，以便让别人去取。

（8）餐具的使用。中餐的餐具主要是碗、筷，西餐则是刀、叉、盘子。通常，宴请外国人吃中餐，以中餐西吃为多，既摆碗筷，又设刀叉。刀叉的使用是右手持刀，左手持叉，将食物切成小块，然后用叉送入口内。欧洲人使用时不换手，即从切割到送食均以左手持叉；美国人则切割后，把刀放下，右手持叉送食入口。就餐时按刀叉顺序由外往里取用。每道菜吃完后，将刀叉并拢排放盘内，以示吃完。如未吃完，则摆成八字或交叉摆，刀口应向内。

（9）致谢。有时，在出席私人宴请活动之后，往往致以便函或名片表示感谢。

（四）宴会向客人敬酒礼仪要点

敬酒即祝酒，是指在正式宴会上，由男主人向来宾提议，提出某个事由而饮酒。在饮酒时，通常要讲一些祝愿、祝福类的话，甚至主人和主宾还要发表一篇专门的祝酒词，祝酒词内容越短越好。敬酒可以在饮酒的过程中随时进行。但如果是致正式祝酒词，就应在特定的时间进行，而且不能因此影响来宾的用餐。祝酒词适合在宾主入座后、用餐前开始，也可以在吃过主菜后、甜品上桌前进行。

在饮酒，特别是祝酒、敬酒时进行干杯，需要有人率先提议，可以是主人、主宾，也可以是在场的其他人。提议干杯时，应起身站立，右手端起酒杯，或者用右手拿起酒

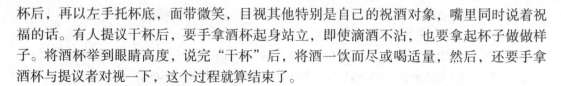

杯后，再以左手托杯底，面带微笑，目视其他特别是自己的祝酒对象，嘴里同时说着祝福的话。有人提议干杯后，要手拿酒杯起身站立，即使滴酒不沾，也要拿起杯子做做样子。将酒杯举到眼睛高度，说完"干杯"后，将酒一饮而尽或喝适量，然后，还要手拿酒杯与提议者对视一下，这个过程就算结束了。

（五）宴会上该说些什么

（1）众欢同乐，切忌私语。通常，酒宴宾客会较多，所以应尽量多谈论一些大部分人能够参与的话题，得到多数人的认同。因为每个人的兴趣爱好、知识面不同，所以话题尽量不要太偏，避免唯我独尊、天南海北、神侃无边，出现跑题现象，而忽略了众人。尽量不要与人贴耳小声私语，给人一种神秘感，往往会产生"就你俩好"的嫉妒心理，影响酒宴的气氛。

（2）瞄准宾主，把握大局。大多数酒宴都有一个主题，也就是喝酒的目的。赴宴时首先应环视一下各位的神态表情，分清主次，不要单纯地为了喝酒而喝酒，而失去交友的好机会，更不要让某些哗众取宠的酒徒搅乱了东道主的本意。

（3）语言得当，诙谐幽默。酒桌上可以显示出一个人的才华、知识修养和交际风度，有时一句诙谐幽默的语言，会给客人留下很深的印象，使人无形中对你产生好感。所以，应该知道什么时候该说什么话，语言得当、诙谐幽默很关键。

（4）宴会上相互敬酒表示友好，活跃气氛，但切记不要喝酒过量。喝酒过量容易失言，甚至失态，因此，必须控制在本人酒量的1/3以内。酒作为一种交际媒介，在迎宾送客、聚朋会友、彼此沟通、传递友情等方面，发挥了独到的作用。所以，探索一下酒桌上的"奥妙"，有助于你与人交际的成功。

二、馈赠的礼仪

礼品是谈判的"润滑剂"，它有助于加强双方的交往，增进双方的感情，有助于巩固彼此的交易关系。

（一）礼物的选择

1. 注意对方的习俗和文化修养

由于谈判人员宗教习俗、文化背景不同，爱好和习惯也有所不同。例如在阿拉伯国家，酒类不能作为礼品；在英国，受礼人讨厌有送礼人单位或公司标识的礼品；法国人讨厌别人送菊花；日本人不喜欢有狐狸图案的礼品；中国人忌讳送钟等。这些都是由不同的习俗和文化造成的。

2. 注意礼品的数量

我国向来以偶数表示吉祥，而在日本等一些国家则以奇数表示吉利。另外，西方一些国家普遍忌讳"13"这个数字。因此，无论是送水果还是任何数量较多的礼物，都要注意这一点。

3. 把握礼品的价值

礼品的价值即礼品的货币价值，在赠送礼品时选择多大价值的礼品比较合理呢？这应根据客商的具体情况而定。一般情况下，欧美等国的社交，在送礼方面，较注重礼物的意义价值而不是礼物的货币价值，他们只把礼物作为传递友谊和感情的媒体和手段。在美国，一般的商业性礼物的价值在 25 美元左右。因此，我们在选择礼物时，其货币价值不要过高，有时赠送昂贵的礼物，反而会引起对方的怀疑及戒备，也会使对方为难。相对而言，亚洲、非洲、拉丁美洲和中东地区的客商，则较注重礼物的货币价值，给这些国家的客商赠送礼物可适当地贵重一些。

有时，也会遇到对方给自己送礼的情况，这就需要确定对方的礼物是否恰当，是否可以接受等问题。当不能接受时，应向对方讲明原因，并婉言谢绝，这样，可以防止对方的误解和不愉快。在商务交往中是否可以接受礼物以及礼物的处理，国内有关部门和企业都有相应的政策和纪律，谈判人员应当遵守这方面的政策规定。

4. 注意礼品的暗示作用，不要因送礼品造成误解

正确地选择礼品，对促成谈判成功往往有意想不到的效果。选择时，既要考虑对方的文化、习俗、爱好、性别、身份、年龄等因素，又要考虑礼品本身的思想性、艺术性、趣味性和纪念意义，还需注意避奢脱俗。正如世界一位著名的礼节专家所讲的那样，礼物应当是"创造性"的，应是为对方所喜欢并能接受的。像我国的景泰蓝、绣品、水墨字画、瓷器、茶具等，都受到国外客商及谈判者的喜爱。

（二）送礼时机的选择

各国都有初交不送礼的习惯，具体何时送礼较合适，各国又各有特点。例如法国人喜欢下次重逢时馈赠礼品，英国人多喜欢在晚餐或看完戏后赠送礼品，而我国一般是在离别前赠送礼品。因此，应根据各国的习惯做出不同的送礼时间安排。

三、电话联系的礼仪

电话联系是一种较为频繁的交际方式。一般认为对着话筒跟对方交谈是日常生活的普通技能，根本不会存在什么问题。其实不然，谈判双方互通电话，在礼仪上大有讲究。

在谈判双方休整过程中，一方给另一方打电话，一般是有重要的事情，双方对此类电话都应很注意。因此，打电话之前应做好准备，打好腹稿，选择好表达方式、语言声调。在通话中，如果是主方，应以客气的语言，请对方找某某先生（女士）。对方回话时，要小心询问接话的是不是某某先生（女士）。无论在多么紧急的情况下，不可一挂通即进行交谈。如果是收接他人电话，首先应报清自己的通话地点、单位名称和自己的姓氏，然后再进行交谈。每次谈话的内容，要求简明扼要、逻辑严谨、节奏适中。关键的地方要放慢语速，询问对方听清楚没有，记下来没有，特别是涉及谈判议程、会谈通知、谈判时间和地点等方面的内容，一定不能马虎，要请对方重复一遍，认真进行核对、纠正，以免出错。

国际谈判，由于各国的风俗习惯不同，打电话的方式也不一样，就更应该考虑如何变换自己的语言习惯，以照顾、适应对方接电话的方式和方法。

四、共同娱乐的礼仪

谈判双方工作人员为工作而结交私人朋友，业余时间共同游玩娱乐，是很好的方式。

但也必须注意交往的深度，要视具体人具体情况，灵活掌握。一般不要谈论、询问对方的私事、婚姻状况、工资收入、房子和家具值多少钱等。在我国，询问对方年龄、婚姻家庭状况，往往是一种关心对方的亲切表示，而对于某些外国人，则会被视为对人家私生活的干涉。

谈判人员一起游玩或参加舞会，是陶冶性情、培养情操、交朋结友和娱乐的良好活动形式。比如，交际舞作为一种交际工具通行于不同国度。有些经验丰富的外交家曾深有感触地说："协议并非都是在谈判桌上达成，信息也不一定都从正规渠道获得，往往来自广泛的社交和交流。"作为谈判人员，应懂得各种娱乐场合的礼仪，在交往中争取获得谈判桌上得不到的信息。

五、拜访的礼仪

谈判双方常有一方是来自异地。为联络感情、关照食宿，及时满足其生活需求或表示尊重，一般应由主方到客方的住所去拜访。依拜访的性质不同，可分为礼节性拜访和事务性拜访两种。礼节性拜访不一定有预期的目的，交谈的范围可以很广，方式也可以灵活多样。事务性拜访通常都事先拟订主题。依主题内容的不同，事务性拜访又具体分为专题性交涉和业务性商谈两种。

拜访要讲究必要性和可能性。对于确有必要的拜访，一般需要电话或书信事先约定恰当的约会时间。双方在商谈约会时间的过程中，均应用请求和商量的口气，不能用命令的语气强求对方会见，以避免对方早有安排或有重要的事情要做而感到为难。

赴约应讲究衣帽服饰及边幅修整。夏天到对方拜访，天再热也不能只穿背心、短裤或拖鞋登门；冬天进门后要脱去大衣、帽子和围巾，表示来到了温暖的地方；不能说"冷"字；对方请你坐下，要说"谢谢"；给你倒茶或者咖啡，要双手相接并欠身致谢；主人请抽烟而你不会，也要说声"谢谢，我不会"；抽烟者应注意不要把火柴、烟头乱扔，烟灰不可弹在地上。

赴约要讲信用，严格遵守时间。一般以比约定的时间早到 5min 为宜，但晚到 5min 也不为失礼。过早到达则会因无必要和浪费了许多时间而被认为缺乏经济头脑或无事可做，过迟到达则会被理解为对约会的轻视或对约会者的非礼待遇。万一碰到意外情况，不能准时到达或不能前往时，必须及时通知对方。

拜访的时间一般不宜过长。通常要以对方谈话的性质、情绪、双方观点是否一致等为根据，适时告退。若发现主人偷偷看表，意味着已在下"逐客令"；若交谈过程中又来了新客人，则应"前客让后客"，尽快结束所谈问题或改日再谈，向后到的来访者点头示意并与对方告别。对方送你出门，应诚恳地请对方留步；分手后，还应回头看看对方是否仍站在门口以目相送，如果尚未返回，要向对方举手示意，客气地催促对方快回。

▶ 本章小结

礼仪是人们在社会交往活动中为了相互尊重而形成的行为规范和准则，是人们为维系社会正常生活而共同遵守的最起码的道德规范。商务谈判礼仪是指在商务谈判活动中，商务人士应遵循的行为规范和准则。

由于谈判礼仪是建立在业务基础上的现代礼仪，因而除了人类共同应有的交往原则以外，还应注意以下几方面的原则：系统整体原则、公平对等原则、遵时守约原则、尊重习俗原则与风俗禁忌原则、和谐适应原则、外事礼宾顺序原则、女士优先原则、差异性原则。商务谈判礼仪方面的修养：①仪表，即一种外在美、行为美，表露出个人的内在修养、文化程度、自信与自尊。自然得体的体态、高雅大方的谈吐举止、协调和谐的服饰，是美的仪表的主要构成部分。②礼貌，即在商务谈判时，礼貌可以向对方表明谈判者是否可靠，行事是否正确、公正。如果对方认为谈判者粗鲁、自私、散漫、言行带有歧视之意，则谈判不可能进行下去。③机智，即在商务谈判过程中，要求谈判者头脑清醒、机智灵活，在面对某些挑衅时，沉着冷静，以防言行草率粗心，一时冲动，悔之不已。

商务谈判人员的个人礼仪：一是重视仪容，包括修饰仪表、精心化妆、规范着装、保持良好的精神面貌；二是保持风度，包括交谈礼仪、行为举止礼仪、尊重对方、遵守时间。

商务谈判过程中的礼仪包括见面礼仪、交谈礼仪、签约礼仪。

▶▶ 思考题

1. 简述商务谈判礼仪应遵循的基本原则。
2. 商务谈判人员的个人礼仪应注意哪些方面？
3. 如何做好商务谈判的接待工作？
4. 组织商务宴请的基本程序和礼仪有哪些？

▶▶ 案例分析讨论

贝格与凯丝琳的见面会谈

某工厂的副总裁吉拉德突然中风，第二天英国总公司派了一位高级主管凯丝琳直飞利亚德接替他的职务。凯丝琳到沙特阿拉伯还要完成另一项重要任务，就是要介绍公司的一个新产品——微电脑与文字处理机，准备在当地制造销售。凯丝琳飞抵利亚德，正赶上当地的"斋月"，接待她的贝格先生是沙特阿拉伯国籍的高级主管，一位年约50岁的传统生意人。虽然正值"斋月"，他还是尽地主之谊，请凯丝琳到他家为她洗尘。因时间急迫，她一下飞机就直接赴约，当时饥肠辘辘，心想在飞机上没吃东西，等一会儿到了贝格先生家再好好地吃一顿。

见面之后一切还好，虽然是在"斋月"，贝格先生仍为来客准备了吃的东西。凯丝琳觉得饭菜非常合口味，于是大吃起来。然而她发觉主人却一口都不吃，就催促主人和她一起享用。狼吞虎咽间，她问贝格，是否可在饭后到她的办公室谈公事。她说："我对你们的设施很好奇，而且还迫不及待地想介绍公司的新产品。"虽然凯丝琳是个沉得住气的

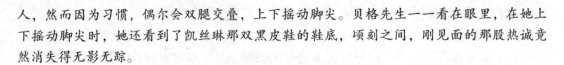

人，然而因为习惯，偶尔会双腿交叠，上下摇动脚尖。贝格先生一一看在眼里，在她上下摇动脚尖时，她还看到了凯丝琳那双黑皮鞋的鞋底，顷刻之间，刚见面的那股热诚竟然消失得无影无踪。

问题：

1. 贝格先生为何在顷刻之间就将刚见面的那股热情消失得无影无踪？
2. 如果你是凯丝琳，与贝格见面后应该如何表现？

第十一章

亚洲、欧洲和美洲商人的谈判风格

本章要点

1. 掌握亚洲商人的谈判风格。
2. 掌握欧洲商人的谈判风格。
3. 掌握美洲商人的谈判风格。

导入案例

不同的处事方式

案例1：在餐厅，装满啤酒的杯中发现了苍蝇，在场的各国人员是这样进行谈判的。

英国人以绅士风度吩咐侍者："换一杯啤酒来。"

法国人干净利索地将啤酒倾倒一空。

西班牙人不去喝它，只留下钞票，不声不响地离开餐厅。

日本人会让侍者把餐厅经理叫来，训斥一番："你们就是这样做生意的吗？"

沙特阿拉伯人会把侍者叫来，把啤酒杯递给他，说："我请你喝。"

美国人比较幽默，他会对侍者说："以后请将啤酒和苍蝇分别放置，由喜欢苍蝇的主人自行将苍蝇放进啤酒里，你觉得怎么样？"

资料来源：方百寿.贸易口才［M］.沈阳：辽宁大学出版社，1996.

案例2：CBS是美国哥伦比亚广播公司，它以播送新闻迅速、全面而著称。NHK是日本广播协会，是日本唯一的公共广播电视台，在世界上有着规模很大的广播电视系统。

1974年，美国总统福特访问日本时，由CBS直播，而当时日本只有NHK拥有卫星转播系统，所以美国哥伦比亚广播公司现场就必须与NHK谈判关于转播福特在日活动租用NHK器材、工作人员、保密系统及电传问题的合作事宜。

在福特总统预定出访的前两周，CBS从纽约派遣了一个小组到日本谈判，其负责人是一个年轻的高级官员。这位美国人大模大样，以直言不讳的态度向比他年长许多的NHK主管提出种种不合理的要求，其中包括超出实际需要近两倍的人员、车辆及通信设备等。

日本人非常恼火，这哪里是请别人帮忙，分明是来讨债的，但日本人并不公开指责美国人，只是敷衍了事。第一轮谈判结束时，双方未达成任何协议。这使得一向以播送新闻迅速、全面而著称的 CBS 陷入了困境。无奈两天以后，CBS 另一位要员飞抵东京，他首先以个人名义就本公司年轻职员的冒犯行为向 NHK 方面表示道歉，一再诚恳地请求 NHK 协助转播访问事宜，询问日本方面能提供哪些帮助。NHK 方面转变了态度并表示支持，双方迅速达成了协议，事情有了圆满的结局。

当 CBS 的年轻谈判员得知自己的行为方式无助于解决问题时，十分惊讶，并向日方赔礼道歉。

资料来源：王福祥.商务谈判理论与实务［M］.北京：科学出版社，2008.

上述两个案例表明，世界各国的文化习俗不同，使不同国家的商人形成不同的谈判风格。自改革开放以来，我国大力发展与加强同世界各国和地区的经济、贸易与投资往来。因此，在对外商务活动中，我国商务谈判人员就必须了解不同国家和地区商人的谈判风格及其差异，并采取相应的对策。

谈判风格是指在不同环境中生活的谈判人员，在谈判思维、谈判行为、谈判语言、谈判策略等方面具有不同的特点。不同的谈判风格影响谈判的速度、谈判的节奏，影响谈判的方式方法，影响谈判的议题，影响谈判的气氛、谈判的态度，影响谈判的沟通和结果。

为在国际商务谈判中能够灵活运用各种谈判技巧，掌握谈判的主动权，取得谈判的成功，一名合格的谈判人员就要了解谈判对方的文化风俗和谈判风格。本章将对世界各地主要国家和地区商人的谈判风格加以概括介绍。

第一节　亚洲商人的谈判风格

一、日本商人的谈判风格

日本位于太平洋西侧，是由北海道、本州、四国、九州四个大岛和几千个小岛组成的岛国，陆地面积 37.8 万 km^2，人口数量达 1.26 亿人。日本主要民族是大和族，除大和族外，还有琉球族和阿伊努族，通用日语。日本是信仰多种宗教的国家，固有的宗教是神道教，同时还信奉佛教、基督教和天主教。日本商人是东方民族经商的代表，其谈判风格有以下特点：

（1）日本商人在正式谈判之前喜欢和人接触，以了解对方及增进感情，在建立了友好的人际关系基础上才考虑成交。他们愿与熟人长期打交道，不喜欢也不习惯直接的纯粹的商务活动。

（2）日本商人很重视信息收集工作。在谈判前，日本商人会通过各种渠道收集与谈判有关的各种信息，如市场信息、对手情况等。

（3）日本商人的等级观念根深蒂固，非常重视尊卑秩序。日本企业都有尊老的倾向，一般能担任公司谈判代表的人都是有 15 ~ 20 年工作经历的人。他们讲究资历，不愿与年轻的对手商谈，因为他们不相信对方年轻的代表会有真正的决策权。因此，日本商人非常注重交往对方的身份地位以及年龄和性别，要求对方在这些方面与己相适应。

阅读案例 11-1：日本商人谈判对年龄的态度

美国一家公司与日本一家公司进行一次比较重要的贸易谈判，美国派出了其认为最精明的谈判小组，大多是 30 岁左右的年轻人，还有一名女性。到了日本后，受到了冷落，不仅日方总公司经理不肯出面，就连分部的负责人也不肯出面接待。在日本人看来，年轻人，尤其是女性，不适宜主持如此重要的会谈。结果，美方不得不更换了谈判人员，日本人才肯出面洽谈。

资料来源：周忠兴.商务谈判原理与技巧［M］.南京：东南大学出版社，2004.

（4）日本商人十分讲究礼节。日本商人初次见面，互相鞠躬，互递名片，一般不握手。没有名片就自我介绍姓名、工作单位和职务，如果是老朋友或者是比较熟悉的就主动握手或拥抱。他们常用的寒暄语是"您好""您早""再见""请休息""晚安""对不起""拜托您了""请多关照""失陪了"等。日本人鞠躬很有讲究，往往第一次见面时行"问候礼"，即 30°；分手离开时行"告别礼"，即 45°。日本商人十分注重面子。日本商人认为，脸面是受尊敬的标志，是自信的源泉，是关系自己的地位和别人的地位的一件极为微妙、重要、无所不在的事情。

阅读案例 11-2：马桶座圈和日本人的面子

曾有一个美国人从日本进口木制马桶座圈。他初次订货 3000 个，每个 4 美元。这种木制马桶座圈销路很好，于是他发电传给日本厂家，欲将月发货量由 3000 个改为 8000 个，日方回电每个要付 7.5 美元。由于这几乎是前一批订货价格的两倍，所以美国人认为价格可能是弄错了，他又向对方发电传，可回电还是一样："没错，每个 7.5 美元。"这自然使生意告吹。

几年后，这位美国人把此事讲给一位日本商人听，后者根本不感到意外。他解释说："你不知道是怎么一回事，那家日本公司每月不可能交付 8000 个马桶座圈，因为他们根本没有这种生产能力。但是如果对方向你说实话，他就会感到丢脸。所以他漫天要价，知道你也不可能订货。"

（5）日本商人喜欢讨价还价。在谈判过程中，日本商人喜欢且善于讨价还价，一般报价虚头很大，杀价也较狠。

阅读案例 11-3："嘿"到底是什么意思？

一个到日本去谈判的美国商务代表团，碰到这样一件尴尬的事，直到他们要起程回国前，才知道贸易业务遇到了语言障碍，没有了达成交易的希望。因为在谈判时，在价格的确定上，美国的报价开始没有得到日方的同意，谈判就快要告一段落时，美方在价格上稍微做了点让步，这时，日本方面的回答是"嘿"。结束后，美方就如释重负地准备"起程回国"。但其实结果并非如此。因为日本人说"嘿"，意味着"是，我理解你的意思（但我并不一定要认同你的意见）。"

资料来源：李品媛.现代商务谈判［M］.大连：东北财经大学出版社，2005.

对日本商人而言，在谈判时要是他直接说"不"，他觉得这会让对方丢面子，因而从来不明确地表达。此外，对日本商人而言，"是的"有四种不同的意思：①表示一方知道另一方正在同他说话，但他并不一定理解了谈话的内容；②表示对方所说的是可以理解的和说清楚的；③表示他已经理解了对方的建议；④表示完全同意。因此，当与日本商人进行交流或谈判时，"不"与"是"的准确含义需根据说话当时的情景来进行判断，必要时可请对方予以确认，以免产生误解。

（6）日本商人团体倾向强烈，强调集体决策。在谈判中，日本商人协同作战，配合默契，集体决策。参加谈判的每一个人都对某一问题具有决策权，都有责任保证谈判成功。同时，对于比较重要的问题，日本商人谈判组的成员一般不能马上做出决定，而需要通过国内公司有关人员层层上报批准，才能予以答复。

（7）日本商人在签约前习惯对合同进行详细审查。在谈判中，日本商人经常主动地承担合同的整理和审查工作，他们不顾疲劳，夜以继日地工作，这一过程虽然比较长，但是，一旦做出决定，他们就能很快地执行。

（8）日本商人的时间观念较强。日本的生活充满竞争，生活节奏快，因此日本商人很注重时间价值。

阅读案例11-4：美国谈判专家总结的日本人的谈判方式

美国谈判学专家罗伯特·M.马奇（Robert M.March）认为，日本人的谈判方式很具有东方特色，与美国人相比："第一，谈判方式不同。美国人自我主张性强，说话合情合理，具有重点，同时直截了当，富有竞争性；日本人个性很强，说话间接含蓄，待人接物彬彬有礼。第二，发生争论时所持态度不同。美国人期待争论，日本人则回避争论。第三，谈判过程中最先裸露的是各自所属的文化。"

美国学者韦恩·卡肖（Wayne Cascio）研究了日本工商企业的谈判方式，向外国谈判人员提供了以下谈判要诀：

（1）只要是正式的谈判，就不能让妇女参加。日本妇女是不允许参与大公司的经营活动的，在一些重要的社交场合也是不带女伴的。

（2）千万不要选派年龄小的人去同日本人谈判。因为日本企业内部很讲究论资排辈，到了能够参与谈判的时候，已有一定的年纪了。而如果谈判对方派乳臭未干的年轻人去同日本的高级经理人员谈判，有不尊重人家之嫌。

（3）不要把日本人礼节性的表示误以为是同意的表示。在谈判中，日方代表可能会不断点头，并且嘴里说："嘿（是）！"但是日本人这样说是在提醒对方，他在注意听。

（4）当日方谈判代表在仔细推敲一个问题时，总是一下子变得沉默不语。这一点常常让外国人莫名其妙。有趣的是，每当日方代表沉默时，西方人就容易掉进圈套。等他们醒悟过来时，已经后悔莫及。

如美国电话电报公司与日本公司谈判，在一切都谈妥后，美国人就在双方均已认可的合同上签上了字，可当这份合同送到日本公司的总裁那里请他签字时，这位总裁却坐在那里一动不动，沉思默想。见此情形，美国人以为日本人不肯签字，于是急忙提出再付给日方25万美元。其实，美国人只要再耐心等几分钟，他就能为公司省下这一大笔钱。

（5）故意含糊其词，是日本谈判代表的又一特点。日本人自己总是不愿意明确表态，他们经常说："我想听听贵公司的意见。"这一手就足以将外国谈判代表引入歧途。

（6）日本谈判代表的报价，往往水分很多，他们把这称为"戴帽子"，然后再慢慢地讨价还价。

资料来源：林逸仙，蔡峥，赵勤.商务谈判［M］.上海：上海财经大学出版社，2004.

二、韩国商人的谈判风格

韩国位于朝鲜半岛南半部，面积 10.3 万 km²，人口数量达 5200 万人，民族为韩民族，语言为韩国语。韩国商人的谈判风格具有以下特点：

（1）韩国商人重视谈判前的准备工作。韩国商人在谈判前，通常要对对手进行咨询了解。一般通过海内外有关机构了解对方的情况，如经营规模、范围、企业知名度、经营能力等。对谈判的内容和对方的情况摸得十分清楚，因此提出的方案常常使人很难找到破绽。

（2）韩国商人注重谈判礼仪。韩国商人很注意选择谈判地点，一般喜欢选择有名气的酒店。如果他们是东道主，他们会提前到达。如果是对方选择的，他们会推迟到达。在进入谈判地点时，一般是地位高的谈判决策者走在最前面。

（3）韩国商人重视良好谈判气氛的建立。韩国商人十分重视谈判开局的气氛，他们会全力营造良好的谈判气氛。他们一见面总是热情地打招呼，向对方介绍自己的姓名、职务等。就座后，请对方喝喜欢的饮料，和对方聊一些话题如天气、旅游等来和对方拉近距离，然后，才正式开始谈判。

（4）韩国商人逻辑性强，做事有条理。他们会首先从原则的讨论开始，让对方先接受这次谈判中解决问题的一系列原则。当原则达成一致，再从若干个具体问题上着手进行协商，问题明确后，再讨论解决措施。由浅入深、由粗到细、由表及里，到条款讨论时就停留在咬文嚼字上了。

（5）韩国商人注重谈判技巧的运用。在谈判开始后，他们往往要与对方明确谈判的主要议题。虽然每次谈判的议题不会相同，但一般包括以下五方面的内容，即阐明各自的意图、报价、讨价还价、协商、签订合同。他们善于讨价还价，甚至到最后一刻，仍会提出"再优惠一点"的要求。他们的让步，往往是一种以退为进的思想体现，充分体现了韩国人的顽强精神。他们常常会根据对手的不同特点和谈判的不同情况，使用"声东击西""疲劳战术""先苦后甜""化整为零""挤牙膏"等各种策略。此外，在签约时，他们喜欢用对方国家的语言、英语、韩语这三种文字签订合同，三种文字具有同等法律效力。

与韩国商人往来主要应注意的问题如下：

（1）前往韩国进行商务访问的最适宜时间是 2～6 月、9 月、11 月和 12 月上旬，尽量避开多节日的 10 月以及 7～8 月中旬和 12 月中下旬。

（2）韩国商务人士与不了解的人来往，要有一位双方都尊敬的第三者介绍和委托，否则不容易得到对方的信赖。为了介绍方便，要准备好名片，中文、英文或韩文均可。但要避免在名片上使用日文。

（3）到公司拜会，必须事先约好。会谈的时间最好安排在上午 10：00 或 11：00 左右，下午 2：00 或 3：00 左右。

（4）在商务谈判中，至关重要的是首先建立信任和融洽的关系，否则谈判要持续很长时间，尤其要在韩国进行长期的业务活动，需要多次访谈才能奏效。

（5）韩国商人不喜欢直接说或听到"不"字，也比较看重感情，只要感到对方稍有点不尊重自己，生意就会告吹。

（6）韩国商人重视业务中的接待，宴请一般在饭店举行。吃饭时所有的菜一次上齐。饭后的活动，有的是邀请客人到歌舞厅喝酒、唱歌，拒绝是不礼貌的行为。

三、中国商人的谈判风格

中国位于亚洲东部，太平洋西岸，陆地国土面积 960 万 km^2，人口数量达 14 亿人。中国商人的谈判风格具有以下特点：

（1）中国商人接待客人非常热情和慷慨，几乎每一个来中国谈判的人都会感觉到温暖。招待客人时菜肴会比较丰盛，并频频举杯祝酒，同时主人要致祝酒词或讲一段话。

阅读案例 11-5：热情的价值

20 世纪 80 年代，中日出口钢材谈判中，尽管我方提出了合理报价，但经过反复磋商，仍未与日方达成协议。眼看谈判要不欢而散，我方代表并没有责怪对方，而是用一种委婉谦逊的口气，向日方道歉："你们这次来中国，我们照顾不周，请多包涵。虽然这次谈判没有取得成功，但在这十几天里，我们却建立了深厚的友谊。协议没达成，我们不怪你们，你们的权限毕竟有限。希望你们回去能及时把情况反映给你们的总经理，谈判的大门随时向你们敞开。"

日方谈判代表原认为一旦谈判失败，中方一定会冷落自己，没想到中方在付出巨大努力、精力而未果的情况下，一如既往地给予热情的招待，日方代表非常感动。回国后，他们经过反复核算、多方了解行情，认为我方提出的报价是合理的，后来主动向我方抛来"绣球"，在中日双方的共同努力下，第二次谈判终于取得了圆满成功。

（2）在洽谈生意时，中国商人一般要求在本国进行。这样做，就能利用主场谈判的优势控制议事日程，掌握谈判的节奏。

（3）在谈判过程中，中国商人会仔细观察对方，根据对方的好恶，与对方建立友好关系，他们能使客人相信他们的诚意，期待着建立同客人的友谊。他们常常要求客人展示其产品或设备的性能。

（4）在实质性谈判阶段，中国商人要求首先达成一般原则框架，然后才详细地洽谈具体的细节。他们认为这可以避免争吵，以便更快地达成协议。一般原则框架通常采用意向书和会谈记录。中国商人在谈判中都有详细的会议记录，即使谈判人员中途被全部撤换，中方代表仍然对以前的洽谈内容了如指掌。

（5）中国商人在原则问题上寸步不让。在谈判中，如果发现达成的一般原则框架中的某条原则受到了挑战，或谈判内容不符合长期目标，或者提出的建议与目前的计划不适合，中国商人会非常严肃，表现出不折不挠的决心。

（6）中国商人富有耐心。中国悠久的历史文化环境，培养了他们善于忍耐的性格，

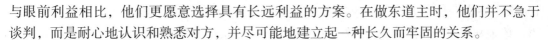

与眼前利益相比，他们更愿意选择具有长远利益的方案。在做东道主时，他们并不急于谈判，而是耐心地认识和熟悉对方，并尽可能地建立起一种长久而牢固的关系。

（7）在谈判人员的组成上，往往派为数众多的洽谈人员，包括谈判专家、技术专家、法律专家等。由于人数多，必然延长洽谈的时间。

（8）在谈判中，如果对方提出的问题超过自己做决定的权限，或自己难以回答，中国商人常常把这些问题带回去，向上级请示，或者大家再进行讨论，直到对这些问题有确切的把握，并能避免所有可能的错误。

四、新加坡商人的谈判风格

新加坡全称是新加坡共和国，是东南亚地区的一个岛国，由新加坡岛和附近的 50 多个小岛组成，面积 733.1km² （2021 年），人口数量约 545 万人。新加坡商人的谈判风格具有以下特点：

（1）新加坡商人乡土观念很强。在新加坡人口中，华人占绝大多数，约占 76.3%，其次是马来西亚人，再次是印度人、巴基斯坦人、白人、混血人等。因此，华人（包括华侨和新加坡籍华人血统者）在对外贸易中占有垄断地位。他们具有强烈的民族意识和家乡归属感，乡土观念很强，同祖国有着深厚的感情。

（2）新加坡商人勤勉、能干，具有强烈的团体同甘共苦精神。

（3）新加坡商人很讲面子，重信用。在谈判中如果遇到重要的决定，往往不喜欢立书面的字据，感情和信用往往在商务谈判中起决定性作用。但是一旦签订了合同，就绝对不会违约。同时，对对方的背信行为是深恶痛绝的。因为华侨一般很珍惜同对方已经建立起来的合作关系和朋友关系，并且注重信义，所以一旦双方有了良好交往，就可以长期保持下去。

（4）新加坡商人在谈判中热情、礼貌。在新加坡，从公共场所到一般家庭，从老年人到小学生，任何不讲礼貌的行为都会受到公众的谴责。讲文明、懂礼貌，是新加坡人的基本行为准则，而且已经成为一种社会公德。

（5）新加坡商人忌讳跷二郎腿。在与新加坡人谈生意时，不要跷二郎腿，否则会丧失成交的机会。假如不知不觉地把一只脚颠来颠去，以至鞋底朝向了对方，这笔买卖就告吹了。哪怕是无意中稍微碰了对方一下，也会被认为是不可忍受的。

阅读案例 11-6："二郎腿"毁了一笔生意

西欧有位客商到东南亚某国去谈判一笔交易，开始时双方气氛热烈，谈判进行得很顺利。但当谈判结束，双方要签订协议时，西欧的那位客商由于兴奋跷起了二郎腿。谁知此后形势急转直下，对方冷着脸要求与西欧客商重新谈判。原来是西欧客商以跷二郎腿表达自己兴奋得意的心情，而对方则是把对着别人跷二郎腿的体态语看作对别人的恶意。

资料来源：张晓奈，焦志忠.谈判控制 [M].北京：经济科学出版社，1995.

五、印度尼西亚商人的谈判风格

印度尼西亚共和国（简称印尼）是地跨赤道及亚洲、大洋洲的群岛国家，陆地面积

190 多万平方公里，人口数量约 2.71 亿人。印度尼西亚的语言非常统一，一般使用马来语。该国 90% 的人信奉伊斯兰教，伊斯兰教的影响也扩大到商业社会。印度尼西亚商人的谈判风格具有以下特点：

（1）印度尼西亚商人注重宗教信仰。按照伊斯兰教教义，该国每年有一个月的"斋月"，每天从日出到日落不能吃东西及喝水。在这期间，事务性的工作还是可以勉强支撑过去，但体力劳动则难以维持。因此，与印度尼西亚商人做生意需要特别注意他们的宗教信仰。

（2）印度尼西亚商人具有互助精神。印度尼西亚商人严格遵守教义教规，在日常生活和工作中，都非常强调一种兄弟般的互助精神。

（3）印度尼西亚商人很有礼貌。

（4）印度尼西亚商人很喜欢有人到家里访问。客人无论什么时候访问，都会受到欢迎。因此，在印度尼西亚去对方家里拜访，可以加深交情，使谈判能够顺利进行。

六、泰国商人的谈判风格

泰国位于中南半岛中部，西南临安达曼海，面积 51.3 万 km^2，人口数量达 6900 万人。泰国是个多民族的国家，泰族约占 40%，老挝族约占 35%，还有马来族、高棉族和华族等少数居民。90% 以上的居民信奉佛教，佛教为国教。各族都讲自己的语言，泰语为国语。泰国商人的谈判风格具有以下特点：

（1）泰国商人不信赖外人，全靠家庭来掌管生意，不铺张浪费。

（2）同业间互相帮助，但不会结成一个组织共担风险。这可能是因为彼此过于谨慎。因此，与泰国商人建立亲密的交情，要花很长一段时间，但一旦建立了友谊，就会完全依赖你，遇有困难时也会帮你通融。在商业交往中，不仅要给予泰国商人精明能干的印象，而且更重要的是要给予泰国商人诚实而富于人情味的印象。

第二节　欧洲商人的谈判风格

一、俄罗斯商人的谈判风格

俄罗斯位于欧亚大陆北部，地跨东欧北亚的大部分领土，面积为 1709.82 万 km^2，人口数量达 1.46 亿人，拥有俄罗斯族等 100 多个民族，多信奉东正教。俄罗斯商人的谈判风格具有以下特点：

（1）俄罗斯人性格开朗豪放，喜欢说笑、热情好客。在迎接贵宾时，俄罗斯人通常会向对方献上面包和盐。他们讲礼貌，见面时总是问好。

（2）俄罗斯人非常看重个人关系，愿意与熟识的人谈生意。俄罗斯人的商业关系是以个人关系为基础建立起来的，如果没有个人关系，一家外国公司即使进入了俄罗斯市场，也很难维持其成果。

（3）俄罗斯商人是非常精通古老的以少换多的谈判之道的行家。在价格谈判阶段，无论外商的开盘价是多么低，他们也绝不会相信，更不会接受，反而会千方百计地迫使外商降低价格。他们会使用各种手段来达到目的，甚至开空头支票、虚张声势、欲擒故纵等。

（4）俄罗斯人重视合同的履行。一旦达成谈判协议，他们会按照协议的字面意义严格执行。同时，他们很少接受对手变更合同的要求。在谈判中，他们对合同的每个条款，特别是技术细节十分重视，并在合同中精确表示各条款。

（5）俄罗斯商人不会让自己的工作节奏去适应外商的时间表。谈判期间，如果外商向他们发信或传真，征求他们的意见，往往得不到回应。谈判之后，一般不会迅速向上级做详细汇报，除非外商供应的商品正好是他们很需要的商品。

（6）俄罗斯商人比较遵守时间。在商务往来中，会见要事先预约，并准时赴约。

二、英国商人的谈判风格

英国领土由大不列颠岛全部、爱尔兰岛东北部及周围5500多个小岛组成，面积为24.41万km²（包括内陆水域），人口数量约6200万人。英国商人的谈判风格具有以下特点：

（1）英国人一般比较冷静和持重，不愿意跟陌生人交谈，不喜欢表露自己的感情。因此英国商人与对方接触，开始时往往保持一定的距离，然后才慢慢地接近对方。

（2）在谈判过程中英国商人讲究礼貌，善于与人打交道，对老朋友和老客户态度友好，十分健谈，但对初交者则比较谨慎。

（3）在需要英国商人必须做出决策时，他们会毫不犹豫地做出决定。有纠纷时，也会毫不留情地争辩。即使是他们自己的错误，也不会轻易认错和道歉。

（4）英国商人很注意逻辑，凡是自己所想的事，总要想办法做出逻辑性很强的说明。

（5）英国商人在谈判过程中不喜欢讨价还价，但喜欢认真解决每一个细节问题，否则绝不会同意签字。

（6）英国商人的时间观念很强，洽谈生意要事先约定且准时到达。另外，英国人不喜欢进餐中谈及生意。

（7）英国商人讨厌把皇家的事作为谈资，也讨厌对方问及他们的私事和向其打听别人或别的公司之事。英国商人有两个最爱谈的话题是天气和新闻。

阅读案例11-7：李经理的失误

某国商人A到英国与某公司的爱德华先生进行商务谈判。这是A初次跟英国商人谈判，开局时，A为了创造和谐的谈判气氛，讲了一些在英国的见闻，紧接着谈论了英国皇室查尔斯王子和戴安娜、卡米拉等人的是是非非，并把它当作笑料。爱德华先生开始还听着，后来见A越讲越起劲，便非常生气地结束了这次会谈。A误以为是对方对这次贸易没有诚意，而不再约见对方。

此次商务谈判中，由于A不了解英国商人讨厌对方把皇室的事作为谈笑的资料，而误以为对方没有合作诚意，造成谈判破裂，失去了订单。

资料来源：金依明，杜海玲. 商务谈判实务［M］. 北京：清华大学出版社，2010.

（8）英国人喜欢旅游。英国每年冬、夏两季有3~4周的假期，他们常常利用这段时间出国旅游。因此，在夏季以及从圣诞节到元旦这段时间，英国商人较少做生意。所

以，与英国商人洽谈生意，就要注意避开这些节假日。

三、法国商人的谈判风格

法国领土略呈一个不规则的六边形，三边临海，三边靠陆，面积 55 万 km^2（不含海外领地），人口数量约 6700 万人（不含海外领地）。法国商人的谈判风格具有以下特点：

（1）法国的居民主要是法兰西人，法语是官方语言，谈判时往往要求用法语作为谈判语言。

（2）法国商人勤劳俭朴，天性乐观，生活节奏感鲜明，工作时态度很认真、很投入，时间观念较强，讲究效率。

（3）法国商人在谈判之初往往闲聊一些社会新闻或文化生活等话题，以便和对方建立感情。只有当他们认为感情建立起来之后，才开始进行实质性谈判。一旦到了最后要做决定的阶段，则会高度集中精力，运用他们的才智来对付各种情况。此外，法国商人在和谈判对方成为好朋友之前，是不会同对方做大笔生意的。与法国人交谈不要过多地提及个人问题，法国人不喜欢涉及他的家庭私事和生意秘密。

（4）在谈判过程中，法国商人在谈妥了主要问题之后，就急着等对方签约，而不太注意谈判的细节问题。但是，合同签好后却往往要求更改。因此，与其签约，最好用书面合同加以确认，以确保其履行合约。

（5）法国商人个人办事的权力很大，在商谈时负责人可以立即做出决定。因此，要求对方也能立即决策，否则会对对方不满意。

（6）法国商人在就餐时忌讳谈生意。在法国，无论是家宴还是午餐招待，都不会被看作交易的延伸。因此，如果将谈判的议题带到餐桌上来，法国商人会极为不满。当你要招待对方时，若流露出此次招待想促使生意更为顺利时，他们马上会断然拒绝你的好意。

（7）法国商人一般都很注重衣着。他们认为衣着代表一个人的修养与身份、地位。因此，在与法国商人谈判时必须注意自己的服饰。

（8）法国商人很珍惜假期。每年 8 月，大部分法国人会放下工作去旅游度假，而且有时他们会毫不吝啬地把一年辛辛苦苦挣来的钱花得精光。因此，与法国人做生意要避开他们的假期。

四、德国商人的谈判风格

德意志联邦共和国（简称德国）是一个中欧西部国家，面积为 357376km^2，人口数量约 8300 万人。德国商人的谈判风格具有以下特点：

（1）德国商人性格刚强，坚持己见。在谈判中缺乏通融性，不愿意向对方做较大的让步，毫无讨价还价的余地，而且喜欢强调自己方案的可行性。

（2）德国商人对本国产品的质量、性能十分自信。他们在购买其他国家的产品时常常把本国产品作为选择的标准。

（3）德国商人在谈判中稳重而严谨，谈判前的准备工作做得很充分。会谈时喜欢围绕谈判议题进行认真的商谈。他们对签订合同非常审慎，对合同的每一个细节问题都要弄清楚才与对方签约。一旦签订了合同，就会信守合同。

（4）在商务谈判中德国商人强调个人才能，他们都是靠自己的技巧、知识来做生意。他们认为，公司只是一个商务活动的场所而已，生意的做法应该是个人式的。

（5）德国西部商人比较注重形式，尤其是其北部的商人，要穿上坎肩并喜欢戴上毡帽以显示其身份。在谈判中重视以职衔相称，商人见面或者离开，总是互相把手握了又握。

五、意大利商人的谈判风格

意大利是亚平宁半岛国家，面积为 $301333km^2$，人口数量约 6000 万人，多为意大利人，多信奉天主教。意大利商人的谈判风格具有以下特点：

（1）意大利商人很注重发挥个人的作用。在做生意方面意大利商人个人权力很大，出面谈判的人可以决定一切，并且做生意是以个人对个人的关系为基础的。因此，同他们做生意就必须先与他们建立友好的人际关系，与他们相处得好或坏是生意能否做成的决定因素之一。

（2）意大利商人精明能干。他们的国际贸易业务水平较高，谈判技巧熟练，公司中具备丰富知识的职员为数较多。

（3）意大利商人善于社交，谈话投机，但这并不意味着他们一见面就会立即做成生意。他们在做生意时比较专注、认真，很少出现丝毫的马虎。因此，同他们打交道时，不要被他们那种爽快的作风所迷惑而疏于防范。

（4）意大利商人喜欢争论。如果允许，他们会整天争论不休，特别是在价格方面，更是寸步不让。他们对产品质量、性能以及交货日期等事宜都不太关心，却宁愿多节约一点，力争少付款。

（5）意大利商人在业务交际时，大多是招待午餐的，他们在私下交际时几乎不会招待晚餐。

第三节　美洲商人的谈判风格

一、美国商人的谈判风格

美利坚合众国（简称美国），面积 937 万 km^2，人口数量约 3.33 亿人，主要为欧洲白人移民后裔，信奉基督教新教、天主教、犹太教和东正教。美国商人的谈判风格具有以下特点：

（1）美国是个移民国家，开放程度较高，因此美国商人的性格通常是比较外向、热情奔放、坦率开朗、好客自信。他们交往比较随便，说话滔滔不绝，喜欢交际。

（2）美国商人具有强烈的进取精神，喜欢追求物质上的实际利益，因此美国商人在谈判中往往以获得最大的经济利益为目标，时间观念很强，办事干脆利落，不喜欢漫天要价。

（3）美国商人在谈判过程中精力充沛，果敢自信，热情洋溢，态度明朗。如果他们感到有些问题不清楚，会毫不客气地向对方询问；对他们所不能承担的要求，也会直言拒绝。因此，与美国商人做生意时，"是"和"否"必须表达清楚，不要含糊其词；有疑

问时，应不客气地向他们问清楚，这样做他们不但不会不高兴，反而会对你有好的印象。

（4）美国商人在交谈时，很注意对方的表情神态，对谈话人不予理睬、不以为然被视为不尊重别人，而与人交谈时摇头晃脑，或者做搓手、抖动双腿、挖耳朵、剪指甲等动作，则是一种不礼貌的行为。

（5）在美国谈生意不必过多地握手，可以直截了当地进行，不必过多客套，活动可以在吃早点的时候立即开始，美国商人有边进餐边谈生意的习惯。

（6）与美国商人谈话时，绝对不要指名批评某人或指责某些客户的某些缺点，避免把处于竞争关系的公司的问题披露出来，加以贬抑。否则，会遭到对方的蔑视。

（7）在实质性谈判阶段，美国商人喜欢一个条款一个条款、一个问题一个问题地讨论，进行讨价还价，施展计谋。同时，美国商人在谈判桌上喜欢搞全盘平衡的"一揽子交易"。美国谈判人员较注重大局，善于通盘筹划，他们虽讲实力，但在权衡利弊时，更倾向于从全局入手。

（8）美国商人很重视律师和合同的作用，他们在谈判过程中经常要有律师参加，并严守合同信用。

（9）万一双方发生了纠纷，要注意与美国商人谈判的态度，必须诚恳认真，绝对不要笑。因为在美国人看来，出现了纠纷而争论时，双方的心情都很恶劣，笑容必定是装出来的，这就会使对方更为生气，甚至认为自己自认理亏了。

（10）在美国，如果出席家庭宴会，一般应带上些小礼品。中国人做客可赠送一些小工艺品，如茶叶、丝绸、字画、泥塑、檀香扇、唐三彩马、瓷器等。如果赴宴时不带礼品，在美国人看来，这意味着准备回请一次。

二、加拿大商人的谈判风格

加拿大位于北美洲大陆北部，面积 998 万 km^2，人口数量约 3800 万人，主要为英裔、法裔和土著人。加拿大的商人之中 90% 为英裔和法裔，其谈判风格主要具有以下特点：

（1）英裔商人较保守，谈判态度严谨，在每一个细节问题尚未了解和解决之前绝对不会签约。但是，一旦签订了合同，就会信守合同。

（2）法裔商人刚开始接触时态度非常和蔼可亲，容易接近，对对方很热情，照顾得无微不至。但是，一旦坐下来正式进入洽谈，就判若两人，讲话慢慢吞吞，不太容易达成交易。即使谈判双方签订了合同，仍会令对方感到不安。因为法裔商人对签约比较马虎，往往当合同的主要条款谈妥后就要求签字。他们认为次要的条款可以待签字后再谈，而正是这些次要条款往往导致日后产生纠纷。因此，同其谈判，要尽量在签约时对每一个条款均加以确认，以免引起麻烦和纠纷。

（3）与加拿大商人谈判，首次见面一般要先做自我介绍，在进行口头介绍的同时递上名片。

（4）加拿大商人有较强的时间观念。他们十分讲究工作效率，一般会在事前通知你参加活动的时间。

（5）加拿大商人喜欢别人称赞他的衣服。因此，在正式的商务谈判场合中，你的衣着一定要整齐庄重。

三、南美洲诸国商人的谈判风格

南美洲位于西半球南部，大西洋和太平洋之间，包括委内瑞拉、圭亚那、苏里南、法属圭亚那、哥伦比亚、厄瓜多尔、秘鲁、玻利维亚、巴拉圭、巴西、阿根廷、智利、乌拉圭等国家和地区。总面积约 1797 万 km^2，总人口约 3.38 亿人。民族成分复杂，有印第安人、白人、黑人及各种不同的混血型，其中以印欧混血型最多。南美洲诸国商人的谈判风格主要具有以下特点：

（1）南美商人的生活节奏比较慢，性情悠闲开朗，时间观念不太强。由于气候的关系，早上起得晚，午饭后必须睡午觉。与南美商人谈判时常听他们说"明天就办"，但到了明天，却仍然是这一句话。

（2）南美商人谈判节奏缓慢。南美商人休假较多，在洽谈中经常会遇到参加谈判的人突然请了假，如果遇到这种情况，只好等他休假回来才能继续谈判。

（3）南美人具有强烈的民族自尊心，以自己国家悠久的传统历史和独特的文化而自豪，因此和南美商人打交道时，要尊重他们的历史文化，尊重他们的人格。南美商人总希望谈判双方能够在平等互利的基础上进行。在谈判中，南美商人忌讳谈论政治问题。

（4）在订立合同条款时一定要写清楚，以免事后发生麻烦与纠纷，因为南美各国对进出口的限制和外汇管制差别很大。

（5）和南美商人做生意，一旦双方成为知己，生意就非常好做。需要注意的是，与南美商人做生意，首先要表现出对他们的风俗习惯和信仰的尊重与理解，努力取得他们的信任。同时，避免流露出与他们做生意是对他们的恩赐的表情，一定要坚持平等互利的原则。

（6）到南美诸国谈生意，宜穿深色服装。在南美诸国，不要赠送与刀剑有关的礼品，因为南美人认为，赠送刀剑或与刀剑有关的礼品意味着割断双方的关系。

▶ 本章小结

世界各国的文化习俗不同，使不同的国家商人形成不同的谈判风格。谈判风格是指在不同的环境中生活的谈判人员，在谈判思维、谈判行为、谈判语言、谈判策略等方面具有不同的特点。不同的谈判风格影响谈判的速度、谈判的节奏，影响谈判的方式方法，影响谈判的气氛和谈判的结果。

亚洲商人的谈判风格主要介绍日本、韩国、中国、新加坡、印度尼西亚、泰国等国商人的谈判风格。

欧洲商人的谈判风格主要介绍俄罗斯、英国、法国、德国、意大利等国商人的谈判风格。

美洲商人的谈判风格主要介绍美国、加拿大、南美洲诸国商人的谈判风格。

▶ 思考题

1. 亚洲商人的谈判风格有哪些？

2.欧洲商人的谈判风格有哪些？

3.通过学习商务谈判的风格，你有哪些体会？

案例分析讨论

日航缘何贱买麦道客机

日本航空公司（以下简称日航）决定从美国麦道公司引进10架新型麦道客机，指定由常务董事任领队，财务经理为主谈人，技术部经理为辅谈人，组成谈判小组去美国洽谈购买事宜。

日航代表飞抵美国稍事休息，麦道公司立即来电，约定第二天在公司会议室开谈。第二天，三位日本绅士仿佛还未消除旅途的疲劳，行动迟缓地走进会议室，只见麦道公司的谈判代表已经端坐一边。谈判开始，日航代表慢吞吞地喝着咖啡，好像还在缓解时差所带来的不适。精明狡猾而又讲究实效的麦道主谈人，把客人的疲惫视为可乘之机，在开门见山地重申双方购销意向之后，迅速把谈判转入主题。

从早上9点到11点30分，三架放映机相继打开，字幕、图表、数据、计算机图案、辅助资料和航行图表应有尽有，欲使对方仿佛置身于迪士尼乐园的神奇之中，会不由自主地相信麦道飞机性能及其定价都是无可挑剔的。孰料日方三位谈判代表自始至终默默地坐着，一语不发。麦道的领队大惑不解地问："你们难道不明白？你们不明白什么？"

日航领队笑了笑，回答："这一切。"

麦道主谈人急切地追问："这一切是什么意思？请具体说明你们从什么时候开始不明白的？"日航主谈人随意地说："对不起，从拉上窗帘的那一刻起。"日方辅谈人随之咧咧嘴，用点头来赞许同伴的说法。"笨蛋！"麦道领队差一点脱口骂出声来，泄气地倚在门边，松了松领带后气馁地呻吟道："那么你们希望我们再做些什么呢？"日航领队歉意地笑笑说："你们可以重放一次吗？"别无选择，只得照办。当麦道公司谈判代表开始重复那两个半小时的介绍时，他们已经失去了最初的热忱和信心。是日本人开了美国人的玩笑吗？不是，他们只是不想在谈判开始阶段就表明自己的理解力，不想以买方上来就合作这种方式使卖方产生误解，以为买方在迎合、讨好卖方。谈判风格素来以具体、干脆、明确而著称的美国人哪会想到日本人有这一层心思呢？更不知道自己在谈判开始已输了一盘。

谈判进入交锋阶段，老谋深算的日航代表忽然显得听觉不敏，反应迟钝。连日来麦道方已被搅得烦躁不安，只想尽快结束这场与笨人打交道的灾难，于是直截了当把皮球踢向对方："我方飞机的性能是最佳的，报价也是合情合理的，你们有什么异议吗？"

此时，日航谈判代表似乎由于紧张，忽然出现语言障碍，他结结巴巴地说："第……第……第……"，"请慢慢说。"麦道主谈人虽然嘴上是这样劝着，心中却不由得又恨又痒。"第……第……第……"，"是第一点吗？"麦道主谈人忍不住地问，日航主谈人点头称是。"好吧，第一点是什么？"麦道主谈人急切地问。"价……价……价……"，"是价钱吗？"麦道主谈人问，日航主谈人又点了点头。"好，这点可以商量。第二点是什

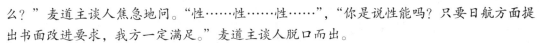

么？"麦道主谈人焦急地问。"性……性……性……"，"你是说性能吗？只要日航方面提出书面改进要求，我方一定满足。"麦道主谈人脱口而出。

至此，日航一方说了什么呢？什么也没说。麦道一方做了什么呢？在帮助日方跟自己交锋。他们先是帮日方把想说而没有说出来的话解释清楚，接着还未问明对方后面的话，就不假思索地匆忙做出许诺，结果把谈判的主动权拱手交给了对方。

麦道轻率地许诺让步，日航就想得寸进尺地捞好处。这是一笔价值数亿美元的大宗贸易，还价应按国际惯例取适当幅度。日航的辅谈人却故意装作全然不知，一开口就要求削价20%。麦道主谈人听了不禁大吃一惊，再看看对方是认真的，不像是开玩笑，心想既然已经许诺让价，为表示诚意就爽快地让吧，于是便说："我方可以削价5%。"

双方差距甚大，都竭力为自己的报价陈述大堆理由，第一轮交锋在激烈的争辩中结束。经过短暂的沉默，日方第二次报价削减18%，麦道还价是6%，于是又唇枪舌剑，辩驳对方，尽管已经口干舌燥，可谁也没有说服谁。麦道公司的主谈人此刻对成交已不抱太大希望，开始失去耐心，提出休会："我们双方在价格上距离很大，有必要为成交寻找新的方法。你们如果同意，两天以后双方再谈一次。"休会原是谈判陷于僵局时采取的一种正常策略，但麦道公司却注入了"最后通牒"的意味，即"价钱太低，宁可不卖"。日航谈判代表将不得不慎重地权衡得失，价钱还可以争取削低一点，但不能削得太多，否则将会触怒美国人，不仅丧失主动权，而且连到手的6%让价也捞不到，倘若空手回日本怎么向公司交代？他们决定适可而止。重新开始谈判，日航一下子降了6%，要求削价12%；麦道公司增加1%，只同意削价7%，谈判又形成僵局。沉默，长时间的沉默。麦道公司的主谈人决定终止交易，开始收拾文件。恰在此时，口吃了几天的日航主谈人突然消除了语言障碍，十分流利地说道："你们对新型飞机的介绍和推销使我方难以抵抗，如果同意削价8%，我方现在就起草购销11架飞机的合同。"（这增加的一架几乎是削价得来的）说完他笑吟吟地站起身，把手伸给麦道公司的主谈人。"同意！"麦道的谈判代表们也笑着起身和三位日本绅士握手："祝贺你们用最低的价钱买到了世界上最先进的飞机。"的确，日航代表把麦道飞机压到了前所未有的低价位。

日本航空公司以最低的价格购进了世界上最先进的飞机，这是他们的谈判代表在谈判中充分利用了美国人率直的谈判方式和谈判风格的结果。而相反的是，美国麦道公司的失利则主要是因为他们没有充分了解日本人的谈判方式和谈判风格。其实不同的谈判方式和谈判风格正是来自他们之间的文化差异。

资料来源：冯砚，丁立.商务谈判［M］.北京：中国商务出版社，2010.

问题：

1.美国、日本两国商人的谈判风格有何不同？

2.日本商人是如何赢得胜利的？

3.在与美国、日本两国商人进行谈判时应注意哪些问题？

参 考 文 献

［1］ 冯华亚.商务谈判［M］.3版.北京：清华大学出版社，2015.

［2］ 方其.商务谈判：理论、技巧、案例［M］.3版.北京：中国人民大学出版社，2011.

［3］ 李爽.商务谈判［M］.4版.北京：清华大学出版社，2020.

［4］ 姚凤云.简述商务谈判的一般原则［J］.商业经济，2008（11）.

［5］ 汪威毅.商务谈判的科学理念［J］.商场现代化，2008（12）：179.

［6］ 杨晶.商务谈判［M］.2版.北京：清华大学出版社，2016.

［7］ 王福祥.商务谈判理论与实务［M］.北京：科学出版社，2008.

［8］ 费雪，尤瑞.哈佛谈判技巧［M］.黄宏义，译.兰州：甘肃人民出版社，1987.

［9］ 李品媛.现代商务谈判［M］.4版.大连：东北财经大学出版社，2020.

［10］ 曲润富，王存忠，胡明.实用经济法［M］.济南：黄河出版社，2007.

［11］ 石永恒.商务谈判精华［M］.北京：团结出版社，2003.

［12］ 列维奇，等.谈判实务［M］.万勇，译.北京：人民邮电出版社，2004.

［13］ 科恩.经理人谈判技巧［M］.陈哲，译.海口：海南出版社，2003.

［14］ 汤秀莲.国际商务谈判［M］.天津：南开大学出版社，2002.

［15］ 邹建华.现代国际商务谈判实务［M］.广州：中山大学出版社，2000.

［16］ 孙绍年.商务谈判理论与实务［M］.北京：清华大学出版社，北京交通大学出版社，2007.

［17］ 丁建忠.商务谈判［M］.2版.北京：中国人民大学出版社，2006.

［18］ 王洪耘.商务谈判［M］.北京：首都经济贸易大学出版社，2005.

［19］ 高建军，等.商务谈判实务［M］.北京：北京航空航天大学出版社，2007.

［20］ 樊建廷.商务谈判［M］.2版.大连：东北财经大学出版社，2007.

［21］ 尼尔伦伯格.谈判的艺术［M］.曹景行，陆廷，译.上海：上海翻译出版社，1986.

［22］ 丁建忠.商务谈判教学案例［M］.北京：中国人民大学出版社，2005.

［23］ 龚荒.商务谈判：理论·策略·实训［M］.3版.北京：清华大学出版社，北京交通大学出版社，
2022.

［24］ 白远.国际商务谈判：理论、案例分析与实践［M］.北京：中国人民大学出版社，2002.

［25］ 周琼，吴芳.商务谈判与推销技术［M］.北京：机械工业出版社，2005.

［26］ 金依明，杜海玲.商务谈判实务［M］.北京：清华大学出版社，2010.

［27］ 陈福明，王红雷.商务谈判［M］.北京：北京大学出版社，2006.

［28］ 侯清恒.疯狂谈判［M］北京：中华工商联合出版社，2006.

［29］ 郭秀君.商务谈判［M］.北京：北京大学出版社，2011.

［30］ 杜宇.商务谈判［M］.哈尔滨：哈尔滨工业大学出版社，2010.